ちくま学芸文庫

生のなかの螺旋

自己と人生のダイアローグ

ロバート・ノージック
井上章子 訳

筑摩書房

目次

生のなかの螺旋

自己と人生のダイアローグ

トゥルードのために

謝辞

本書はいく度も書き改められた。評言や励ましを与えてくれた友人や家人に大変に感謝している。ユージーン・グッドハート、ビル・プーカ、スティーヴン・フィリップスは改稿の度に読んで広くまた有益な評言や助言を惜しまなかった。エミリーとデイヴィッド・ノージックは常に関心と好奇心を持ち続けてくれた。ヒラリー・パトナム、シセッラ・ボック、ハロルド・デイヴィドソン、ロバート・アサヒナはいろいろな機会に有益な評言や痛い注意を与えてくれた。妻のジェルトルード・シュナッケンバーグは本書とわたしの養い親である。

執筆に四年かかり、発端はハーバードからのサバティカル休暇中の、一九八四―八五年の一カ月をヤドーで過した時期、完成は次回の年次休暇、一九八七―八八年をローマのローマ米国アカデミーの歓待の下に過したときだった。一九八一年以来わたしはこの企画を考え続けてきた。わたしの構想の初期の段階ではジョン・M・オーリン財団の助成金に、中期の段階ではサラ・スケイフ財団の助成金に、最終段階では全米人文科学基金の奨学金に援助していただいた。この原稿を全面的に書き改めたのは、ベラッジオにあるロックフェラー財団研究センターのヴィラ・セルベッローニに滞在中のことだった。これら諸団体のご援助に深謝する次第である。

1
序

生きること、人生で重要なことは何かについて、わたしの考え方——そしてまたわたしの人生を判然とさせるために、考えたいと思う。われわれはたいてい——わたしも含めて——自動操縦装置にたよって、幼年期に獲得したわれわれ自身のものの見方や目標に従って、ごくわずかの修正をほどこしながら、生きてゆきがちである。たしかに、ほとんど何も考えることなく初期の目標をとりたてて修正もせずに追究することにはある利益——野心や効率上の利点がある。しかしまた、青年期や成人になりたての頃に形成された未熟な世界像に導かれるままに生きるときには、損失もある。フロイトはもっと幼い年頃に受ける強烈で長くつきまとう影響を説得的に描いた。どのように、子どもの情熱的な欲望、不十分な理解、制限された感情的環境、閉ざされた機会、限定された対処手段などがその子ども自身の成人後の感情生活や反応に固着と影響を与え続けるかをあざやかに記述した。が、この状況は（最小限に言っても）起こりそうに思えない——あなたは知性をもつ種族が、その幼児期によって絶えず影響され続け、その情動面には半減期というものがなく、しかもそれを制限する法規は大変な困難を伴ってでなければ行使されないという具合に形成されることを望むだろうか。同様な点は成人初期にも当てはまる。成人になりたての者たちはその時点では全人生の行程を十分に定めたり理解したりできるほど知っているはずがないと考えたとしても、なにもかれらを軽蔑したことにはならない。もしも人生について重要なことが生きる途上で何ひとつ学べないとしたら、なんという悲しみだろう。

人生つまり生きることは、それを考察してみても哲学者たちには特に報われるものがあるとは考えられない種類の話題である。われわれが求めることは、解決すべき特定の問題や解明すべき逆説、十分な角度やひねりをもつ鋭い質問、その中で思考を進めたり修正できる入念な知的構造である。するとわれわれは、かっきりと理論をつくり直観的原理から驚嘆すべき結果を搾り出し知的フィギュア・スケートで離れ技を演じ、しかもそれぞれに明確な成功の基準に達することができる。けれども人生について考えることは、そんな解決や成功よりもむしろ人生をじっくり考え込んでゆくのに似ている。熟慮によって得られるもっとすぐれた理解、それはいつもバトンを握りしめてなんとか決勝点に走り込みたいという気分ではなく、もっともっと成長し続けたいという気持ちなのである。

人生についての哲学的省察は、理論でなくある肖像画を提供することである。この肖像画は理論の細部——疑問、区分、説明——から構成されているとも言える。なぜ幸福は唯一の大切なことではないのか。不死とはどんなものでその問題点は何なのか。遺産は多くの世代にわたって継承されるべきか。東洋の悟りの教義は真なのか。創造性とは何か。またなぜ人は有望な企画にとりかかるのを延期するのか。もしなんの情動も感じることがないのにただ楽しい気分だけは持てるとしたら、われわれから何が失われるのか。「ユダヤ人大虐殺《ホロコースト》」は人間性をどのように変えてしまったのか。何が人がもっぱら個人の富と権力に心を向けるとき、何がゆがんでおかしくなるのか。宗教者はなぜ神が悪の存在をゆるすのか説明できるのか。恋愛が人を一変させるやり方の中で何が特別に貴重なのか。何が知恵で何故哲学者は知恵をそんなにも愛するのか。理想と現実との間の溝をわれわれは何を用いて埋めたらいいのか。存在するもののうち、あるものは他よりももっと真実《リアル》であり、またわれわれ自身もなおいっそう真実になり得るのか。とはいえ、これらの理論の断片の連鎖がやはりひとつの肖像画を構成する。画家の手になる一枚の肖像画——例えばラファエロまたはレンブラントまたはホルバインの描いた——の前にゆっくり坐り、やがてその画があなたの内面にいつまでも座を占めるようにさせるとは、いったいどんな具合なのかを考えてみるがいい。またこのことは、ある特定人物の臨床診断の記述やある一般心理学の理論を読むのとどんな風に違っているかについて考えてみるがいい。

人生それ自体を吟味して得られた理解は、その人生に浸透しその行程の導きとなる。吟味された人生を生きることは自画像をつくることである。後期の自画像の中からわれわれをじっと見据えているレンブラントは、単にそれに似ている誰かではなくて、かれ自身をそれとして、そのために必要な勇気をもって、見て知る者である。かれはかれ自身を知っている、ということをわれわれは見る。するとかれは、かれ自身をひるまず見据えているのを見ているわれわれをもまた、ひるむことなく見据えてくる。しかもこの眼差しは、このように理解するわれわれにかれ自身を開いてみせるだけでなく、忍耐づよく、われわれもまた同じだけの誠実さをもって自らを知るようになるのを待ってもいる。

人物の写真には肖像画がもち得る深みが欠けているのはどういうことなのか。この二つは相異なる時間の量を具体化する。写真とはポーズをとってもとらなくても「スナップショット」であり、時間内の特定の一瞬間を示し、まさにその時に人がどんな風だったかを、かれの表層が示したもので示す。けれども画の題材の方は、描いてもらうために坐っているかなり長い時間の間に、その人の特徴、感情、思考などをある幅をもって示し、推移する光の中にすべてを露呈する。モデルとなる人のその都度のさまざまな見え方を組み合わせ、ここではある相を選び、そこでは筋肉をひきしめ、光輝をつよめ、描線を濃くするなど、画家は、それ以前は同時に存在を示すことが決してなかったこれら表層の異なる部分を織り込んでゆき、いっそう充実しいっそう深化した肖像画を産み出す。肖像画家はある一瞬間に示されるすべてのものからひとつの小さな相を選び出しては最終の仕上げの中に組み入れることができる。写真家でも、異なる瞬間の顔をうつした多くの写真のもつ諸相を、孤立させ、重ね合わせ、互いに組み合わせるなどして、画家と同じ試みをすることができるかもしれない。が、これら多数の小さな選択から、絵画のもつ十全の深みにとどくだけの最終的な写真の焼きつけが結果として生じるだろうか。(この実験はためす価値がある。たとえ、高度に操作されたものにせよ、写真の過程と比較すると、絵画にとって特別なものとは何かをとり出すためだけにせよ、あるいは、例えば、油絵具の特別な調性、また その絵具を塗ったり盛上げたりする種々の方法のもつ触覚的共鳴が、何に貢献しているのかを究めるだけにせよ)。とはいえ、画家は、その題材と共に時を過すうちに、可視的な表層が示すことのなかった事柄——モデルになる人の言葉、他者への振舞い方——を知悉できるようになり、そこから細部を付加したり強調したりして、その結果、深層に潜在するものを表層にもたらすことができる。

画家は一人物に長い時間をかけて、ひとつの瞬間の現存に集中させる。しかしこの瞬間をわれわれが十分に捕捉するには一瞬では足りない。一枚の写真よりも一枚の絵画の方により多くの時間が凝縮しているために、われわれが必要とし——また欲求する——のは肖像画の前で、なるべく長い時間坐り、その肖像が自らを開いてみせてくれるようにすることである。われわれは、記憶の中でもまた、たぶんスナップ写真よりも肖像画に類似した方法で人びとを想い起こす。会っていた頃の長い時間の中から摘みとった細部を含む複合心象《イメージ》を創造する。画家ならば、われわれの記憶の自然な働きよりも、もっと熟練した技術ともっと強力な統制力を用いて想起が行なわれるだろう。

集中状態は、映画と比べると、小説が達成することのできる焦点の豊かさ、深さ、鋭さの基盤となる。ある振舞いの顕著な相は、他の諸相を排除して、言語によって記述されることができる――画家の眼はすべての諸相を同時にとりこむけれども。そして作家はこういう顕著な相をいくつも選択して、どっしりした生地《テクスチユア》をつくり上げるために織り込む。細部への集中があるだけではない。思考それ自体も、作家が次々に書き直してその文章をより高度に彫琢され統制されたものとするにつれ、集中度は増す。ところが映画の編集は、すでにできているフィルムのコマの連続体を異なった具合に切断する――もっとも映画もまた多くの人が強調してきたように、異なった時点に異なった角度から撮ったクローズアップやショットを組み込むことによって集中性に到達できる。

けれども、映画についてよりももっと長い年月にわたってわれわれの思考を没頭させたのは、小説というものの内容が――十九世紀の偉大な小説を思い浮かべること――どのように形づくられたか、映画よりももっと密度の高いその生地《テクスチユア》はどのように織りなされたか、ということであるのは当然である。思考はまた、苦しい努力をしながら言葉の表皮をはぎとってゆく――ベケットの場合のような――作業にも没頭することができる。そしてまさに、この赤裸な言葉こそ他の何ものにもまさって焦点の集中性に奉仕する。わたしは、「思考生産時間」にのみ焦点を向けて才能や霊感の違いを無視する知的労働価値説を、ここで示唆するつもりはない。また監督が長い年月じっくり考えてつくった密度の高い映画の存在を否定するものでもない。黒澤の『乱』とベルイマンの『ファニーとアレクサンデル』は最近の二つの好例である。それでもなお、他の条件が等しければ、集中度の高い思考が何かをつくりはじめるとき、当の何かは、思考の集中度が増すにつれ、より美しく形づくられ、より豊かになり、より深ぶかとした意味を担うようになる。人生を生きる場合もまた同じである。

人生の現実は、それを吟味することによって活性化されるものであって、たんにその影響をこうむるだけのものではない。そしてそれらの現実活動の特性は、集中した反省のもろもろの結果に浸透されるとき、それぞれに異なる。それらは、吟味が生み出したいくつもの理由や目的からなる階層の中で、各種各様に解釈される——それは二者択一によって棄てられた他方の選択肢についてもまたそうである。さらにわれわれは、自らの人生の構成要素のすべてを、活動や苦闘を含めてひとつの型に適合させてゆくものと見ることができるゆえに、反省のようなはっきりと別な付加的な要素が加わっても——ちょうど新しい科学的データを加えてもうひとつの統計曲線に適合させ得るように——新しい全体としての型が結果として生じるわけである。その際、古い構成要素もまた、別様に見られ理解されるようになるのは、ちょうど既往の科学データの諸点が今では新しい曲線や等式に適合すると見られているのと同じである。それゆえ、吟味や反省は単に、人生の他の構成要素について
だけではなく、それらは他のものと同列に、人生の内部につけ加えられる。また吟味や反省の現存によって、どのように人生の各部分が理解されるかという認識を一変させる新たな全体としての型が要請される。

成熟した人間――つまり十分に発達した誰か――が信じることのできる内容を述べてくれる本はごく少数しかない。アリストテレスの『倫理学』、マルクス・アウレリウスの『自省録』、モンテーニュの『エセー』、サミュエル・ジョンソンの随筆が念頭にのぼる。しかもこういう本の場合でさえも、言われていることのすべてを単純に受け入れるわけにはゆかない。著者の声は、たしかに決してわれわれ自身のではない。また著者の人生は決してわれわれ自身のではない。なにはともあれ、著者なる人物がまったくわれわれの見解と同じ見方を擁し、われわれ独自の感受性をもって反応し、まったく同一の重要な事柄を考えていることに気づくならば、当惑するばかりであろう。それでもなお、これらの本かられわれはその著者たちの光の中で自己自身を測り探ることによって利益を得ることができる。これらの本は――そしてまたそれほど十分明らかには成熟さの示されていない本、例えばソローの『ウォールデン』やニーチェの著作などでも、われわれにかれらに沿って考え、そこからわれわれ自身の方向へ枝分かれしてゆくように招き勧める。われわれはわれわれが読む本と同一ではないが、もし、それらの本がなければ違った人間になっているであろう。

ニーチェはかれのツァラトゥストラにこう言わせている、「これが私の道だ、きみのはどこにあるのか……唯一の道――そんなものは存在していない」。わたしはニーチェに与《くみ》して、そんな道は存在しない、とは主張しない――よく分からないのだ――もっともわたしはいったいなぜわれわれはかくもわが道を欲しがるのか不思議でならない。それでも、本書が、わたしの力の及ぶ限り卒直に誠実に思慮深く提示したいと努めても、しょせんわれわれの生活のわたしなりの範囲外ではない。けれどもわたしもまた尋ねたい。この箇所ばかりでなく本全体を通して、あなたのはどんな道か、と。たぶんこんな問いは挑発的に聞こえるかもしれない。つまり、もしあなたが不賛成で、本質的にわたしの主張はただひとつの道を提示しているのだと言い返すならば、わたしのよりもいっそう適切な見解を提起するように挑戦しているのだと聞こえるかもしれない。しかしわたしがその問いを問うのは、ひとりの仲間の人間としてであり、わたしが知り評価することは限られているけれども、誰が他の人から学びたいかをわたしが見分け概略《おおよそ》を知ることができる意味において問うのである。わたしの思考結果はあなたの同意を求めているのではなくて――ただ、しばらくの間、あなた自身の反省の傍に、それらを添わせておくまでである。

わたしは、ソクラテスと共に、吟味されない人生は生きる価値がない――それは不必要なまでに苛酷だ――とは言わない。とはいえ、われわれが自身の沈思黙考によって自身の生を導くとき、そのときこそ、他の誰かの生ではなく、われわれが生きているわれわれの人生である。この意味で、吟味されていない人生は十分には生きられていない。

人生を吟味することは、あなたが集中することのできるものなら何でも用いて、あなたを十全に形づくることである。しかし未来の生についての他人の結論を正確に把握することは、その結論にふさわしい人、またその結論に達した人はどんな風な人物かを見ることなしには、困難である。だからこそ、われわれは人物に出会う必要がある――プラトンの初期対話篇中のソクラテスの姿、福音書中のイエスの姿、かれ自身の声で語るモンテーニュ、自伝的方式で語るソロー、行動と説教を通してみる仏陀に。これらの人びとが語ることを品定めし重さをはかるためには、かれらがどういう人物であるかを品定めし重さをはからねばならない。

プラトン以来、哲学の伝統は倫理の基礎づけを探究し続け、それは倫理的に振舞うことによって、われわれ自身の福祉が行なわれ、向上されることを示してきた。これを具体化するためには、人は第一に人生において重要なことは何かを了解しなければならない。そしてその後で、前述の用語を用いて、倫理的振舞いの役割と重要性を描き出さねばならないであろう。私の省察もまた、倫理的考察からは少し距離をおいたところから始まる。というのは省察を倫理学から引き離すことによって、人びとがもはや必死に助けを必要とはしていないときに、われわれの生活がかまけがちなことに対する治療であるよりも、もっと遠くその先まで見ることが容易になるからである。とはいえその場合、後から倫理学が登場する際、不釣合いなまでに小さい場所を占めることになり、しかもそのときまでの討議は、その不在による影響を免れない。その点は次のように言った方がもっと適切かもしれない。人生についての本とは、透視画法の画のごとく、重要な話題が前景に大きく姿をあらわし、各話題はその重要性に応じて大きさ明確さが異なると。だから本書を終わりまで読んだ読者は、ここに出てきた話題についてもう一度思い返さねばならない。そして後続の倫理学の光の中で新たにそれを見直さねばならないだろう。それはむしろ、画の後景の方へと視線をさまよわせていってから、向きを変えて、はじめに見たものを、いまやこの新しくしっかり目はしの利いた展望から見直したとでもいうところであろう。

いま、人生の重要事について改めて反省してみるとき、わたしのもっているすべては、現在ただ今のわたしの理解である。もっともその一部は、他の人びとがすでに理解していたものをわたしが自分のものとしたところから由来してはいるが。そしてこの現在の見解は、疑いもなくこれから変わってゆくであろう。他の人びとがすでに書いていることに何か附加する前に、礼儀上、人はそのもっとも成熟した思考に達するまで待つべきではないか、あるいはさらに出版はただ死後にのみ望むとまで言うべきではあるまいか。けれども、そんな風に考えていると、他の――例えば、精力や活力――の点で衰えてしまいかねない。われわれは他の人の道の半ばの表現、まだ進行中の思考、によって思考をうながされてもよいであろう。

われわれは、どれかただひとつの特定の理解にのみ身をゆだね、その中に閉じ込められることは望まない。この危険は、作家には、大きく浮かび上る。一般大衆や作家たち自身の心の中で、作家たちはいとも手軽にある特定の「立場」と同一視されてしまいかねないからである。わたし自身、以前に、ある明確な見解をうち出している政治哲学の本を出したが、今となってはわたしにはまったくふさわしくないと思っている――これについては後でちょっと触れたい――が、今なお知的過去を忘れ去ったり、それから逃れることの困難さにはよく気づいている。他人との会話の折に、わたしはよく、あの若者の「放蕩的」立場を今でも保持し続けるように望まれる。たとえその人たちはそれを嫌い、誰もそんな考えを持たない方がいいと思っているのにもかかわらずである。それは一部は、人びとの心理的経済――わたし自身の場合をも含めての話である――という理由によるのかもしれない。

ひとたび、人びとを分類棚に入れ、かれらの言い分に番号をつけると、われわれは、再考し再分類の手間を必要とするような新情報は歓迎しない。しかも、すでにかれらの方向に十分過ぎるほど力を消費してきたときには、かれらがこのためにわれわれに新たなエネルギーを強いるのを恨みたくなる。わたしも、いささか悲しいことだが、この省察がまた、それ自身、人の歩みを遅くさせる重力作用を発揮することになるかもしれないと認めておく方がいいであろう。

とはいえ、わたしがここで提示したいのは、いろんな立場というわけではない。若い時分、あらゆる話題に意見をもつことは大切と考えていた。いわく、安楽死、最低限度賃金立法、次回のアメリカン・リーグ・ペナントの覇者は誰か、サッコおよびヴァンゼッティははたして有罪か、なにか統合的な必然真理は存在したのか、等々。わたしがまだ聞いたこともない話題に意見をもつ誰かに会うと、わたしにも意見がなければならないと感じていた。いまではわたしは、平気で、あることには意見をもっていないし、もつ必要もない、と言うことができる。たとえその話題が世上一般に大論争をまき起こすような性質であってさえも。だからわたしはいく分、以前のわたしの立場には自分でも呆れている。かつては議論好きだった、ということでは全くないが、わたしは意見を変えるときも、理性に従って公明正大だった。またわたしの意見を他人に押しつけようとすることもなかった。わたしはただ、この意見、あの意見をもたねばならなかっただけの——「意見いっぱい」人間だった。たぶん意見というのは特に若者に有用なのだ。哲学もまた種々の意見、自由意志の「立場」、知識の本性、論理の身分、などに関するさまざまな「立場」を招きよせるようにみえる主題である。けれども、この省察では、ただ話題を十分にかみくだくだけで十分であり、むしろその方がよいともいえよう。

　ここに書いている関心事は、われわれの存在全体である。わたしはあなたの全存在に話しかけ、しかもわたしの全存在から書きたいと思う。いったいそれはどういう意味でなのかと言えば、われわれの存在の部分とは何か、全体とは何か、ということである。プラトンは魂を三部分に区別する。合理的部分、勇気ある部分および欲望あるいは情熱的部分である。この三部分をこの順番に位置づけて、プラトンは、調和のとれた人生、また最善の人生とは、合理的部分が他の二つを支配するところである、と考えた。（われわれは一部分が他の部分を支配するのよりも、さらにもっと調和のとれた関係を探究してもよいかもしれない）。周知のように、フロイトは相互に不確実な関係をもつ二つの分割方式を提示した。すなわちひとつは自己の、エゴ、イド、スーパーエゴへの分割、他のひとつは意識の様態の、意識と無意識（そしてまた前意識）への分割である――最近の心理学者は、これに代わる別の範疇分類をいろいろ提出している。作家の中には、単純に合理的なものと並ぶ直線上に位置づけることのできない、自己の想像的部分があると信じている者もいる。実際、東洋の見解の語るところでは、もろもろのエネルギーの中心と意識の水準はいくつもの層をなしているのである。自己でさえも、単に個別化して特殊なひとつの構造、つまりわれわれの全体存在の一部分ないし一相貌に過ぎないものであると判明するかもしれない。昔から今にいたるまで、他の一切よりも高度な、ある霊的な部分が存在すると考えている人びともいる。

今、哲学に起こっていることは同じ部分が語ったり聴いたりする、つまり合理的こころが合理的こころに語っているという事態である。それは、それ自身についてのみ語ることに局限されてはいない。主題は、われわれの存在の他の部分、宇宙の他の部分をもまた含むことができる。にもかかわらず、何が誰に語るかと言えば、語り手も聞き手も両方とも、こころの合理的な部分なのである。

けれども、哲学の歴史はもっと変化に富んだテクストの織物を展示する。プラトンは抽象的理論を議論し発展させたが、また記憶の中に去りもやらずとどまっている喚情的な神話――洞窟の中の人間や、別れ別れになった半分の魂――についても語った。デカルトのもっとも力強い著作は、当時のカトリックの黙想の実践に根ざしている。またカントは二つのもの「上なる星空と内なる道徳律」への畏敬を表わしている。ニーチェとキルケゴール、パスカルとプロティノス、このような人名リストは延々と続けることができる。けれども当今の哲学からの支配的な眺望は、「消毒されて」しまった結果、残されているのは、合理的こころが(ただ)合理的こころに語りかける伝統である。

このような純化された活動にも、真かつ永続的な価値がある――わたしの次の著作はこのもっと厳格な徳を目ざそうと期している。しかし哲学のすべてがこれに限定されるという圧倒的な理由は何もない。われわれは、もともと、いろいろなことについて考えたいと思っている人間として哲学にやってきたが、哲学はそれを行なうただひとつの道に過ぎない。哲学が、エッセイスト、詩人、小説家、また他の記号的構造物のつくり手の方法を排除する必要はないのである。それらも異なった方法で真理を、そして、真理に附帯的な事柄を、目標とする様態なのである。

＊

このような哲学があるとすれば、それは、われわれの存在のそれぞれ異なった部分がそれに呼応する部分にだけ語りかけをさせるであろうか。それとも各部分は全部から語りかけられるようになるのであろうか。またこういう事態は、同時的に起こるのか。それとも継続的にか。そのような本は諸ジャンルや声の混乱した寄せ集めになりはしないだろうか。各ジャンルが最善をつくす分業を通してのみ、われわれはもっともよく報いられるのではないだろうか。哲学作品の場合には、ただ、推理、議論、理論、説明、思索のみを内容として、その結果、箴言、オペラ、物語、数学模型《モデル》、自伝、寓話、治療法、創作的記号、催眠術とは、はっきりと区別されているのであろうか。けれども、われわれの存在の各々異なった部分は、どれも同じように分けられてはいない。何かが、それら全体にまとめて話しかけて、どうすればそれらがふさわしく結合されるか、その範例を与える必要がある。たとえ失敗する試みでも、結果としては、われわれの奥にひそんでいる欲求を呼びさまし、そのようにしてその欲求の役に立つことができる。

昔、哲学は単なる思考内容以上のものを約束した。「アテナイの市民諸君よ」、ソクラテスは問いかけた、「できるだけ金持ちになり、評判と特権をもっとひろげることにそんなに熱心でいながら、真理と知恵とあなたの魂の改善のためには何も考えず何も心配しない

＊哲学者の思考と疑問は、それらのまさに本性によって、H・ジェームズやプルーストの小説の中には生じることがなく、知性的な火星人の人間生活読本にもっと似ている何かの中に起こるだけということなのであろうか。

でいて、あなた方は恥ずかしくないのですか」と。ソクラテスが語ったのは、われわれの魂の状態についてであり、かれがわれわれに示したのはかれ自身の魂の状態であった。

2 死にゆくこと

誰ひとりとして自分自身にとっての死の可能性を真剣に考えようとすることはできない、と言われる。が、これは事柄を正しく把えてはいない。(誰でも自分自身の生の可能性を真剣に考えているであろうか)。人が自らの死を現実に考えるのは両親を亡くしてからのことである。それまでは、自分より先に死ぬ「と思われている」誰かがいたのに、今や死と自分との間には誰ひとりいなくなってしまったので、いよいよ自分の「順番」になったのである。(死は行列の順番を尊重するときめてかかっているのだろうか)。

とはいえ、細部はもやがかかったようによく見えない。ひとりっ子なので、わたしには年上の同胞《はらから》が先に逝くものと思っているかどうかは分からない。アドメトゥスは両親に自分の代わりに死んでくれと頼むことまでした——がそれから妻のアルケスティスにもまた頼んだのだった。わたしの八十二歳になる老父は今病気であり、母の方はもう十年以上前に逝った。父への心配にいりまじってわたしの考えることは、父はわたしのためにかれの足跡を残してくれているということである。わたしもやがて八十歳になり、そして——あまり嬉しくはないが——たぶん同じ憂き目に遭うだろう。自殺をする人びともまた、かれらの子どもに、親の認めた生の終え方を与えることで道しるべを示すのである。遺伝子が始めたのかも知れないことを同一化が終わらせる。

どの程度死にたくないかは、人がまだ未完成のままに残していること、また何かを成就する能力が残存していることにかかっている、とわたしは思う。自分でも重要だと考えていることが成就するにつれ、また残存する能力が少なくなるにつれて、人は喜んで死に直面するはずである。まだ多くの可能性が実現されずに人生を終えるとき、死は「時宜を得ない」と呼ばれる。けれどもやり残したことを遂行する能力がもはやないとき、あるいは、重要と考えることをすべて遂行したとき、そのときには、――わたしは言いたい――死ぬことをたいして不幸とは思うはずがない。(とはいえ、もし重要なことがひとつも可能でないかもう残されていないからといって、そんな状態になっても存在し続けることもまた、重要な生き方のひとつなのではないだろうか。そしてあなたが重要と思うすべてを遂行してしまっても、あなたは自身にある新たな目標を設定しないでよいのだろうか)。原則として、死が近づいたときの歎きは、し残した重要な行為の全部によって影響を受けるはずである。とはいえ、ある特別な希望または成功のいくつかが残りの代理として現われてくるかもしれない。「わたしは一度もそれをうまくやり遂げたことはない」、あるいは「このことがわたしの人生に含まれていた以上は、わたしは満ち足りて死ぬことができる」と、人は考えるかもしれない。

このような事柄に、公式を用いるといっそう正確を期すことができはしないだろうか。

つまりある人が一生をふり返って抱く後悔は、やり残した重要なこと（かつてはできたかもしれなかったこと）の、やり遂げた重要なことに対する比率に基づいていると見ることができる。（この公式から導かれることは人の後悔の大小は、やり残したことの大きさ、またはやり遂げたことの少なさに応じる）。自分の人生の満足の度合いは、その反対の比率によって定められるかもしれない、とすると、人の満足の大小はやり遂げたことの大きさ、または、やり残したことの少なさに比例する。そして人のまさしく死に面しての後悔は——かれのそれまでの生き方への後悔とは違うが——かれのいま行なっていることを死によって中断される範囲の広さ——つまり、その人が今なお行なう能力があるのにまだ成就していない重要な事柄の比率によると見られるかもしれない。このような測定を精密にすることはできないけれども、このような比率はどのような構造をもたらすかに注目することは、問題に光を投じることになる。

　老齢化という過程は、何かをする能力が減少することによって、まさに死に瀕したときに後悔の量を減少することになる。ここで言う能力とは人が自ら所有していると思っている能力のことで、ゆるやかな老齢化の進行がこういう考えを変えさせるわけである。とはいうものの、死にゆくに際しての後悔を少なくするために、あなたの諸能力をできるだけ減らそうなどと試みることは、人生のよい戦術とはいえないだろう。そんなことは、あなたが人生でなし遂げる量を減少し、したがってあなたが生きてきた生き方全体についての後悔を増大することになるだろう。またそのやり方では、重要な事を行ないたいあなたの願いを減らすことには全然ならない。しかも、一方ではそんなやり方があなたの後悔の心理的度合いに影響を及ぼすかもしれないにしても、人生が、人生の中でやり遂げたこととやり残したこととの比率によって決定されるものであれば、その意味で人生がどれほど嘆かわしいかには影響を与えないであろう。一般の道徳《モラル》には合理的に明晰で驚くべきことなどなにもない、すなわち、われわれは、しなければならない重要なことを行ない、生きるための重要な道とならねばならない。

　以上のような省察の主要目的は、重要なこととは何かを探究すること――それも死の準備をするためにではなく生を前進させるために、である。最悪の運命を避けることは、いうまでもなく重要である――自らの生の重荷に麻痺し昏睡状態になることではなく、また愛する者がむごい苦しみを受けている証人にむりやりさせられること、その他もろもろではなくて――積極的でよい事柄、活動そして存在のしかたをわたしは言いたいのである。「積極的な精神の健康」をつくりあげることとしてふつう心理学者たちの列挙するリスト――健康で信頼感があり、自尊心をもち、適応性があり、面倒をよくみること、等々についていえば、この本の主題は、すでにそういったよい性向が存在しているものと仮定することによってもっと明らかに特定できるであろう。すると問題はこうなる。こういう性向が与える大きな跳躍台に到達している人は、いかに生きるべきか。（これらの性向がすでに具わっているというこの仮定の導入は、ひとえにわれわれの関心を他の諸問題に向かわせるための知的操作にすぎない。というのも最初からこういう性向を十分に持たなくても、重要なことを追究し到達することはできるからである)。

ある人は死ぬ前にひどく苦しむ。弱くなり、歩行や寝返りも助け手なしにはできず、絶えず、痛みや恐怖や道徳感の喪失におそわれている。できる限りの手助けをした後でも、この人びとが苦しんでいるという事実をかれらといっしょに頒ち合うことはできる。かれらが独りで苦しむ必要はない、ということは、これが苦しみを軽くするか否かにかかわらず、かれらの苦しみを耐えやすくする。誰かが死んでゆくという事実を頒ち合い、一時的にでも、死が他者たちとの関わりを切断するやり方をやわらげ得る。誰かの死を頒ち合いつつ、われわれは悟る、いつかは自分の死という事実を他の人びとと頒ち合うことができるだろう――いつか、子どもたちが自分たちを慰めてくれるだろう――そして死を頒ち合ってくれた人びとがやがてかれらの順番がきたとき同じようにするだろう――と。現在と未来の状況を重ね写しにして、われわれは、同時に、慰めの与え手であり受け手であるという関係の両端にいると感じることができる。大切なこととは、今このとき自分がどちらの端に位置しているかではなく、われわれがひとつの死という事実を頒ちもつことではないだろうか。

いま気がつくのは、わたしが没頭している重要な仕事の終点までにもう半道以上も来てしまったとは考えたくない、ということである。もっともどの地点にいるかを決めるのには余裕があり、わたしは中間点を次々新しく設定することで境界線の調整をしている。「まだ人生の半道も来ていない」——これは三十歳後半か四十歳までは効きめがある。「大学卒業後のライフワークの半道」とわたしは四十五歳まで思っていた。「大学卒業後からいよいよの最期までの半道」がだいたい今のわたしの考えである。次にわたしは、そう遠くない未来に、もうひとつの中間点を見つける必要があり、こうして、少なくとも老齢になるまで、調整を続けてゆきたいと思う。そしてどう調整しても当分、半道以上にはならないだろう。けれども、これはすべて、後にしてきたことと同様に前方にもやるべきこと、なにかよいことが沢山あると考えることができようからである。おかしなことに、新しく目ぼしい中間点と次の別の半道をつくり出すように自分で境界線を移動しながら、にやりとしているときでさえ、これはやっぱり効きめがあるのだ。

　死は、常に、生の外側にある終わりとして人の生の境界を示すとはかぎらない。ときには死は生の一部分をなし、意味深い物語の方法を続けてゆく。ソクラテス、エイブラハム・リンカン、ジャンヌ・ダルク、イエス、ユリウス・カエサルの死はどれも、かれらの生よりなお後まで続く逸話をもち、単なる終わりではない。またわれわれはかれらの生を、あの不滅の死をめざして進んでゆく姿として見ることができる。男女を問わず、並はずれた人物が、その信念や生き方に殉じて死んだとしても、それらの死のすべてが必ずしもその人物の生の鮮烈な部分となっているわけではない――例えばガンジーの死はそうでなかった。死がまさに生の完成を形づくるとき、そうであることのゆえに、死はなにかいっそう歓迎すべきことなのであろうか。

われわれは、われわれの存在すべてが死の中に消し去られると信じることをいやがる。われわれ自らにとって、生が到りつき得るたんなる停止よりももっと深遠であるように見える。けれども「(死後の)生存」についての著作やその証拠としてあげられるものはチャチなもののように見える。おそらく、何であれ生き続けるものは、われわれと通信することができないのか、そんなことよりもっと大切なことをしなければならないのか、あるいは、間もなくなんらかの方法でわれわれが十分見出すだろうと考えているのか、であろう――いったいどれ程のエネルギーを注いで、結局、われわれは胎児たちに続いてくる領界があることを示す努力をしているであろうか。

もし死が消滅でないとすれば――もし――そうならば、死はどんな風であろうか。〈たとえもし非消滅ということが全くあり得ないと考えても、このあり得ない非消滅〈生き残り〉が起こるとされたり、仮定されるときには、いったいどんなことが続くのかについてわれわれはあれこれ思いめぐらすことはできる)。わたしの推量は――ほかの誰とも同じように――そこでは伝統的なヒンズー教や仏教の瞑想状態に似た特質、意識を、それもおそらく心像的(であって身体的知覚ではない)状態を含む、三昧《サマディ》、涅槃《ニルバナ》、悟りに類似したある状態の特質をもっているであろうということだ。

あるいは、人はみな死にあっては、生前に薬剤などの助けなしに、到達したと信じられる、最高の最も真実な状態に永遠にとどまるであろう。これを悟ることが、瞑想の巨匠たちは穏やかに平静に死に直面する（といわれている）理由であろうか。それとも、生き残りとはたぶん永遠に続く不死ではなく、むしろ、生に連続する生からの一時的な残響のようなもの、つまりもしもさらなる歩みが進められて、それを組織化し発展させるのでない限り、うすれ消えてゆくしかない残響音に似ているのかもしれない。

この見方からは、非消滅は、純粋に楽しいものとは言えない。人は自分に可能な最高の意識に到達する前に死ぬこともあり得るし、あるいは、自らの選択によって、自らをより低次の状態に永遠にとどまるよう宣告することもあり得るからである。もっとも、あなたが自ら信頼し努力して到達した至高の状態に永遠にとどまることは、永遠に最低または平均的状態にいるよりはもっと愉快な見通しではあるが。どのような二者択一のもとでも、たしかに、われわれは選ぶ機会《チャンス》が追加されるのを歓迎するであろうか――もしわれわれが、二番めの機会と知らずにひとつの機会を手にし、それを最初のと同様に浪費してしまうなら、ただ皮肉でしかあるまい。

このような理論を信じればすばらしいかもしれないが、真理はもっと赤裸なものではないだろうか。この人生は存在する唯一のものであり、その後にはなにひとつない。死をめぐって考えているときでさえ、わたしに身近に思えるのは、二者択一のうち輝かしい方の選択肢について思索することであるが、それでもわたしの考えの四分の一は、事柄はそういう風であり、いかなる場合にもその根拠によって生きねばならない、という方向に向かいがちである。もっと赤裸で剝き出しの見解に従うときでさえ、わたしはそれをただ「一巻の終わり《フィニス》」と呼びたくはない。少なくともわたしが言いたいのは、われわれは自分たちがあった通りのわれわれであったし、われわれが生きた通りの人生を生きた、ということは、これからも常にそうであろう、またわれわれの人生は他人に無関係ではないある永遠の可能性となることができる、ということである。

わたしは時折、暗澹とした悲劇的な見方に興味を覚えないことは、浅薄な生き方の徴《しる》しではないのかと思うことがある。とはいえ全く異なった気質もまた同等に価値があり得るのではないだろうか。偉大な作曲家たちにはそれぞれ独自の価値がある。そのうちの誰かが、他の誰かのスタイルで作曲していればよかったのに、と誰も願いはしない。われわれ以外の者にもまたそれぞれその基準には幅がある。

死後非生存説はうすら寒いが、不死にもまたもっと暗い将来像の数々がある。それは目下はSF小説の世界に似ている。いつか、コンピュータのプログラムは人間の知能様式《モード》、人格の型、性格の仕組みなどを捕捉できるようになり、その結果、未来の世代はこれらを検索することができるだろう。かくして、不死の双面の一方は実現されるだろう。つまり個人の人格がもつ、他人も経験できる首尾一貫した雛型《パターン》として存在し続けることが。そして他の一面は、それは事物や行為を経験し続けることだけれど、もしひとりの人間をカプセルに入れるプログラムが、この世界で活動しているコンピュータを支配するように作られたとすれば、まがりなりにも一部分は達成できたと言えるかもしれない。けれどもそんな不死は必ずしも全面的に祝福されるわけのものではない。一人の人間のもつ観念が誤用されたり卑俗化されたりすることがあり得るように、後代の諸文明も誰かある個人の人格を盗んだり誤用したりするかもしれない。すなわちそれを呼び出して当の個人が肉体をもって生きていたときには決して協力したいとも思わなかったような企画や目的に役立てようとするかもしれない。また巻き込まれるのは、単にあなたの「個人の人格」だけでは済まないかもしれない。もし仮に「あなたの」プログラムや経験がある組織体に植え込まれたり導入されたりすると、そういう経験をしているのはあなたただということにならないだろうか。すると、未来の諸文明は、結果として、ただ当然の報いを区分けして、天国と地獄を創り出すもの以外ではないかもしれない。

身体の死を越えて生き残りたいという欲望は、われわれ自身のためにこの地上で見出すことができるものよりもっと大きな目的、別の世界で遂行すべき任務をもちたいという願望から生じるのではないだろうか。われわれには各自、自分たち自身のためにひとつの魂——この意味の魂は生まれながらに備わっているものではないかもしれない——を形成するという務めがある、しかもこの場合の務めは、当の魂が何のためにあるのかを正確に知らないとますます困難になるものなのだ、と考えるかもしれない。おそらく、われわれが作らねばならないのは、われわれ自身の個人的魂以上のもの、さらには多くの魂の寄せ集め以上のものであろう。この世界の完全な実在性、それが複雑に織りなす相互関連過程、その美しさ、それの最も深い法則に呼応して、かつそれの内で、しかもそのあらゆる水準段階において、われわれの存在全体が占める位置を知ることによって、われわれは実在をある深遠で驚嘆すべき創造と見ることができるようになると思われる。これが実際にある創造的活動を通して行なわれるのか否かにかかわらず、われわれはそのような創造をもの語る諸相の輪廓を描き、感じ取りたいとうながされる。しかもこれらを探ることは豊かに報いられる。ある日、どこかで、ひとりかいっしょにか、われわれにもまたある創造に加わる機会があると考えることは、そしてまた、ここでわれわれはそれが行なえるようなひとつの道を発見しつつあるのだということは、心を躍らせ（また真剣にさせる）経験であろう。したがってわれわれの任務は、実存をできる限りよく知り、われわれの番がきたとき、たのしく悦ばしい創造の業を——たぶんわれわれの創造主をも喜ばせ驚かせるような業を——できる限りよくなし得るようになることであろう（われわれの創造主に対する関係とは見習い徒弟のそれではないだろうか）。

ごく最近の宇宙論では、ブラック・ホールは新しく創造された宇宙で、技術によって創り出すことができるかもしれないという見解をもっている。おそらく時がたてば、特定の性格をもったひとつの宇宙を偶然によらずにつくることもまた可能になるだろう。さらにもっと極端な理論もある。すなわち、死においては、人の組織立てられたエネルギー——霊とも呼ばれるかもしれない——が、人の死という事件《イベント》から、直交的《オルソゴナリー》にまさにそこでそのとき泡立ち生じるひとつの新しい宇宙を支配する構造となる、というわけである。

　この新しく創造されたばかりの宇宙の性格は、人が生前に努力して到達した、実在の水準段階、安定性、穏やかさ等々によって決定されるだろう。そしておそらく、人はその宇宙の神のような存在として永遠に生き続けるだろう。この不死は、少なくとも、通常よく述べられているのとは違って、退屈することはないだろう。とはいえ、多数の恐ろしい宇宙も同様な仕方で創られるのであるから、われわれは死ぬときはただある種の組織化されたエネルギーが今ひとつの宇宙創出へと花開くように希望したいものである。(すると、広大な規模で安定した科学的法則・過程や天然の美をもつひとつの宇宙へと至った自然を与えてくれたことを、われわれの神に感謝すべきであろうか)。それなら人間の生の最大の格言は、あたかもひとつの宇宙があなたの心象の中で創造されるかのごとくに、生きよ、ということにでもなろう。(以上の心躍る理論や悲しい指摘はどんなに誇大妄想狂に近いとしても、人は今や希望を救出するために帆をかかげて海に乗り出すべきだということを示しているのではないか)。

不死とは安心して到着することのできる最高段階の意識と存在を意味すると、最初にわたしが推測したとき、たしかに、われわれの今の存在と意識について大いに配慮しているからこそ、すすんでこの考えを不死に投射していた。けれどもこの投射の方向を反対にしてみることもできたのである。つまりまず不死はどう考えたら最善なのかを考察してみるがよい――不死はたいそう長い間続くのだ――それから（可能な限りの遠くまで）その最善の様式《モード》で、まさしく今を、生きよ。それよりもっと長い不死があるか否かはともかく、あたかも不死が連続し繰り返されるかのように今を生きること。そうしてただ単にあなた自身、あなたの人生のある相だけに頼って生きることはやめなさい。

とはいえ、いくつかの特別な事柄は、ほんの微量《わずか》だけ、望ましい。もしも未来に不死がないとしたら、そんな限局されたことのために苦闘しないのが一番よいのではないだろうか――そこでは結果として単調になったり不満になったりする心配は何もないだろうから――最善かもしれないが（しかし）単に不死とそれをめぐる選択肢が際限もなく永続するという仮定のために苦闘するのはやめて、われわれはあたかもわれわれの生と存在のある相が永遠であるかの如く生きるべきである、とわたしは言いたい。もしわれわれがまったく有限なものである、としても――わたしの七五パーセントはそう考えているのだが――このような生き方をする方がむしろなおいっそう重要になる。なぜなら、事実でないにしても、それによってわれわれ自身が永遠という品位を帯びることになるからである。

けれども、はたしてわれわれはそんなにも実存することに執心すべきであるか否か、わたしには分からない。なぜわれわれは、時間の内で生存し続け、死はなにか非現実になった終止というよりは休止であると教えられることを望むのか。本当に、常に実存し続けることを望んでいるのか。われわれの脆弱な同一性をもって永遠に旅することを望んでいるのか。ある意味で「わたし」という（変動した）意識の中心として存在し続けることを望むのか。それともどんな見《ショウ》ものをも逸することがないように、すでに実存しているいっそう広大なものの内に融合することを望んでいるのか。それにしてもなんというわれわれの欲深さ。もう十分だという時点はないのだろうか。

最期の最期まで生に縋《すが》りつこうとする衝動はわたしにも理解できるが、いまひとつの道程の方がわたしの心にもっと強く訴えかける。豊かな生の後、まだ精力、鋭敏さ、決断力のある人なら真剣に自らの生命を賭けるかもしれないし、他人のため、また高貴で立派な大義のために生命を投げ出すことができるかもしれない。でもこういうことを軽々しくあるいはあまりに急いでなすべきではなくて、いつか、自然死の訪れる前――当今の健康水準では七十歳から七十五歳の間くらいらしい――人は自らの精神と力を他人の援助に向ける、それも、もっと若くもっと慎重細心な人びとが敢行するよりはいっそう劇的で危険なやり方でそうしたらよいかもしれない。こういう活動は、病人に奉仕するために健康上の大きな危険を冒したり、圧政者と犠牲者の間に自らを介在させることにより――わたしの念頭にあるのはガンジーやマーチン・ルーサー・キングが携わった一種の平和運動や非暴力抵抗運動であって、犯罪者を追跡する自警団ではない――、あるいは暴力に蹂躙された地域内の人びとを援助するために、身体上の危害を蒙る危険を冒すことになるかもしれない。こうして悦んで重大な危険に身を挺することから得られる行動の自由を用いて、人びとの工夫発明の才能は、他の人びとを、個々にもまたは共同でも、発奮させる効果的な活動の新しい様式や方式を案出するであろう。このような道は、誰にでも開かれているわけではないが、死の前の数年を他の人を益するための勇敢で高貴な努力に用いることを考慮する人はいるであろう。この努力は真実、善いこと、美、あるいは聖《きよ》らかさという大義を進めるための冒険であり――穏やかに「おやすみなさい」の世界にはいることでも、光が消えることを怒ったりすることでもなくて、最期が近づくときに、自らの光をもっともあかあかと輝かすことである。

3 親と子

親である以上に強靭な絆をわたしは知らない。子どもを持ち育てることは人生に実体を与える。これをなし遂げることは少なくとも人生の実体をもったことになる。子ども自身、人間の実体の一部をなす。従属関係にとどまるわけでもなく、あなたの目的に奉仕することがなくても、それでも子どもはあなたの身体組織の一部なのだ。親はその子の無意識のうちに住み、子は親の身体の中に住む。（ロマンティックな配偶者は魂にやどる）。子どもとの結びつきはたしかに、もっとも深い愛、ときにはいら立ち、怒り、傷、を含むが、その結びつきは情動の水準段階にのみ存在するわけではない。わたしの……手が好き、なんて言っても、正確でもなく光を投じることにもなりはしない。

　わたしの知っている事柄の——ここでは人の人生に占める子どものこと、後では、性と異性愛についての——価値と意味を素描しながらも、価値と意味はまた他のルートに沿っても見出されることができるとは気づいている。他の人びとも自分たちが際立ってよく知っている事柄の特別な（そして共通の）価値と意味を呼び起こし吟味することを、わたしは希望しているのだ。

　子どもはあなたの持っている広い意味での自己同一性の一部をなす。子どもにあなた自身の野心を実現させるために重荷を負わせたり、そうでなくても子どもにその種の負担を感じさせるのはよくない。けれども、子どもの特質はどこかあなた自身のであり、あなたの広い意味での自己同一性が担う分業の中で、かれらはあるそれなりの課題をひきうけている、と感じることができる。親の業績が子どもにとって負担になることもたぶん有りえようが、不公平にみえる非対称性のかたちで、子どもの側の業績が親にはね返ることもまたある。

親になることは、その人自身が自分も親の子としていっそうよくなり、いっそう寛大で成熟した子どもになり、いまや自分の親たちに親として振舞わなければならなくなるのを助ける。自分の親の親となる変化のひとつの側面は明らかで、かれの親がもはやひとりでは充分うまくやっていけなくなったときに世話をすることである。今ひとつの側面は、この関係状態に責任をもつことである。子どもが幼いときは、この関係を維持し監督しなんとか釣り合いを保ってゆくようにすることが親の任務である。でもあまり長くない期間に、おそらく、この責任はもっと双務的になり、やがて、この関係を維持するのは今や成長した子どもの側の務めであり、ときには両親にショックを与える事柄を避けるために、甘やかしたり愉快に冗談を言ったり、残された親の片方に慰めを与えることがかれらの任務となるが、人にこうした事態が分かる前に、そうなってしまう。もしも青年期が時折の親への反抗によって、成人期が親からの独立によって特徴づけられるならば、成熟を示す徴しは親の親になることである。

『リア王』の劇の進行につれて、コーディリアは成熟する。最初、かの女はこの上なく純粋な誠実さの頂点にいて、リア王の感情を傷つけたり大勢の前で面目を失わせることになんの痛痒も感じず、かの女の愛情を誇張することを拒み、ただ「わたくしの絆に従って、それ以上でもそれ以下でもなく」愛を捧げる。愛の表現に限界はないはずだが、コーディリアは姉たちが全身で父王を愛しているなら、どうして結婚するのかといぶかり、自分は半分だけ愛そうとはっきり言う。ほかならぬコーディリアこそ、父と暮らしているのだから、リアをどう扱い楽しませ、二人の関係をどう按配し維持してゆくか、知るべきであった。このことは苦痛のうちに学び知られる。後年リアから特別に父を憎む理由があるのかと訊かれると、かの女は「いえいえ理由なんてなんにも」と答える。けれどもリアがかの女には姉たちよりもっと理由があったはずだと言うときかれは正しい。コーディリアは第一幕で、自分にはこれこれの程度の理由があると言えばよかったのである。なぜならかの女はかの女がきびしく良心に従って見た通りに正確に真実を述べようと一途に思いつめて、まったくそれほどまでにひどく苦しんでいたのだから。しかし、かの女自らそしてまたリアも苦しんだ後、コーディリアは自分の愛を表現できるようになる。かの女は半分だけ愛すると口に出さずに、自分といっしょに暮らしましょう、と言う。かの女は今や、父を憎んでいたからこそ、「いえいえ理由なんてなんにも」と言うことが——また感じることができるようになったのである。

成人になることは、もはや子どもでなくなる道であり、従って、自分の親たちと関係を結び、単に親たちのように振舞うばかりではなく、親たちがあなたのように振舞うことを要求したり期待したりすることを止めることである。そしてこのことはまた世間を親の象徴として期待視するのを止めることも含んでいる。両親にふさわしい愛を象徴的に表わしている何かを世間の人びとから得ようとする試みは不可能に近い。可能なことは、この愛の代替物、すなわち今や成人したわれわれが、いくらかそれと同じまたは類似の機能を遂行する何か他のものを見つけること、である。何かの代替物と、それが象徴しているはずのものとの相違は、錯綜し複雑である。けれども成人して成熟した大人になることは、この相違をよく習得し、どんなにもの足りなくても、大人にふさわしい代替物に心を向け代えることができるかどうかにかかっている。これができてから、ようやく、あなたの両親がどんなに愛情深かったかを発見することになるだろう。

他人に何かを遺贈することは、その人たちへの心づかいの表われであり、互いの絆を強めることである。これはまた、自己同一性の拡大の徴しであり、またおそらくときにはそれを創り出すことである。受贈者たちは——子ども、孫、友人、その他誰であれ——受けとるものを苦労して入手した訳ではない。もっともある程度まで遺贈してくれる人の愛情をつなぎとめておくためには苦労したかもしれないが、遺贈によって関係性の絆を目立たせ供与する権利を苦心して入手したのは贈り主の方である。

けれども受けとられた遺産は、ときとして幾世代にわたってもとの入手者や贈り主を知らない人びとに渡され続け、富や地位の不公平な連続をつくり出す。こうした人びとが受け取るものは、もはやもとの親密な絆を表現したり、その絆から派生するものではない。ある人が苦労して入手したものを、愛し選んだ人びとに渡すことは、たとえ当を得たことと見えても、渡された他の人たちが同じことを繰り返すのは、当を得たこととはとても信じられない。そしてその結果生じる不公平は正しいとは思われない。

これを解決可能にするひとつの方法は遺産相続の制度を改め、人びとが遺贈によって手に入れたものの価値を、かれら自身が遺贈することのできる所有財産から差し引くような税制にすることであろう。こうすれば人びとは自分が引き継いだ遺産(の額)に自分自身でつけ加えた額だけしか、他人に残すことができなくなる。また遺贈先は好みの誰か——配偶者、子、孫、友人その他とすることができる。(さらに制限をもっと厳しくして、これらはすべて実際に絆で結ばれ関わりのある実在する人びと——ないし胎児——であることという制限を加えていいかもしれない)。しかし、贈与を受ける人びとは、これと同様にはそれを手渡すことを許されない。もっとも、自分の選んだ人びとに自分が働いて得てふやした分を渡すことはできるけれども。こうすると滝川のように遺贈が幾世代にわたって流れ続けることは防げるであろう。

単純な減算規則は次の世代が努めて寄与するものを――富を継承する方がその蓄積をいっそう容易にするであろうが――どうにもならないほど混乱させるということはない――もっともこの規則は大まかに役立つだけであるが。*ひとりの人に多数の遺産をおくることを許し、しかもこれらを、それ以上繰り返したりその先を定めたりできない一回きりの手わたしに限定することは、心づかい、愛情、同一性の絆の重要さと現実性を尊重しつつ、これらの絆を一世代に限定もせず――孫はたぶん直接に与えられよう――拡散して人格的な実体なしに踏襲される遺産の殻《から》だけが残るということもない。

もしも関心が個人的な絆の現実性や価値に向けられているのなら、なぜ遺産を受けた者が、まず遺贈された分だけ自分の土地財産を減少させてからでなくては、次に伝えることが許されないのか、と問われるかもしれない。つまり、遺産を受けた人はたしかに、自身

*税金において最初に差し引きされるべき額の決定のためには、遺贈の際受けとったものの貨幣価値が、時価の通貨で計算され、インフレやデフレによる修正が行なわれるが、実際にまたは見通しで得られる利子は含められない。遺産から利子を得るように運用することは、わたしの考えでは、問題ない。最初の遺贈分金額から減額された後、譲渡され得る儲けと考えられるから。もっと困難な問題は次の点である。すなわちある特定の種類ないし価格の贈りものもまたこれに含められるのか。またいったいどうすれば、この提案は、人生の終わりに近づいた人びとの富が、税の差し引く額をそんなに上廻らないとき、浪費してしまいたいという誘引を与えることなく避けられるか、ということである。

の子ども、友人、配偶者に対して、遺贈してくれた人の場合と同じように強い絆をもっているはずである。しかし、多くの哲学者は、ヘーゲルもそのひとりだが、所有財産の入手や創造の種々な方法は自己の表現とその一構成部分であり、したがって人の同一性つまり人格性はそのような創造のうちに染みこんで展開され得るという考えを批判してきた。

最初の創造者や入手者が何かを次に伝えるとき、その自己のかなりの部分は、この行ないに参加しそれを形づくる。また、その程度は、自分が創り出さずにただ受けとった人が何かを伝える場合よりもいっそう大きい。もし所有財産とは何ものかを（消費、変更、転移、使用、遺贈）する諸権利の束とすると、遺贈の際、この諸権利のすべてが移されるのではなく、特にこの細目《アイテム》を遺贈するという権利そのものは移されることなく——これは最初の入手者ないし創造者に付着する。

極端に富裕な個人がその完全な直系家族を富まし続けることを阻止するためには、遺産贈与の制度にさらに限定を加え、指名された個人受贈者は現実に存在していなければならないとすればよい。この第二の限定は、第一の方がそうでないとしても、反対を受けるかもしれない。例えば筆者の息子、デイヴィッド・ノージックが持ち出した次の反対を考えてみて欲しい。瀕死の床にある、子のない男が、その精液を精液銀行に寄与し、法に従って未来に生まれるかもしれない自分の子ども（たち）に財産を残したいとする場合もあるのではないか。そしてもしこの場合を許したら、また、いま現実に存在している孫たちに直接お金を残す人に、当人が死んで何年も経ってやっと生まれてくる孫たちにも残してやれる備蓄をも許可してやりたいと思うのではないだろうか。それらを許し、しかも富の創造者がいく世代にもわたって自分の家族の富と力を存続させたいという拡大した関心を阻止できるような、何か原則的な方策があるのか。(この最後の例は、心づかいを必要とする現実の関係の重い絆の証拠とはならないと思う)。おそらく、以下のゆるやかな規制で十分であろう。人は二人のまだ生まれない人間に遺贈してはいけない。この二人とは、ひとつの家系の現実に存在する最終の結節点の末裔だが異なる世代に属する。第一の規制条件は、もちろん、そのままである。つまり、だれかが遺贈することのできる土地財産から差し引かれるべきものは、当人自身が相続した額という点である。

注目すべきは、遺贈する力はまた、未来の受贈者が期待を満足させるように振舞わないときには、陰に陽に脅迫を通じて、遺贈しない、という支配力をもまたもたらし得ることである。多くの金持ちが配慮するのは、この力とそれによって継続する支配であって、個人関係の絆を強め表現する能力ではないこと、しかも金持ちの柔順な子弟や縁者たちは、相続制度などなかったとしたらもっと富み栄えていただろうということをわれわれは推測してもかまわないだろう。

金持ちが自分の時間を熱心に金集めに使ったりしているのは、子どもたちにこの金をゆずることができるからである。金持ちでないわれわれは、どのようにして、われわれが執心し続けたものを残すことができるだろうか。わたしは人生を、ものを考え、読書し、人に話したり人の話に耳を傾けたり、何か習いごとをしたり、旅をしたり、眺めたりして過してきた。わたしもまたこれまでに集めてきたもの——いくぶんかの知識と分別とを、子どもたちに残したいと思う。人が自分の知識を丸薬にまるめカプセルに入れて自分の子どもに飲ませることができたらと想像するのは楽しい。しかしそれでも金持ちは、なんとかしてそれをもまたかれらの子どもたちのために買い求めようとするのではないだろうか。おそらく科学知識と調査技術の担い手たち、大人の知識を伝えるある手続きを開発できるだろう。それは、遺伝子が提供者《ドナー》のと重なり合う受容者の神経単位《ニューロン》に依存するはずであり、提供者の遺伝子を半分頒けもつ者たちだけが受け取る側の最終点となるはずである。（したがって残念ながら、これは養子たちには役立たない）。子どもたちは、したがって、親たちの分枝系《クローン》となることはないだろう——この知識を、ちょうど本の場合と同様に、かれらなりに吸収し、利用し、その上に構築してゆくであろう。もしこれが可能になれば、社会は幾世代にわたってどのように変わってゆくだろうか、それはSF小説のひとつの題目である。

もちろんこの図式は望ましくないものである。真に価値あるものに関しては、われわれは皆だいたい公平に出発する——わたしはかつてどこか他の所で、われわれはみな思想の国への移民である、と書いた。理解や知識の不平等が幾世代にもわたって積み重なることがあるとすれば、その結果は人を抑圧することとなろう。またもしある知識を他人の知識に依存させ、その上に築いてゆく方法が与えられるとすれば、物質上の富について示唆した規則系に類似したもの、すなわち誰かが、何であれ自分自身が得てきた知識から、まず自分に渡された分を差し引いて、次に譲り渡そうという規則系を考察することはなんの意味もあるまい。とにかくわれわれは、知識や理解——そして好奇心とエネルギー、親切、愛、熱心——のような真に価値あるものに関しては、これらをわれわれ自身のため、自分たちの子どものためだけに死蔵したいとは思わない。もっとも実際にわれわれが直接できることといえば、価値あるものを評価して、その実例を見せることなのであるが。

4 創造すること

創造活動は、芸術や知性の領域よりも広く、日常生活の中でもまた生じ得る。かなり貴重なそういう例は、それ以外のための明快な範例を与える助けとなる。しかしこの話題について語ることは、しばしば、虚栄心や憧憬の念を示唆することになる。「創造の目標は自分自信を頒ち与えることである」というボリス・パステルナークの言を引用しながら、ナジェージダ・マンデリシュタームは書いている、「われわれの間では、わたしには忘れられないことだが、この意味での「創造する」という言葉は禁忌《タブー》であった。一日の仕事を終えた画家が、きみに「今日は大いに創造した」とか「創造の後の休息は気持ちいいものだ」とか言ったとしたら、きみはこの画家のことをどう思うだろうか。「自分自身を頒ち与える」——別の言葉では自分自身を表現する——ことは、ひそかに、自分自身を主張し高めようとする欲望に前進を委ねることなしには、それ自身の目的を達成するわけにはゆかない。でも何故、ひそかに、なのか。ぜったいに厚顔無恥なことだからだ！」と。*イタリアの文芸復興期に創造性という概念が誕生するやいなや、後代の——ミケランジェロ、ブルネレスキ、レオナルドその他大勢の後に続く——どんな人でも、どんな場合でも、自身の作品を真剣に考えることは不可能になった。ここではこの現象についての明晰な理解を、ささやかな諸例の中で、得るように努めてみよう。

創造的であるとは、何か新奇なものをつくったり、行なったりすることである——ここまではそれでいい——がしかし、ではいったい創造性とは何かということになると、さらに子細にわたって言葉を加えねばならない。もし単に偶然に生じたものなら、創造的とは見なされまい。創造的であるためには、ある能力を行使して新奇なものをつくったり、行なったりし、しかもそれ以外の時と場合にも同じことができなければならない。ある事物は新奇だがなんの価値も用途もない、ということがあるので、創造的行為とは、価値ある何かをつくらねばならない、と言い足したくもなる。けれども、悪を行なったりつくりだしたりする点で、創造的であるということも可能かもしれない。われわれの関心は、ここでは、望ましく価値のある何かの創造に寄せられているが、他方で、われわれは創造的活動のもっと一般的な概念を特定して、当の活動が、高く評価できるある次元で何か新奇なものを、たとえその新奇さが否定的な方向へ向かっているにしても、つくりだす（ないしそれ自身がそんな何かである）場合、その活動を指すものとすることができよう。

太陽のもと真に新しきものありやなしや、はともかくとして、創造的行為は、当の創造者がそれ以前に出会ったり知っていたりするものと比較して、斬新で新奇な何かをつくり

＊Nadezhda Mandelstam, *Hope Abandoned* (New York: Atheneum, 1974), p. 331.

だす。もしその創造者に知られないままに、誰か他の者がすでに類似の、ないしは同一の何かをつくりだしていた――例えば、特殊な数学理論を考案し証明していた――としても、それでもなお当の創造者の行為は、ある創造の行為であったことになろう。重要なことは、こういう昔の発見の結果が、新しい発見者の行為の新しさをうすれさせるようなかたちで、漏れ出して新発見者に知られるようになってはいないことである。ある行為を「創造的」と呼ぶことは、それを実際に出現させた材料や、当の創造者のそれ以前の実験や知識とのの関連の中でのみ特徴づけることであって、宇宙開闢以来の歴史の中でそれに先行した一切のものと関係づけての話ではない。*

創造することは、全部か無かという事柄ではない。何かがどれほど創造的であるかは、それがどれほど新奇か、またそれがどれほど価値あるものか、の両方にかかっている。そしてこの両方にはそれぞれに程度がある。創造性の量を決定するために、これら二つの因子がどのように結合するか、を示す定式は可能かもしれない。しかし、それをここで提示する必要はないであろう。ある行為ないし成果が既存のものとは異なって、「新奇な」と呼ばれるかどうかは、どの類似点および相違点が際立ち重要である、と見なされるかにかかっている。すべてのものは、いくつかの点、たぶん高度に人工的な点で、他のすべてに似るし、また他の点では異なる、とは言いふるされているところである。われわれが何かを新しくて他と異なると呼ぶかどうかは、部分的には、われわれが実際にどのような仕分け棚を用いて分類を行なっているかによる。それは既知のものと同じ範疇に入るのか、それともそれ自身の新しい範疇を要請するのか。またさらに新旧の判別は、その新範疇がふるいものとどれほど異なっているか、にかかっている。私にとってきらきら輝く新定理とみえるものも、練達の数学者にとっては、ある既知の結果から明白な系を引き出したにすぎない、と見えるかもしれない。われわれが他の星や銀河系からの存在に遭遇するとき、もしわれわれとかれらの分類の仕方が異なっていたり何を当然次に踏むべき明白な一歩と見なすかの感覚が違っていたりするならば――しごくありそうなことだが――われわれの創造という用語の意味もまた異なるはずである。

次の一歩が明白になり得るひとつの道は、先行する実質材料から、既知の規則を機械的に適用することによって、直接にひきだされるという方式による。例えば、いま現にある多色の幾何学図形が、そのすべての色を、それぞれ色円盤上の反対色で置き換えることによって、変えられる場合のようにである。あちらの規則をこちらの特定の場合に適用することが創造的な飛躍と見なされるのでないかぎり、新しい成果は、それがたとえどんなに

＊John Hospers, "Artistic Creativity," *Journal of Aesthetics and Art Criticism*, 1985, pp. 243-255 参照。もっとも科学のうちでは、真実第一の発見者になる欲望が強い。Robert Merton, *The Sociology of Science* (Chicago: University of Chicago Press, 1983) は、この点の役割と機能について分かりやすく論じている。

見かけや性質の点で以前のものから異なっていようとも、創造的と見なされはしないだろう。たぶんある成果が創造的であるためには、それが単に以前のものから異なっているのみではなく、自分の先行者たちに対してどんな特別の明白な関連ももっていないことが必要である。（以前にあったものから明確な規則の機械的な適用を通じて引き出されることは、明白な関連をもつことと見なされる）。さもなければ、おそらく結果として出てくる製作品は、新奇な特徴をもっているかもしれないけれども、創造的と称されはしないだろう。なぜならそれをつくりだす行為そのものは、新奇でも創造的でもなくて、単にあの規則のもうひとつの適用にすぎないからである。どんな場合にしても、われわれは何かを、もしそれが創造的な過程を通じて出現させたのではないならば、それが以前にあったところに比較して新しく価値のある特徴をもつにもかかわらず、「創造的」とは呼びたくない。

創造的な過程は、いつもその都度に創造的な製作品を実際につくりだす必要はない。もしもピカソが絵を描く途中で死んだとしても、かれは創造的な過程の只中にあったことになろう、そのときたとえなんの価値ある成果もまだ結果していなかったとしてもである。むしろわれわれは、創造的な過程とは創造的な成果をつくりだすであろう過程である、と言ってもいいかもしれない。しかしこの定義はなおあまりに厳しすぎる。仮定法形式はひとつの改良ではある。というのもそれはわれわれに、ひとつの過程が邪魔されてなんの結果ももたない場合ですら、創造的であると言うことをゆるすからである。しかし創造的な過程は、つねに価値ある結果をつくりだすであろう過程である必要はなく、それどころかその都度五〇パーセント以上の確率でそれをつくりだすだろうという必要すらない。その過程が、他の過程や人びとに比較しての話だが、創造的な結果をつくりだす手応えを感じさせれば十分で、たとえその絶対的な成功率は低くてもかまわない。アインシュタインは天才的発想で、物理学の斬新で価値あるいくつもの理論を構想していたが、かれがその課題に取り組んでいるときには、以前ブラウン運動や特殊相対性あるいは一般相対性の理論を案出したときと同様に、創造的過程に没頭していた。たとえその過程が実際に価値ある結果を産みだすのは、アインシュタインが試みた回数からすればほんの僅かなパーセンテージにすぎないにしても、それでもかれ以外のわれわれが物理学で成功する率に比べれば、はるかに高いパーセンテージであった。人は打率五割を超えることなしに大リーグで首位打者になり得る。(もちろん、ここでの「過程」はそれをしている人を含んでいる。首位打者が懸命に取り組んでいるのはほかの連中のそれと同じ手順でもあろう、ただかれはそれをほかの人よりもうまくやるだけのことである)。

もしもわれわれ自身のにせよ別のにせよ、ある文化圏の中にいる誰かがわれわれのとは異なる価値基準をもっているとすれば、たとえわれわれからすればその人が新奇につくりだした成果のうちになんの価値もない場合でも、われわれもやっぱりその人を創造的と呼んでいいのかもしれない。というのは、これらの成果は、一種の、われわれが創造的と呼称したい過程、すなわちただ当の過程が、価値あるものとは何かについてのもっと正当な概念によって違った方向に向けられていさえすれば、普通以上の頻度で価値ある成果をつくりだしたであろう、そんな過程によってつくりだされたのかもしれないからである。

いったい、真正の創造を保証しながら、それに伴う面倒にわれわれを巻き込まないような機械的で端的な規則なんてあり得るだろうか。そんな規則が可能だというありそうもない仮定を立ててみても、すぐそこに矛盾が生じてこよう。この規則は、価値のある、しかもほかの人びとには新しいと見える事物をつくりだすことを保証する。しかしもしわれわれのつくりだす成果が、この(機械的な)規則を意識的に適用して出てくるものだとすれば、とても創造的とは見なされないだろう。(もしむかしの創造的な人びとが無意識にこのような規則を適用していたとすれば、これはかれらの創造性を疑問視させるであろうか)。*もの書きたちの中にもまた、この規則の機械的適用による創造を排除するような主題をほかにも強調してきた人たちがいる——例えば、作曲家が、基準に従って正しい成果を得ようと試みながらも、それをいつも批判的に制御し続けようと努めている、しかもその基準は、自分の作品のほんとうの姿を発見してゆく道程の中で、なんらかの修正を施されている、といった場合である。

けれどもわれわれは実際に創造性に関心があるのか、それとも単に結果としてでてくる(外見上)新しく価値ある成果だけに関心があるのか。たしかにほかの場合に関しては、単に成果だけがわれわれに大切とみえることもあろう。それは日常の消費財に対するわれわれの態度を考えてみればいい。しかしわれわれがベートーヴェンの弦楽四重奏曲を聞くに際して、もし仮にかれが誰か他人の創造した作曲用の規則をたまたま手に入れて、それを機械的に適用したことが露見したとすれば、その感興は削がれてしまうだろう。そこにはもう、何かが、かれが深く感じ知った何かが、われわれに伝えられているのだと感じさせるものはなくなるだろう。もはやわれわれは作曲行為を驚嘆することも、かれの作品を人間が環境を超え出ることのできる能力を証するものと見ることもできはしないであろう。でもおそらくはベートーヴェンの天才と創造的閃きもまたかれが創造したわけではなかった。それではこれらは、かれがたまたまぶつかったかもしれない作曲の外的規則とどのようないちじるしい相違を示しているのか。相違させるのは、単にかれの天分の内在性なのではない。もし仮にかれが作曲のためのちっぽけな機械を手に入れて、それを鵜呑みに

*もっとも、こんな規則を自分自身のために発見して、すぐ適用することについてはどうか、ということにもなろう。その規則の発見行為自体は創造的である。では次に、その規則を自分で適用した点は、（信じがたいことではあるが）当の規則の適用が単に機械的になされたとすれば、どうなるか。この点は、この規則の雑多な適用は創造的ではないが、そこから結果する成果は創造的だと言っていいかもしれない。なぜならこれらの成果の起源は、発見者自身の、規則形成という独創的な創造行為にまで遡るからである。

して、ちょうど自動ピアノがやるように、作曲できたのだとすれば、われわれはかれの作品を、いま実際に感嘆しているように、感嘆するわけではあるまい。ではもし仮にかれが、ある機械が音楽の主題と構成のための発想をつぎつぎ産みだすことのできるのを、鵜呑みにした上で、それらの発想をあれこれ評価しながら、変更を加え、いじくり廻して、最終作品にまで仕上げたとすれば、どうなるか。かれ自身の功績は、共同作業チームの一協力者のそれとなんら相違はないことになろう。つまりひとりは素案を発想し、他方はそれらを評価し、洗練し、念入りに仕上げてゆく。もっとも、たとえ単独の創造者の脳も協力関係にあると見立てればひとつの機械に比較され得るにしても、実際に「協力者」の一方が一箇のものである場合には相違は厳然としている。（しかしまた、こうして比較することすら、誰かが自分の天分を耕し、発揮しようと努め、錬磨し、洗練するなどの幅広さを過小評価する羽目にもなろう）。というのは、発想を産みだすのは、この発想がどのようにして生じるかの説明がどんなに「機械的」なものと露呈しようと、ひとりの人の脳である限り、それらの発想は、当の人にまつわる何かを表現し、啓示するものとわれわれに分かるであろう。そこから結果する創造的成果は、人間同士の伝達行為として、新奇さをつくりだす人間の能力の発揮として、見られよう。

創造する人に関しては、もっとこれ以上の何かがある。作曲など芸術上の創造の——また大いに議論の余地のある理論上の創造の——営みの重要な部分は、創造者自身にかかわる営みである。創造的な営みと成果は、ときには無意識に、創造者自身を、あるいは見失われている断片や部分を、また欠けている部分を、さらには良心の役割を表わしている。その営みや作品は、創造者の代理者であり、類似体であり、いじくり廻されるちっぽけなブードゥー呪いの人形であり、創造者自身やその一部分を変形し、作り替え、癒してゆくべき道となんらかの類比をもつものへの変形と作り替えなのである。芸術作品を形づくったり、精巧なわざを加えたりする過程には、その衝動の重要な部分として、自己自身の諸部分を再形成したり、統合することが含まれる。自己自身にかかわって要請される重要な営みは、芸術上の創造の過程のうちに模写され、そこに象徴される。(自己自身にかかわる営みの方もまた、実際にそれを模写する創造的な営みを通じて進展してゆくのであろうか)。作曲家自身は、聴衆の心のうちに、自己と人生を分節化し変形する道と可能性を表現し得るわけである。

創造性自身が重要であって、単に新しく新奇な成果だけが重要ではない理由は、思うに、そんな創造的活動が個人に与える意味が、十全な意味での自己変形、つまり自己自身の変形でありまた自己自身による変形であるからであろう。作曲のような芸術上の創造過程は、われわれ自身の自律的な回復力および変形力を表わしている。たぶん規則を機械的に適用した結果としての芸術的成果もいくぶんかは新しいわれわれを表わすことがあり得ようが、しかし「きみがここからあそこへ行き着くことはできませんよ」では慰めにはならない。

だがそれが創造的に行なわれるときには、芸術的成果は、われわれ自身の拡張と回復の力のおかげで到達し得るもっと大きな全体自己を表現する。

芸術的創造は単に自己自身に関する、などというものではない。それはまた自己の主題、技術、実質材料、主要問題、形式上の関係連関にかかわる――たぶんなにより第一に、かかわる。しかもその上に創造は、前述したような個人に与える意味ももっていて、これがもうひとつのいささか謎めいた現象を説明するのに助けとなる。つまり個人が創造的になる時期は待たれ、予感され、激しく焦慮され、ぞくぞく身震いするほどでありながら、にもかかわらず、それはしばしば回避され、延期されることが多い。いく日も、いく週間も、いく月もが、ただそれのみに捧げられた立ち往生の状態が起こり得る。確かに、空白の画布や空白の第一頁は通常、跳び越えねばならないひとつの障害物であって、楽しみなんかではない。もっとも、途中は楽しいがはじめはつらい活動はほかにもいろいろあるが、それらはこれと同じような形で延期されるわけではない。例えば旅行で、荷造りのはじめの過程は緊張《ストレス》でうんざりする場合ですら、われわれは夏の休暇の旅に出かけるからである。でもたぶん、創造活動を始める場合には、ちっとも「霊感《インスピレーション》」が湧いてこないという悩みがあるのだ。しかも経験と練達の人びとでも、しかもすでにもう次に何をなすべきかに関してぞくぞく興奮する有望な発想を得ているときですらやっぱり遅れることはあり得る。だからこの遅延の現象はやはりなんらかの説明を要求するわけである。

答えの一部は、疑いもなく、創造活動の文字どおりの強烈さとひたむきさにある。そのため他の要求は脇に押しのけられたり無視されたりしようが、それらが抗議を起こしてくるのかもしれない。しかし創造の営みはまた、象徴的に言って、自己自身へ作用する営みである。これの結果はなんら予測できない点をもつ。なぜなら計画された営みでさえ、それが実行されている間に重要な変更が加えられるからである。自己自身に気をもませるのは、どんな芸術作品が結果してくるだろうか、またこの新しい作品がどんな新しい様式《ニューモード》での自己形成を表現するだろうか、という点であるかもしれない。たしかに、創造することは、それが生起する時点で制御されている。ものごとはその過程で変更され得るし、創造は単純にローラー・コースターに乗って走っているわけではない。しかも予感され待望されている変化ですら、そのために変更されたり、重要性の点で格下げされたりすることになる自己自身の諸部分にとっては、歓迎されないことがあり得よう。自己自身に関する象徴的な営みに含まれるさまざまな変化をめぐって正反対の気持ち《アンビバレンス》がぶつかり合うことが延期や立ち往生となって噴出するわけである。(この遅延の間に、ある部分は自分たちのためにもっとよい条件を強引に引き出すのか?)*

経済評論家たちは「企業家の抜け目なさ」について語るが、これは、新しい儲け口にいつも注意して、機会を逃さず摑みかかる用意を怠らず、ものをつくる新しい方法や新しい製品を考案し、消費者が歓迎する可能性を想いめぐらし、新しい経済連携の機会をぬかりなく窺うことである。*

この種の人びとは、想うに、絶えず企業のアンテナを儲ける機会へと向けてきた。何に対して油断なく眼をひからせているかが、その人物を露呈するし、また形づくる。創造的な人びともまた抜け目なく眼をひからせているが、それは金儲け屋たちとは違った何かに対して、すなわち新しい研究課題、現在の研究課題に役立つはずの発想、現在進行中の仕事に利用できる新しい連携、要素、技術、ないし素材に対して、である。これらの人びとは、環境を、しばしば無意識に、素早すぎるほどに走査し、自分たちの出会うあらゆるものを目下の課題や新しい研究課題に関連づけて検査照合する。つまり創造性もまたひとつの目標であるとすれば、かれらは新しい可能性を示唆するものごとに抜け目なく眼をひからせているわけである。けれど全体としてみれば、この走査と査定は意識することなしに行なわれており、意識して評価されるのに十分に有望になるものなどほとんどまれである。

あのベンゼンの分子構造を発見した化学者、フリードリヒ・ケクレに関する有名な逸話がある。しばらくあの構造の問題を熟考した後で、かれは夢に一匹の蛇が自分自身の尻尾を咬むのを見た、そして環状構造の仮説にまで追い詰めていった、というのである。この挿話的な出来事についての通常の解釈は、ケクレはすでに環状仮説にほとんど到達しかけていた、かれが尻尾を咬む蛇を夢見たのは、かれがすでに（ほとんど）ベンゼンの構造に関していだいていた発想が原因である、というのである。でも、何故当の発想はこんな夢の形でかれにやってきて、目を覚ましているときにではなかったのか。(かれが自分の仮説を抑圧し変装させたにしても、それを、目が覚めたら直にわかる程度の貧弱さで行なったことに対して、何か信頼できるフロイト流の機械的説明があるものなのか)。この事件についてはもうひとつ別の解釈もとることができよう。自分の尾を咬む蛇という主題《モチーフ》は多くの文化に共通である――疑いもなく、ユング派の人びとにはこの点に関して大いに言うことがある。ケクレは、この夢を、ちょうどそれに先立つ幾夜かに見た数々の夢と同様に、あれこれの理由で夢に見た。この研究課題に打ち込みながら、かれはベンゼンの構造への糸口になるどんなものにでも、問題解決を示唆するようなどんな類似、どんな細部に

*ひとつの部分の格下げは、その充足の絶対量においての場合もあれば、相対的な地位において、例えば最重要の三番目から十九番目への降格としての場合もあろう。そしてある部分が抵抗するのはこの後者に対してであり、たとえ全体の変化がその充足の絶対量を増進させようとも、そうするのかもしれない。霊的な発達に対する一見逆説的な抵抗現象もこれと同様な過程を含むといっていい。

けれどもすべての遅延の原因が必ずしも同じではない。明白に企画された芸術構造が、それを受け入れるはずの素材には不適格な場合には、遅延はもっと適格な実りある構造を案出するものを助けることにもなり得る。また熟成が生起し得るのも、それの基礎構造のうちでひとつの営みが成熟し、相互連携を獲得し、重みを手にいれて、充分な成熟に達するところにおいてなのである。

*Israel Kirzner, *Competition and Entrepreneurship* (Chicago: University of Chicago Press, 1973) 参照。

でも、極度なまでに抜け目なく眼をひからせていた。先立った夢の数々は他の仮説を示唆していたかもしれないが、かれはそれらを手許にある資料に適合しないものとして速やかに除去することができた。かれはこの蛇という糸口を摑み、それこそ自分の課題に適するゆえにどこまでも追いかけていたのである。けれども、目覚めている間にかれはまた他の仮説の円環も考察したのにちがいないのに、何故これらは同じ新しい科学構造を示唆しなかったのか。円環はごくありふれたもので、それらの中で、日常生活の一部としかみられなかったほかのものは、背景の中へ消えて行ったのであろう。他方、夢の円環は、他の理由で際立ち有力だったので、かれの注意を捉え、その結果かれの研究課題に、ぴったりのものとして検討照合されたのである。*

人間は、どれだけ多くの違った領域での抜け目なさをひとりでもち得るものか。企業家としても抜け目なく、創造的にも抜け目なく、自分の子どもたちの仕合わせに影響するものごとにも抜け目なく、いまの職業に代わるまた別の職業にも、国際平和を増進させる可能性にも、冗談を言ったりぞくぞく興奮したりする機会などにも抜け目なく、これらのそれぞれと連関して視野に浮かんでくるあらゆるものを査定し、その後でもっとも有望なものをさらに吟味し続けることができるであろうか。それは経験からする心理学的調査のた

*同じような問題点をクリストファー・リックスが提起している。かれの報告するところでは、T・S・エリ

オットは、自分の評論を訂正するに際して、かれが訂正した文章は、しばしば、すでに当の文章に欠陥や不適切な点があることを注意し指摘する語を含んでいた（"T. S. Eliot: A Centennial Appraisal," Washington University, St. Louis, Oct. 2, 1988）。［イ］エリオットが最初にこれらの文章を書いたときに、リックスが信じているように、かれは無意識に何かがおかしいと覚り、それゆえにその文章中にあの再帰的な批判語句を書き込んだのか。

他の説明も可能である。［ロ］［1］誰かが黒板のある部屋の中で書き物を訂正していると想像しよう。そしてその黒板には、誰かが大文字で書いた二三の語が書かれている。これらの語は心に際立った印象を与えるだろうし、そしてもしそれらが書き方や修辞の欠陥のいくつかの類型を指示しているとすれば、訂正している人物は、自分が出会っている文章中の当の種類の欠陥に特別に過敏になっていることだろう。［2］またエリオットが自分自身の文章を訂正している場合も、その文章ないしそれに直接隣接する文章の中にある、欠陥を指示するものと読める語が、たとえこれらの語が、欠陥の何か無意識なほのめかしのゆえに、最初には挿入されていなかったとしても、もしそれらが現に書き込まれているならば、かれの注意をほかならぬこれらの語に引き付けてしまうだろう。これら［イとロ2］の仮定のいずれもが、欠陥指示語を含む文章の方が、欠陥指示語をもたぬ文章の場合よりも、高いパーセンテージで訂正されたことを予言しているから、両者の間をどのように決定すべきかは容易ではない。しかしもし、どの文章に欠陥があり訂正が必要か、に対する独立の基準があり、しかもエリオット自身がそれらのすべてを訂正しているわけではないとするなら、その場合には、リックスの仮定［ロ2］は、欠陥をもつ文章のほうが、欠陥のない文章よりも高いパーセンテージで欠陥指示語を含んでいることを予言し、他方の「過敏な」仮定の方［ロ1］は、これらのパーセンテージが同じだと予言するわけである。

めの質問である。わたしの予感を登録しておけば、抜け目なさの独立大路の数は極めて少なく、二つか三つ以上ではない、というところであろう。創造性の物語の重要な部分は、物語の全体ではないにしても、創造的な人びとは創造的であることを選んだのだ、ということである。すなわちかれらはそのような道を抜け目なくやろうと覚悟し、それにこそ大事な優先権を与え、ほかに気をそらす誘惑に抗してそれに固執したのである。

アーサー・ケストラーがその著『創造の行為』で強調した、抜け目ない注意の実り豊かな一種とは、従来は二つに分離していた枠組を統合して、ひとつの新しい驚くべき統合に仕上げることである。（ケストラーの見るところでは、これはまた冗談を言うときにも生じるのだ）。営みがひとつの構造や枠組の内でだけ行なわれているとき、もうひとつの方が従来の資料を、新しい統合や疑問を示唆する再構成を産み出しつくり出すように指し向けられているわけである。もしも創造性が現存する二つの精巧な母型をひとつの新しい実り豊かな道へ統合する意味を含んでいるものとすれば、おそらく独創性は、新しいひとつの枠組を創造することであって、いかに想像上のこととはいえ、はなから布全体を織り出すことでも、単純にすでに前もって現存する二枚の布を並べてくっつけることでもない。新しい「枠組」をつくることが要求するのは、単に大胆不敵な抜け目なさだけではなく、どっぷりと浸かり込むこと、新しい構造が浮かび出るのを忍耐強く待ち続け、決してそれが未熟なうちにもっと明白な形を取るように強制はしないことである。

思考や知覚の確立されている枠組を破り出ることが、理論や芸術作品を創造するに際して生じるが、でもそれはなにもこれらの場合に限ることではない。われわれの日常生活の中でもまた「枠を破り」得ることは大切である。ときには枠破りは直接行動として、従来の期待の枠組を侵犯することになるが、この既存の枠組こそは、どんな行動が容認されたり、起こることが許されたりするかを規定し、もっとも機能的な行動、有効な行動すらも締め出してしまう代物なのである。ときには枠破りは、それに先立つむしろ望ましくない破壊への反動として、当の先行する期待されない変更が支配力を保ち続けないように、状況を修復したり、変容したりするのに必要なまったく新しい行動となろう。他人に向かって行為を起こすときには、あなたの枠破りが、かれらをもまたその慣習的な行為枠からはみ出させたり、少なくとも強いてそうさせたりできるであろう。これは人を狼狽させるしわざでもあり得るが、しかしまたすべての仲間たちが通常に期待される反応の循環という罠から脱出する新しい機会を創造するものでもあり得る。

さまざまな枠組の断片——他人の期待、文化の伝統、過去の繰り返し強化から結果するわれわれ自身の慣習化した行動類型、われわれ自身のおおまかな行為規則——が、どんな選択の範囲を知覚するか、どんな二者択一が際立つか、どっちが直ちに排除されるべきか、さらには単純にひとつの方向へ向かって行かなければならぬと決めてかかるよりも、むしろどっちにするかという選択に直面していると考えるべきではないかどうかにさえ、影響を及ぼす。(チェスの捨て駒の場合、勝負師はひとつないし数個の大事な駒を、直ぐにはなんらそれに見合う明白な目的もないが、結局は勝ちの決め手をつくり上げるように、見捨ててしまう。直截に、その手筋——例えばクイーンの放棄——の結末を見切ってしまうことが、通常の枠を破らせるに至るであろう)。

人生における創造性は、他者によって養われ、また替わって養い返す現実の営みに、その周期の一部分として役割を与えられている。この点は暫く立ち止まって考察する価値がある。創造することの養分はひとりの人がそれまでに行なった探査と、出会ったものへの反応によって与えられる。なにごとか——発想、自然の過程、他人、過去の時代の文化——が探査され得るが、この探査活動はお馴染みの三重構造をなしている。あなたは敢えて進んで新奇な現象、領域、発想や事件を探査しに、本拠地から、つまりお馴染みの、注意の焦点をそこに絞っても、それに応えるには新奇なものはあまりに少なく、形は不確かでしかない場所、危険を告げる警報はお呼びでない安全で居心地のいい場所から出かけるが、結局はまたこの基地へ帰って来るのである。人間存在は、自然本来、抜け目なく好奇心に富んでいる、とわたしは思いたい。しかしそれなら何故そんなにも探査に乗り出さない人びとがいるのか、疑問である。ここでわれわれは、幼児期に、興味をそそる新奇なものへ向かって開かれたその自然な天真爛漫さを抑圧した特殊な経験の作用に嫌疑をかけていいかもしれない。

哲学者たちは、その知的な探査において、蛸壺型の割拠主義からの大胆な自由を称賛する。しかしかれらですら絶えずある種の哲学的な諸様式を振り回し、いつもそこへ帰ってゆく、すなわち本質的な、必然的な、合理的な、規範的な、要請された、客観的な、可知的な、妥当な、正確な、蓋然の、正当化された、保証されたものというそれらである。これらの諸様式は、哲学者たちの概念上の本拠地、かれらが依り頼み、自分たちを方向付け、安全な避難港としてそこへ帰る何かを供するものなのか。

哲学者カール・ポパーは、「観察せよ」という単純な命令に単純に従うことはできない、と指摘している。観察してもよいことは無限に数多く存在している。だが人がそれら全部を観察することはできないから、選択が行なわれねばならない。同様に、探査するだけということもできない。もっとも探査には、充分に立案された実験の構造もなければ、充分に規定された二者択一のどちらかに決める観察もない。むしろ、あなたはただ、自分で実りがありそうだと思う場所ないし方向へ探査を進めて行くだけであり、しかも厖大なものごとがあなたになだれ込むままに許しながらさまざまな広い範疇の内で注目し、興味をそそる事実や可能性をさらに追求し進めてゆく用意ができていなければならない。新しい領域にふみ込むとき、少なくともあなたの生まれた国では、正常なものごとの動きはこのようなもの、という型取り工具を携えてゆく。しかしあなたはその型取り工具にはおさまらないどんなものにでも注目し、興味をそそるそれらをさらに進んで追究し、新しい方向でのさまざまな観察を進めることができるわけである。

探査に値するものは応答に値するものである。応答においては、ある種の行動、情動や判断が、探査が出会う相手の道具立ての輪郭をなぞってゆき、錯雑した特徴を考慮し、それらに微妙な陰影をつけ調整しながら適合させてゆく。応答は反応とは違う。反応は、一群の圧縮され、標準的で、前以て設定された諸特徴に焦点を絞り、考慮するものであり、それ自身、限定された数のあらかじめ設定された行動のひとつとして発せられる。われわれが「情動的反応」と呼ぶものがこの記述に適合する。例えば、怒りや困惑の一瞬の閃きは、ほんのひとつないし僅かな状況局面と反応行動に対して紋切り型の固定したやり方でその場かぎりの焦点を絞る、という具合である。反応とは、前以て設定されたほんの少数の紋切り型の中から選ばれた行動によって、状況のほんのちっぽけな断片に対して反応するあなたのほんのちっぽけな断片にすぎない。ボタンが押された、ただそれだけ。

他方十全な意味での応答の場合は、あなたの大きな部分が、紋切り型ではない大きな範囲から選ばれた行動によって、状況の大きな部分に応答するのである。(無論、ちっぽけなのと大きいのは、正確な境界設定ではなく、三つの構成要素もいつも連動しなくてもよい)。応答の理想的限界は言ってみればこうもなるだろうか、すなわちあなたの存在の全体が、予めあなたの応答の輪郭やきっちりした範囲を決して制限することのない無制限な上演目録《レパートリー》の中から選ばれた行動によって、実在全体に対して応答するのだ、と。* 二人の人たちは相互に応答し合うときに関係を持つ。けれどもこのようなやり方で定義された関係性はひどく淡いものかもしれない。二人の人はそれぞれもうひとりの必要に波長を合わせた愛を、ひそかに、誰のとも知られぬままに、また誰がその愛の源泉かを知ることもなく、与え合っているのかもしれない。もっと普通で実り豊かな場合は、二人の人が自分たちが相互に応答し合っていることを互いに認め合っている状況である。ここで注意すべきは、応答の態勢にあることは、受動態にあるのではないということである。ある状況に対する適切で創造的な応答は、その文脈に波長が合っていたにしても決定的な干渉をつくり出し得るものである。

いま螺旋状に進む活動を営み続けているわれわれ自身を考えてみよう。探査し、応答し、関係し、創造し、変形しつつ、またこれらを繰り返す自分自身をである。繰り返してはいるが、今は前と違う。前と違うようにそれらを行なっているのだ——螺旋状であって円環ではないのだから。勿論、これらは分離される活動ではなくて、活動が同時にもち得るさまざまの相にほかならない——たとえそれらが順に引き続いて生じてくるにしても、標示されている唯ひとつの活動だけである必要はない——個々の活動が特に優越したひとつの

＊反応と応答の間にこうした区分を引く点は、ヴィマラ・タカルの著作から有益な示唆を得た。Vimala Thakar: *Life as Yoga* (Delhi, India: Motilal Banarsidass, 1977); *Songs of Yearning* (Berkeley, 1983) 参照。

相を示すことはしばしばあるにしても。

評価作用がこの螺旋状の活動に方向と目標を与えるだろう――われわれはでたらめに探査し変形するのではなくて、あるものごとに向けて自分自身を導いてゆく――もっとも螺旋状の営みそれ自身が、この営みを導く評価基準を修正することがあるかもしれないけれども。螺旋状の先端は、どれかひとつの構成要素ではなくて、この螺旋状自体なのである。

他の人びとの探査、応答や創造はわれわれを広く大きくする。チョーサーの時代には、人びとはシェイクスピアを知らなかったし、しかも何かが欠けている意識もなかった。しかし今や、シェイクスピア、仏陀、イエス、あるいはアインシュタインがいなくて、しかもかれらがいないことが注目されないままでいる世界など、想像し難い。では今、これらに匹敵するどんな空白が現存し、充足されることを待っているのか。もし来るべき偉大な再形成をまだ知らない点を遺憾とするならば、それがやがて来ること、何かがまだ遂行されぬままに残っていることを知る点を喜びとすることができるわけである。

5 神の本性・信仰の本性

神の概念は、神を最も完全な可能存在として特定する、とデカルトは主張した。そして神の現存の存在論的証明を支持する他の人びともこれに賛成した。けれどもこの概念は厳格な意味で正当なものになっているとは言えない。しかしこの概念が正当なものになることがどれだけ重要であるか、わたしには分からない。神の概念や宗教上の主題を議論する羽目になるとき、わたしの一方の部分にはこれらの思索が感動させるもの——少なくとも非科学小説の一齣として魅力を発揮するものと思えるが、ほかの部分では、というよりたぶんちょうどその同じ部分だろうが、それをすべて空虚なものとして追い払いたくもなる。二十世紀のうちに——いや五十七世紀になっても——われわれは神をほんとうに真面目に取り扱い得るであろうか。この知性型の時代に宗教的な感受性を取り巻くものは、実際の信仰ではなくて——わたし自身とても信仰者とは言えない——ただ喜んで宗教とか神とかをひとつの可能性として思いめぐらしたい気持ちだけである。

神は、デカルトが考えたように、最も完全な可能存在、想像できるいかなるものよりもっと完全な存在でなければならないのか。むしろ完璧な完全存在などどこにもないが、この宇宙は完全性の尺度からみてきわめて高度な存在によって創造されたと仮定してみよう。

そしてそれ以上に完全な、あるいはそれと同等に完全なほかの存在がなにひとつ現存しないとすれば、われわれの宇宙のあの創造者は、それが完全性に欠けるにもかかわらず、神であることになろう。

もっと正確に言えば、神の概念は次のように構築される。すなわち、神は（1）最も完全な現実存在、（2）完全性の尺度上できわめて高く、神であるのに「十分な完全」、（3）その完全性は、二番目に完全な現実存在の完全性よりもはるかに大なるものであり、（4）ある仕方で最も重要なかたちでわれわれの宇宙と結ばれている、つまりその創造者として（必ずしも無からのでなくていい）、ないしおそらく何か他の仕方でそうなのである。これが神の一般概念である。もっとも、神の個々の概念は、それらが完全性の観念のもとに包含するものが、完全性を高めるものとしてどの次元で捉えられているかの点で、またそれぞれが与えられている重みの点で、違っていてもいい。また神を世界と結ぶ重要な仕方のうちどれをとるかの見解でも、さらに神以外に何が現存するか、したがってそこから最も完全な現存在がどのように完全でなければならないかというそれらの見解の点でも、相異してもかまわない。

神の概念は、どんな個々の属性を神がもつかに関しては、大きな余地を残してはいるが、ひとつの属性、つまりわれわれの宇宙と最も重要なかたちで結ばれているという属性だけは、神の概念の抜き差しならない部分である。前にも触れたように、この結びつきはなにも神がわれわれの宇宙の創造者であるという必要はない。いくつかの例、すなわちこの概念の限界を検査するために設えられたいくつかの話の筋を見ればいい。もし神であるのに十分完全な存在が、世界の創造をもっと下位の存在、すなわち完全存在の権威の下にあって、全般にわたりかれの計画と一致して行為する存在に委譲したとすれば、しかもその後で第一者が世界を、直接にか、あるいは第一者の権威の下にあって全般にわたりかれの計画と一致して行為するある他の者を通して間接にか、統治したとすれば、あの第一存在こそが、実際に世界の創造者でもなく、世界の直接の統治者ですらないにもかかわらず、神であることとなろう。けれども、このずれはどこまで許され得るのかはっきりしないとも言えよう。はやい話、世界への結び付きが次第に弱くなって、もはや最も重要なものとしては数えられなくなるのはいつなのか。もしあれば、どの存在が神であるのかはっきりしなくなるまで、このような霊妙な知識についての見解の変形版の輪をいくつも作れるだろう。なおまた、完全性の点でどんな他のものをも大きく凌駕しながら、にもかかわらずこの宇宙を創造もしなかったし、あるいはほかの仕方で宇宙と重要な結び付きをもつこともなかったとすれば、そんな存在はあるちんけなひとつの神ではあるかもしれないが、神であることにはならないだろう。しかし他方、単にこの宇宙の創造者であるというそれだけでは、神としてあるひとつの存在を構成するには十分ではない。たとえば、この宇宙が別の次元ないし領界に生きている十代の子どもによって、ちょうど高校での文理一般教育課程に当たる程度のものとして、創造されたというSF的状況を考えてみよう。そうなると実際にもっと高位の存在が他に数多くあることになろう。神の概念を作り上げるのは、前述の四つの条件のすべてであって、たんに四番目のだけではない。しかし四つ揃えば十分条件である。四つの条件すべてを満足させるものはなんでも神である。*

神の概念は神を他のどんな現存在よりもはるかにもっと完全なものとして描いている。ところで神は常にそうでなければならないのか、それともかつて一度でもそうであったら

＊前述の条件のうち最初の三つによって概念を特定することは、ひとつの概念を構成する「最善の例示表現」様式に適合する。この様式のことは、私が *Philosophical Explanations* (Cambridge, Mass.: Harvard University Press, 1981), pp. 47-58（『考えることを考える』上 坂本百大他訳 青土社 一九九七年）で論じている。神の概念の複雑さ、および前述の見解を固有名の理論ならびに名と本質に関するクリプキ流の見解とむすびつける際の錯雑さは、Emily Nozick, "The Implications of 'God' for Two Theories of Reference," (unpublished senior honors thesis, Harvard University, 1987) で論じられた。彼女との討論は、ここでの私の発想を発展させ、明確化するのに役立った。

人はあるいは標示された四つの条件に、もうひとつ別の条件を加えたいと想うかもしれない。すなわち神がまさしく最も完全な現存在であることだけではなく（同一の可能世界において）それと併存するもっと完全なものはあ、り、得るはずがない、という条件である。このさらに進んだ神概念の構成もまた、他のどんな現実の完全よりもはるかに大きなものでありながら、絶対の完璧さには欠けるある種の完全性を許容するわけで、これもまたわれわれの現在の思考の筋に適合する。

十分なのか。もしも何か他の存在が完全性の点でいまや創造主たる神を凌ぐ（ないしそれにきわめて近くなる）とすれば――なぜなら神の完全性が衰えてきたか、対抗者自身のそれが増進したから――神はそのとき神であることをやめるのか。だがもし神という語が、あのすべての条件を満足させる最初のものであった存在の固有名として固定されているとすれば、その創造者たる神は神であり（神として正しく指示され）続けるわけである。しかし話はさらに精緻化され得る。いまや神が完全であるよりももっと完全な第二の存在が――いやここでもまた神が完全であったよりももっと完全である必要があるかもしれない――現在では世界ともっと重要な関係に立つ、すなわちいまや世界を支配し、世界の運命を決定し、世界の最高の芸術的肖像画家である、と仮定してみよう。人はこの第二番目の存在がなお神ではない、と言い続けることもできはしよう――ミケランジェロの描いたあの神はもう何年も前にその選手権を失ったのに。けれどそれと同程度に、第二番目のがいまや神になった、現在の選手権保持者は誰であれあの四つの条件を現在満足させている者なのだ、と言っていいかもしれない。もしも神という語が現在のところあの四条件を満足させている存在に、あるいは最初にそれらを満足させた存在に適用されるのではなくて、（単に）いつでも常にそれらを満足させる存在に、ないしは（もっと緩やかに）過去か、現在か、未来において、事実上それらの条件に適う存在に、つまりかつてあった、またいつかあるであろうあらゆる存在を見渡しても、断然飛び抜けて最も完全云々であるその者に適用されるというのであれば、選手権の委譲は起こらなかったであろう。(その存在がどの瞬間でも最も完全な者である必要のないことは、最強の人物がいつでも最強者である必要はさらさらないのと同様である)。けれども、この最後の場合は、神がこれまでにまだ出現していなかった、そして世界との重要な結び付き連環は未来に生じてくるものだ、という可能性をあけたまま残している。

わたしは何か新しい神学を発明しようとしているのでも、古いそれを再提出しようとしているのでも、空想の世界に棲もうとしているのでもなくて、神の概念がいかに弾力性のあるものかを見ようとしているのである。他の概念と同様に、この概念も世界とその経路をめぐっていくらかの事柄――例えば、特定の特徴や特性は一緒になって発見されたし、これからもそうでありつづけるであろう、といったたぐい――を仮定した人びとによって形成された。これらの背景となった諸仮定が僅かな偏差で振れると、当の概念の興味深い新しい適用を生み出し得よう。もっとも、もっと大きな偏差での振れに直面すると、概念は裂けたり、解消したり、自然発火したりするかもしれない。

では何故、何にせよこんな神性の存在があると信じるのか。思想の歴史には、神の現存を証明しようとする試みがそここに撒き散らされている。神が自分の現存をわれわれに恒常的に確信させる証明をどのようにして提供し得るかは、とてもたやすくは想像できないから、証明しようとした人びとの失敗は驚くにはあたらない。* 神の現存を告知する何か特別な兆《しるし》――空に書かれた文字とか、神は現存すると言う轟く大声とか、あるいはもっと知性的に洗練された詐術さえも――が別の星や銀河からきた進化した存在の科学技術によってつくり出されることだってあり得ようし、おまけに後世の人びとがそんなことが起こったことすら疑うといった事態にもなろう。もっと有望なのは恒常的な兆、つまり宇宙の基礎構造そのものに埋め込まれていて、その住民の誰にも、どんなに進化したところで、到底つくり出せなかったはずの兆である。例えば、素粒子の軌道が草書体の英語で『God exists（神は現存し給う）』という綴りになっていたと想定してみよう。それでもやっぱり、数千年の後には、他の人びとが、この科学上の発見は当の言語の書体が発達した以前に起こったことで、この言語も歴史記録も後代の宗教的信仰を誘導するために作り替えられたのだと、考えるかもしれないのだ。

では効果的な兆とはどのようなものであるのだろうか。お告げを理解するのは複雑で錯綜した推理に頼るべきではない、このたぐいのものは容易に誤解されたり錯誤されたりするからである。人びとはそれを計算し尽くさないだろうし、もしそうしたところで、それを信用しないであろう。どんなものでも様々に異なった方式で解釈され得るという事実に鑑み、当の兆は、どんな言語の慣習や人工性にも頼らず、その意味を自然にかつ強力に示さねばならないだろう。その兆は、もしなにかに関してというのなら、神に関して間違いようもなくお告げを伝えねばならないだろう。つまりその意味が輝き出るといったものであるべきだろう。それゆえその兆自体が神に類比するのでなければなるまい。少なくとも神の特性や人びととの関係の何かに類比するものを提示していなければならないだろう。その兆が語る当の特性のうちの何かをもち、それ自体がお告げの役割を例示するものとなってこそ、兆は神の記号となりえよう。神を記号化する客体として、この兆は敬意を命令するものでなければなるまい——人びとは誰ひとりそれに面してだらしなくしてはいられず、それを自分たちの工房に持ち込んで勝手に切り刻んで分析してはならず、それを思うがままに取り扱ってはならない。せいぜい近寄りがたいものとしておくのが最善かもしれない。まだ神の概念をもっていない人びとにとっては、もしこの記号もまた人びとに当の

＊この節と次節はわたしの"God: A Story." (*Moment*, Jan.-Feb. 1978) から引いた。ある人びとの主張では、論証的な証明は神への信仰に関して「われわれの自由意志を払拭する」だろう。それがなぜ神自らがこうした証明を提示して、人びとがそれを定式化することを禁じなかったか、の理由である、と言うのである。(けれどなぜ2+2=4であると信じることに関する自由意志はこれと同等に重要ではないのか?)。しかしこれはわたしには逃げ口上であるように見える。というのももしそんな証明が提示されるか、発見されるかしたとすれば、この同じ人びとは、それがわれわれの自由意志を排除すると実際に不平を言うであろうか。さらに合理的であることに関してもわれわれが自由意志をもつと想定しよう。そうすればたとえもし論証的証明が現存するとしても、人びとは自由に合理的でないことを選び得ることになろうし、したがってこの種の決定的な議論によっても決して納得しないことを選ぶことにもなろう。

概念を与えることがあるとすれば、それなりに役立つだろうし、したがってそのとき人びとはあの記号が何の記号であるかを知り得ることになろう。完全な兆というものは、見落とし不可能な、まさに眼にもの見せるかたちで登場すべきであろう。それは注意を引き付け、様々に異なる感覚様式で了解されるべきであり、誰もその理解のために他人の言葉の助けを借りる必要のないものであろう。それは恒常的に、あるいは少なくとも人びとが存続するかぎり永くもちこたえるべきであって、しかも人びとの前にいつも存在しているわけではないので、かれらは日々新たにそれに注目することになろう。そのお告げが到来したことを知るために誰ひとり歴史家である必要はない。その兆は、人びとの生活の中で中心的な役割を果たす強力な客体であるべきだろう。神が、創造の根源である点、ないし創造となんらか抜き差しならぬ関係に立つ点に見合って、地球のあらゆる生命は（間接的に）この兆に依存し、この兆を中心に集まるはずである。もしも地球上の全生命のエネルギー源である、ある客体、大空とその輝きを支配し、その現存を人びとが疑いえず、お節介にこづきまわされたりお為ごかしに取り扱われたりできないもの、人びとの現存がそれをめぐって回転し、途方もない量のエネルギーを吐き出し、そのほんの僅かな断片だけが人びとに到達している客体、人びとがいつもその下に歩み、その巨大な力を感じている客体、人びとが直視することすらできず、しかも人びとを抑圧することはなくて、どんなに人びとが測りしれず目眩く力と共存し得るのかを示してくれるもの、圧倒的に強力でありながら、人びとを温かく包み、かれらの道を照らしてくれる客体、人びとの日々の身体リズムがそれに依存するもの、もしもこんな客体が、地球上の生命の始まりのために、またそのあらゆる生命過程のためにも、エネルギーを供給してくれるとすれば、もしもそれがまばゆいばかりに素晴らしく美しい見ものであるとすれば、もしもそれが神の概念を欠くある種の文化にまさしく神の観念そのものを与えるのに役立つとすれば、もしもそれが測りしれず広大で、しかも宇宙中に撒き散らされている幾千億の他のものに対しても同様な関係にあって、別の銀河からきたもっと進化した存在によっても、なにか宇宙の創造者よりも劣った存在によっても創造されたはずがないとすれば、そのときそれこそがまさに神の現存を告示するに相応しいお告げであろう。

もちろん、ここでわたしはいささかお巫山戯《ふざけ》を楽しんでいる。あの太陽が現存するではないか。太陽は、およそ人が創造したり考案したりできるかぎりの見事な恒久的告示と言ってもいいくらいであるが、しかし太陽は神の現存を証明するのに役立ちはしなかった。たとえ太陽をひとつの兆と見なすことが、何故あの標示された特性のすべてがひとつの客体において結合される場合が起こるのか、を統一的に説明させ得るにしても、である。どのようにして神が、自分の現存を恒久的に確信させる証明となるべき何かを提示し得るのか、を想像することはわれわれに容易でないことがわかった以上は、何故われわれ自身がそんな証明をなし得ると期待すべきなのであろうか。*

人は、信仰によって、非常に深い神聖な実在の現存を信じるかもしれない。誰かが信仰によってなにかを信じている、ということは、その人が信じるに到った(ないしはそう信じ続けている)理由の種類を特徴付ける。例えば、それは証拠のゆえではないし、また両親や伝統によってかれが教わったことのゆえでもない。信仰が信念に至る特別な道筋は次のようである。まず、まざまざと実在を実感させる何か――現実の人物でも、物語の中の人物でも、自然の一部分でも、一冊の書物や芸術作品でも、ひとりの人の存在の一部でもいい――との出会いがある。そしてこういうものは神聖さを暗示する格別の性質をもっているが、この暗示は神聖なもの自体がもっているはずの性質の形をとることによって行なわれる。すなわちこれらの格別な性質はあなたの琴線に深く触れ、あなたの心を開かせて、あなたにあの神聖さの特別な表示と接触していると感じさせるが、それはこの表示が神聖な性質のある形を存分にもっているからである。

信仰が正当化されるか、少なくとも非正当化はされないのは、信仰が、なるほどもっともだと思わせる議論によって、最善の説明とうまく対応させられ得る場合である。この最善の説明とは、出会った事物がある性質をもち、しかもこのことを最もよく説明するのは、当の事物が神聖なものの表示として現存し、またこの表示自体があの性質のある(強化された)形をもっていることだとの言明である。けれども、信仰によって信じている人は、この推論型の議論によって信じているのではない。その信念は、当人が何かと出会って深く心魂に触れ動かされることから直接生起してくるのである。

おそらくここで問題となっている信仰は、誰かの内奥においての、そして誰か自身の応答においての信仰であって、当の何かが神聖なものの表示であったのでないかぎり、それがそんな仕方でそんなにも深く琴線に触れることはなかったであろうはずの信仰である。それによって人は神聖なものが現存する——さもなければそれがそれ自身を表示することはありえないだろう——という信念をもつことになろうが、その信仰は最初はそれ、つまり神聖なものへの信仰ではなくて、自分自身の最も深い積極的な応答への信頼に始まるであろう。そして信念をもたないということは、自分のまさに最深の応答を信頼しないということであろう。

＊もしも神がある点で無限であり——神の概念そのものの構造はこれを要求してはいない——そしてわれわれが無限なものを経験したり認知したりする能力をもっているとすれば、事態は好転するかもしれない。けれどもこの能力が出会うのは、やっぱり無限なものではあっても、一段劣った存在ないし実在であるかもしれない。もっともこれでさえ神を目指す上でいくらか役立つかもしれないけれども。もっと深刻な困難は、われわれの経験的な能力が無限なものを極めて大きい有限なものから区別する点で信頼できないかもしれないこと、あるいはこの能力が無限なものの代わりにわれわれ自身のある無限な相、たぶんまさに当の能力自身を検出しているのかもしれず、しかもこの能力は何か自分よりももっと深いものを指示しはしないだろう、ということである。無限なものを検出する能力を所有しながら、それ自身が発見されるべき唯一の無限なるものであったとは、なんとも痛烈なことであろう。

うことであろうし。したがって自分自身からの重大な疎外をひき起こすであろう。けれども、人の最初の最も深い応答、すなわち当人がそんなにも信頼する当の応答は、それ自身が、端的に出会った何かへの信仰であり信頼である、としていいかもしれない。こう見る場合には、信仰は、その根底において、自分自身および自分の応答への信頼であるよりも、むしろ何か他のものへの信仰であることになろう、もっともここでもまた、人は自分の信仰への信仰――すなわち、出会ったものへの信仰が行なう自分自身の応答への信頼――をもつことが必要であるかもしれないけれども。*

たしかに、これよりも低い程度の信仰もあり得る、つまり神聖なものへの信念に辿りつかない信仰、すなわち、何ものも、それ自身が少なくとも同等に深くないかぎり、あなたにそんなにまで深く接触したり、あなたにそんなにも深い経験を与えはしない、といった程度の信仰もあり得るわけである。けれどもこの議論の焦点は、当の経験自体の深さや実在性の程度だけに当てられており、その経験の内容は問題にしていない。もし神聖な存在とか領界が現存していて、しかも感覚によって直接に知覚されはしないとすれば、あなたがそれを知るに至るには、それに対して身を開いて、それがあなたの心魂にできるだけ深く触れるように許容する以外に、どんな手立てがあるだろうか。

*これらの信頼はかれらの宗教の伝統へのそれであって、自分自身や自分自身の応答へのそれではない、と主

張する向きがあるかもしれない。しかし、ひとたびわれわれが、他の文化の人びともわれわれと同等に自分たちの文化の伝統を信頼していることを認知するや、またひとたび、もしわれわれがあの他の環境の中に生まれていたとするなら、われわれもやはり同等にあの異なった信念を信じたであろうと推論するやいなや、われわれ自身の伝統信仰への同じ確信を保持することはむつかしい。けれどもわれわれの信頼は、単に自分の属する伝統へのではなく、その伝統と出会った際における自分自身の最も深い応答へのものであり、この応答からあの伝統への信頼が芽生え育ってくるのである。これと並行し対応するひとつの疑問が生じてくる、もしあなたがいまとは別の伝統の中で生い育ったとすれば、その伝統のさまざまな側面と、いまと同等に深い出会いをすることになり、そこからそれらの経験へのいまと同等に深い信頼が結果してくることになるのではないか。しかし、別の環境のもとでは、別の応答が、しかもいまと同等に感動を呼ぶそれが、生起したであろうと実感するとしても、いまの伝統に対する自分の現実の応答への信頼を保持することは不可能ではない。伴侶への愛は、別の環境のもとでは——例えば、きみの現実の伴侶にはまったく会わなかったそれのもとでは——あなたはほかの誰かを愛してしまっただろう、と実感することによって、評価が下がることはない。この愛は、しかし、その世界についての真理を要求する資格を手に入れたわけではない。おそらくそんな要求は、別の環境のもとでは別の真理要求がこれと同等な強さで起こってくるだろうと実感することによって、動揺させられるであろう、もしあの別の環境を信用するに当たらないものと見なすためのなんらか中立性の基準が存在しないとすれば、の話ではあるが。同様に、「信仰の飛躍」を口にする人びとも、異なった環境のもとでは、それでもやはり飛躍したではあろうが、しかしその飛躍はまったく異なった場所へということになってしまうと、悩むかもしれない。けれども自分自身と自分自身の最深の応答への信頼は、これらの応答が自分の特殊な先入見から引き出されたり、単にそれを強めたりするものではなく、むしろ自分の枠を破るものである場合には、これと同様な斟酌は無用であろう。

神（あるいは最深の実在の何か他の概念）は、特別の経験を説明するために必要な仮定として導入されるわけではない。むしろ、われわれはそれらの経験を信頼するのである。世界に対するわれわれの基本的な連関は、説明上のものではなく、信頼関係での結び付きである。けれども最上の説明からこの信頼関係にうまく対応する議論を提示できれば、あの単に説明上の仮定へ還元する論者たちの議論の足元をすくって倒せる。さもないとかれら自身の方が、われわれが自分自身の最も深い経験へ、そしてそれらの経験が示すと見える何ものかへ寄せる信頼の足元をすくってくることになろう。つまり推論は、信仰が非合理ではないことを示すのに役立つわけである。これと比較して欲しいのは、すばらしい恋愛の場合だろう。恋愛も出会いを通じてひき起こされたので、別に理性によって命令されたものではないが、非合理でもない（この点を示すためには理性が導入されてもいいかもしれない）。（信仰について一歩譲った別の見方をすると、信仰は狭い意味では、つまりわれわれが現在知っている種類の理性のどれひとつによっても支持されないという意味では、非合理であるが、それでもこれから発見されるべき一種の理性によっては支持されるだろうと主張することにもなろう——どうしてわれわれは存在するかぎりのすべての種類の理性をすでに知っていると考えるのであろうか——そしてそこから信仰は、現在のでも未来のでも、時間に関係なく、すべてのすぐれた理性を考慮に入れたもっと広い意味において合理的であるということになろう）。

それでも、自分の経験を拒否しない意味で信頼し、それを極度に価値あるものと認め、それを自分の人生形成の中心に置くことから、さらに進んで、それが啓き示す別の実在が現存するのだという強い要求をすることへは、なお一歩の差があるように見える。けれども、現存に関するこの一歩進んだ要求を実際に拒否することは、あの経験の価値と意義への信頼を根底から掘り崩し、それを卑しめることになりかねないであろう。では、なぜ単に判断を保留したままにしておかないのか。しかし判断保留もまた、人生を形成するのにあの経験の力を十分に尽くさせないまま断念することになろう。単なる判断保留ではなく、積極的に肯定すること、そのこともまた形成される当の人生の重要な構成要素となるであろう。

自分の最深の経験へのこの肯定と信頼は、この経験を無謬なるものと固執する教条主義と同じものではない。さらにもっと深い経験がこの経験の足元をすくい、何か異なったものを示すことがあるかもしれない。そこで信仰は組織的に捜査することができるものであり、経験の範囲と正当性へ向かってさらなる探究を導いてゆくものであり得るのである。肯定は心底からのものでありつつ、なおあくまで試験的なものであり得るのであって、いつでも他に取って代わられるのにやぶさかでない。あなた自身の最深の経験への信頼こそ、あなた自身の人生と探究を導くものである。だが、それは他人にもまたもつことを要求すべき何かなのではない。

6 日条生活の聖性

超越主義者の言うところでは、実在のあらゆる部分はそのどの部分もことごとく、それぞれに応じてただしく眺められ経験されるときには、全体を代表し包含する。同様に、伝統的な諸宗教も、聖性を、いつでも、日常の生活や関心から人を引き離すものと見なしているわけではない。ユダヤ教の伝統では、六一三の戒律、いわゆるミツヴォトが、生活のあらゆる部分を高め聖化していることは、それらに従う人びとが、自らを受戒を通して聖化されてきたものと見ている通りである。仏教の伝統では、禅という局面ばかりではなく、すべての活動において完全な注意深さと集中力という瞑想的態度が伝えられている。聖性は隔離した領域を必要としない。日常生活の聖性というものもまた存在するのである。

われわれの生活の中の日常的なものごと、例えば普通の生活必需品に対して、どのくらい深く、われわれは呼応できるであろうか。たいていの場合、われわれは、特別な注意を払うことなく、食物や空気を取り込み、食べたり呼吸したりしている。これらの働きに注意すると、どのような違いが生じるのだろうか。またこれらの相違は望ましいのだろうか。

食べることは親密な関係性を生じる。われわれ自身の内側には、いくつもの外的実在のかけらが置かれる。それらが内側のいっそう深部まで飲み込まれると、この内側でそれら外的実在のかけらは、われわれ自らの材料、血肉というわれわれ自らの身体的存在の一部となる。外的実在の部分をわれわれが自らの実質に変えることは、すばらしい事実である。食べるとき、われわれは世界からすこしも切り離されていない。世界がわれわれの中に入ってくる、そしてそれはわれわれとなる。われわれは世界の諸部分によって構成されている。

これは最初の問題を提起する。世界とは取り込んでも安全なものであろうか。どのようにしてわれわれは世界を信用し、その安全さを見出すようになったのか。世界はわれわれを養い育ててくれるのに十分なだけ気にかけてくれるのか。デイヴィッド・ヒュームが帰納法の問題を定式化するときに用いた例は、いったい、過去に養分となってきたパンが、未来においてもひき続いてわれわれの養分となることをわれわれが知り得るかどうか、であった。バートランド・ラッセルの好んだ帰納法の例は、太陽は明日も昇るか否か、であった。(かれはまた一羽のニワトリについて、毎朝餌を与えてきた人が今朝は殺してしまったという話もした)。帰納法の問題が、喪失への心配、つまり養分や、光や暖かさや、安全さが失われることへの思い煩いとして、表現されているのは単に偶然であろうか。

誰かと一緒に食事をすることは、社会性の深層様式《モード》となり得る――かつてローマ人はヘブライ人が食事に参加しようとしないのに立腹した――食事は、舌触りや味や会話、また時間を共に頒ち合うばかりでなく、養分の摂取や世界のわれわれ自身の内部への取り込みを共に頒ち合うひとつの方法だからである。われわれの通常の肉体の限界が緩やかになって何かを取り込むとき、親密な関係が促進される。食事でもしながら相手と会ったらどうかと、しばしば示唆されるのも決して偶然ではない。食物を愛をこめて調理すること、卓上での視覚に訴える美しさ、食べる際の官能の満足、そのような食事を日々くつろいで心地よく頒ち合うこと――これらはすべて恋をしている二人が愛を確かめながら共に過ごすやり方であり、ひとりだけあるいは二人でも、宝ものように大切な世界の一端を創造する方法である。(世界中の大多数の人びとにとって、食物をめぐる基本的な事実をやりくりするのさえ、どれほど困難で、ときには不可能なことか。食物が十分に豊富で、その社会的・象徴的な意味の重要性を研究しているときでさえも、この食料の欠乏から生じる生物学的、人格的な荒廃を忘れてはならない)。

食べることにはまた、個人的、つまり非社会的な一面もある。食べることに熱心で、それを忘れがちになることなく審美的関心に無縁でもないとき、食べることの特性は何であろうか。第一に、知覚の焦点は、単に食物の質だけではなく、食物の摂取活動にあつまる。口腔の前部で食物を迎え、挨拶する。それをよく探り吟味し、舌でとり囲み、唾液で十分に湿らせ、上の歯にすぐ続く硬口蓋に舌でしっかり押しつけ、吸引力と圧力で繰りながら、口腔内をぐるぐる移動させる。われわれはこの食物の舌触りを十分に知り、一切の秘密や隠れた部分をそのままに放置しない。食物とたわむれ、仲好しになり、歓迎して内側に入れる。

また、われわれはその食物の特性、その味わいや舌触りに向かって、われわれ自身を開き、そのようにしてその材料の秘めている内部特質にも開く。一個のリンゴの浄らかさと品位、一粒のイチゴのはじける悦びと色っぽさについてわたしは話したい。(かつてのわたしならば、これは馬鹿げた大ぼらと思ったかもしれない)。わたし自身あまり多くの食物を味わってきたわけではないが、味わったときには、その都度、それらの内奥の精髄を知るというやり方だったと思う。* 仏教説話のひとつに、ある男が虎に追われて、身を躍らせて断崖にかかっているつる草に跳びついたが、下にはいま一頭の虎が待ちかまえているのを見た、というのがある。すると二匹のネズミが彼の命綱のつる草をかじり始めた。かれは自分のそばに一粒のイチゴの実を見つけて、空いている方の手でそれをむしり取って

---

*わたしは、じつのところ、この点すべてについてはむしろ無知といってよく、ほんの少々実験を試みたことがあるばかりである。そんなにごく限られた知識と考察をあえてご披露することへの釈明は、このたぐいの知見がどこにも活字にされているのを見たことがないことである。もっとも仏教徒の瞑想、特に止観《ヴィパサナ》の伝統の文献はたぶん、ぴたりと当てはまる。悟りに達する道の中に、東洋の宗教は、次の二つを含んでいる。「飲食に際しては、食物や飲物の味となれ、そうすれば満たされるであろう」および「何かを吸い、吸うことそのものになれ」。(Paul Reps, *Zen Flesh, Zen Bones* [New York: Anchor Books], items 47 and 52 in the section on "Centering." 参照)

食べた。「なんて美味しいんだ!」そんな危機のなかで、この男はよくもイチゴの味にこんな反応をしたものだ、とわれわれは思う。男がそうしたのは、その実を味わって知っていたからである。わたしが知らないこと――またこの説話がこれきりで、それ以上何も教えてくれないこと――は、この男が虎を知っていたのかということである。

ほんのごく小さな見本《サンプル》に基づいてだが、多くの食物はこのようにしてわれわれにその精髄を開いてみせ教えてくれる、とわたしは思う。人工の調理品がそのような知識をわれわれに与えてくれることが可能かどうか、わたしには分からない。したがって、ブリア＝サヴァランのアダムとエヴァへの「ただ一個のリンゴのために身の破滅を招いたあなた方なら、一羽の詰め物をしたロースト・ターキーのためなら、何も惜しまなかったことでしょうね」という問いかけの背後にひそむ前提については、わたしは疑問を感じる。新たな教訓を伝える一皿の独創的な料理の創造者は、重要な創造者ということになろう。この世界には、われわれの利益と教育になるこのたぐいの材料が十分に準備されているとは考えてはいないものの、どのようにしてこれらの食物がそんなに驚嘆すべき精髄をもつようになったのか、は十分に考えをめぐらす価値のある問題である。食物をそのように知り、われわれの血肉の中へと材料を取り込むことによって、われわれが材料としての食物を存在のもっと高次な面に引き上げ、その結果われわれを養った食物を今度はわれわれが益することになる、と考えるのは、悪くはないであろう。(動物の肉は、もはやとても動物自体とは言えないにせよ、もっと大きな意識をそなえたある存在の肉の中へ取り入れられ変形されることによって、利益を受けることはできないだろうか)。

目覚めた意識をもって食べることはまた、強力な情動をもたらす。それはこの世界を養分を与える所とし、人自身をそんな養分や興奮、授乳する母親との最初の触れ合いを受けるのにふさわしいものとして、この世界内に落ち着いているという安心感、他の生命形態との結びつき、それにまた——宗教心のある人なら——創造の成果への感謝の心情をもたらす。

口は多目的な闘技場、食べ、話し、キスし、噛みつき、そして(鼻孔と連結して)息をする場である。たぶんはじめの四つは情動を担わすことができるが、呼吸はべつに複雑でもなく自動的な営みではないだろうか。いな、呼吸に注意を向けると、その営みもまた充実した豊かな過程であることが分かる。東洋の瞑想技法は、「呼吸に従うこと」すなわち息を吸って、止めて、吐いて、止めて、また次に吸う、そしてこの順を続けることに注意を集中し、この循環を繰り返すことを薦めている。またこの順に呼吸法の各過程の割合や速度を変化させて、一定のゆっくりした過程で呼吸を長びかせ、呼吸の後では息をそのまま保つこともできる。明らかに、このように簡単な呼吸法が人の意識の本性を変えるのは、一部には、それが意識の単純な焦点となり、呼吸を攪乱されない一点にまでもち上げ、その他の考えを鎮静させるからである。また一部には、意識の諸変化は、呼吸の仕方の変更が直接に生理に及ぼす結果かもしれない。それでもなお、注意の集中が向かうのは呼吸であるという事実によって、諸変化がつくり出されるということもある。息をすることは、食べること同様、外の世界と直接に結びつくことであり、外界を人自身の内側にもたらすことである。このことは、人の胸腔と腹腔の大きさの大きな変化を含めて、体内の直接的変化をまき起こす。人の身体的存在を、息を吹き入れたり排出したりするふいごの様なものと感じること、外側の空間との相互関係において拡大したり縮小したりすること、もっと大きな空間の内部にある空間の容器であること、ときには吸い込んだままの息と吐き出したままの息の間の区別が、次に何が起こるか分かるまでは、できなくなることがあること——これらのすべてによって、人は、個別の実体として明確な境界の内側に閉じ込められているという感じを失ってゆく。世界を呼吸すること、またときには、人が世界の息に吸い込まれてゆく感じすら知ること、それは他の存在から分離していないという底深い経験となり得る。瞑想の呼吸法の内部では、情動もまた比較的容易に抑制と評価に従うことができる——そこでは情動の波はむやみに人を押し流してとんでもない結果を招くことはない。

さらに、「呼吸に従え」という瞑想訓練の通りに、胸腔と横隔膜の昇降に従って、呼吸に長時間にわたって注意をこらすことは、注意の度を高めて、その結果、注意力は柔軟で集中的となり、散漫におちいることなく、どこまでもひとつの対象にそそがれ続けることができる。そしてこの呼吸への注意深さはまた、日々の諸活動中に織り込むことができ、それによって、注目されている呼吸の合間の中に入ってくる一切のものに対して、注意の本性をいっそう鋭敏にする。外界の事物や情動を、もし怖れやストレスと感じるならば、それらを、この注意深い呼吸という穏やかな、そして穏やかにさせる格子細工の内側に入れるがよい。するとまた、この注意を向けられた構造の内側でも、いっそう微妙な身体の律動が判然となり、こんどはこの身体律動に注意が向けられ、従われることになる。そしてこれはいまひとつの格子細工を形成して、そこから人がなおいっそう深部に探り進むことは一時停止されることができる。

時間の許すかぎりいつもこの集中的で瞑想的なやり方で、食べたり呼吸したりし続けると、不十分ながら、こういう活動が持つことのできる寛いでのびのびした自然さが認識されるだろう。しかしそこまでしなくても、少なくともこれを時々行ない、そうして修得したことをいつも身につけて、折にふれてこの修得を再確認したり、新しいそれを学びとるために繰り返すことは、重要なことと思える。

注意はまた、内側にせよ外側にせよ、他の事物にも焦点を合わせることができる。太陽は、自分にとっての光と暖かみの直接の源として経験できるし、(自分のもつ他の知識の助けをかりて)この地球の全生命過程にとっての莫大なエネルギー源としても経験できる。人はまた自らの身体とその運動にも注意深く焦点を合わせることができる。

ごく普通の事物が注意深い自覚に驚きをもたらす。椅子、机、車、家、ちぎれた紙、散乱した物、すべては各々その所を得て、辛抱強く待っている。わざと位置が変えられたり、おかしな所に置かれたりした物も、やはり辛抱強く待っている。あたかも、いかなる種類であれ、実体であることは、それ自体、際立つ特質であり、われわれは、何かの実体性、その純粋な存在性に気づくようになり得る。一切のものはまさにあるがままの姿で正しい。が、一切のものはまた期待にみちて待ち構えてもいる。何かしら偉大な出来事が待たれ続けているのか。われわれには単に実体を知る以外に何かなすべきことがあるのだろうか。(これら威厳のある物たちは、そこで愛されるために待ち続けているのであろうか)。

それにしても、こういう事柄のあたりにペンをさまよわせ、こういう細部を描写することは、「あまりに凝りすぎ」と思えるかもしれない。けれども、人生や世界が内に秘めまた啓示するものを忘れ果てて一生を通過するのは、恥ずかしいことであろう——それはすばらしい音楽が演奏されている部屋から部屋を、それにぜんぜん耳を貸さないでどんどん通り過ぎてゆくかのようだ。おそらく、つまるところは、なぜわれわれには身体があるのか、それには理由があるということであろう。

聖性とは、神聖なものに対してある特別な親密な関係をもつことである。聖なる事物に聖として応答することは、われわれをもまた、聖なる事物に対してもっと特別な関係の中に位置づけるであろう。日常生活を聖と見ることは、いくぶんか、世界とそれが含むものが、限りなくわれわれの探究し、応答し、関係づけ、創造する活動を受け入れてくれるものと見ることであろう。そのとき、世界とその中の存在は、われわれのこういう活動が、どんなに遠くまで及ぼうとも、また個人によるにせよ、全人類が共にその全時間を通して行なうにせよ、これらの活動に豊かに報いてくれる闘技場として見られるのである。

7

セクシュアリティ

性

他の人と関係する最も強烈な方法はセックスによる。ジョンソン博士も述べているように、絞首刑になる見込みほど心をきつく拘束するものはない。が、ただひとつの例外は、性の目覚めと興奮である。昂まりゆく緊張、次に何が起こるかをめぐる不確かさ、時折の安堵感、突然の不意打ち、危険と賭け、すべては高度の注意と緊張の連続のうちに、解決に達する。似たような興奮の型はまた、スポーツの試合での接戦の終盤やサスペンス映画でも起こる。これらがわれわれを興奮させるのはその根底に性的なものが隠されているからだ、と言うつもりではない。が、性的なものはたしかに一般的な興奮の型の顕著な例なので、こうした他の場合もまた性的な残響を宿しているかもしれない。とはいえ、セックスにおいてのみ、われわれは、こうした強烈な興奮を、当の興奮の対象であり原因であるものと共有する。

セックスはただ単に摩擦力の問題ではない。その興奮が生じてくるのは、おもに、どのように状況を解釈し、またどのように相手との結合を知覚するか、によってである。自慰の空想においてさえ、人びとが想い浮かべているのは他の人との行為であって、自分自身のことだけを考えたり、自分自身のことを考えながら自慰をしている自分自身を考えたのでは、興奮させられはしない。興奮を呼ぶのは、人と人との間に係わること、つまり相手があなたをどのように見立てているか、いったいどういう態度をその行為は証しているのか、といったことなのである。この点にまつわる一種の不確かさが、さらにいっそう興奮を呼ぶことになりさえする。ちょうど自分自身を擽《くすぐ》るのはむつかしいように、セックスもまたそうで、向こう側に実際の相手がいる方がいい。(肝腎なのは当の相手か、不確かさか)。

セックスは注意を免れさせない。もしも心が何かの拍子に直接の性交状態から逸れてほかの考えにさまよい出ることが許されるとしても、それはただ他の性的な空想に向かってだけである。そうした時に次の新車はどれにしようかなどと思案をめぐらせているのは、どこかまじめにことを行なっていない証拠であろう。注意の焦点が絞り込まれている点は、一方では、自分がどんな具合に触れられており、どんな感じになっているかであり、もう一方では、相手にどんな具合に触っていて、相手がどのように感じているかである。

ときとして、セックスの焦点は、微細の極みといった動作、ごくごく繊細に髪の毛一筋で掃いたり、指先や爪や舌を肌にそろそろと這わせたり、それをここという一点であるかなしかに変化させ、あるいはそのまま動かさずに止める、といったことにある。このようなときにはためらいの瞬間が訪れ、次に何がくるかと待ち受けることになる。ここでは感覚の鋭敏さはこの上なく研ぎすまされて、どんなに微かな圧力や動きや角度の変化も決して気づかれずにはいない。そしてあなたの感覚に相手があなた同様な鋭敏さで同調してくれるのを知ることは、これまたあなたを興奮させる。相手は、その動きと反応の繊細さで、あなたの快感をよく知り、その隅々までへの気配りを示すことができる。相手にあなたの特別な快感を知ってそっくり受け入れてもらい、あわてて次の段階や次の刺激に移らないでもあなたの意のままにいくらでもそのままの状態にとどまること、相手が許し誘ってくれるままに気をゆるしてしんから寛ぎ、ともに戯れ遊ぶこと――時間のかかりすぎるセックスなんて代物があるとでも？――このようにしてあなたは快感にひたっていいよ、きみにはそれだけの価値があるよ、と言われたりすれば、胸の底からの嘆息も出ようというものである。

すると官能的で微妙繊細な過去の快楽が目覚めさせられ、掘り起こされるばかりでなく、進んで誰か気配りにも愛撫の巧みにも心得のあるわけ知りの手や口や舌や歯で、どこか新しい官能の国へ連れて行ってもらいたいと望むようになる。

セックスのうちに、深層からの情動が目覚め表現されるのは驚くに当たらない。自分自身の快感を相手に現わし示してもかまわないために必要な信頼、相手がこういう快感を与えてくれ導き出してくれるように仕向ける際の傷つきやすさ、これらは乳児期のつまりエディプス・コンプレックスの残響を伴う快感を包含していて、容易に得られるわけではない。

セックスは必ずしもそのすべてが繊細な知識であり、微妙な陰影をもつ快感への応答であるわけではない。話がそこから始まり、しばしばそこへまた戻ってくる原点は一面ではまた、もっと強烈で簡単には測定しにくい行動、すなわちパートナー同士がかたみがわりに相手の快感に注意を払い合うというより、むしろもっと強烈でもっと広範囲な興奮へと相互に刺激を高め合う行動へと移ってゆく――これは成人（あるいは乳児期）から動物への移行である。情熱と動作はいよいよ荒々しく制御しにくいものとなり、ますます高調子の、自動的な律動に変わり、焦点は肉から骨へ移って、音声は呻きや溜め息からかん高い叫び、荒々しい呼吸音、咆哮へと変わり、口は舌と唇から歯と咬みつきへと移行する。暴力、支配、怒りのテーマが現われ、優しさの中で癒されては、しかしまたふたたび、ますます強化されいよいよ強烈さを増す循環の中に現われる。

セックスという闘技場では、われわれの極端に強烈な情動が表出される。この情動は、つねに優しく愛情にみちているわけではない。もっとも時々は、いや多分しばしば、そうではあるけれども。そのように強烈な情動は、刺激されまた刺激しながら反応し合い、同等に強烈な情動を生み出す。ペアを組む者たちには、自分たちのもっとも強烈でもっとも原初的な情動が表出され、そして安全に包み込まれるのが分かる。セックスにおいて以前よりずっと深く知られるようになるのは単に相手のことだけではない。人は、自己が受け入れ得る能力のかぎりを経験することによって、自分自身の自己をずっとよく知るにいたる。情熱、愛情、攻撃性、傷つきやすさ、支配力、戯れへの没入、幼児期型の快感、喜悦をどんなに受け入れ得るかを経験することによって、である。事後の解放感の深さは、共にした経験の充実さと深さの尺度であり、それ自身当の経験の一部である。

セックスの王国は汲めども尽きぬもの、ないしはそうあり得るものである。セックスにおいてはお互いに学び合え、感じ合えるものに限界はない。ただひとつの限界は、ペアを組む者たちの感受性や感応性、創造性、大胆さだけである。そしていつもその先に掘り起こされるべき新しい深み——また新しい表面——がある。

ただひとつの格言は、注意深く実験せよ、である。その上で、興奮を呼び起こすものは何かに注目し、相手の快感がどこにあり、どこまでゆくにせよ、それについてゆき、それにのめり込み、それをめぐる戯れに様々な変化をつけて遊ぶがいい。しかもいよいよ強烈でますます繊細な圧力を加えながら、それぞれに恰好な場所を選んでするがいい。ここでもまた知性が役立つが、それは、いま興奮を呼んでいる刺激がもっと大きな図式や空想にも適応するかどうかに注目し、その仮説を試験してみ、その後でそれにふさわしい、ときには両義的な行動と言葉によって、その実験を勇気づける点においてである。新鮮な実験によって、人は習慣化してきまりきった快感しか生じない道を回避できる。その自由、開放感、創造性、大胆さ、そして知性——広い方の世界ではいつもそんなにも十分満足に酬いられることとはかぎらない諸特性——がかくもすばらしく甘美な秘密の果実を生じるとは、なんとすばらしいことであろうか。

セックスはまた、伝達のひとつの様式であり、言葉が語り得る以上に雄弁に何かを語り、示す方法である。もっとも性の行為は言葉よりももっと適切に語りはするが、その行為はまた言葉によっていっそう高められ得る。つまり自分の快感に名をつけ、快感をいっそう熾烈なものにしてゆく言葉、ある空想を物語る、ないしはとてものんびりとは聴いていられないような刺激的な空想をさすがに暗示するにとどめるといった言葉によってである。

ジャズの即興演奏の音楽家のように、セックスでペアを組む者たちも、一部は譜面通りに、一部は即興で、お互いに相手の肉体の動きに込められているメッセージに注意深く応答しながら、対話を営んでいるのである。これらのメッセージの主題は、自分自身とその快感であったり、相手のそれらであったり、また二人一緒のであったり、一方が他方にしてもらいたいことであったりする。人生の他の部分でそうしているかどうかはともかくとして、セックスにおいては、人びとはしばしば無意識に、他人に対して、自分たちがかれらからしてもらいたいように振舞っている。人びとは、自分の圧力や動きの位置や、強度、割合、方向によって、自分が受け取りたいと望むことについて、しばしば無意識のうちに、つねに合図を送り続けている。それもまた多岐にわたる方法で、身体のある部位が他の部位の代わりに表現しており、例えば口や耳（あるいは片方の掌や脇の下、あるいは手足の指や骨）で起こっていることが、どこか他の部位で、それと同調する興奮を伴いながら、それに呼応して生起している何かを微妙な複雑さで象徴して示すといった具合である。お喋りの交わり［会話］をするとき、人びとはそれぞれ異なった声で、異なった考えを、異なった話題について喋る。性の交わりの場合にもまた、各人はめいめい判然と異なった声をもっている。二人の間には、話し合うことのできる新しい事柄、新たな話としてもち出したり思い出したりする古い事柄と、話題に欠けることはない。ここで交わり［会話］に言及したのは、なにも、セックスの唯一の（非生殖的な）目的が伝達だと言うつもりではない。それ自体のために欲求される興奮や肉体の快感もまたたしかに存在する。しかしこれらの興奮・快感もまた交わり［会話］の重要な部分である。なぜなら快感あふれる興奮とそれへの導入部を通ってこそ、他の強力な情動がセックスの闘技場において表現され遊戯が始められるからである。

この闘技場では、個人的なあらゆることがすべて表現され、露呈され、象徴化され、強烈化される。親密さの中で、われわれは他人を、通常は自分の周囲に張り廻らしている境界の内側へ入れる、すなわち着衣により、また十分な自己管理と監視によって印づけられている境界の内側へである。幾重もの層をなす世間用の顔という防備を通過して、相手ははるかに傷つきやすく情熱的なあなたを見ることを許されるわけである。あなたの肉体的快感を相手に見せること以上に親密なことはなにもない。たぶんその理由は、肉体的快感は両親にさえも（あるいは両親には特に）隠さねばならないとわれわれは学んできたからであろう。ひとたび、張り廻らされた境界の内側に入ってしまうと、新たな親密度が可能となる。例えばちょうど新しくペアを組んだ二人がセックスのあとベッドで交わす睦言が特別な性質をもつ場合のようなのがこれである。(ひょっとするとセックスをするのは、一面では、このような気どらないお喋りを楽しむためであろうか)。

絶頂感を含む性的刺激への欲望と、自分の相手と自分自身とをもっとも深く知ることとの間には、葛藤があるだろうか。いきなりもっと大きい刺激へと急ぎすぎ、他の一切をただ絶頂感への手段としてだけに焦点を絞って取り扱うことは、相手に心底から自らを開いて、相手と自分を知るためには邪魔となるだろう。すべてのことにはそれに相応しい時があるというものである。もっとも強烈な刺激もまた深層への途となり得る。もし人びとが自分たちの深層部へ測鉛をおろすことがないならば、セックスによってそれほどまでに揺り動かされ、生起してくることに時にはそれほどまでに畏怖するということもないであろう。

ひたすらに刺激的でありながら、絶頂感もまた相手に、あなたがどれほどすばらしい快感を当の相手に感じて満足しているかを語る。さらに絶頂感が深まって、あなたが自分に、まったく何の抑制もなくして完全に没入するようになり、かつそれがあらわに見えたってかまわないと思う場合には、相手の力がどんなにあなたを覆いつくしているか、そしてその相手の前でまったく無力な存在となりながらそのことにあなたがどんなに慰められ信頼を寄せているか、をくまなく相手に示し、またあなた自身にも示すことになる。

相手に快感を与え悦ばせていると最高に感じられるのは、それが一種の挑戦を乗り越えて遂行されたときである。従って、絶頂感は、いくのが早すぎても遅すぎても、当の相手にとってそれほど満足させるものでないことになる。早すぎるとやり遂げたことにはならないし、あまり遅くてさんざん苦労した後にやっとでは、相手が十分に刺激も快感も与えていない、と表明していることになる。絶頂感を成功させる秘訣は、喜劇の場合と同様に、タイミングである。

絶頂感はたんに刺激的な経験であるにとどまらず、ペアを組んだ相手についての、また相手との結びつき具合についての表明である。つまりそれはペアを組んだ相手があなたを満足させたと告知しているわけである。だからペアを組む二人がそれが生じるようにと苦心するのに、なんの不思議もない。ここでもまた、同時に絶頂感を味わう合一力、すなわち相手があなたによって強烈に悦ばされたと語り示すまさにその瞬間、あなたもまた相手とともに、そして相手からこの上なく強烈な悦びを感じるという合一力を、われわれは理解し得るのである。

これとは別に、全体としての人というより、むしろその部分にかかわる表明もある。男根は膣の中で歓迎される挿入者としての感じを味わうことができる。男根は愛情を込めてゆっくりとキスされることもできる。それは哺乳している感じを味わうこともできる。それ自体で喜びにあふれることも、それ自体が知識の的となることもできる。さらにいっそう高揚した瞬間には、空想されたそれはほとんど礼拝の対象となり得るものである。同様に、膣の甘美と力もまた当然のこととして承認され得るが、それは優しいキス、十分時間をかけて知り合いになり、そのとてもちっちゃな割れ目に棲みこんで、この棲みこみが呼び起こすあの艶っぽい音を発することによってである。ペアを組む相手の肉体を知ること、どこかよそへ急いでゆかずに、当の肉体の隅々までその部分部分のもつ特別なエネルギーをじっくり考察すること、これもまた相手に受け取ってもらえるひとつの表明を行なうことになる。

愛の営み《メイキング・ラブ》ではいつもペアの二人が対称的で、優しさにみち、その過程を通じてどこでも役割交代し得るが、こうした性交と違って、(汚名の意味は全然なくても)「やること《ファッキング》」とでも言っていい場合には、少なくとも、男性がかれの腕力や体力を誇示するひとつの段階が含まれる。この段階は、必ずしも攻撃的、悪意的、権力支配的ではないが、たぶん統計上は頻繁にこうした暴力へすべり落ちるものである。男性はただ、女性にほめられたくて、自分の力、強さ、ときには凶暴性さえも女性に誇示することもできよう。ジャングルにおける野獣の特質を、ライオンや虎の獰猛さ、うなり声、咆哮、嚙みつくことを伴うそれを露呈して、男性は(それなりの時代の様式をとりながら)保護者としての強さを誇示するのである。とはいえ、このような暴力の誇示は、非対称的である必要はない。女性はこれに応えて（そして入門の儀式として）、女性自身の凶暴さで、歯を剝き出してどなり荒々しく息をはずませ、爪でひっ掻き、うなり、噛みつくこともできる。そして女性もまた、男性の凶暴さを包み込み、手なずける自分の能力を示すわけである。もっと微妙な陰影をまとう事柄、つまり女性がある時点で相手に自分自身を与えるその特別な方法を、ぴたりと的確なかたちで表明するのは、さらにいっそう困難なことと言っていい。

性的な親密さにいたると、われわれは相手が自分の境界の内側に入ることを許したり、境界をもっと浸透しやすいものにしたりして、自分自身の情熱、包容力、空想する内容、興奮を相手に見せ、また相手のそれらに応答するようになる。性的親密さを図示するとすれば、二つの円の重なり合う部分を点線で示したものとなるだろう。このペアを組む両者の間には境界が存在する。けれどもこの境界は、固いものではなくて、浸透性をもつ。それゆえに、強烈な性の経験にともなって時折起きる、大洋に同化する感じ、融け込む感覚も理解できるわけである。この感覚は、たんに、相手に向けて刺激され興奮した感情に起因するだけのものではなくて、通常の境界を維持するために割かなければならぬエネルギーを使わなくてもいいことから生じてくる。（絶頂点では、境界が脱落してしまうのだろうか、それとも選択的に浸透可能に、つまり当の特別の人のためだけに障壁が低くなるのであろうか）。

以上これまでわたしが述べてきたところは、一回だけの性的出会いにも適用できるかもしれないが、性生活はある時間にわたる特殊な連続性をもっている。ペアを組む両者が一緒にいる時間がまる一日ないし数日にわたって延長されることもあり、そこでは他の人の面前ではほとんど出現も生起もしない親密さと理解が繰り返し、しかも変化をつけて訪れ、記憶の中に新鮮な知識と感情をいよいよ充実させて、新しい探究への跳躍台となる。こうしてお互いに相手への渇望をほとんど押さえがたい親しい二人は繰り返し逢い引きを重ねることとなる。親密な愛の関係はさらに充実を加えながら持続して、性的合一のもつ興奮と深さと甘美さを高め、またその興奮、深さ、甘美さはこの親密な愛の持続によって高められる。

人は、ペアを組む相手と自分自身を深く知ることによって、セックスにおいて情動の全領域を探究することができるばかりではない。また他者と合一し、融合したいとの衝動を追い求め、自己を超える肉体の悦びを見出しつつ、あなた方二人がともに一体となることを、知るようになり得るだけでもない。また（男女両性間の）セックスは、その行為自体にさらに進んだ心理学上の重要性をもたらす新しい生活をつくり出すこと——女たちの場合にはそのあらゆる象徴的意義とともに、その内側で生命をもたらす者となることができるので、たぶん特に際立ってそうである——ができるばかりではない。セックスにおいて、人はまた、いまひとりの肉体と人格を、まさに最深層の実在の地図ないし小宇宙として、最深実在の本性と目的への手がかりとして、知りつつ、形而上の探究に参加することができるのである。

8 愛の絆

恋愛、親の愛、祖国愛その他いろいろの愛のまわりを、一般的な愛の現象が包んでいる。愛のすべてに共通するもの、それはあなた自身の仕合せがあなたの愛する誰か（または、何か）の仕合せと結ばれていることである。友人に変わりごとが起きるとき、それは友人と同様にあなたを悲しませるし、良い事が起きるとあなたも嬉しくなる。しかも、悪い事があなたの愛する人に起こると、あなたにもまた、わるい事が起こる。（全く同一の悪い事とは限らない。また、友人を愛することはできないと言うつもりではない）。もし愛する人が傷つき辱められると、あなたは傷つくし、もし相手にすばらしい事が起きれば、あなたは仕合せな気分になる。もっとも、愛する人の満足感すべてがあなたを仕合せにする訳ではない。たんに相手の好みではなくその仕合せこそが問題にされねばならない。愛がなければ、他人の身の上の変事によって、あなたの仕合せが左右されることは、まずない。あなたは他の人びとの飢餓の苦しみに同情し義援金を送り、かれらの惨状をいつも忘れることはない。しかし、そのためにあなた自身が不仕合せな気分になる必要はない。

あなた自身の仕合せ（または不仕合せ）の及ぶこの範囲が、あらゆる愛の種類、子どもへの愛、親への愛、仲間や祖国への愛などの特徴となる。愛は、必ずしも、他人をあなた自身と同じだけ、またはもっとたくさん配慮しなければならない訳ではない。こういう大いなる愛でなくても、あなたの仕合せが相手の仕合せによって、多少でも（ただし、同一方向に）動かされるときには、ある程度の愛は存在する。相手の成りゆきに従って、あなたも（ある程度まで）動く。あなたの愛する人びとの仕合せはあなた自身のものであるから、かれらはあなたの境界の内側に含まれる。*

「恋して」夢中になっていることは、ある極端な状態としてよく知られている数々の特徴

---

*もう少々厳格な基準は、他方の仕合せがあなた自身の仕合せにとって直接の部分となるときに形成されると言えよう。これが生起するのは(1)あなたの仕合せは相手の顕著な変化によって影響されると言明し信じるとき、(2)あなたの仕合せが相手のと同一方向に、つまり相手の仕合せの増減があなたの仕合せの増減を惹起するように、影響されているとき、(3)あなたが自身を不仕合せと判断するばかりか、その状態に妥当する情動を感じるとき、(4)ただ単に相手の仕合せの変化を知ったため、またその変化があなたの幼児期のことなどあなた自身の何かを象徴的に表わしているためではなく、あなたが相手のそれに直接、影響されるとき、(5)（この体の調子は特に診断に役立つ）あなたの気分《ムード》がよく変わるとき、つまり他の特定の情動のために、これまでと異なる感情におそわれたり別の気質をもったりするとき、(6)この気分《ムード》の変動がいく分か永続的であるとき、またさらに(7)ある人、ある物に向けて、あなたがこの一般的な性向または気質をもち、そのためにこのように影響されているとき、つまりその人の仕合せの変化によって、あなたがこのような影響を受けがちになるとき。

を示す。たいていいつも、その人のことを考え、絶えず連絡をとり一緒にいたいと望み、その人の面前にいるとあがってしまい、眠れなくなり、感情を詩や贈物その他愛する人を喜ばせる方法で表現し、互いの瞳の中を深く見つめ合い、ろうそくの灯影でディナーをとり、短い別れの間も長く感じ、相手の動作や言葉を思い出してうつけた笑いをもらし、相手の小さな失策もいとしく感じられ、相手を見たり相手に見られると嬉しくなり、そして(トルストイが『アンナ・カレーニナ』の中でキティに愛されていることを知ったときのレーヴィンを描くように)誰もみな魅力的で良い人に思え、誰も幸福に感じているに違いないと考える。恋以外の関心や責任はすべて、ロマンスの筋書きの中では些細な背景の細部となり、ロマンスが人生のもっとも支配的な前景を占める。(ローマ軍の指揮官や英国王のような大きな公共の責任が脇に押しのけられるときこそ、ラヴ・ストーリーの独擅場である)。活きいきした関係は、芸術的な神話的な広がりとなり——画中の人物のように共に横たわり、オウィディウスの伝える話を二人で新たに生きる。同様に、よく知られているのは、この愛の相互性が等分でないときに起きる事態である。憂鬱、失敗したことの執拗な反芻、元通りになることへの空想、相手を一目なりと見たいと諸方をうろつき、声の聞きたさに何度も電話し、他の活動はすべて味気なくなり、時折、自殺的な考えに耽ける。

いつ、どのように恋の盲目が始まったにせよ、もし機会があれば、その状態は自らを変形して恋愛を持続するか、そうでなければ消滅する。この長く続く恋愛の場合、二人には、互いに結合してこの世界に新しいひとつの実体を形成し築き上げた、ということが感じられる。それはひとつの「われわれ」と呼んでもよい実体である。* とはいえ、実際に、かれがかの女とひとつの「われわれ」を作ることなしに、誰かと恋愛することは可能である——相手があなたを愛していないかもしれない。愛、恋愛は、その特定の人間と「われわれ」を作りたいと望んでいる。またその特定の人間が「われわれ」を作るのに適格な人であることを感じ、むしろそう望んでいる。そしてまた相手があなたについて同様に感じてくれることを望んでいる。(もしも相手が共に「われわれ」を作るのに適格でないという認識ができたら、常に、直ちに、その願望の息の根を止める方が親切というものであろう)。他の人と「われわれ」を作り上げようとの望みは、たんに恋愛に伴う何か、恋が生まれるとき引き続いて起きる何か、ではない。この願望は愛の本性に内在する、とわたしは考える。それは愛が志向するものの重要な一部だからである。「われわれ」の中で、二人の人間はシャム双生児のように身体が結合しているわけではない。二人は遠く離れた所に住み、事物に別々の感情をいだき、異なった職業を続けることができる。それでは、ど

*ひとつの「われわれ」形成としての愛についての討議は、Robert Solomon, *Love* (Garden City, N.Y.: Anchor Books, 1981) 参照。

ういう意味で、この人びとは共に新しいひとつの実体「われわれ」を築き上げるのだろうか。この新実体は、二人の間に、もはや切り離されない関係性の新しい網を張りめぐらすことによって創造される。この網目のいくつかの特徴を描いてみよう。いくぶん冷たい政治学の響きをもつ二つから始めることにしよう。

第一、愛一般に適用できるとすでに言及した定義的な特徴とは、あなた自身の仕合せは、あなたがロマンティックに愛している誰かの仕合せと結びついている。するとと、愛はとりわけ、あなたを危険にさらすこともできる。愛する人に起きる悪いことはあなたにも起きる、が良いことの場合もそうである。さらに、あなたを愛する誰かが、あなたを助けて有為転変に耐えられるように世話をし慰めてくれる——相手がそうするのは、一部は、当人自身の仕合せもまた維持される助けになるからであるけれども、利己心からではない。このようにして、愛はあなたの仕合せのための床《ゆか》をきずき、運命の一撃に見舞われても保険がかけられていることになる。(経済学者は配偶者選択の特徴のいくつかは危機に対する合理的な共同出資であると説明しているだろうか)。

「われわれ」を作る人びとは、かれらの仕合せのみならずかれらの自治のためにも共同出資をしている。かれら自身の意思決定力や権利を制限または縮少する。単独ではもはや行なうことのできない決定もあるから。これがどういう種類の決断かは、カップルごとに異なる。どこに住むか。どのように住むか。どういう友人とどのように会うか。子どもを持つかどうか。何人か。どこへ旅行するか。夜、映画を見に出かけるか。そして何を見るか。各自は、それまでもっていた決定権のいくつかを、共同出資に一方的に譲渡する。つまり、どのようにして、共存するかについての決定である。もしもあなたの仕合せが相手に密接な影響を与え、相手からも与えられるならば、種々の決定が、たとえ最初はまずあなた自身によって決められても、仕合せにそれほどにも重大な影響を与えるのだから、もはや単独に決められなくても不思議はない。*

ひとつのわれわれを形づくった人びとを指して用いられるカップルという名称は偶然ではない。この二人もまたかれら自身をひとつの新しい継続する単位と見、その面を世間に提示する。かれらの同一性が公衆の中の一対《カップル》として表出され確認されるために、公にカップルとして分かってもらえることを望む。したがって、このようにふるまうことのできな

*この一方的決定権の縮小は、恋愛関係に終止符を打つ決定にいたることもある。これをも決定と呼べるなら、あなたは独力で決められると考えるだろう。事実、そうできるが、あるペースであるいくつかの方法によってのみ可能である。これと別種の関係ならば、止めたくなったり不満に思い始めたら終わらせることもできよう。しかし愛の関係では、対立する党に「投票権がある」。永遠に否定権が行使できるわけではないが、対立党にも言い分があり関係の修復や納得させてもらう権利がある。しばらく後になっても、きっと、一方は他方の同意なしにでも関係を打切りたいと言い続けるかもしれない。しかし、愛において、双方が共に放棄したことは、一方的かつ迅速に行動する権利なのである。

いホモセクシュアルのカップルたちは、重大な障害に直面する。

ひとつのわれわれの部分であることは、ひとつの新しい自己同一性、付加された同一性をもつことを意味する。とはいえ、あなたには、もはやいかなる個人の同一性もなく、あなたの唯一の同一性は、われわれの一部でしかない、というわけではないけれども、あなたが過去にもっていた個人としての同一性は改変されることになるだろう。この新しい同一性をもつにはある種の心構えが必要である。またこのわれわれの各部分は、互いの相手に向けてこの心の姿勢をとることになる。心理的に各自は、相手の同一性の部分となる。どうしたらこの意味をもっと正確に言えるだろうか。もし何かが変わったり失われたりしたとき、あなたがまるで別の人間になったような気がするとき、その何かがあなたの同一性の部分である、と言うことは、まだ説明もされていない同一性という概念を再び導入するだけのようにみえる。ではもう少し役に立ちそうに考えてみよう。誰かを愛するとは、おそらくある程度まで、二人の仕合せとそれへの関わりのため、あなたが全力をつくして配慮することかもしれない。(もっと一般的には、こう言ったらいいだろうか。何かがあなたの同一性の部分であるのは、あなたがその何かを、あなたが特別に配慮するわずかな領域のひとつとするときである、と)。あなた自身の個別的同一性の場合における配慮に関して経験上のテストがある——例えば、特に意識していない会話の騒音の中でどのようにしてあなたの名前が口にされているのが聞こえるか。あなたの名前に似ている単語がどのようにして本の頁から「跳び出す」のか。誰かを愛していることに関わる配慮についても同様なテストが見つかるかもしれない。例えばわれわれの中の一方は、他方が単独で、旅行しているとき、旅行中の危険——墜落事故その他——について、両方いっしょに、また自分自身が単独で旅行しているときよりも、はるかに心配すると考えられる。われわれの中の一方は、ふつう、他方が単独で個別的な同一性に戻らねばならないことを必要とするような危険に用心深い、ということもありそうにみえる。もっともこういうことは、はっきりと身体的に別々になったときに、とくに目立ってくるのであるが。共同の同一性形成のための他の基準もまた、ある種の労働の分割などとして示唆できるであろう。われわれの一方が何か面白そうな読み物に出会っても他方のためにすぐには読まないかもしれない。その理由は自分にはあまり興味がないというよりも、相手がもっと興味を示すかもしれないからであり、このわれわれというより広い互いに頒ち持つ同一性によって銘記されるためにはどちらか一方の読書で十分だからである。もしもカップルが解体するときは、両方が直接に自身ですべてを行ない、一方が両方のためにはもはや何もしないことに気づくであろう。(このわれわれの基準のリストの論議はさらに後まで続くものを含み、ただ相手を「交換《トレード・アップ》する」ことをのみ求めるのではない)。ときには、このわれわれの存在は手にとるように確実になり得ることがある。内省的な人が自分自身を友として親しく語り合いながら街を歩くことができるように、人は愛する相手がそばにいなくても、相手が何と言うだろうかと思いつつ語り合い、相手がその場にいないので当人に代わって、そうするように事物を眺めたり、他の人びとも、当人の声の調子で言いそうなことを言ったりしてこのわれわれ全体をどこへでも持ち運ぶことができるのである。*

もしも個人自身が一連の強固な境界線内に閉ざされ内側と外側と区別された像として描かれるならば、そのときあのわれわれは二つの像の間の境界線の合致するところが消去されたものとして図示されるであろう。(これこそ伝統的なハート型ではないのか)。性の経験の結合面、二人が共に溢れだし、しっかり融合することはこのわれわれの形成を助け鏡のようにうつす。有意義な仕事、創造的活動、発達は自己の形を変えることができる。親密な絆は自己の境界を変えてその位相《トポロジー》を改める——ある意味では恋愛、またある意味では友愛(後述)として。

個人自身は二種の異なる方法で、それが同一化するわれわれと結びつくことができる。われわれをそれ自身のごく大切な一面とみることもできるし、われわれをそれ自身の内側に包含された一部とみることもできる。たぶん、男性は前者の見方をすることが多く、女性は後者をとるであろう。どちらもわれわれは自己にとってとびきり大切とみえるにもかかわらず、もし男性がかれ自身を円と描くときはたいてい、われわれの円をかれ自身の円の内側の一面に含めるであろうが、女性はたいてい、われわれの円がかの女自身の円を包むように描くであろう。どちらの場合にも、われわれが個人の自己を使いつくしたり自己の自治権なしに放置したりする必要はない。ロマンティックなわれわれの中の各人は、相手を余すところなく自分のものにしたいと思う。しかしまた各人にとって相手は独立した隷従的でない人物でなければならない。いつまでも非隷従的な自律をもち続ける誰かだけが、あなたの自己同一性を広げ高めるひと

---

*二人の人間がひとつのわれわれをつくるとき、このわれわれは世界にひとつの実在を付加し、この世界とその関係性の網目に包みこまれた人びとにつけ加えられた何かを形成するのだろうか。（ひょっとして、この二人につけ加えて、このわれわれはまたひとつの情動を感じると言いたくなるときもあるかもしれないだろうか）。この疑問は、全社会は世界に付加された一実体であるのか、それとも種々な人間の関係性の網の総体に過ぎないのか、との問いに似る。人体は世界内に付加された実体であるのか、それとも単にこの有機体は関係性のひとつの網の物体的な部分に過ぎないのか。身体や社会のように、われわれはそれ自身を維持し（広範囲の）新しい環境に直面して適応する。社会や身体と異なって、それは組成するある部分が置き換えられると、同一の実体としての存在は続かない。とはいえ、われわれ関係の中の二人は、しばしば、外界には一単位として、ひとつの顕著な仕合せと意志決定の場をもつそれとして、行動する。この多岐にわたるわれわれの特色、またそのために可能になる新しい活動や価値の方が、われわれが世界内の存在論的家具の一品目を構成しているかどうかを決めるよりも重要である。もっとも、後者は、あの二人のつくりなす空間でただ共に在るだけで満ち足りているという周知の現象学的経験のゆえに適切な指標となるであろうが。（ひとつのわれわれまた複数の一主体の本性についての格別に入念で啓発的な論議のためには、本書の後に出たものが完璧であった。Margaret Gilbert, *On Social Facts* [London: Routledge, 1989], pp. 146–236 参照）。

つの合同の同一性における有能なパートナーとなることができるのである。それに、もちろん、相手の仕合せ——あなたの配慮する何か——もまたこの非隷従的でない自律を必要とする。とはいえそれと同時に、他方を完全に所有したいという欲望も生じる。この欲望は、思うに、相手を支配したいということから芽生えるわけではない。あなたが必要として望むことは、あなた自らの同一性をもつのと同じ程度に完全に相手を自分のものとすることである。これはあなたがまさに、かれまたはかの女と共同の新しい同一性を形成しつつあるという事実の表われである。それとも、おそらくは、この欲望は相手とひとつの同一性を形成したいという欲望に他ならない。とはいえヘーゲルが描いた主人と奴隷の間の不安定な対話とは異なり、恋愛中のわれわれにおいては、相手の自律と完全な所有ということもまた、二人のためにひとつの共同で驚くほど拡大された同一性が形成されるとき、対立は解消される。

　愛の関係の核心は、恋人たちがどのようにそれを内側から眺め、相手とかれら自身、互いに親切にする特別なやり方について内部でどう感じるか、である。愛する人はみな、いっしょにふざけたりする折に表われるように相手の中に、また喜びを与えることの中に喜びをみる。大人の愛を受け入れるとき、われわれは最も強烈な愛の第一の対象にふさわしい存在、幼児のエディプス三角関係中には与えられていなかったもの、とみなされる。*相手がわれわれと共に喜び、その愛によって喜ばされるのをみて、われわれはわれわれ自身によってますます幸福になる。

誰かの愛によって輝かされるためには、愛される者は、白く塗りたてられた表面や、ただの一部分ではなく、われわれ自身でなければならない。完璧な愛の親密さの中では、その相手は、われわれを、そのままの姿で、十分に知る。愛されないのではとわれわれに感じさせる性格や容貌の欠点に気づかないような誰かに愛されるとしても、決して安心はできない。時には、この心配の種子は性格特性や無能、不器用、無知などであり、ときには、身体つきのことである。親たちが子どもたちの快楽つまり排泄の場について不快を与える方法がコンプレックスとなるが、これらの感情は、よく見守り愛し合う性的親密さの中でなだめられ形を変えられる。溢れるほどの愛の親密さの中で、人はくまなく知られ浄められ受け入れられる。そして癒《いや》される。

＊いまひとつのギリシャ神話、オデュッセウスが漂流中、家でペネロペといっしょに待つテレマコスの話は、家族三角関係の特性について別の図を与える。父親は、ただ母親の愛を求める者の競争相手ではなく、保護者として必要とされる。もしも子が考えるように母親が魅力的であると、父親の不在中、他の求婚者どもがかの女の前に現われる。すると、エディプスの父とは異なり、この父は競争相手の子を殺したり傷つけたりしようとせず（精神分析の文献が子の不安として記述する事柄にもかかわらず）、子の敵はこれらの求婚者どもである。テレマコスは父を必要とする――安全な三角関係を維持するために――そしてそのためにかれは父探しに旅立つ。

愛されることによってあなた自身とも和解できるためには、愛されるのが例えばあなたの財産のような属性ではなく、あなた、でなければならない。人びとが欲するのは、よく言われるように「かれら自身のために」愛されることである。あなたが愛されているのが、あなた自身のイメージや同一性の周辺的な部分のゆえであるとき、あなたは何か他のもののために愛されているのである。とはいえ、お金やそれを得る才能がその同一性の中心になっている人、あるいは、容貌のすばらしさ、大変な親切さや知性の高さがそうである人は、愛がこういう特徴によって進められても嫌がらないかもしれない。あなたも、何かの特徴のために誰かと恋におち、しかも長い間それを喜んでいるかもしれない。しかしやがて、あなたはその特徴ではなくて、すくなくともそれらのきりもないリストのためではなくてその人自身を、愛さなければならなくなる。ではこれはいったい、正確にいうと、どういう意味なのか。

その人といっしょにいるときがわれわれの同一性の際立つ部分であり、それについて、「かくかくしかじかの……誰かといる（何かをもつ）」というよりはむしろ「イヴといっしょにいる」「アダムといっしょにいる」と思うとき、われわれはその人を愛している。これは、どのようにして起きるのか。特徴が何か重要な役割を演じていたには違いない。もしそうでなければ何故、別の人がまったく同様に愛されることがなかったのか。とはいえ、もしわれわれが当の特徴の「ために」愛され続けるならば、その愛は条件つきで、もしその特徴が変わったり消えたりすれば、変化し消失するかもしれない何かと思われる。たぶん、われわれは愛についてアヒルの刷り込みのようなものと考えるのがよいだろう。生まれたてのアヒルの子はある期間中、最初のある大きさの動くものに寄りつき母親としてその後につきまとう。人間の場合、たぶん人の特徴が愛の刷り込みを始動するが、それから刷り込みを受けた人間は初めの頃の特徴の保持にはもはや依存しない方法で愛される。もしその愛が最初、広範囲にわたる特徴に基づいていると、これは役立つ。つまり、その愛は条件つきで始まり、愛される人がこれらの望ましい特徴をもっていることに付随しているが、それらの範囲と堅固さが定まると、もはや不確定ではないからである。*

とはいうものの、人びとの間の愛は、アヒルの刷り込みと違って、変更不可能ではない。愛を開始させた特別な特徴に依存することがもはやなくなっても、愛は新しいまたかなり否定的な他の特徴によって、時間にうち勝つことができる。または、たぶん、別の人に向けたある新しい刷り込みによっても。でも、この変更はひとりのわれわれ内の誰かによって求められることはないであろう。もし仮に誰かがある望ましい貴重な特徴のために愛されたとしても、他方では、そのときそういう特徴を大量にもっている誰か他の人や、さらにいっそう貴重な特徴さえももっている他の人がやってきたとすると、あなたはこの後からの新人の方をよけいに愛さねばならないようにみえる。しかもこの場合、なぜただ「よりよい」人が出現するのを待つだけなのか。なぜ積極的に、貴重な次元で「より高い点数」をもつ誰かと「交渉」を求めに出かけないのか。(プラトンの理論はそれらの問いには特別に傷つきやすい。なぜなら愛の究極かつ適格な対象である美のイデアがあるからである。いかなる個別の人間も、その恋人の中にイデアへの愛を目ざます特徴の運び手としてのみ役立つのであり、それゆえ、このような人間は誰でも、もっとよく目ざめさせる人が来ると置き換えられてしまうのである)。*「もっとよい」特徴を備えた誰かを探しまわって、いつでも取り換える用意があるなんていうことは、愛の心構えにはふさわしくない。それにもかかわらず、明らかな見方によれば、そうしてもかまわないけれどやはり、何故愛の心構えは非合理ではないのか、が説明されるであろう。可能だが退屈な説明のひとつは、形式上の経済性である。ひとたび、あれる人をよく知るようになってしまうと、別の人と同程度に近づくには大きな時間とエネルギーの資本投下が必要になるために、切り替えには障害となる。(が、たとえ投資用の新しい経費を考慮に入れても、相手側が大きな見返りを約束することはできないかもしれないではないか)。新しい人には不確定性がつきまとう。さまざまの議論や危機をくぐり抜けた長い時間と共同の経験の後でようやく、人の困難に際しての価値、信頼性、回復力、同情心を知ることができるようになる。カップルになるために、また別の志願者を調べあげるとき、たとえ明らかに有望な人でも、結果として否定的結論におちつくことはありがちだし、しかも今現在のカップルとの状態を短縮したり終わりにしたりする必要が起こらないとも限らない。さらに探し求めるのに費やすエネルギーがあるならば、あなたの現行のわれわれをもっとよいものにするためにそれを用いた方がより賢明であろう。

これら経済の慎重さの勧めは愚かなことではない——むしろ正反対である——が、これらは外面のことである。この勧めによれば、愛それ自身の本性をめぐる何事も、愛されている特定の個人に焦点が当てられることはなく、また別人で代用にすることへの不本意さを含むことはない。むしろ、代用から生じる損失の見込みは、それに不利に作用すること

＊特徴のために愛されることとは、愛は報われる、その特徴は報償の基礎である、という概念が伴うように見える。愛は報われるというこの考えは奇妙な考えである。誰ひとり、高い水準に達しないからという理由で非愛（愛でないもの）を報いとして与えられることはない。ときには、誰かは他人の愛に「値しない」などと言われるが、だからといってその人は（ロマンティックに）愛されることにふさわしい反応ができない、愛をこめて反応できない、というわけではない（当人がお返しにロマンティックに愛する必要もない）。（ロマンティックな）愛にふさわしくなるためには、ただ、ひとえに、お返しに愛する能力をもつということである。けれどももしこの能力があらかじめある人の中に判然としないとき、その人が愛されるということによって、愛が生じたり喚起されたりするかもしれないということはないであろうか。このように愛する人びとは希望し、かれら自身の気高く深い愛は相手の中の愛を目ざめさせるだろうと確信する。が、それはいつもそうゆくわけではないことを発見するには、ある程度の世間の経験がいる。

＊Gregory Vlastos, "The Individual as an Object of Love in Plato," in *Platonic Studies* (Princeton: Princeton University Press, 1973), pp. 3-34.

である。たとえ経済分析がそうであったとしても、われわれに分かることは何故、誰かがある特定のひとりに深く関与することを含む愛の心構えをわれわれの方に向けることを歓迎するのか、また何故愛を受け入れるためには捧げ物、またはそのような態度の見せかけと交換しなければならなかったか、である。けれども何故われわれは、他のすべてのパートナーを遠ざけて、ある特定の一人にだけそのような深い関与を与えたいと現実に望むのだろうか。われわれはパートナーを気づかうので、パートナーを変えて傷つけることを望まないと付け加えることは正しいが、この問いへの十分な解とはならない。

経済分析はもしかすると、さらに広い理解さえも提供するかもしれない。* 特別な資材をもったパートナーと一定の交換を繰り返していると、あなた自身の中にそのパートナーと交換するための特殊化された資産が伸展してくるのはたぶん合理的なこととされるであろう（また同様に、あなたへのパートナーの分においても）。この特殊化は、あなたがそのパーティと交換を続けることへのいく分かの保証となる（何故なら投資された資材が第三のパーティと取り引きするなら価値は減少するだろうからである）。さらに、そのパートナーとよりいっそう適合し交換できるように、あなた自身を形づくり特殊化するために、従ってその他とはうまくいかなくなるために、あなたはそのパーティがあなたと交換を続ける保証と契約を、そのパーティ自身があなたに適合するための特殊化よりもはるかに大きい保証を、欲しがるだろう。いくつかの条件下では、このような二つの交易会社がひとつの会社に結合することは経済上の利益となるであろう。さて、やっとひとつの結合した同一性という概念に似た何かに辿りついた。

愛の意図は、ひとつのわれわれを形づくりそれを拡大した自己と同定すること、ひとりの財産を大部分それの財産と同定すること、である。ためらわずに交換してしまったり、あなたがほとんど同一化していた当のわれわれを壊してしまったりすることは、とりもなおさず、あなたの自己を進んで壊すということになるであろう。したがって、現行の自分との同一化をやめない限り――つまり、愛することをすでにやめてしまっていない限り、ひとはさらに別のわれわれの中に結ばれたいと意図することはできない。さらにその場合でさえ、新しいわれわれを形づくりたいとの意図は、そのときはもはや交換することには開かれていない意図ということになるであろう。すすんで交換したいなどということが存在しないことこそ、愛の概念、またその愛の概念によって形づくられたわれわれに内属する。愛する人はもはや別のパートナーを、たとえ「もっと高い点数」をもつ人でも、すすんで探す気にはならない。そんなことをすれば、自分が同一化している親しい自己を、そのたぶんすぐれているが代用するには非連続の自己となるその別人を受容するために、破

＊この節は、Oliver Williamson, *The Economic Institutions of Capitalism* (New York: The Free Press, 1985) に見出される経済分析の方式に示唆された。

いるつもりがない、と言っていたのではない）。たぶん、このあたりに、ひとつのわれわれに結びつけるための道を固め歩きやすくするための、恋の盲目という働きがある。数百の煩いを征服して人自らに自律を獲得させる熱意が与えられる。またわれわれ思考というものへの入門の機会も与えるが、それは絶えず相手への思い、二人一緒の思いに心が占められることによってである。わたしよりも皮肉な見方ならば、恋の盲目とは二人を近づけてついに身動きできなくさせる一時の膠《にかわ》のようなものと考えるかもしれない。

人びとがその限界をゆるめひとつのわれわれの中に移住する過程の一部には、繰り返し両方が相手に愛していると言い続け、そうなりたいという願望を繰り返し表現することが含まれる。かれらの言明はしばしば、ためらいがちで、もし相手がそういう表白に応答しないとひっこめてしまいがちである。手をつないで、二人は水中に一歩ずつ足を踏み入れてゆく。かれらの用心が最大になるのは、互いに不信を抱く集団や国家――イスラエルとパレスチナが例となるような――が互いの合法性の確認を必要とするときである。一方が合法性を確認しなければ、どちらもそう望まない。また、どちらも他方が認めればこちらも確認するつもりであると公表するだけでも不十分である。それでは、どちらも条件つき確認、他方の無条件確認が起こるかもしれないことを公表したことになるからである。どちら側もこの無条件確認を出さない以上、まだ一歩も踏み出してはいない。もしもどちらも他方の条件つき確認に基づく条件文を認め、「もしわたしがあなたを認め、あなたがわたしを認めるなら、わたしはあなたを認めるつもりだ」と言うならば、どちらにも役立たない。これでは、どちらも他方に三部分条件文を公表したことになるからである。この公表は、ただ二部分条件文が他方から出されているときのみ、効力を伴い実施されるからである。したがって、どちら側も他方に、他の確認、つまり二部分公表の完全な誘因となるものを与えてしまうことはない。双方が、同じ長さと複雑さの条件を、対称図形のように、公表している限り、一歩も進めることはできない。したがって、ある非対称性が必要とされるが、どちらか一方が無条件確認を申し出ることで始められる必要はない。最初にどちらかが二部分確認を申し出ることで十分であろう（この確認は他方の単なる二部分条件確認次第である）。そして二番目の方がその二部分条件確認を申し出ればよい。後者は一番目の果断な受入れをねらい、これが、次には、二番目に同じことをねらわせる。愛する者の間では、このような複雑さは目にみえる形では起こらない。どちらもあの入れ子式の公言「もしわたしがあなたを愛するとすれば、あなたもわたしを愛するのならば、わたしはあなたを愛します」は口にしない。またどちらかがしたとしても、（穏やかに言っても）あのわれわれの形成をしやすくすることにはならないであろう。とはいえ頻繁に互いに「好きだ」と口に出し相手の反応に注意を払うことは、内にごく深い意味を秘めた入れ子構造語を示しているかもしれない。その秘めた意味の深さは、警戒心を解きほぐしあの現実的で無条件のわれわれを形成するためにすばやいねらい撃ちの反覆を必要とするほどである。

このわれわれの形成の後でさえ、その運動は頻繁な推進力によって維持されるので、ニュートン的というよりアリストテレス的である。いく度となく愛を誓い合うことは終わることがないであろうし、またロマンチックな身振り、あの特別なわれわれへの愛着、またそれ以前はこの一体を形づくりたいとの欲望を表現し象徴するのに、ふさわしい、慣習の枠を破る数々の行ないも休止するときがないであろう。

望んで取り換えることは、愛および特定の人とのひとつのわれわれの形成とは両立しないことを認めるならば、問題はそのような特定のやり方で愛することは合理的か否か、である。共有の自己同一性なしでも真剣で重大な個人の絆——例えば、友情とセックス関係というそれに代わるものがある。このわれわれによって可能となり容易になった事柄、行動、情動についての長大で明晰なリストを作成すれば、ひとつの解答が得られるであろう。これらを求めることはばかげたことではない。何故なら交換という選択の自由を捨てることを含めてひとつのわれわれの中に歩み入ることは非合理ではないから。とはいえ、「その中でわたしに役立つものは何か」という利己的な問いのレンズを通してこの問題をみることはロマンティックな愛をゆがめる。愛しているときわれわれが求めることはかれ／かの女と共にいること——かの女／かれと共にいる誰かであることではない。われわれが他の人と共にいるとき、たしかに、われわれはその人と共にいる誰か、であるが、われわれの欲望の対象は、そのような種類の誰かであることではない。われわれは他者を幸福にしたいと思い、またより程度は劣るが、かの女／かれを幸福にするような種類の人になりたいと思う。われわれが求めて探すものをどのように述べるかについて、その強調の問題であり——哲学用語なら、われわれの欲求の意図する対象の問題ということになる。

利己的な問いが恋愛をゆがめるやり方は、注意の焦点を恋人間の関係からその関係の中の恋人のめいめいの在り方に切り替えることによる。そのときのかれらの在り方が重要でない、と言うつもりではない。互いに熱烈に愛することがいかにすばらしいかは、何故われわれがそれを望み評価するかという理由の部分をなす。恋人たちの関心の中心、恋人としてかれらが何を考え何に養われているかは、お互いの相手であり、かれら自身の状態ではなく、かれら二人の間の関係である。もちろん、その中に何であろうと在るものからひとつの関係を完全に抽象することはできない。(現代の外延論理はひとつの関係を、いわゆるその関係の中に在るものたちの順序づけられたいくつかの対から成り立つ単にひとつの集合として扱う)。またじっさい、ロマンティックな関係の特殊性はまさに当の恋人たちの特性から出現し、それをさらに高める。とはいえ互いにとって、もっとも顕著なことは相手でありまた、かれら二人の間を支えるものであって、その関係の終点としてのかれら自身ではない。誰かを抱きしめたいと望むことと、あなた自身が抱きしめる人となるためのチャンスとして人びとを利用することとの間には相違がある。

人生の中に愛をもちたいという欲望、ひとつのわれわれの部分にいつかはなりたいということは、特定のひとりを愛し、その人と特別にひとつのわれわれを築きたいと望むことと同じではない。特定のパートナーを選ぶとき、理性は重要な役割をはたすとわたしは思う。けれども相手の長所、かの女／かれの特質に加えて、またさらに、その人とわれわれを形成しようとの考えが興奮と喜悦をはたしてもたらすのかどうかという疑問も生じる。その同一性はあなたがもつのにすばらしいと思えるだろうか。面白くなるだろうか。この解答は、あなたが自分の別個の同一性ともつ関係と同じくらい、錯綜し不可思議である。どちらの場合も理性に完全に支配されているわけではない。しかしそれでも、われわれの選択はよく考えられた標準には合致していると希望できるかもしれない。（相手があなたのわれわれの中で最適のパートナーであると感じ続けていたい欲望は、共存の人生の中で、その感情自体が傷つけられたときに避けがたい瞬間を克服する役にも立つ）。この世では「ただひとりのふさわしい人」がまさしく存在するという感じは、初めはあなたにとって信じがたいが――いったいいかなる幸運な偶然が、ひとりのかけがえのない人物をあなたの国に棲まわせるようにしたのか――そのわれわれがつくられた後では真実となる。いまやあなたの同一性は、その特定の人と結ばれた特定のわれわれの中に包み込まれている。だから、あなたが今そうであるその特定のあなたにとっては、唯ひとりのふさわしい他者が存在するだけである。

誰かを熱烈に恋している人の見解では、それ以外にもっとよいパートナーなどいるはずがない。その人でも恋人がもう少しよくならないか——流し台に歯みがきを置き放すのをやめるとか——と思うこともあるかもしれないが、かれの思い描くもっとよい同伴者は、かれの相手が変化した像であって、誰か他の人のではない。資質がどんなにすぐれていようとも、他の誰ひとりとして代わることはできない。おそらく、この事態はあなたが愛するようになった資質の特殊性に由来するのであって、その特殊性以外の単なるユーモアのセンスでもなく、それ以外のわざといかめしい顔つきをしてみせることでもない。すると、プラトンは事態を逆転させている。愛が育つにつれ、一般的な側面や傾向でなく、ますます特殊な面が愛されるようになる。知性一般ではなく特別な精神、親切一般ではなく親切の特別なあり方が愛される。「よりよい」相手を想像しようとすると、恋愛をしている人はその相手が非常に特殊な特徴から成る非常に特殊なきらめきをもつことを要請するだろう、そして——種々の「サイエンス・フィクション」的可能性は脇に置くとして——他の誰も厳密にそのような特徴をもつことはできないであろう。したがって、いかなる想い描かれた人物でも(おそらくは)いく分変えられた同一の相手であって、他の誰かではないであろう。(もっとも、もし同一の相手が現実に変化したら、その恋愛のパートナーの方はその新たな特殊性のきらめく布置を愛しまた必要とするようになるかもしれない)。それゆえ、恋愛中の人物は「交換」を求めることはできないはずであり――かれはまさに同一の人物を徹底的に探究しぬかねばならないであろう。愛していない人物ならば、ある特徴をもった誰かを探し求めることも許されるであろう。しかし、誰かを見出した後では、（明らかに）求められたいくつかの特徴をもつ人物でさえも、もしかれがその人を愛するならば、その人は初めには求められていなかったが、今や愛されるように、ある特殊性の中の諸特徴――その人独自の諸特徴の形――を示すことになる。恋の相手はついには愛されるようになるが、それは一般的な次元またはそれらの次元上の「得点」――どちらかと言えば、当然とみなされていること――が理由ではなく、そういう一般的特徴を具体化しているかれ／かの女自身の特定かつ複製不可能なやり方ゆえに、愛されるようになるのであるから、恋する人は、もうひとりに「交換」しようとしても何か筋の通った分別など、もつことはできなくなるであろう。

ここまででではまだ、ある人が、この本もあの本も読みたいと望むようには、焦点が多数に分散した欲望をもつことはできないことを示していない。わたしの信念では、ロマンティックな欲望は特定の人としかもそれ以外の人とではなしにひとつのわれわれを形成することである。ここに含まれる同一性の概念の強い意味においては、ひとは同時に多くの個別的同一性をもつことができないように、ひとの同一性を構成している多くのわれわれの部分にはもはやなり得ない。（多重人格者のもつものは多くの同一性ではなくて十分なひとつの同一性である）。ひとつのわれわれの中では、人びとはひとつの同一性を頒ち合い、単にめいめいが拡大された同一性を所有するのではない。われわれの生活のみならずわれわれのまさに同一性までも頒ち合いたいとの欲望は、われわれの完全な解放のしるしである。これよりもなおいっそう中心的で親密な何かを、頒ちもつことなどできるであろうか。

他人ではなくこの人とひとつのわれわれを形成したいという欲望は、その人もまた他人でなくあなた自身とだけひとつに結合して欲しいとの欲望を含む。それで性的欲望がその表現の手段である恋愛と結合し、それによっていっそう強烈になった後では、一夫一婦婚への双方の欲望はほとんど不可避となり、その結果、もっとも強い肉体的親密さをかれ／かの女だけに向けてゆくことによって、その唯ひとりの特定の人とひとつの同一性を形成するという親密さと独特さを目立たせる。

ここで友情を考察すると教えられることがあるだろう。友情もまた、自己にはっきりした形と特性を与えて一個人の境界を変更し輪郭線を描き直す。友情の目立つ特徴は頒ち合いである。ものごと——食物、楽しい時、フットボール試合、諸問題への関心、祝いごと——を共にするとき、友人たちは特にこれらをいっしょにやりたいと望む。ところで、各自がこれを単独にしても何かよいことがあるかもしれないが、友人は二人（または皆）でいっしょにそうしたいと望む。たしかに、よいことは他の人びとと頒ち合うとき、あなたにとって悦びは大きくなる。またいっしょにするとき、楽しみが増えることもある——じっさい、楽しみは、部分的には、何かをいっしょに分け合い喜び合うことにつきる。しかし友情において、頒ち合いは単にわれわれ個人の利益を拡大するために望まれるのではない。

自己は、後にみるように、一個の目的充当の機構、事物の反射的知覚からそれらの唯一の所有まで作動するメカニズムとして組み立てられている。自己と自己との間の境界は、この所有と所有権の関係の特殊さによって築かれていて——心理学的事項の場合では、これは哲学上の「他者のこころの問題」を生じる。しかしながら、友だちと頒ち合ったものごとは、どのひとりの自己にとっても、その唯一の所有物であるようなユニークで特別な関係にはならない。われわれは友だちと連帯してそれらをもち、少なくともその限りでは、われわれの自己とかれらの自己とは重なり合うが、自己の境界はそれほどきびしくない。まったく同一のものごと——経験、活動、会話、問題、関心の的や娯楽の対象——はわれわれ双方の部分をなす。だからわれわれ各自は他の人がまた同様に密接な関心をもっている多くのものごとに密接に結ばれている。したがって、われわれは分離した自己ではない——とにかくそんなに分離してはいない。(友情を互いに重なり合う二つの円として図示したらよいだろうか)。

友情とは、ひとえにそれ以上の目的のために存在するものではない。たとえ、政治運動のより大きな目標、職業上の努力、あるいは単に参加者ひとりの個人的利益という目的であっても。もちろん、友情の内部やそこから外に流れるさらに多くの利益、リストアップする必要のないほど身近な便宜はあり得る。アリストテレスはこれらのうちのひとつをもっとも中心と考えた。かれの言うところでは、友人とは、あなた自身の自己覚醒への方途となる「第二の自己」である。(友人の中に探究すべき徳の高い数々の特徴を挙げるとき、アリストテレスはあなたの両親の抱いている友人とはどういう人でなければならないかという見解も入れている)。にもかかわらず、友情とはさまざまの活動を頒ち合う以上の何の目的ももたない限りは、ひとつの関係である。

人びとは、また個人的友情という領域のさらに先で頒ち合いに参与することを探し求める。われわれが新聞を読む大きな理由は、ニュースの重大さや内在的興味のためではない、とわたしは思う。われわれが読んだ記事に活動の方向は基づいていてもわれわれが活動を起こすことはめったにない。またもし難破して孤島に十年もいたとしても、帰国したら不在の間にどんな事が起きたかの要約でも知りたいと思っても、十年間の新聞のバックナンバーを丹念に読もうとは望まないのは確かであろう。さらに言えば、われわれが新聞を読むのは、われわれの仲間と情報を頒ち合いたいと望むからであり、かれらと共通の情報の範囲、精神的内容の共通の備蓄をもちたいと願うからである。かれらとはすでに、地理と言葉、そしてまた大規模な事件に直面しては共通の運命もまた頒ち合っている。さらに毎日の情報の流れを頒ちもちたいと望むのは、われわれの頒ち合いの願望がいかに大変に強烈であるか、を示している。

ロマンティックでない友だちは、一般に、ひとつの同一性を頒ち合わない。部分的には、この理由はいくつもの友情が縦横に交差したクモの巣状になっているためである。あなたの友人の友人はあなたの知人であるかもしれないが、そのかれ／かの女はあなたが身近にあるいはその人とだけ逢いたいと必ずしも思うとは限らない。国家間の多くの二国間防衛条約の場合のように、人が安心して権力を譲渡しより大きい同一性の担い手になることのできるような、何かより大きい実体の輪郭をつかむことを困難にするような行動と愛着の葛藤が起きる可能性がある。このように考慮をめぐらすと、何故ある人が、かりにそう望んだとしても、同時に多くの恋愛のカップル（ときには三人組《トリオ》）の一部になるのは望ましいことではないかを説明する役に立つであろう。友だちはかれらの頒ち合いとして行なうことを頒ち合うことを望み、また、正確に、友情はその頒ち合いのゆえに価値があり――おそらく、恋愛と違って、この価値ある頒ち合いはいかなる同一性の頒ち合いもなしに生起するゆえに特別に貴重である、と考える。

頒ち合いのひとつの型、それは基本的にはそれ自身のために行なわれるのではないが、顕著な連体感覚を生じる頒ち合いのひとつの型の上に滞留しても許されるかもしれない。それは、他の人びとと共にある外の目標――たぶん政治上の大義名分や改革運動や職業上のプロジェクトやチームスポーツや芸術のパフォーマンスや科学の研鑽――をめざす協同活動に参加することであり、そこでは参加者たちは、何か本当に価値あることに共同して目的をもって参加したという悦びを感じている。たぶん、こういうことは、家族の許をはなれたばかりの若い成人たちの間では特別に必要とされるであろう。しかも部分的には、若者の「理想主義」を築き上げることにもなる。より大きな共同の目的めざして他の人びとと結び合わされ、かれらが共に有効な因果系列の同一の中心部に参加させられると、人の人生はもはや、単に私秘的《プライベート》にはなれない。このようにして、市民たちはかれら自身、記念すべき文明をいっしょに創造し、そして頒ち合ってきたと考えているかもしれない。

恋愛をたたえひとつのわれわれの形成を賞賛するとき、次のことを否定するわけにはゆかない。すなわち先に延ばされた時間、ときに歳月さえもあって、その間に成人は独りきりで発達するのが最上であるかもしれないということを。また、単独の個人めいめいが、生涯のある時期に、ロマンティックに愛するひとつのわれわれの一部になればもっとも高められるだろう——仏陀、ソクラテス、イエス、ベートーヴェンまたガンジーがそうであったらよかったのに、と考えることももっともらしくない。これはおそらく、一部には、ひとつのわれわれを支え深めるのに必要なエネルギーがこれら個人の活動から取り除かれた（それによってますます減少する）かもしれなかったためであろう。しかしさらに言うべきことがある。これらの個人がかれら自身を限定した特別な活きいきした方法が、そうやすやすとひとつのロマンティックなわれわれの中に適合しないかもしれない。かれらの特別な生活は非常に異なっていなければならなかったのであろう。もちろん、ひとつのわれわれはしばしばその最善にまで到達しないことがある。それで慎重な人なら、他の個人的関係と人脈の型を探す（またはそこに安住する）ことを探し求めるのかもしれない。とはいえ、これらの並はずれた人物像は、ひとつのわれわれは最善のときでさえも、なにか並はずれた可能性をさし止めることを含んだある特定の同一性の形成を固めることを、われわれに思い出させる。（それともこういう人物には同等に並はずれた伴侶が必要であった、ということに過ぎないのだろうか）。

まさに自己の同一性が長時間にわたって連続するのと同様に、このわれわれを続けようという欲望もまた存在する。このわれわれとの同一化の一部はそれを継続させようと意図することだからである。結婚は、このわれわれとの完全な同一化のしるしである。結婚と同時に、われわれはさらに堅固な構造を築き、いっそう強く一本の絆に振り上げながら、ひとつの新しい階段に歩み入る。カップルであることは、当然としてではないが所与として受けとられる。もはや、永続性のあるわれわれを構築するか否かが中心問題ではなく、いまやパートナー同士は、自由な信義に基づく、自らの中心と方向を備えたひとつの生活を築き上げるのである。われわれはいっしょに生きる。卵と精子がいっしょに集まるように、二つの生活誌はひとつになってしまう。カップルの初児《ういご》はかれらの一致に他ならず——それ以前の二人の歴史は受胎以前だったのである。

ひとつのわれわれは、ひとつの新しい存在であると否とにかかわらず、この世界での新しい物理的実体ではない。とはいえ、それが、その愛の関係性の網に、物理的化身を与えたいと望んでも当然であろう。家庭――カップルが共に感じる（そして行なうことの）様子を反映し象徴とするひとつの環境――とは、これに関するひとつの形である。別な形で、しかももっと広い範囲まで、子どもは、両親の愛の具体的な実現、この二人が創造した貴重な拡大された自己という世界の中の托身、を構築することができる。さらに、子どもは、部分的には、両親の間の愛の具体的表現として、愛され喜ばれるかもしれない。とはいえ、当然また明白に、子どもとは、単に両親の愛を表現または高める手段としての付随物ではない。子どもは本来、かれら自身のために世話され、喜ばれ、愛されるべき人間なのだから。

親密な絆は、すでにみたように、愛、友情の頒ち合い、セックスの親交において、自己の輪郭と境界をあらため、その位相を変える。個人の自己の境界や輪郭の変更はまた、宗教的探究の目標である。あらゆる存在を包含するほどに自己を拡大すること（インドのヴェーダンタ）、自己を滅却すること（仏教）、あるいは聖なるものとの融合のように。また全人類をひろく愛するいくつもの型があり、しばしば宗教と結びつき――『カラマーゾフの兄弟』の中でのドストエフスキーの長老ゾシマの描き方を思い出して欲しい――もはや「個人」として言及するのが不適切なほどに、自己の特性や輪郭を大きく変革する。

人びとがめったにロマンティックなわれわれの構築を霊的な探究に同時に結びつけないのは偶然なことではないかもしれない。同時にひとつ以上の大きな自己改造をしながら全力で進むことは不可能にみえる。にもかかわらず、ときには、自己境界や位相の何か別の変革に、異なるときに異なる型で、係わってみることもまた重要であろう。とはいえ、このような変革はどれも、ただ、それがどの様に実質的に個人の自己の中にフィードバックしているかによって判断される必要はない。それ自身の境界と位相をもって、この新しく創造または輪郭を与えられた実体は、それ自らが行なうべき評価を備えている。個人的自己がこれらの諸変革をくぐり、しかもそれらを剝がすことができるほど十分にしなやかであれば、まさしく誇ってもよいであろう。しかしその諸変革以前の見通しからは、唯一の関連基準は与えられない。ひとつの新しい有機体を形成するために一個人の精子や卵核が結合するのはその利益になるからである。しかしわれわれはその新生命を配偶子の特定の利益によって判断し続けはしない。愛の絆において、われわれは変容するのである。

9

情動

人生についてわれわれがどう感じるか、その大部分はそれまでに経験しこれからも期待される情動によって形づくられる。またその感じ方も（おそらく）ひとつあるいはいくつもの結合した情動であろう。どんな情動をわれわれは欲望するのか——そもそもいったい何故、何かをわれわれは欲望するのがよいのだろうか——そ情動について考えればよいのか。最近の哲学では情動の構造がかなり明晰といってよい方法で述べられている——わたしは全面的に賛成はできかねるが、当面はこれらをもち出すより他はない。これらの哲学者は、情動には三つの要素、信念、評価、感情からなる共通の構造がある、と言う。[*] この構造を明らかにする一助として、ある特定の情動、例えば、高慢を考察してみよう。仮にあなたが先週本を三冊読破したので自慢に思うと言うと、わたしがそれは記憶ちがいで、わたしがかぞえたところ先週あなたはただ一冊読んだだけだ、と言うとする。あなたはその訂正を認めるが、それでもなお三冊読んだから自慢に思うと返事する。これはひとを混乱させる。あなたは先週三冊読んだとはもはや信じていない以上、どのように感じているにせよ、それは高慢ではないし、少なくとも、そのことについて自慢することではない。何かを自慢するためには、それが実情と考えるか信じるかしなければならない（まあ、情動については一般に、全く完全に、とはいかない。実情と信じなくても、空想の中でその可能性があると思いそれについての情動をもつこともあるかもしれないからである）。

仮にあなたが当の三冊の本を読みその自慢を吹聴したときに、わたしがそれはすこしも自慢すべきことではないと言うとき、それは三冊の本を読むことが悪いことで、たぶんその理由は、何かを三つまとめてすることが悪い、本というものが悪い、あなたがそれらの本を読んだことが悪い、あるいは、何か他のことをして時を過ごすべきだった、ということである。仮にあなたがこの評価を受け入れ、悪かったと認め、にもかかわらず三冊読んだことを自慢に思っていると言うとしよう。わたしは混乱して、あなたが集中している行動に何かよい面、慣習を軽蔑する勇気などのようなことがあるのか、と訊く。あなたは、どれも悪いが、それでも、したことは誇りに思う、と答える。ここでもまた、あなたの感

＊この文献の一覧と選択リストについては、C. Calhoun and Robert Solomon, eds., *What is an Emotion?* (New York: Oxford University Press, 1984) 及び Amélie Rorty, ed., *Explaining Emotions* (Berkeley: University of California Press, 1980) 参照。この情動についての数章を執筆中関連する次の二書が出版された。Ronald de Sousa, *The Rationality of Emotion* (Cambridge, Mass.: M. I. T. Press, 1987); Patricia Greenspan, *Emotions and Reasons: An Inquiry into Emotional Justification* (New York: Routledge, 1988).

じていることは何にせよ、高慢ではない。何かについて高慢であることは、それがそうだと信じること、また積極的にそれが貴重であるか、よいか、賞賛をされることか、であると評価することである。あなたが三冊の本を読んだという信念およびあなたのその行為をプラスに評価することと同時に、おそらく、ある感情、ある興奮、ある内的経験も伴うであろう。これを他の何かではなく高慢という情動にするものは、この感情がこの特定の信念や評価と結びつくことである。もっとも単純な結合は、その信念、評価が感情にまでたかまるときであり、すると人は自らの信念、評価のゆえにその感情をもつようになる。やや複雑なのは、何か他の理由でその感情がたかまり、当人がそれを信念、評価のせいにする状況である。もし、あなたが、単に、あの三冊を読んだと積極的に考えている間に、わたしが電気的化学的刺戟をあなたに与え、胸部に興奮を生じさせるとすると、あなたはそれを高慢と同じと思うかもしれない。しかし、その結合がどちらの方向にゆくとしても、情動というものは、部分的には、感情だけで構成されているのでも、またそれに付随する信念と評価、つまり異なったひとつの信念ないし評価、異なったひとつの情動によってでもない。(これは、まず複数の信念や評価に気づき、それからあるひとつの情動をもつ、という意味ではない。ときには、感じはつかんでいる複数の情動に深くわけ入って考えることによって、われわれに潜在している複数の信念や評価を発見するかも知れない)。したがって、情動とは、考えられているよりもずっと「認知的」であり、それゆえ、いくつかの面で判断されることができる。

情動が欠点ないし不適確になり得る可能性は三通りある。信念の虚偽、評価の虚偽ないし過誤、および感情と評価のアンバランスがそれである。仮に、通りを歩いていて、わたしが一ドル紙幣を見つけ有頂天になったとしよう。この事は、わたしの幸運の日のしるしであるのか、わたしの運勢が変わったのか、あるいは、わたしは神々の寵児であるのかどうかとわたしが思っているのではないかとあなたは訊く。しかし答えはノーでありそんなこととは全く関係ない。わたしはただ無上に嬉しいのだ。しかし一ドルを見つけたことはそんなにもすばらしいことではない。この感情の力と烈しさは、当然、一ドルを見つけることはどんなによいのかという評価——評価の尺度——とある相応の関係をもつことになっている。

情動が適応するのは、それが上述の信念、評価、感情という三重構造、また特に、信念が真で評価が正しく感情が評価と釣合いがとれているときにその三重構造をもつとき、と言うことにしようではないか。評価が与えられたとき、感情が不釣合いに強力であると、これはしばしば、信じられ評価された事実が、象徴として機能していることを示す。つまり無意識に、人は自分の向けている感情の程度が適当である何かとは別のものと見るからである。(代わりに、不相応な感情は正反対の無意識の評価に基づく正反対の無意識の情動のカモフラージュとなることもある)。ひとつの積極的な情動、その一部を構成する評価が積極的である情動をもつとき、われわれはその全構成部分がふさわしくあることを望む、つまり信念が真であり、評価が正しく、感情が釣合いを保っていることを望む。（時折、信念と評価が単に真であるばかりでなくまたすべての人に正しいと知ってもらうことも望まれるかもしれない）。

評価が正しい――つまり、客観的に真で妥当であるような何かとして――と言うとき、わたしはまだ論争の決着のついていない事柄に接触してしまったことを自覚している、が今のところは避けて通ることにしよう。たぶん、評価とは客観的に正しくあり得るような種類のことではない。この場合、評価をするのにふさわしければいかなる基準や規範を用いてもよろしい。評価には、偏りのない情報が与えられ、理性によって支持され、正当化されるなどのことができる。もしも、すべての評価が恣意的な主観の偏愛によるというわけでもなく、他の評価のどれよりもきちんと根拠づけられたものでもないとすれば、そのときわれわれは、ふさわしい最強の基準というプラグをコンセントにつなぎ、ある情動を構成する評価がそれらの基準を満足させるときにのみ、その情動はふさわしいと言うことができる。われわれは、情動が基づくのは存在し得るかぎりで最善の種類の評価であることを求める。とはいえ、その最善という考えは結果として特殊化されることになる。*

強烈な情動とは、き、わ、め、て、積極的（またはきわめて否定的）な評価、およびそれに伴う感情が大きいバランスを占める情動である。幸福は哲学の伝統によって特別な中心的な地位を与えられてきているが、これも概して他と足並を揃える強烈な情動のひとつに過ぎない。

人生の大切なところは、多くの強烈で積極的で剴切《がいせつ》な（リルケがとり上げて描写するであろうようなものを含めて）情動をもつことである。何故か。それは、そのとき評価されている事実が真であり続けるであろう、という理由からではない。諸事実は評価されなくても続くであろうから。あるいはまた、何かが貴重であるとき、それに価値あるものとして反応すると、なおいっそう価値がますからという理由からでもない。というのは、このことは非情動的に、付随する感情をいっさい伴わない正しい評価的判断力によって起こるからである。TV番組『スター・トレック』の登場人物スポックは、正しい信念、正しい評価をもちそれに基づいて行動するが、かれの生活には情動と秘められた感情が欠けている。内的経験は唯一の重大なことではないが、やはり重大なことになるのである。われわ

＊他の条件が等しければ、われわれは次のことを求める。もしもこれらの評価がただ時間やエネルギーの高い代価によってしか手に入れられないのなら、いくつかの情動はより劣った評価の上にでも安住するかもしれない。同じことは信念にも適用される。われわれの信念がもっともすぐれて完全な証拠やデータに基づくことを望むが、しかしこのことが高価につくときは、証拠やデータの正確性の減少を承知の上で、いくつかの信念の基を粗末な資料に甘んじさせて満足するかもしれない。

れは経験をさせる機械のプラグをコンセントにつなごうとはしないが、感覚を麻痺させる機械にもそうしようとはしない。

何故、情動は、正しい評価よりも高くまたそれを越えて、重要なのか。(これをスポック問題と名づけよう)。もしかすると、単純に、情動をもつことは人間であることの必須の部分である、と答えておけばよいと思うかもしれない。けれども、たとえ情動的肌合いが人間性に必須であるにせよ、何故われわれは情動を大切にしなければならないかという問題はいぜんとして生じるであろう。人間的であることは、もしそれが現状の通りであり、もしそれが客観的に高い評価に値する何かを具体化するのでないならば、何故われわれは人間であることを、特別に高く評価しなければならないのか。われわれがもっているあらゆる特質を高く評価する必要はないのに、何故それでは、その特質がわれわれの本質の一部であるという事実がそんなに際立っていなければならないのか。情動をもつことの特別な価値をさらに調査する必要がある。

情動のない生活は正しい評価を伴う感情を欠きそのためにあまり楽しむことができない、ということなのであろうか。しかし情動のない生活でも、他の同等に楽しめる感情を含めることができるかもしれない。仮にそういう感情が信念や評価に伴われることがなく、情動の三重構造とならない場合には、にかぎっての話ではあるが。

日光浴をしたり水中を遊泳する際のときめきや楽しい気分を考えてみて欲しい。これらは、強烈で積極的な情動を構成する感情におとらず楽しむことができるであろう。またこれらは、いくつかの知的快楽として、スポックにも利用することができる。そんな訳で、情動のない（スポックの）生活は必ずしも快楽的である度合いが少ないわけではない。情動は快楽を増幅し、楽しめないときに比較的たやすくその快楽を思い出す役に立つことなどができるかもしれない。その結果、情動を欠く生活がしごく楽しいということはますます困難になるだろう。しかし、わたしにはこの話はそれほど単純には思えない。むしろ、情動を欠く生活は、それが不足すればするほど、いっそう貧弱な生活になるだろう、何故か。*

情動は、典型的に、心理上の感情ばかりでなく、呼吸、瞳孔の大きさ、皮膚の色などの生理上の変化もまた包含する。それゆえ、情動は精神と身体の特別に密接な統合への道と

*情動は、われわれが無意識に行なうものごとを含めてわれわれがくだしている評価について情報を与える。包含されている感情は意識に姿を現わしている以上、われわれはそれらを用いて、われわれの基本的な評価を監視、再吟味、また変更することもできる。これは有益な機能だが、もしそうすることが、われわれの無意識の評価をいっそう効率よく知ることに役立つならば、情動を否定するつもりはないであろう。いずれにせよ、この機能は、もし付随するどんな感情もなしにわれわれの評価を自覚することができるならば、同等にうまく役立てられるであろう。ゆえに、これもまた何故、情動が特に重大な問題となるかの理由にはならない。

なる。情動は、心理的なものと生理的なもの——信念、評価、感情をまとめ上げる。もし心と体の統一が、わたしが思うように、それ自体、望ましく貴重であるならば、情動はユニークな経路を与えてくれる。

情動はまた、われわれを外在する価値に密接に結びつけることができる。ある状況なり事実なりを、われわれが積極的に評価するとき、情動的な反応はわれわれを、非情動的評価的判断が行なうときよりも、もっと密接に、われわれの知覚する価値に結びつける。わたしが意味する価値は、われわれ自身の主観的表現や何かを好むことではなく、それが貴重であるおかげで何かがもつ特質である。(特に、何かをそれ自体において、そのさらなる結果や効果は別として、価値あるものとするような何かがもつ特質——哲学者が「内在的価値」と呼ぶある種の価値)。価値判断は全面的に主観的というわけではない、とわたしは考える。それは正か誤か、正確か不正確か、真か偽か、十分な根拠があるか否か、である。何かに価値があるか否かは客観的な事柄である——つまり、何かを価値あるものとする特徴をもっていたり、価値を成立させる特性を示していたりすることである。わたしの考えでは、何かが異質の材料を結びつけ統合する高い度合いの「有機的結合」をもつ限りにおいて、それは価値がある。これについては後で詳述するが、この価値の本性についての特殊な示唆が、はたして正しい結果を示すか否か——無視されているかもしれない事柄のあるものは価値よりももっと広いカテゴリーに入る——については現在の目的のためには、ただ、価値は単なる意見の問題ではなく、「その外側に」あり、それ自らの本性をもつと想定しておくだけでよいだろう。われわれの当面の示唆は、情動とは価値への反応であるということである（客観的内在的価値の正確な理論が、たとえどのような結果になろうとも）。

価値に対して単に判断を下したり精神的な評価をしたりするのでなく、情動的に反応するとき、われわれの反応は、感情や生理を包含しているために、いっそう十分に行なわれる。情動は価値へのふさわしく適切な反応である。情動の価値に対する関係は、信念の事実に対する関係に等しい。（この言説はもう少し後で緩和するつもりである。情動は価値をその一部に含むより広いカテゴリーへの適当な反応であるが、そのカテゴリーはまた、意味、意図、深層などのような他のものも包含する）。価値の本性、その特性——そしてわれわれのそれら——がもし与えられるとすると、われわれが最もよく価値、その内容と輪郭とに反応できるのは、情動を通してである。このことは、それなりに、わたしを感銘させるけれども、では何故そうなのかということは、よけい分かりにくい。たぶん、価値の本性についてもっとよく学ぶためにこのことを利用することができるだろう。もしも情動が価値への適切な反応であるのなら、いったい価値とはどんな風なものなのか。もし情動と価値とのかかわりが信念と事実とのかかわりと同じならば、価値と事実との間の相違とは何だろうか。

信念は、評価不可能な事実に対するわれわれの適切な反応である。もしある事実についての信念が真であり、しかもその信念がその事実に適切な方法でさらに広く結びつけられているときは、それは知識の問題である。（この知識－連関《コネクション》の精密な性格については哲学者の意見に一致はない）。われわれの事実への適切な反応とは、それらの事実を信じ、それらが持続すると知ることである。また、そこからはみ出ている事実の客観性を誤りときめつけることもしないでわれわれが虚偽の信念をもつことができるのとちょうど同じように、適当でない情動をもち、不正確であると言われている価値への反応をすることもできるのである。

情動は身体の反応もまた含むゆえに、それは赤裸な評価的判断であるよりも、価値へのもっと十分な反応である、とわたしは前の方で述べた。けれども、われわれは、もっと十分な反応の方がより望ましいのか、そうではないのかと思案するかもしれない。もしもわれわれの心臓の鼓動が積極的評価の陳述をモールス信号として送ってくれるとすれば、なおいっそうよいだろうに。情動が用意しなければならないものは、単に価値への反応の質を高めることではなく、適切しごくな反応なのである。

情動はある種の価値の画像をととのえる、とわたしは思う。それらの情動は、外側の価値へのわれわれの内側の心理生理上の反応、その価値に起因するだけでなくそれのアナログ表示であることによって特別に密接な反応である。* 情動はひとつの心理的価値（ないし後で論じるより広く包括的なカテゴリー）の複製である。これが起こり得るひとつの方法は次の通りである。何かに価値があるということは、それがある程度まで、ある型の構造的組織体――例えばある程度の有機統一体――をもつことを含む。ゆえにこれに反応する情動ならば、類似ないし並行する組織体の型をそなえたひとつの心理生理的実体であろう。この情動は、その価値の、ないしそのものが価値あることの、地図に似た何かと等しいかそれを要素に含むか、であろう。とはいえ、この型が正確なアナログである必要はない。われわれに他の課業、情動の材量その他の範囲が与えられた場合、それは唯一、われわれの作り出せる最上のアナログもしくはそれが作り出すのに値する最上のアナログということになるだろう。（たぶんこれは、まだ今のところは、もっと複雑な図示《マッピング》による正確なアナログにそれを委ねている）。

しかしながら、情動が価値のアナログをそなえる方法について、まだもっと言う必要がある。なぜなら、仮に、ある地球外生物が何かを表現するダンスをして外的価値を表出す

＊概略的に言うと、一過程のアナログ雛型《モデル》ないし表示はその過程を単に記述するよりは複製のようなことをする。この型は世界内の連続過程ないし次元をそれ自身の中の連続諸変化に対応する手段によって描写する。情動のアナログ本性は、この短い記述で示すことができるよりもずっと複雑である。この章の付録に詳細のいく分かを加えておいた。

ることができても、アナログ運動はまだ複雑微妙な感情あるいは情動自体を何ひとつもっていないと想定してみよう。仮にこのことが可能であるとするならば、そのときには、われわれは、この心理的感情の媒体は人びとの価値のアナログ表示のための特別に機敏で適格な場であると主張したり、他のアナログ表示も情動と同様によくできることを是認したりしなければならなくなるかもしれない。けれども、たぶん、ここでは、情動は一切含まれていないという想定は拙速に過ぎるだろう。もしも、作家がときには、かれらのもっている情動などというものは全くなしで、表現を行なっていると力をこめて書くことができたり、あるいはむしろ、書くことそれ自体が、まさにかれらの情動の在る場所であり、どこか内部の心理上の出来事の中ではなく他ならぬその頁においてである、とするならば、そのときはおそらく火星人もまた、かれらのダンスの動きの中に、情動をもつことができるだろう。すると情動とはもしかすると、常に内的感情を含む必要があるわけでなく、むしろ（ある種の方法で生じた）アナログ表示を十分に豊かな個人的媒体のいずれかによってでも含むことができるのかもしれない。だから感情は情動を構築する一方法であるのに過ぎないのかもしれない。*

適合するある強烈な情動は、特定の価値への密接な反応であり、またそれ自体において価値がある。それは、その価値の存在に依存しその道筋をぴたりと追う価値のあるアナログ型を用意する。価値との関連の中でのこの情動の結合は、われわれにさらに、価値自体の統合構造に付加された、いっそう広く統合された構造を与えてくれる。もしもこのような付加的統合構造が貴重であると考えられるならば――わたしはそう考えるが――これはわれわれにある第二の価値を与えてくれる。だから、適合する積極的な情動が存在することは、価値あることである。

けれどもそれはわれわれにとって貴重であるのか。価値に適合する反応、それらは価値ある事柄であるが、われわれの心理生理的構造内部において生起しているであろうことなのである。けれども、それらの反応はわれわれのために価値があるのだろうか。われわれができることは（最近のアリストテレスに関する文献に従えば）、あなたが最善であること、その存在がもっとも価値ある者になる方法から、あなたのために最善でもっとも価値のある方法、あなたをきわめて豊かにしておく方法を区別することである。仮に、あなたの身体が、そこで極微小生物たちがみごとに織りこまれた運動と相互反応の行動様式の繰

*ジェラード・マンリー・ホプキンズが言語の起源をめぐって擬声語論という特殊な見解をもっていたことを、注目してもよいであろう。語《ワード》はその実体において模倣であり、（ホプキンズの用語では）実体および語が名づけるもののインスケイプ［内景］をインスケイプする。そのため語の中にはそれが指示するものの運動感覚の模倣をそなえているものもある（J. Hillis Miller, *The Disappearance of God* [Cambridge, Mass.: Harvard University Press, 1975], p. 285 参照）。ホプキンズが詩に用いたような言葉は、それらが表示するもののアナログ雛型《モデル》を構成するかもしれない。

り広げられる舞台として用いられるとしよう。これはそこで起こり得る最上の価値あることかもしれない。宇宙という視点からは、こういう事が起こり得るということは最善であるかもしれない。けれども、この過程はあなたにとっては致命的な病気を形成することになるのだから、その出来事はあなたのためには最善ではないであろう。（でもこの他の事実があなたをその出来事と和解させる助けになるかもしれない）。するとわれわれの問いはこうなる。われわれのためには情動的生活をそなえた存在であるのはよいことなのか、それとも、われわれは、こういう価値ある事件が起きても、たまたまただの劇場に過ぎないというのに、それがどこかで生起することは宇宙的視点からのみ価値があるということだけなのであるか。

もっとも、この問いはわれわれの受動性を強調し過ぎている。われわれの能力の多くは、われわれが価値に情動的に反応するときに引き出される。価値を認めそれを賞味できる能力、評価的判断を下す能力、そしてまた協力を感じる能力など、みなそうである。そんなにみごとな出来事のために、何もかもが「劇場」になれるわけではなく、価値への感触をもった存在だけがそうできるのである。とはいうものの、われわれがそうするとき、それはわれわれのためによいのか、それとも、単に生起することがよいことなのか、は疑問である。もしもアリストテレスが考え、最近ジョン・ロールズが強調したように、価値ある対象にわれわれの入り組んだ能力を行使することがよいことならば、たしかに、それはわれわれのためによい。すると情動は、価値ある生活の重要な一部分ということになるだろう。さらに、これらの情動は、われわれの内部にそれらが反応すべき価値を再創造する。少なくとも、情動はその価値のアナログ型を創造するが、このこともまた価値がある。したがって、われわれは自らの内部にこれらの入り組んだ構造を所有している。(これらの積極的情動は愉快に感じられるばかりでない。これらは、われわれが利用できる力を築き、また重要な仕方で、われわれに実質を与える、とわたしは思う)。なおその上に、われわれはそれらの構造をつくっている。われわれには産出する能力があり——しばしば産出せずにはいられない——その結果が、これら価値の情動型であり、それらは自らが再現し図示するのとまさに同一の特質のいくつかをもつことによって自らの価値をもつ。だから、われわれの情動収容能力は、われわれの価値‐創造力の一部を構成する。また価値の創出者であることは、われわれ自らの特別な価値の一部である。情動はわれわれにまた、ある種の深層と実質、積極的ではない情動をも考えに入れるときに明らかになってゆくある事実をも与える。

これで、あのスポック問題への付加的でより短くさえある解答にわれわれは辿り着いた。情動は数多くのものごとをつくる——情動を備えている状況、情動を包含するわれわれの生命、そしてまた情動と共にある存在としてのわれわれ自身——そうでない場合よりもいっそう価値があり、いっそう強烈であり、いっそう活きいきしたわれわれ自身をつくる。

情動は単によい気分にするのでなく、強烈でぴたりと適合した情動はわれわれをもっと大きい存在にする。

付録　情動のアナログ本性

何故、情動は価値への特別に適切な反応であるのか。（ここでのわたしの省察はいく分専門的なので、この付録に収めた次第である。多くの読者は次節にすぐに移りたいと思ってもかまわない）。ふたたび、知識の問題に注目しよう。ある点でわれわれは、ある事実へのわれわれの反応がその事実を追跡し、それと共に仮定法的に変動する（そのためにもしもその事実が持続されないとすると、その反応も起こらないことになる）ことを望む。*しかし何故、その反応が信念でなければならないのか。何故、異なった事実には異なった反応、体がひきつれたりハミングを口ずさんだりを伴う反応ではいけないのか。

意味の画像理論として知られる理論はひとつの解答を与える。この理論によると、ある言語での文章は、それらの文の画像となることによって陳述、代表、事実への指示を行なう。（文というものがそのような像であることができるのは、事実とはいくつかの構造中

＊拙著 *Philosophical Explanations*, Chapter 3（『考えることを考える』上　坂本百大他訳　青土社　一九九七年）参照。

に配置されている構築物であり、文もまた同様に配置されている対応する構成部分を含むからである、と同理論はいう)。この理論では、もし仮に信念が頭の中にある文のようなものであるとすると、信念はその像が描けるゆえに事実への適切な反応となるだろう。哲学者の意味の画像理論を今、信奉する人はほとんどいない——ヴィトゲンシュタインは最初、これを理論化し後に捨てたが——しかし、一部はまだ依然としてもっともらしく見える。つまり言語はわれわれに事実を代表する系統的な(あまり画像的ではないが)方法を与える、という論である。信念は、すると事実への適格な種類の反応である。その理由は、痙攣や歌声や(気まぐれに決めた)旗の信号のような恣意的な事柄と違って、信念は、他の諸事実を代表する構造化された系列内部の一事実を代表し陳述するからである。この点では、信念はそれが陳述し信じる事実を意味する、またはそれを指示する。

非価値的事実への反応として、信念は二つの点で適合し得る。ある文なり命題なりに部分的に近いために、信念は事実の内容を代表ないし指示できる。また、知識であること、事実を追跡し仮定的に関係づけられることにより、信念の生起はその事実が持続するとき代表できる。かくして信念は、その事実が持続されるときの、多くの情動量を用いる単なるデジタル言明ではなく、事実をそのように持続する諸条件のひとつの雛型《モデル》を与える。(もっとも、信念はまた、事実の内容についてのデジタル陳述もたしかに与える)。

コンピュータの話をするとき、アナログとデジタルという用語がどのように用いられているか思い出して欲しい。アナログ・コンピュータが応答するのは、どこまで何かが一直線に進むかという問いに、それ自体の内部の何かを一直線に比例して進めたり、あるいは、精査中のその直線運動の長さに比例した角度で回転させたりすることによって答えることである。ここで遂行されるのは、それ自体の内部に、計算が行なわれなければならない過程のひとつの雛型、ひとつのアナログを複製することによる計算である。アナログ・コンピュータは、世界内のある連続体を、コンピュータ自体の内部における連続的変化(として取扱われているものごと)によって、その雛型をつくる。これに反して、デジタル・コンピュータが利用するのは、関心のある話題(つねにアナログ様式でとは限らない)を代表するコード化された不連続の情報量である。このコンピュータがそれ自体の内部で、望まれる解答を出すために、この情報量を処理する方法は、それらの現実世界の過程が精査されている事物すべての雛型をつくる必要はない。

かくして、三つのことが区別されねばならない。第一、不連続の情報量を用いその主題となる事物の雛型をつくらないデジタル陳述ないし過程。第二、不連続な主題となる事物を代表し、しかも非連続的に、おそらく二進法によってその雛型をつくる陳述ないし過程。第三、連続的な主題を代表しまたある連続的な方法でその雛型をつくる陳述ないし過程。(ある事物がこの第三のカテゴリーに入るかどうかは、われわれがそこから僅少な不連続的特性を取り去り、それを連続体として扱うことを選択するか否かにかかっていることに注目せよ)。

事実は持続するというわれわれの信念は、二つの方法でその事実に適合する。信念はそれをデジタル的に陳述することによりその内容に適合する。それはまた、事実を追跡することによって事実が得られるという条件に適合し、したがって、それはその事実が持続するときその事実の雛型をつくる。とはいえ、真理(知識に含まれる概念として)は二値的概念であるから、二値的な追跡という概念は、何かが真であるということの雛型をつくる。(この二値追跡概念は何かが持続しているかいないかをめぐる仮定法によって構成されている)。したがって、追跡することは、ある信念が真であることの型を与えるが、アナログ雛型は与えない。(もしある程度の真理を含むある二値的概念が、理解すること——知識と対立するものとして——の中でのある役割を演じるとすれば、そのとき追跡のような二値的過程は何かが理解されることの雛型をつくるのに十分とはなり得ないだろう)。

情動は価値のアナログ雛型、またはもっと包括的な関連のカテゴリーのアナログ雛型になることができる。情動の心理生理的布置図形と反復進行は、その情動が反応する特定の価値の構造の雛型をつくる。つまりその画像となる。情動が与えるのは、たぶん組織体の平行型を展示することにより、あるいはまた、それ自体が価値に含まれている特徴の(強さ深さなどのような)いくつかを所有することによる価値の心理生理的複製である。情動は価値の、あるものが価値あることの、地図のようなものを含むか、あるいは、それに等しいと言えるかも知れない。(すでに述べた通り、このアナログは正確である必要はなく、ただ最上のアナログをわれわれが作ることができまた作らねばならないのは、われわれの情動的素材、他の課業、その他が与えられるときであろう)。感情を伴わない単なる評価は、何かは価値があると述べたり、価値があるときにはそれを追跡することはできる。が、それは、その価値あるいはものに価値があるという状況の再現または雛型をわれわれに与えることはできない。(また、価値があるという概念は次元的概念であるから、価値の雛型をつくるに際して、単に二値的でない過程をもつことは役に立つ)。とりわけ密接に情動が価値と結びつくところには、情動が、価値およびそのさらに包括的な顕著なカテゴリーの雛型を与えることができる。

10 幸福

幸福は人生の唯一の大切なことだ、と昔から理論家の中には主張する人びとがいる。人にとって重要でなければならないすべてとは幸福であることだ——とかれらは言う——人生の見積りをするための唯一の標準はそれが含む幸福の総計ないし量だからであると。この幸福のみという排他的な主張によって幸福な瞬間がどのようなものかの味わいが歪められているのは皮肉である。何故かというと、これら幸福な瞬間には、ほとんどすべてのもの、太陽の輝くさま、人の表情、河面のきらめく様子、犬たちのほえ方までがすばらしく思えるからである（とはいえ人が殺されるさままでそうは見えない）。この幸福の解放感、その寛大な気分、何でも広くありがたく受け入れる心は、幸福だけが重要で他は何もないというあの主張——幸福の最大の親友のふりをしている——によってねじまげられ制限されることになる。幸福それ自体に似ても似つかず、この主張は恨みがましい。幸福は貴重であり、おそらく他の何よりもすぐれているということができるが、それでも重要なことのひとつでしかあり得ない。

幸福が唯一の重要なこととする見解のもつ見かけ上の明白さを少しずつ崩してゆくためには種々の方法がある。第一、たとえもしも幸福がわれわれの配慮する唯一のことであるにせよ、その総量についてだけ気にかけはしないだろう。(わたしがこの様に「われわれ」を用いるとき、あなたはそれに賛成するかどうかよく調べてみることをお勧めする。もし賛成なら、そのときわたしはわれわれの共通の見解を練り上げ探究するつもりである。しかしこの事をよく考えた後あなたが賛成できないと思えば、そのときわたしはしばらくの間ひとりで進むつもりである)。われわれはまた、あの幸福が一生の間にいかにかき乱されるかよく心配する。誰かの一生を通してすべての幸福をグラフに表わすとしよう。幸福の総量を垂直軸に、時間を水平軸にとる。(もしも幸福という現象が極端に複雑で多次元にわたるなら、その総量がこの様にグラフにされることは信じがたい——がこの場合でもまた、われわれの幸福を最大限にすると称されている目標は不明瞭になる)。もしもただ幸福の総量だけが重要であるならば、われわれは、絶えず幸福の増大する人生と絶えず減少する人生の間、上昇する曲線と下降する曲線の間にあって、もしも幸福の総量、曲線内の全領域がこの二つの場合、同一であるとすれば、無関心でいられるだろう。けれども、われわれはほとんど皆、下降するカーブよりも上向きに昇ってゆく線の方を好むのが普通であり、幸福が少なくなるより多くなる人生の方を好む。この理由の一部、ただの一部でしかないが、それはたぶんこうである。より大きい幸福を待ち望むことがわれわれを幸福にするのであるから、そうすることがわれわれの現在の幸福得点をいっそう高くする。(とはいえ下向するカーブをもつ人はその代わりに過去の幸福を回想するというプルースト風の快楽を現在もつことができる）。もっとも、期待の楽しみを勘定に入れてみよう、それをカーブに組み入れると、そのためにいくつかの点ではカーブの高さが増すことになる。それでも、われわれはたいてい、ただ単にこの高い曲線の下部領域ばかりでなく、この曲線の向かう方向にもまた関心をもつ。（あなたの子どもが、衰退と上昇と、どちらの生活を送ることをあなたは望ましいと思うか）。

なおまた、われわれの生涯の物語が正しい方向に進み、一般的に向上するために、われわれは喜んで、幸福のいく分かを断念することもある。たとえ下降する曲線の下には僅かに大きい程度の領域しかなくても、われわれの生活が上昇カーブになる方を好むものである。（もし下降カーブが途方もなく広い領域を包んでいたら、選択は異なったことだろう）。したがって、幸福の外形には独立した重量があり、それは幸福の総量が等しい各生涯の間をつなぐ紐を断ち切ることができない。いっそう望ましい物語の方向を得るために、時にはわれわれの幸福全体を極大にしない方を選択することもある。またもしも物語の方向という因子がある量の幸福に先行することを正当化できるとすれば、他の因子もまた同じことをしてもかまわないだろう。*

厳格な線だけが唯一の物語の曲線ではない。とはいえ、最上の幸福曲線だけを得ようとするのは、愚かしい。様々に異なる伝記は同一の曲線に適合し、われわれもまたある生涯の物語の特定の内容に注目する。われわれが真実、上昇するのを求めていることとは、もしかしたら、われわれの人生の物語であって、それの含む幸福の総量ではないのかもしれない。これらの話が一定不変であると信じられると、そのとき、われわれは幸福の傾斜でなく、ただ幸福の総量についてのみ関心をもつことがゆるされるかもしれない。しかしながら、これでもまた、幸福の量の他にも、――たとえ物語曲線であろうと幸福曲線であろうと、上昇への傾斜――のような何かが大切であるとする一般の考え方を支持することになるだろう。

われわれはまた、快楽や幸福はあるがそれ以外は空虚な人生、精神ぬきの快楽や安閑とした満足やただ軽薄な娯楽、幸福だが薄っぺらな人生を考えてみることによって、福や楽よりももっと大切なものがあることを示すことができる。「豚が満足しているより人が不満足でいる方がましだ、満足している馬鹿者よりも不満足なソクラテスでいる方がましだ」とジョン・スチュアート・ミルは書いた。たしかに、幸福と深みを両方そなえて満足したソクラテスになるのが最上であるかもしれないけれども、その深い心を得るためには、幸福のいく分かを断念しなければならないだろう。われわれは、よいものや、楽しみや財産や積極的な情動や、さらに豊かで変化に富む内面生活さえも、それらによってただ詰め込まれるのを待っているからっぽの容器やバケツではない。そんなバケツの内部には適当な構造がない。時間をかけて諸経験がどのように互いに適合し外部をつくるかは、いくつかの特定の配列がさらに幸福な時機を確実に与えるのでなければ、全く無意味である。幸福だけが大切という見方は、われわれ——まさに幸福であるべき者たち——とはいったいどのような存在かという問題を無視している。とはいえ、いったいどうして、人生をめぐるもっとも重要なことが、人生は何を含んでいるかということになるのだろうか。何故、快楽や幸福を実感する経験の方が、われわれ自身とはどのような存在か、よりも大切になるのか。

フロイトは、われわれが快楽を追究し苦痛や不快を避けることが行動の基本原則であると考え——これを快楽原則と呼んだ。ときには、それよりもっと効果的に快楽を確保する

---

*他のことが等しければ、このどれがより好ましいかを正確に描くためにはいく分の注意が要請される。上昇カーブのためには、人が長短さまざまの期待と回想の時の間《ま》から成っている生涯を移動してゆくときの多端紛雑を十分に考慮に入れる配慮が必要である。けれども、人の子どもの生活の輪郭についての好みには、この問題はかかわらない。何故ならそのとき、あなたはひとつの人生全体をその外側の点から評価しているのであり、子どもの予期や回想は、かれらが人生の輪郭を知らなければ、入ってこないからである。もしも未来のよいことを予期する方が今は過去のよいことの想起よりもわれわれを楽しませ、それによって幸福曲線の位置に影響が与えられるのならば、この事実自体は上向きの曲線の方を好むことを示すのかもしれない。(同様に、記憶喪失の人は与えられている幸福がかれらの過去よりも未来にある方を好むかもしれない。たとえもし記憶が取り戻されることができたとしても。われわれはまた、上昇曲線への好みと上昇曲線が示すと考えられているかもしれないハッピーエンドへの好みのもつれをほどく必要がある。一本の曲線はほとん

どまったくの終点まで上昇をつづけ、もう一本の曲線はほとんどまったくの終点まで下降をつづけ、どちらのカーブもその下に同一の全領域をもっていると考えてみよう。これらの二本のカーブはX形に交差する。もっともほとんどまったくの終点の近くでは、事はもっと面倒になる。各カーブ上の人にはその点上に留まるチャンスが半分、そして相手の点まで直ちにすべり落ちるか上昇するかのチャンスが半分ある。その時まで終点の縦軸上の位置はそのカーブの辿る線によっては予想できない。もしもこの状況下でも上昇カーブが下降カーブよりも好まれるならば、この好みは、カーブの終点にだけかかわるのではなく、カーブの道筋にこだわっている。

われわれが上昇の曲線を好む（そして下降線をひじょうに嫌う）ことは、他の諸現象の説明の役に立つ。最近、二人の心理学者、エイモス・ツヴェルスキイとダニエル・カーネマンが、人が選択をする際、行為の結果を判断するのは（現行の規範理論のすすめと反対に）、それらの究極のレベルによってではなく、ある基本線レベルないし参照点と比較しての得点や失点を含むか否かによってであり、しかも得点よりも失点を大きく考えるということを強調している。(Daniel Kahneman and Amos Tversky. "Prospect Theory," *Econometrica,* Vol. 47, 1979, pp. 263-291; "Rational Choice and the Framing of Decisions," in Robin Hogarth and Melvin Reder, eds. *Rational Choice* [Chicago: University of Chicago Press, 1987], pp. 67-94 参照)。もし人びとが本当に上昇曲線の方を好むのであれば、これら二つの特徴は期待できるものである。かれらは結果をある流れの、または仮説の参照点よりも上にあるか下にあるか——得点か失点か——と分類し、しかも失点を避けることに特別に重点をおくのが常である。（とはいえ、もしも上昇カーブへの好みがゼロ・レベルがどこにあるかで異なるとすると、そのときはこの好みはあの二つの特徴を説明するのに役立つことはできない。とにかく、この上昇曲線への好みが二つの特徴から由来していることをみて、誰かが反対方向へ説明をもってゆこうと試みるかもしれない）。

手段として、快楽を直接めざして進まないことがある。回り道をしたりすぐ満足できることを先に延ばしたり、外側の世界の性質によって、特定の快楽に必要な手段を断念したりさえもする。フロイトはこの行動を現実原則との一致と呼んだ。フロイトの現実原則は快楽原則に従属する。「実際、現実原則を快楽原則に代用することは、快楽原則を廃止することではなく、ただそれを防護することに過ぎない。束の間の快楽は、その結果が不確かであると、断念されるが、それはただ新しい道にそってもっと後になって確実な快楽を入手するためである」*。

これらの原則はもっと精密に作られることができるが、技術上の洗練はここでは不要である。* 快楽が最大になるには二つの異なる特殊化があり得ることに注目しよう。直接の快楽の総量（つまり、全直接的快楽から全直接的苦痛・不快を引き算すること）、または、生涯にわたる快楽の総量である。（この後者の目標はたぶんフロイトの現実原則に十分に一体化されるであろう）。快楽だけでも直接の感覚や興奮にあまりにもつよく結ばれ過ぎているように見えたので、哲学者によっては、ある種の快楽を「高級」として快楽原則を緩和した。しかしたとえ快楽を高級と低級に区別することが十分に公式化されたとしても──今のところまだ行なわれていない──これはただ、ある量の低級な快楽は、高級な快楽よりも重いということがあり得るのか、という選択の問題をいっそう複雑にするだけであろう。高級な快楽といってもどのくらい高級なのか、また高級度はそれぞれ異なるのか、この質の違いを含めると、すべてを支配する目標とは何なのか。この区別は、快楽とは異なる何かが重要だと言うのではなく、ただ、唯一の重要なもの、快楽には様々の等級があると言うだけである。

快楽とは何かについてさらなる精密さを手に入れることができる。ある快楽ないし心地よい感情という語句によって、わたしは（部分的に）それ自らの感じられた量のゆえに望まれるある感情を意味する。この感情が望まれる理由は、ただそれがあなたを導いてゆく所やあなたに可能にさせることのため、あるいは、それが成就する命令のためではない。もしそれが心地よいならば、それは（少なくとも部分的に）それ自らの感じられた質のために望まれる。快楽が生じるときはいつも、常に現存するただひとつの感じられた質があ

＊"Formulations on the Two Principles of Mental Functioning," in James Strachey, ed., *The Standard Edition of the Complete Psychological Works of Sigmund Freud*, Vol. 12 (London: The Hogarth Press, 1958), p. 223.

＊行動心理学者は、結果法則の言述によって、いっそう量的に精密な快楽原則を与える。作戦研究《オペレーションズ・リサーチ》や経済学の学者は行動の（現実）拘束因子についての形式理論を提出する。現実および快楽原則は共に、決定理論の二重構造の中に、それの起こりそうな諸行動の選択可能な諸結果の確率、およびそれら諸結果の効用性とともに、反映される。フロイトも述べたように、決定理論は快楽原則の方が、それ自ら効用期待を最大限にする原則という点で優先することを支持する。

る、とわたしは主張するのではない。楽しめることは、わたしの用語法では、快楽自体の感じられた質がたとえ何であっても、部分的にその質のために欲求されるという機能である。この見解では、それ自ら感じられた質のために苦痛を望むマゾヒストは、苦痛を楽しいと思うことになる。これは厄介だが、マゾヒズムそれ自体が厄介であることと変わらない。けれども、もしこのマゾヒストが苦痛を望む理由が、（無意識に）自身が罰や傷や辱められることにふさわしいと感じているためで、苦痛の感じられる質ではなく苦痛の告知するもののゆえに望んでいるとすると、そのとき、この場合は、苦痛それ自体が楽しいとは考えられない。ある人はある行為をそれに参加する範囲内で享受するが、その理由は行為自体に内在する特性のためであって、単に、その帰結や後続の結果のためではない。もっとも、それに内在する特性は、感じられた質に限定されない。とすると何かは享受されるがそれでも楽しくはない、という可能性が開かれることになる。その一例を、迫力のあるテニス試合にみることができよう。突進して打ち、地面で膝や肘をすりむき、あなたは試合を享受はしているが、それは完全には——精確ではないが——楽しくはない。

　この快楽の定義から、実際には自ら感じられた質のために求められる経験がある、と結論されることはない。またわれわれが楽しめる経験、その感じられた質のゆえにわれわれが望むものが存在することを欲求している、という結論にも導かれない。この用語（のわたしの用法）から導き出されるのは以下のことである。もしも経験がわれわれにとって楽しめるものであるならば、われわれは（ある程度まで）それらを欲求する。楽しめるという用語はまさに何かがそれの感じられた質のために求められていることを示す。もっとも、それをどのくらい多く求めるのか、われわれがよいと思う他のものを犠牲にするのに十分な量か、他のものたちも、また求められているのか、またそれらは快楽よりも多量にさえ求められているのか、は解決されずに残っている。一篇の詩を書きたい人には（もともと）書くことについて感じられた質を求める必要はないし、その詩を書き上げたことで有名になることについて感じられた質を求める必要もない。例えば、いかなる感じられた質にも特別な焦点を当てないで、詩作やそういう活動は価値があると考えるゆえに――かれは初めからそのような詩を書きたいと望んでいるのかもしれない。

われわれの生活は内側からわれわれにどのように感じられるかということに加えて、われわれはいろいろなことを配慮する。これは次の思考実験によって示される。あなたが欲望をもつかもしれないなにかの経験（または一連の経験）を与えることができる機械を思い描いてみよう。*この経験機械に接続されると、あなたはすばらしい詩を書いたり世界平和をもたらしたり、誰かを愛しそのお返しに愛されるという経験をもつことができる。こ

＊この経験機械例についてわたしの処女作 *Anarchy, State, and Utopia*, pp. 42-45（『アナーキー・国家・ユートピア』嶋津格訳　木鐸社　一九九四年）に提示し論議した。

れらの事柄の感じられた快楽、これらが「内側から」どのように感じられるかを経験することができる。このプログラムにあなたの明日、今週、今年、それとも残りの人生の経験を入れることができる。もしあなたの想像力が貧しかったら、種々の伝記からの抜粋や小説家や心理学者たちによって高められた数々の示唆に富む書庫を利用することができる。あなたのもっとも大切な夢を「内側から」生きることができる。あなたはこれからの一生をこうやって過すことを選ぶだろうか。選ばないとすると、それは何故か。(他の人びともまたこれらの機械を用いるという同一の選択をする。ところでこの機械は――仮に考えて――別の星座から来た友好的で信頼できる友人によって与えられる。するとあなたには他者を助けるために接続を拒否する必要はない)。この問いは、この機械をしばらくの間試用してみるかどうかではなく、今後の余生をその中に入って過すか否か、である。ひと度入ってしまうと、あなたはそうしてしまったことを思い出せないだろう。それゆえ、一切の快楽は、機械製であることが分かっても台無しになることはない。不確定性もまた、この機械の選択可能な無作為の装置を用いれば、プログラムされることができるかもしれない(多様な予め選択された二者択一性はこの装置しだいである)。

この経験機械のコンセントにプラグをつなぐか否かの問いは価値に関する問いである。(それは関連する二つの問いとは異なる。ひとつは現象学の問い――あなたはまだそのコンセントに接続されていないことを知ることができるか――および形而上学の問い――機械経験それら自体がひとつの現実世界を構築するのではないか、の二つである)。この問いはその機械に接続することは極度におぞましい選択——例えば拷問の一生——よりも好ましいか否かではなく、この接続は、人生で重要なことは人生が内側からどのように感じられるかであるから、まさに最上の人生、つまり最上であることへの結びつきを構成するか否か、である。

これはひとつの思考実験であってひとつの問い、われわれの内面の感情だけがわれわれにとって大切か、を個別にとりだすために案出されたものであることに注意しよう。そうすると、そのような機械は技術上、あり得るかどうかに関心を集中しては、的はずれとなるであろう。また、この機械の例はそれ自らのために注目されねばならない。この問いを内面経験こそ大切となり得る唯一の事柄(したがってその機械に接続されるのはかまわない)という既定の見解のふるいにかけるだけの方法で答えるとすると、この見解を独立にテストする好機をのがすことになるだろう。ある見解が不適当か否かを決めるひとつの方法は、特定の場合の結果を調べることである。もしも誰かが既知の見解それ自体を適用することによって結果はどのようにあるべきかを常に決めているとするならば、それがその場合に正しく適合しないことを発見する可能性をあらかじめ排除することになるだろう。その機械のコンセントに自分を接続してみたいと思う読者は自分の最初の衝動はそうすることではなかったか、その後でただ経験のみが大切なのだから、結局は機械でもかまわないという結論になったのではなかったか否かを、注意してみるべきである。

われわれの中で、ある人物の経験のみが唯一重要だと考える人はほとんどいない。われわれは、子どものために、かれらが決して探り出そうとしないまやかしにたよりきっている大きな満足をもとめようとはしないだろう。たとえ子どもが芸術上の成功をかち得てそれを自慢に思っても、批評家また友人たちは、ただその作品を賞めるふりはするが、かげではこっそり嘲笑っているものである。一見忠実にみえる夫妻にそれぞれ秘密の情事があり、かれらが一見愛している子どもたちは心底これらの情事を嫌っている、等々。こういうことを耳にするや否や、「何とすばらしい人生だ！　それは内側からの幸福と快楽を感じている」と叫ぶ者は、われわれの中にはほとんどいないだろう。そんな人間は夢の世界に住み、存在しないものの中に快楽を感じている。もっとも、かれの欲求するものは、非存在の中に快楽を得ることではなく、事物が望み通りに存在することである。かれは事物がその様に存在することを評価し、その様であると考えるゆえに事物から快楽を手に入れる。ただ単に、事物が在ると考えるだけでは楽しまない。

われわれは、単に事物が内側からどう感じられるかという以上のこと、幸福に感じる以上のものが人生にはあることに留意する。実際に何が起きるかという場合について心配する。いくつかの状況が価値を認められ賞賛されることを望み、実際にそのように持続し存続することが重要だと考える。われわれの信念、または信念のあるものが、持続し適合する事実に基礎づけられていることを求める。幻想の中に生きることではなく、真実在とどっしりとした関係を結ぶことを欲する。フロイトの現実原則が定めているようにただ単にいっそうの安心をもって快楽や他の経験を手に入れるためにではなく、われわれはこのことを望む。なおまた、単に、真実に関連づけられているという付加的な楽しめる感情を求めているのでもない。そんな幻想的な内的感情は、あの経験機械によってもまた与えられるのである。

われわれが欲求し価値づけるものは、真実在との現実的な関係である。これを第二の現実原則(第一はフロイトの)と名づけよう。外側の真実に、あなたの信念、評価、情動を通して、焦点を当てることは、それ自体において価値があるのであって、よりいっそうの快楽や幸福への単なる手段としてではない。しかも価値があるのは、この関係づけであって、単に、われわれの内部に真の信念をもつことではない。真理をひいきにすることは、ある隠された方法で、とにかく関係づけることとの価値をひき出す——それ以外では何故、真の信念は偽のそれよりも(内在的に)われわれの内部ではいっそう価値があるのだろうか。また、われわれが真実と、単に真の信念をもつことによるのでなく、それを知ることによって関係を結ぶことを求めるならば、そのときもしこの知識が事実を追跡することを含む——すでにわたしが展開した見解——ならば、これは直接で明示的で外在的な関係を含む。もちろん、われわれは単純に真実との接触を求めるのではなく、ある種の接触、つまり真実を探究し、それに反応し変更を与え、われわれ自身の新しい現実性を創造するなど、を求める。われわれの求めるのは現実性との関係である以上、経験機械はわれわれの望むものを何でもすべて与えるわけではないので欠陥がある――もっともわれわれは経験につけ加える何かをやはり望んでいるということを示す例は有用である――そうすれば「望みのままに手に入れる」ことが最初の基準となるであろうから――と、わたしは単純に言っているのではない。それどころか、現実性との関係は、われわれがそれを望む、望まぬにかかわらず重要である――だからこそわれわれはそれを望む――またあの経験機械はそれを与えてくれないから不適当である、と言っているのである。*

疑いもなくまた、われわれは他の人びとと頒ち合う現実性との関係を求める。経験機械が困惑させることのひとつは、既述のように、あなたは独りであなたの特殊な幻想の中にいることである。(他の人びとがあなたの「世界」を頒ち合えないこと、あるいはあなたが他の人びとの共有する世界から隔離されていることの方がもっと困惑させることではないか)。とはいえ、経験機械は誰にも皆、(または、あなたが関心をもつすべての人に)まったく同一の幻想を用意し、めいめいにその幻想の同等の一片ずつを与える、と想像することができる。全員が同一の水槽の中に浮いているとき、経験機械は不快なものとして存在することはないかもしれないが、それにもかかわらず、それは不快なのである。同じ展望を頒ち合うことは現実性のひとつの規範となり得るかもしれないが、それでもその保証

＊ひとりの心理学者、ジョージ・エインズリーはわれわれの現実との接触への関心について別の巧妙な説明、この関心を内在的に価値あるものとしてでなく、一手段として観るという説明を与えている。エインズリーによると満足の結果を想像することによっての飽和（また従って快楽の減少）を避けるため、われわれは快楽をあまり容易には入手できない種類の快楽に限局する明確な一線を必要とする。すると現実はその一線を準備し、現実のいろいろの快楽は数が少なくなり互いの距離は遠くなってゆく（George Ainslie, "Beyond Microeconomics," in Jon Elster, ed. *The Multiple Self* [Cambridge, England: Cambridge University Press, 1986], pp. 133-175, 特に pp. 149-157 参照）。飽和という現象には進化論的説明が推測として与えられていることに注目。ある活動の中に満足を得られない有機体は（ラットの脳の快楽中枢を刺戟させる装置の実験のときのように）それ意外のすべてを排除してまでその活動に執着するので、飢えて死ぬなり、とにかく子孫を生み育てるところまでは行けない。しかし現実の枠組においてもまた、有機体はある自己─制御を示さねばならないし、またまだ十分に飽和しないときでさえも、ただ安易な快楽のみを追うわけにはゆかない。そのためにエインズリーが記述している目的を、現実原則が完全に達成することはないであろうし、またたぶん、他のかなり明白な限界線も同様にその目的に役立つわけにはゆかないであろう。もしかすると或るひとつの限界線は生理上のリズムに従う一日の区分に依存するかもしれない──睡眠は安易な快楽の時間、夢はそれを運ぶ乗物ではないだろうか。その他の線は、あなたが独りきりか誰かといっしょか、食事をしたばかりかどうか、満月に近いか、等々のことに依存するのかもしれない。これらもまた、快楽がたやすく入手できるとなると制限するために用いられるであろう。現実は、これに至る独自の手段ではなく、われわれの現実への関心もまた単に一手段ではない。

とはならない。しかもわれわれの求めているのはこの両者、現実性および頒ち合いなのである。

そのような機械をたとえ一時的にでも決してコンセントにつないではならない、とまだ言われていないことに注目しよう。そうすることは、あなたに何かを教えたり、後であなたの実生活に役立つような具合に変形したりするかもしれない。それはまた、定められた量内の服用では楽しむことのできる快楽を与えるかもしれない。このことは、あなたの残りの人生をその機械にたよって過すということは、全く別のことである。そんな人生の内側の内容は現実性とは連結されていないであろうから。また、ひとたび、機械につながれると、人は何らの選択もせず、また確かに何かを自由に選ぶつもりもなくなるように見える。われわれが現実であって欲しいと思うものの一部は、われわれが実際に（かつ自由に）選ぶことであり、ただその見せかけではないのである。

ここまでのわたしの幸福をめぐる省察は、それが人生にはたす役割の限界についてであった。とはいえ、それの固有の役割とは何であるのか。また正確に言うと幸福とは何なのか。何故、その役割はこれまでにかくもしばしば、誇張されてきたのか。多くの別々の情動は、情動というよりも気分《ムード》と呼ばれる方がふさわしいものと連れ立って、幸福というラベルを貼られて歩んでいる。わたしは、ここで、幸福情動の三つのタイプを考察したい。第一、何かが（または多くのものが）願った通りの状態なので幸福であること。第二、あなたの人生が今すばらしいと感じていること。第三、あなたの人生に全体として満足していること。幸福情動に関連する以上の三つはそれぞれ、情動のもつ(前の省察で述べた)一般的三重構造、すなわち、信念、プラスの評価、これらに基づく感情からなる構造を示す。これら三つの関連する情動のどこが違うかは、信念と評価の対象とたぶん連想された感情の感じられた特性の点での相違である。*

幸福の第一のタイプ。ある特定の事物が願い通りの状態なので幸福であることが、誰にも親しまれ明白であるのはもっともなことであり、すでに情動について述べたこととの直截な例となる。第二のタイプ——人生が今楽しいという感情——はもっと複雑である。あなたが他に求めるものは何もない今、人生は楽しいと、無上の喜びに浸っていると思える特定の瞬間を思い出して欲しい。たぶん、こういうことが生じるときは、独りで自然の中を散歩したり、愛する人といっしょにいる間であろう。こういう時間の特徴は、その完全さにある。あなたが欲しいと思う何かがあり、他のどの欲求もひしめき合って押し寄せてくることがない。そのとき、あなたが欲しいと考えているものの他には何も存在しないからである。まさにそのとき、誰かが魔法のランプをもって現われたとすると、あなたはひとつの願いだけでいいかどうか途方にくれるかもしれないだろう、とわたしは言う

---

*これらの感情の特性についての正確な現象学が必要とされる。

つもりはない。しかしわたしが描いたような瞬間には、他の願望――もっと沢山のお金、もうひとつの仕事、もう一本のチョコレートバーに対する――は、もうまったく働いていない。それらは感じられず、周辺に潜伏して押し入ろうともしない。まさにそのとき、あなたの求めるものに追加はなく、何も欠けていないと感じ、あなたの満足は完全に充たされる。これに伴う感情は強烈な喜びである。

こういう瞬間はすばらしく、また稀である。ふつうは付加的欲求が、待ちかねていたようにすぐ続く。ある人びとは、われわれが他には何も求めないというこの望ましい状態に達するのは、すべての欲求をとり除くという徹底した道による、と示唆してきた。しかし、他の何も求めない状態に達する方法として、まず第一にわれわれの中に存在する諸種の欲求をなくせと命じられることはあまり役に立つとは思えない。（しかもこれはただ単にこの道では付随する喜びに辿り着けないと疑うためばかりではない）。むしろ、われわれが求めるのは、何かよいことについて教えられることであり、そのよいことの本性はきわめて完全で満足すべきものであるため、そこに到達することは、多くの欲望が群がって入り込むのを排除することとなる。そしてそこに到達するにはどうすべきかを教えられることである。

アリストテレスは、付加的な何物も求めないというこの感情の特質を世界の方に向かって投射した。かれは完全なよいこととはそれに付け加えてもそれ以上よくはならないようなことだと見ていた。わたしはこの特質をこの感情の中にとどめておきたいと思う。

　あなたの生活が今楽しく、他に何も望むことはないと感じるには、二つの条件がある。第一はある特定の欲求がすでに充足されていること、第二は、あなたの他の欲求も充たされるであろうような過程ないし道にすでに出発していること、しかも、あなたには、その過程に従事するより他の欲求はないこと。

　仮に誰かがただ友人たちと映画に行くことしか望んでいず、それを実行しようとする。たしかに、かれはまた映画館に着くこと、建物が火事で焼けていないこと、映写機が作動していること等々も望む。けれども、こういうことはすべて、かれがかかわっている過程の部分に含まれていて、適当する順序を追って起きる。もしも、そうでなく、かれが音楽会にひとりで行きたいとすると話は異なってくる。そのときは、かれが望んだのと異なる何かがあるだろう。ほとんどの目標も決定的で最終的ではない以上――ジョン・デューイの強調した論点――他の何も含まないという第一型はふつう、明示的ではなしに、第二型、過程を包摂しているのが分かるだろう。お伽噺の魔法の王子がいつか自由になって王女と結婚する以外は何も望まないのは、こうして以後は二人で幸福に暮らすことが意味されているからである。

　この幸福の情動の第二義では、年中幸福であり、他の何も望まない状態は、それ以上の活動や成功への動機づけを除いてしまうことになる、と心配する人がいるかもしれない。

けれども、もしわれわれがある種の生き方の一過程、探究や応答や関係づくりや創造することを含む人生のプロセスに参加する以外には何も望まないとしたら――たしかに、われわれはこの過程がまた第一の（非過程）タイプの完全な満足の多くの瞬間を含むことを望みまた期待することも許されるかもしれないとしたら――そのときは、さらに多くの活動や努力が、まさにこの過程の構成要素となるであろう。

誰かが「わたしの人生は今すばらしい」と考えるとき、「今」によって表わされる時間の外延は前もって定められていない。ゆえに、その指示は必要に応じて変えられる。たとえ、一般的には悲惨な時期にあっても、あなたは、とりわけ特定の瞬間にだけ目を凝らし、そのときそれ以外は何も望まないかもしれない。反対に、悲惨な一瞬の間、やはり「今」と呼べるもっと長期の時間にわたる中で、あなたの生活は悲惨ではないことを思い出すかもしれない。そして、あなたは、悲惨な瞬間もすべてひっくるめて、あの人生過程に参画するより他の何も望まないかもしれない。他方では、強烈な幸福の瞬間のあいだ、われわれはときとして他の種類のことを思い出したくなることがある。例えば、ユダヤ教の伝統の中では、結婚式のときもっとも苛酷な事件、エルサレムの神殿の破壊が想起され確認される。また同窓会のとき、物故者たちを偲んで式を一時中断することがあるかもしれない。われわれはこういう事件や人びとを忘れることはなく、もっとも強烈な幸福のさなかでさえも立止まって、それらの絶えることなく続く重みをしっかり受けとめる。

幸福の情動のとる第三の型——総体としての人生に満足すること——はポーランドの哲学者ウラディスラウ・タタルキエヴィチによって探究されている。*かれの説明によると、幸福は、人の生涯全体の完全な、持続的な、深い、十分な満足、その一部をなす評価は真で正当化される満足を含む。タタルキエヴィチがこの概念の中に十分過ぎるもの——完全で総体的、等——を組み込んでいるのは、かれは幸福な人生にまさる何ものをも望んでいないからである。しかしこの考えでは、ここでは、二つの幸福な人生、一方は他方よりもっと幸福な人生が存在することが困難になる。ここでは、満足の十分さ、また評価がどんなに高い積極性の度合いを含むかについて、もっと気楽になる方がいいだろう。幸福な人生は、全体として、十分によいと評価されるのが常である。人生は、また、いまひとつの意味でも、あれやこれやについて幸福に感じる多くの出来事を含むことによっても、——これは幸福情動の第一のタイプだった——幸福な人生となり得る。そのような人生はたぶん、しばしば幸福に感じられるかもしれないが、でもその人が、たとえ無意識にでも、その人生を総体として積極的に評価する必要はない。実のところ、もしかれが、たぶん構成素の幸福感情はそう重要ではないと考えるために、かれの人生を総体として焦点を当ててみると、正

*Władysław Tatarkiewicz, *Analysis of Happiness* (The Hague: Martinus Nijhoff, 1976), pp. 8-16.（タタルキエヴィチ『こう考えると生きることが嬉しくなる』加藤諦三訳　三笠書房　一九九一年）

反対の評価を下すことがあるかもしれない。すると、かれの頻繁な幸福の瞬間にもかかわらず、総体としての人生に満足しているという第三の意味では、かれは幸福でないかもしれない。

もしもわれわれが誰かの情動の基となる評価がひどく間違っていると考えるならば、その人に、ある特定の瞬間、あるいは一般に一生を通して、幸福という語を用いることをためらうであろう。とはいえ、ひたすら、その評価が正しくなければならないと要請するのは余りに厳格すぎるだろう。古い時代の歴史を振り返ると、人びとが（われわれの目には）不正確だが、理解はでき、当時の集団としては不公正ではない評価をしている姿が見られる。評価の正しくないことは、それがつくりあげている幸福への自動的な障害であってはならない。（結局、女性の平等、ホモセックスの権利、人権の平等、少数民族関係などのような問題への道徳的感受性上の最近の進歩は、それで終わりにならないことを、われわれは希望する）。単純に、「正しい」の代わりに「正当化された」（または「非正当化されない」）を用いるならば、情動の基礎は正しい評価だが、そのとき、その文脈では、非正当化された評価をもつ人を分類しそこなうであろう。たぶん役に立つのはもっと弱い離接用法、真あるいは少なくとも正当化されている（つまり十分には非正当化されていない）、である。その情動の基礎が完全にまた集団として非正当化されかつ偽である評価に基づいている誰かを、その人がどのように感じようとも、われわれが幸福と名づけるときにはためらうであろう。この人はもっとよく知っているべきだったのである。*

この幸福の三番目の意味——総体としての人生に満足——は、何故われわれが幸福であり、または幸福な生活を送ることを望むのか、の理解を極端にやさしくしてくれる。第一に、その情動をもつことの楽しさがある。総体としての人生に幸福と満足を感じることは、それ自体楽しめることである。つまりそれはそれ自体の感じた特性のために求められる何かなのである。(もっとも、この感情は、一般的に、他の何も求めないという幸福の第二の概念を伴う喜びほど強烈ではない)。けれども、他の情動もまた同等に強烈な楽しめる感情を含むことができる。では、何故、幸福がこのように中心に大きく浮かび出るのか。われわれはまた、この幸福な情動が適合していることを望む。もしこの情動がわれわれの生活に適合すれば、そのとき構成要素をなす総体としての人生についての信念は真となり、同要素をなす積極的評価は正となるであろう。それゆえ、われわれは価値のある生活、積極的に評価するのが正しいといえる生活を送ることを意志するのである。

この幸福な情動の第三型の対象は、総体としての人の生活である。この対象——総体としての人生——はまた、いかに生きるべきかを決めるため、たいへんよい生活とは何かを発見しようと努めるとき、われわれが評価しようと努力しているものに他ならないのである。われわれのためにその評価を行なっている情動に焦点を合わせるよりも単純なことがいったいあるだろうか。その情動は適合していると付け加えよう。するとわれわれはそれゆえ人生はよいものだと確信できる。(この評価が正当化されたまたは集団として偽でないということをただ付け加えてみなさい。すると、それはよい人生であるというチャンスをかなり持つことになる)。とはいえ、われわれがすでに知っているすべてにもかかわらず、幸福な人生がよい人生に違いない、との理由は必ずしも、そこに含まれる何らかの感情のゆえというよりも、むしろ単にその評価が正しければ、人生はよいにきまっているという理由による。幸福は人生を望ましいものにする保証であるから、幸福は人生において他の何にもまさって大切であると考えることは、会計士の黒字記帳がそれ自身、会社運営のもっとも重要な因子と考えるのと大差はない。(もっとも各記帳は、それ自身のさらに大きな結果を生じるかもしれないが)。

この点を明らかにするもうひとつの方法は、人生はその中に幸福以外の何の価値ももた

＊あなたの幼い頃の人生についての今の評価とその当時の評価とが違い得ることを注目しよう。異なった評価が人生のある時期——当時のあなたの人生、今のあなたの人生——にできるという事実、そしてまた、われわれ、傍観者がくだす評価は、いったいその期間が幸福とかぞえられるか否かという疑問を複雑にする。これらの目的のために、われわれは、当の人が現実にその時に下した判断として、ただそれの固有な評価を取り扱うことだけでは気が進まない。例えば、もしあなたが当時はあなたの人生を積極的に評価しそれに応じた感情をもったが、今は往時を回顧して全体の人生を否定的に評価するとなると、あなたは当時、幸福であったのかなかったのか。幼少時あなたは当時の生活について幸福に感じていたが、今はその当時の生活を幸

福とは感じていない。あなたの現行の否定的な評価（特にもしそれがわれわれの是認しているもの）のゆえに、われわれは、単純に、当時あなたは幸福だった、と言うことにためらいを感じるであろう。関連する問題を反対側から考えてみよう。もしあなたが当時人生を否定的に評価しそれに応じた感情をもっていたが、今、ふり返るとその時を積極的に評価するとなると、当時あなたは幸福であったのか、否か。あなたの当時の否定的感情は、回想においてさえ、当時は幸福ではなかったことを意味する。もしもあなたが当時多くの幸福な感情と全面的な否定的評価をもつことがなく、広く長く続く不幸の感情を生じることがもっと抽象的な基盤に基づいていないのならば、たぶんあなたはその当時の、範例的な悲劇的な苦悩を負う人物ではなかった、ということも意味する。もしも今その時代を積極的に評価するようになり、それに応じた感情をもつようになり、しかも、たとえ当時は否定的に評価されていても広範囲にわたる否定的感情は含まれていなかったとすると、われわれは、結局、当時は幸福なときであったと結論してもさしつかえないのではなかろうか。このような複雑さのため、幸福について通りのよい直截な味方を提出するのは困難である。

さらに、総体としての人の生活という概念、評価の対象の中にある曖昧さに注目しよう。それはあなたの現行の生活、ただその小部分でなく、あらゆる相の生活の全面的な時間の切片《タイム・スライス》を意味するかもしれない。あるいは今までのあなたの生活の全体を意味するかもしれない。（それはまた期待されている未来も含むのだろうか）。ある人は、現行の生活およびいかに（正しく）評価しているかという理由で今幸福であり、今幸福な人であるかもしれない。たとえこの人の過去が不幸だったので当時は人生を否定的に評価したばかりか今に至るまで、全人生は（バランス上）否定的に評価されているとしても。ある人生が全面的によい人生か否か、という問題は、単に現行の時間の切片の評価に焦点を当ててはいないし、また単に、各時間の切片の同時代の評価の平均を出すことでもない。何故ならば、その解答は、その人生の語りの内容、これら別々の時間の切片がどのように組み合わせられるか、にもまたよるかもしれないからである。

ないうちはただ幸福でいるわけにはいかない、ことである。幸福は正しく積極的に評価のなされた他のものたちの背中におんぶされて運ばれる。こういうものたちがなければ、幸福は一歩も進むことができない。

幸福は人の人生を評価するときのメタレベル、およびその人生内部の感情としての客観レベルにおいて生起できる。つまり、同時に両方の場所に存在できる。幸福が人生のもっとも重要な構成素であると考えることができるということに、何の不思議もない。何故なら、それはメタレベルにおいてこの上なく重要でありまた客観レベルにおいても生起する（またいく分かの重要性をもつことができる）からである。幸福の（この第三の概念の）中心をなす重要性は、とはいうものの、総体として人生を評価するべきメタレベルにある。それゆえ、重大な問いは特に何が人生を最善にするか、である。この上なく積極的に（正しい）評価がなされるためには、どんな特徴をそれはもっていなければならないか。この地点でただ幸福の情動をふたたび持ち出すのは、あまり明察とはいえない。

この結論は、もしどのような特定の評価がこの第三の幸福の情動に入りこむのかが問われるならば、強化される。厳密に、多くの異なる可能的積極的な評価のなかのどれから、幸福は総体としての人生をつくり上げるのか。その人生は道徳的なものでは決してない。徳のある生活が人を幸福にするとは限らないし、また、その人生は幸福な生活でもない。この循環があまり役に立たないかもしれないのは単に、生命が存在すること、宇宙が生命のためによりよい場所であるということに価値があるからではない。誰かは幸福でなくてもそのような評価をするかもしれないからである。またただ単に生命がよいのでもない。あなたはたぶん、考えなくとも、それがあなたの大目標を成就したり、たいへんよかったりすることをいやいやながら認めるかもしれないからである。たぶん、人生の評価は、次のような何かに違いない。つまり、それを生きる人にとって、たとえどのような次元がもっとも重要と考えられ、またどんな次元がもっとも重要であっても、人生はたいへんよいものだということ。これでは、明らかに、われわれは、人生のもつ諸次元のどれが重要なものかという問いと共に置き去りにされる。何が人生をよい人生にするのだろうか。繰り返すが、ここで幸福の情動を言い出すのはあまり明察ではない。何が重要かを知ろうと望むとき、われわれは何についていて幸福であるべきかを知りたいと望むものである。

幸福という語には今ひとつの意味、幸福な気分や気質があること、という意味がある。これ自身は情動ではなくむしろ、すでに述べた幸福情動の三タイプをもって感じる傾向やそのようになりやすいことを指す。気分《ムード》は、ある種の評価をしたり、そのように評価をされ得る事実に焦点をしぼり、それに続く感情をもったりするひとつの傾向である。抑圧された気分のとき、人は否定的事実や、そうでないときなら積極的状況の中での否定的特徴に注意を集めがちになり、そのためにこれらに適合する感情を抱きがちになる。幸福な人は事物の明るい面に心を向ける傾向がある。（とはいえ、あらゆる状況にこれを求めるのはばかげている)。人の気質は、思うに、レベルを一段上げる傾向、ある気分になる傾向、であある。幸福な気質の人でも、特別な因子のためにときとして悲しい気分になるかもしれないが、この特定の気分はその人の一般的傾向の表出ではない。

幸福な気質は、幸福な感情の決定素として、人の真の信念や積極的評価よりも、たとえ今のところそれらのひとつがどんなに大きく浮かんで見えようとも、もっと重要かもしれない。また幸福な気質は実際の状況の特定な性格よりもいっそう大切かもしれない。例えば、人びとは、かれらを幸福にしてくれると思う目標(金銭、名誉、権力など)をしばしば追究するが、これらを手に入れてもただ一時的な幸福の感情しか出てこない。かれらはこういう変化の積極的評価のために長くとどまらず、そのためそれに付随する感情も長続きしない。状況の積極的特徴に注意をこらし付随する感情を保つという連続する傾向――つまり幸福な気質――が、結果として連続する幸福の感情を生じやすく、そうなる頻度ははるかに多い。

もし何か「幸福の秘密」があるとすれば、それは、現在の状況がよいまたは向上すると評価できる特徴に対して、ある基本線、水準点、その他を定期的に選ぶ、ということの中にひそんでいる。それが拠って立つ背景――ゆえにわれわれが現実に行なう評価――は、われわれ自身の期待すること、憧憬のレベル、種々の標準や要望などから構成されている。しかも、これらの事柄は、われわれ次第であり、われわれの制御にゆだねられている。評価の行なわれるべきひとつの目立つ背景は、最近の事柄の在り方である。おそらく、ものごとが改善されてわれわれの生活にとって何らかの上昇曲線が描かれるという、われわれの幸福にとっての重要さは、そうすると、方向性をもった過程に内在する重要さに起因するのではなく、そのような過程は、現在を近い過去に照らして判断するようにわれわれを導くという事実に起因する。幸いにも、こういうことは、そこまでとどかないかもしれない他の基本線よりも、それを凌いでいる。幸福に感じたいと一心に願う人は、状況ごとに変動するいくつもの、適当な、評価し得る水準点を選ぶことを習得することになる——もしかすると、最終的にはその幸福追究の一念を縮小させるかもしれない水準点を選ぶことになるかもしれない。

幸福を利用することができるのは、そうすると、われわれの評価の種々の基準をいじりまわすこと——そのどれを援用しそれらがどの水準点を利用するのか——そしてわれわれの注意の方向性とともに——どの事実が最後に評価されることになるのか——という手段による。経験機械はわれわれを現実性から完全に切り離してしまうために嫌われた。けれども、幸福をめざすのにこのような目的をもつ選択性、われわれを真実のいくつかの面と評価できる標準にだけ向かわせそれ以外を除外するということによる方がどれ程すぐれているだろうか。このようにして得られた幸福は、ある部分的経験機械にたよるのと似てはいないだろうか。次の省察の章で、わたしはどういう事実に注意の焦点を当てるべきかという問題を考察する。これらの事実に適用される正しい評価の原理はわれわれが使用する水準点や基本線、また外側の現実性でなく、それに向かうわれわれの構えが、問題となるすべてと比べる際に満足するときには、われわれに委ねられていないかもしれない。どんな特定の水準点や基本線も世界に刻みつけられていない。そのひとつを使用するとき、ただ幸福になりたくて特定のひとつを選ぶときでさえ、われわれは、いく分かの現実を否定したり現実から乖離したりする必要はない。われわれの幸福はわれわれ自身の内部の力の中にあるというのはこの意味においてである。けれどもただこの事実、すなわち幸福はわれわれのものごとへの注目の仕方にあるということ——たしかに、ものごとへのある種の注目の仕方は、ある状況下では他よりも困難かもしれないこと——はわれわれに、幸福がそんなにも恣意的であるとしたら、幸福自体いったいどうしてそんなに重要なことになるのかいぶかしく思わせるかもしれない。けれども、どのようにある人が事物に注目するかは、その人についての重要な事実であるのかもしれない。何ごとであれ、何にも満足することのできない人は、不幸な気質という特徴ばかりでなく人格上の欠点があるのかもしれない。けれどもまた、幸福に感じたいため、多様な状況に合わせて、わざわざ、いつも基本線を移動させるのも、気まぐれで恣意的に見える。おそらく、基本線は何か永遠的なものによって固定されてはいないが、われわれは人がそうするとき、ある調和、つまり一貫性を、時の経過につれてなめらかで漸進的な変化を伴って、示すことを期待する、たとえ状況は変化しても、人は、時に応じて統一のとれた視界を定めることによって、その人の幸福を増大させることができるだろう。

気分は人の感情に多様で明白な方法で影響を与える。その方法は、注意を積極的（または否定的）な事実の方に向けること、あるタイプの事実が注意されるようになるとそれらに注目することに抵抗すること、水準点を適応させること、評価の度合いを強化すること、釣合いの因子に影響を与えて連想感情の度合いを強化すること、あるいは、感情の持続を引き延ばすこと、などによる。とはいえ、何が気分を決定するのか。もっとも明白なのは、人の一般的気質、つまりある種の気分になりやすい傾向に他ならない。もうひとつの因子は——さらに驚くべきことに——今日の情動はどのようになるかの予兆である。人は朝、目覚めるとき、その日のその人のためにどんな種類の情動が貯えられているか、どんな出来事が起こりそうか、またこれらの出来事はその人にどんな影響を与えるか、についてだいたいの予想がある。もちろん、この予兆は前日の状態と出来事および今日の起こりそうなことに基づいている。しかしそれはまた、ある顕著な範囲にまで、自己充足している。気分を定めることにより、予兆は、何に注意し、それをどう評価し、どう感じるか、に影響を与え、そしてそのため、その予兆が本当になる役に立つ。気分とは、天候に影響を与えられるかもしれない天気占いのようである。（さらに、予兆は第一の因子、人の気質から独立できない）。

「期待は実現にまさる」と諺はいう。ここには、何故これがときにはその通りになるかもしれないのか、のひとつの理由がある。われわれが起こりそうな未来の出来事、われわれの望む出来事の発生を期待するとき、すでに感じられた仕合せの現行のレベルは、われわれがやってくると思っている(経済学の用いる)未来の効用の量によって高められ確率によって割引きされる。この点をはっきりさせるために、幸福の諸単位および確率は正確に測定できると仮定ないし空想してみよう。すると、例えば、当初われわれが後に十単位の幸福をもってくると評価した出来事、そしてそれは七パーセントの確率をもつと考えた出来事は、われわれのレベルを七単位直ちに上昇させる(〇・七の十倍)。この期待、この期待された価値は、現行のものだからである。出来事自体がついに起こると、そのときはただもう三単位の生じるゆとりしかない。(このことはその出来事の起こる確定性にも対応する。残りは〇・三の確率の十倍)。したがって、今の予期・七単位分の上昇の方が、それが実際にやってくるときの実現、ただ残りの三単位の上昇よりも、もっとよいと感じるであろう。この現象は、あの未来の満足の確率が二分の一より大きければ、真として通る。*

われわれはこれまでに、幸福は人生における唯一の大切なことではないと考えるためのさまざまな理由を見つけてきた。一生を通じての幸福の輪郭、経験機械の例によって示されるような現実とのある接触の重大さ、幸福という概念に組み入れられた評価が他のものごともまた価値があるという前提を含むそのやり方、など。それでもなお、幸福だけが唯一の全体の話ではないことは是認するにしても、やはりわれわれは幸福はストーリーの大部分、その最重要部分でないのかどうかと思案するかもしれない。いったいどのようにして、このような問いに百分率《パーセンテイジ》で評定しようと努めることができるのか。わたし自身の考えの中の幸福の占める小さい役割から判断してみると——わたしのここでの考えの多くは他の人びとがそれに与えてきた重みによって呼び起こされたのである——幸福は興味深い物語のごく小部分に過ぎない。

にもかかわらず、この黙考の終わり近くにあたって、幸福、また幸福な気質は、どれほど否定しがたくすばらしいものであり得るか、を想い起こしたいと思う。時折われわれが幸福こそ人生でもっとも大切なことだと考えるのは、なんと自然なことだろうか。はちきれそうなエネルギーで跳び上ったり走ったりする瞬間、われわれの心が晴ればれしているとき——どうして、われわれの人生がすべてこのような瞬間で満たされていることを望まないだろう。

＊確率が二分の一より大ならばこれが起こるということは、頻繁な心理上の現象であって、法ではない。ある人びとは非常な恐怖をもって出来事が生じない可能性を待望し、したがって未来を割引く。未来のよいことへの期待が、人の現行の効用レベルの量を増すとき、もしその出来事が生じなかったとき、かれはどうするだろう。

ずにいられるだろうか。世はすべて事もなしと感じられ、この楽天主義のために幸福はそれが続くことを期待し、またその寛容さのゆえに、幸福は溢れて流れ出ることを望む。

もちろんわれわれは人びとがこのように多くの幸福な瞬間と日々に恵まれることを希求する。(幸福の固有な単位は、一日だろうか)。けれども、われわれがそういう瞬間を常に求めたり、一生が全部そして唯一、そのようなことでだけ成り立つのを望んだりしているかは、判然としない。われわれは他の感情、幸福はそう強くは続かないという貴重な側面をもった感情を経験することを求める。しかも幸福な感情でさえも、他の活動、例えば他人を援助したり芸術作品をつくったりの方に向かうことを望むかもしれない。するとこういう活動は異なった感情が優位になるのに手を貸すことになる。

われわれは経験、ふさわしい諸種の経験を求める。他人との深い関係の、自然現象の深い理解の、愛の、音楽や悲劇によって心底から動かされることの、何か新しく革新的なことをすることの、経験であって、あの幸福のときめくばら色の瞬間とは全く異なる経験を求める。われわれの求めるものは手短に言うと、幸福がふさわしい応答であるような人生と自己であり——そしてまたその応答を人生と自己に与えることである。

11
焦点

情動と現実性は——第二の現実原則（前の省察で論じられている）に従うと——正しい信念と評価に基づいた事実への応答つまり反応として、結合されることになっている。とはいうものの、多くの事実、多くの現実への応答がある。そのどれにわれわれの情動は関連したらよいのか。

ある事柄——われわれの愛するものへの傷痕、怪物じみた公共の悪——は否定的に評価されねばならない。ただ単に否定的評価でなく否定的情動をもって、これらに反応するとき、寂しさ、悲しみ、恐ろしさを含むことになる。これは、もちろん、幸福や強烈な肯定的情動の欲望との間に、葛藤を生じる。われわれ自身の幸福の極大化を提唱する者ならば、現実についてのこういう否定的部分を無視して積極的な部分だけを選んで注意の焦点をそこに当てることを薦めるかもしれない。ときにはこれが適切であるかもしれない。ナチスの死の収容所に入れられた人がやがて、かれの身に迫っている恐怖から逃れるために、かつてきいたモーツァルトの音楽の回想を焦点にすることがあるかもしれない。けれども、もしもこんな事が最初から、かれの心を占領し、いとしい音楽の追憶にひたるあまり微笑を絶やさないとしたら、かれの反応は不気味というほかはない。このとき、この人は、かれの世界の重要な特質から切断され、この世界がかれをたたきのめすという悪と釣合いのとれている情動的関心を示していないことになる。

けれども、第二の現実原則なら、この種の関係切断を排除することはないだろう。その人のモーツァルトの音楽への信念およびその評価は正しいかもしれず、またかれの感情はその音楽の美しさに釣合っているかもしれない。これらの感情はその音楽にはふさわしいが、その音楽にだけ注意を集中することはそのときにふさわしくはない。われわれに必要なのは、付加的現実原則で、関心の焦点の正確さ――第二原則がこれを扱った――にかかわるのでなく、それの方向にかかわる。ちょうどわれわれの感情は、関心が一点に集中するときに、われわれの評価にふさわしくなるのが当然であるように、また焦点を当てるに際して、われわれの周囲にある事物への関心は、それらの重要性に応じて、単にその事物へだけでなくそれらを重要にする側面に向かって、払われねばならない。この原則――第三の現実原則と呼ぼう――はここまでは、ただ身振りがなぞられただけで、精密に公式化されていなかった。(あの強制収容所の人がもしも、モーツァルトの音楽の方がそこでまさに起こっている事態よりもかれにはもっと重要であるし、またそうでなければならないと論じることができたとしたら、どうだろうか)。事物をあなたの立場から眺め、その結果「あなたのまわり」にあるものすべてが重要性の前景を占めることになる見方と、「宇宙的視座から」もっとも広く一般的な見解をもつこととの間では、どのようにしてその利害を妥協させるべきだろうか。見込み上の収支は、適切に第三現実原則を定式化するために解決されねばならない唯一の問題ではない。どのように精密な重要性の概念をこの原則は用いるか、そこに向かってわれわれの関心はバランスを失わずに焦点が当てられているだろうか。

選択的関心をめぐる問いは、ただ情動にだけではなく、非評価的事実にもまたかかわりをもつ。すべての知識は内在的に価値がある、と時々言われることがある。けれども、真理の中にはまったく些細なものもある。ジョーンズ・ビーチ――ある孤立した事実の例として――の砂浜の砂粒の数を知ることには、何の価値も重要性もない。(もしも砂浜形成の理論を試したり構築しようとしているのなら話は別になる。そのときは、その情報量は深遠な科学法則か一般原理の発見に助けとなるかもしれない)。一方で深遠な、または一般的な真理や評価の原理を追求し、他方ではわれわれに実際的な意味をもつ特定の細部を追求することとの間には、どんな妥協が必要だろうか。もっと後でわたしが第三の現実法則に言及するとき、この現在の文章のもつ精神によって、関心の焦点と方向をめぐる適切に公式化された原則を意味することになるだろう。

基本となる評価活動は焦点を選択すること、あそこよりもここに焦点を当てることである。とはいえ、万物はどれも等しく重要で、何かは他の何かよりも重要ではない。したがってどんな物にも、範囲を限らずに、関心を向けることができる、という理論を想像することができる。この理論は、いたる所に等しい価値を見出す高貴で非エリート的な見解と見えるかもしれない。(もっとも、これは、われわれが何の関心も払わなかったら、反対するだろうか)。しかし何がそれを価値あるものとして事物の評価をさせるのだろうか――評価とはわれわれの関心や注意を向ける何かでなければならないのではないだろうか。一貫性をもつために、それは次のこともまた、主張しなければならなくなるだろう。つまり部分的でぼんやりした関心、もしくは無関心それ自体は、焦点の充実と鋭さより劣るとか重要でないということはなく、そして、われわれ自身の場合についてもまたこのことを考えねばならないということを。すると、評価を成立させるのは、われわれの関心を何らかの道に導くことによってではなく、関心がいやしくも道である限り、すべての道であるような認可を与えることによってであるということになろう。(ここにいたって、この以前になかったとしても、この措定は仏教徒の考え方から逸脱する)。すぐれた経済学であるか否かは別として、自由放任説《レッセ・フェール》は一般の人生に対して受諾可能な態度にはならない。

経験機械の例が示すことは、われわれは現実性から完全に絶縁されることは望まない、つまりゼロパーセントの接触は望まない、ということである。けれども、われわれがいく分かの接触を望むことから最大量、一〇〇パーセントの接触を望むことまで、どのようにして成ったのか。おそらく、ゼロパーセントより多いが一〇〇パーセントよりはかなり少ないある量が、現実性との接触を求めるわれわれの欲望を満足させるのに十分なのだろう。

この量を超えると、幸福原則は完全に威力を発揮することができよう。この限界パーセントより高くなると、幸福は現実との接触の増大に先行しなくなり、またもし幸福が増大されるならば、ばら色の幻想が喜んで迎え入れられることになるだろう。現実性との接触のための内在的価値が存在すると言うことは、順を追って力を増大する三つのことを意味し得る。第一、いく分かの（ゼロでない）接触があり得るという内在的価値があること。第二、たとえ限界パーセントにおいても存在する接触の各回ごとに限定された価値があること、もっともこの価値は時々、他の事物の重さに負けることもあり得るが。第三、決して覆されることのできない現実性と接触する価値があること、したがってその接触の量ないし度合いは最大化されることができる。

強制収容所の囚人は、主としてモーツァルトに集中していても、完全に周囲の状況を無視することはできない――疑いもなくかれをある限界パーセントを上まわる所まで連れてゆく他のより直接さの少ない現実性にもまたかれは焦点を当てるであろう――と信じる以上、わたしは単にあるゼロでない接触を命じるだけの、現実原則のもっとも弱い地点で立ちどまるつもりはない。しかしまた、その囚人がかれを囲む恐怖に完全に関心を集中する必要はなく、想像の中あるいは他の焦点において恐怖から遁れるすべもあるかもしれないと信じる以上、わたしは現実原則のもっとも強い形、現実性との最大量の接触を命じる形を、是認することはできない。それで、わたしは、その中間のどこかに落ち着き、現実性との接触の各量はそれに内在する重さをもち、現実性が顕著であるほどその重さも増すが、しかし、他の考慮（幸福についてまたまったくの犠牲者となることを拒否する自律性について考えをめぐらすことを含む）の方が時には、かれ自身がその真只中にいる現実性に向ける完全な焦点の価値よりも重くなることもあり得るはずだ、と考える。とはいえ、関心は現実性の異なる部分のどこにでも焦点を当てることができるので、われわれは現実原則が肯定的なものへの焦点に向かって傾斜している、もっともそれは人がその中に身を置く現実性からのいちじるしい離脱がなければ可能であるという留保つきの傾斜であり、その有様を心に描くことができるかもしれない。

広告は考察するのに面白い事例《ケース》である。広告のもつ情報を与え関心を捕えまた合理的評価をふみ外すというあまり嬉しくない機能を別にすると、広告することは生産品——例えば、煙草なりビール——を差異化するためにイメージを操作することができ、しかもその製品の現実にもっている特徴に何か関係があるような差異によらない方法で、そうすることができる。ある煙草なり飲料は「本当は」もっと粗野でウェスタン風ではなく、また別なものも本当はもっと優雅ではない。もっとも、われわれはこのような差異化が、製品の売り手ばかりでなくそれらの買い手にとっても、有用な機能を果たしているのを見ることができる。われわれは皆、時折、珍しい方法を経験したり、そうであって欲しいと思う種々な方法を強化したり、してみたいと望んでいるのかもしれない。時々これは何かまばゆい光輪《オーラ》をまとって人生を通過する小説や映画の登場人物を通して行なわれる。かれらの立居振舞いのスタイル、衣服や言葉づかいによって、われわれはますますかれらに似て、頑固か優雅か、知的かセクシーか、大胆で冒険好きか、粗けずりか、になるような気がする。われわれはまた、科学薬品の添加された製品で一時的にわれわれを今挙げた様な気分にしたり、リラックス（または緊張）させて、ある役割や気分にさせたりする製品を歓迎するかもしれない。広告業はこうした方法で、たとえ製品の現実の差異化された特徴のどれにも基づいていないときでも、われわれに種々のチャンスの幅を広げる。われわれの空想上の生活に利用できる象徴《シンボル》の支柱を創造することによって、広告業は科学薬品の添加物と同じ様な機能を果たす。そうしてまさに求められていた煙草や車や飲料という武器で身をかためて、われわれは或る方法で或ることと戯れたり、さらに楽々と、われわれがその手段であると想像したりする。（たとえ製品が異なっていようとも、それらの特質の一部の機能は別の空想に適合したり、さらに種々の空想をうながしたりできるかもしれない）。時々われわれが、このように振舞うとき、他の人びとにも適合する反応を生じ、そのようにしてわれわれの役割をいっそう心地よく、また結果として、いっそう本格的にさえもする。この幻想をつくり出し利用する流儀は、もし当人がそれを勧誘された役割であると認識し続けるならば、現実原則と争いを起こす必要はない。けれども、そうだからといって、その人が常にその役割がにせであることに気づいていなければならないというわけではない。もしも象徴の支柱がかれに安心して才人や勇者の役を務めさせるならば、そのときかれやかの女はますます才気や勇気をもつ人になるであろう。とはいえ、広告業は決して誰かにその製品が、例えば弾丸に当たったり、検知されたりしても大丈夫と信じ込ませることをねらってはならない。もっとも、現在の社会に育っている人びとはそんなに単純ではない。そして広告業者はたいてい、賢明にも支持され、少なくとも明白ににべもなく不信をもたれることのないような楽しい幻想を創造することだけに専念している。

われわれの関心を集中し、何に関心を払うかを選択する能力と機会は、われわれの自律性の重要な単位である。* 自発的な関心への抑制はまた、われわれの心理上の仕合せの重要な一特性である。関心を一点に集める能力の損傷は、神経の不調をひき起こす。* 一般的には、われわれには、適切である焦点への関心を、一般像から細部へ、確認から適合しない事物へ、表層から深層にあるものへ、今すぐから長期間へ、といつも往来させる必要があ

＊今、われわれが焦点を当てているものは、われわれがどのような人間であるかによって影響されるが、それでも長期間にわたると人はその関心が不断に向いているところによって形成される。したがって、あなたの職業から要請される注意深さ、およびその職業が権利ないし既成事実として無視していること、つまり職業柄の知覚の鋭さと鈍さは――この不釣合いのバランスをとり戻す努力が絶えず行なわれない限り――やがてあなた自身のものとなってしまうだろう。

＊David Shapiro, *Neurotic Styles* (New York: Basic Books, 1965) 中の多様な神経症的人格の記述を参照。

る。これをズーム、、、レンズ、、、能力と呼んでみよう。焦点の遠近を変えることに加えて、関心が指示する方向を制御することも含めたつもりである。われわれの関心の在り方や対象をこのように制御しなければ、効率よく振舞うことも円満に充足した情動生活をいとなむことも困難になるだろう。

情動はだから、われわれをただ押し流すのではなく。またその必要もない。われわれが情動を制御できる方法はいくつかある。われわれが支持する信念を合理的批判その他の思考によって緩和すること、われわれの評価をさらに多くの事実を探ったり価値自身の本性を再考したりすることで変えること、そして、われわれの信念や評価のうちどれを情動の演技に入れるかを決めて、われわれの関心の焦点を制御すること、がそれである。さらに、われわれは情動の構成素である信念と評価を、その情動を緩和したり置き直したりする、より広汎な計画、評価、信念、目標の相互連関から成るネットワークの中に埋め込むこともできる。これらのことが完全にわれわれの統制下にあるとか、これが望ましくさえあることだ、とわたしは言っているのではない。にもかかわらず、哲学は、合理的信念と評価の操作上の原理を与えたり、またさらに、関心を強めたり弱めたりするばかりでなくおそらく方向を選択する原理さえも与えることによって、かなり実践的な衝撃をわれわれの情動生活に加えることができる。

また特定の機会に強烈な情動に耐えるべきか否かを制御することもある。われわれはそのような情動を大切にするが、だからといっていつもいつもその洪水の中にいることを望むことはできない。穏やかさ、平静さ、離脱もまたそれ自らの位置と機能をもつ。さらに、これらは人をオペラント条件づけに従いにくくするために利用することもできるかもしれない。快楽と苦痛は、時々ある離脱した注意深さで、経験したり観察したりできる。これらを個別化しておくことにより、それらが満ちあふれてもっとあるいはもう一度欲求しようとの傾向を制御することができるかもしれない。関心が選択的焦点を絞ること、および反応を形成することを通して、われわれの情動生活は型に入れて造られる。

ある人が否定的情動を避けるために、きわめて広い見通し、または事実への関心に選択的焦点を当てるなどによって、否定的評価を移動するか縮小するかの手段をとるとき、その人は何かについて「哲学的」であると言われる。もっとも、時々、哲学——つまり少なくとも、第三の現実法則——はわれわれに否定的なものの上に焦点を当てることを命じる。この現実原則と、われわれが強く不快な感情を避けたがる欲望との間の葛藤は、一見そう見えることよりも厳しくないかもしれない。とはいえ、否定的感情の一部となっていることらの感情は、楽しくあるはずはないものの、精密にはそれら自身が不快である必要はないので、この原則は時々否定的情動の指令を出す。まず積極的情動を眺めてみよう。ある強烈な情動の感情要素はそれ自体何か楽しく、それが望まれるのは部分的にはそれ自身の感じられた特質のせいである。もしも積極的評価に伴うものが、否定的に感じられる感情、それら自身の諸特質の感触ために回避したいとわれわれが望むような不愉快な感情であるとしたら、ぎごちないことになるだろう。積極的に眺められた感情だけが、積極的評価によって統合された全体をつくり、それを十分にふさわしく表現する。

不調和であるとか醜いとか破壊的であるとか悪であるとかの理由で、何かが正確に否定的に評価されるとき、この評価にはどんな感情がふさわしいものとして伴うのか。たしかに、愉快なものではない。その感情は、あなたが部分的にその特質の感触のために望む感情ではない。(否定的評価をくだすことに楽しみを感じたり、愉快な気分でこれらに対したり、またこの文脈中では、評価の違いを見分け、それを巧みに行使する能力についてよい感情をもったりすることは不適切である)。

ある積極的評価に付随する感情は、その特質の感じが評価によく似合って、調和が取れている。それはまるで評価がこのことはそうだ、と言っているのと同じように感じる。* この感情は、その構造とまたその積極的特性の中にその価値(またはいっそう包括的なカテゴリー)を代表する。感情の積極的特性はわれわれの内部にある評価されたものの特性のアナログ型を与える。前の方で、われわれは、感情はその構造においてあの特定の価値の構造のアナログ雛型《モデル》を提供することを推測してみた。ここでは感情は、その積極的特性において、その積極的特性のアナログ表示を用意することをつけ加える。その辿る道によって、価値は価値として、積極的価値として応答される。他方、もしも否定的評価が愉快な感情に伴われるとしたら、その（積極的）感性の特性は、それらの感情が評価する（否定的）特性の（完全な）アナログ表示を用意することはないであろう。非明示的に、この人の感情特性によって、かれはこれらの否定的価値はよいものだ、少なくとも、かれが否定的に評価する対象として、それらが存在するのはかれには喜ばしい、と言っている。

もしそれが積極的であるはずがないのなら、そのときは、これは否定的評価に伴う否定的で不愉快な感情でなければならないのか——これは初めの方のわれわれの問いであった——それとも、第三の快楽原則と、われわれの強度に不快な感情の忌避との問いの葛藤はやわらげられるだろうか。否定的評価は、たとえ情動に具体化され剝き出しのままの評価でないときでさえも、それがいかに否定的な判断をしているかの程度に応じて、不愉快な感情が伴わなければならないのだろうか。もしそうであれば、正しく否定的評価をするための誘因を確実にとり除くことになるであろう！　けれども否定的価値に応答する際に、またそのアナログ表示を用意する際に要請され利用することのできる不快さの他にも、経験の諸次元が存在する。われわれは力強く、心を動かし摑み、記憶に刻まれる経験をもつ

＊さらに入念に言うと、感じられた特質は評価が定める価値の尺度と釣合う。もっとも釣合いの因子評価の尺度が特質の感じに従うために乗じられる常数は、人により、気分によって変わるかもしれない。否定的情動に積極的情動とは異なった、ひとつの掛け算因子を用いることは合法的だろうか。

ことができる。そういう経験に沿うそれらの大きさや他の諸次元によって、情動は、否定的価値、苦悩や喪失や悲劇や不正や恐怖の大きさに応答できる。劇場においてもまた、われわれは悲劇に強力に心底から情動とともに反応する。もっともそれら自体の次元において、舞台で生起することへのアナログであり、(精密にいうと)われわれはそれを経験することを不愉快には思わないけれども。

とはいえ、舞台上の悲劇への反応と人生のさまざまな悲劇との間には相違がある。人生の悲しみは、舞台上の悲しみとは違って、不快に感じる。そしてこれこそ真に、経験がどのようにそれらの現象論において感じるかの違いであってただ単に異なる文脈から構成されているからではない。(劇場内ではわれわれはだいたい何時頃その経験が終了するか知っている。われわれの行動は何も変わらないし、われわれは安全なことを知っている。人びとは恐怖映画での経験が本当に不快になると、手で目隠しをするか退場する)。人生でいくつかの事実や事件がわれわれを不幸にするとき、これは単に幸福(それのもつどの意味においても)の不在ではなく、それ自身が同伴している、悲しい、元気のない、憂鬱な感情をもった現に存在している情動である。われわれは、否定的に評価する事実に情動をもって反応するとき、これらの感情を感じないのがいちばんよいのではないだろうか。たぶん、これらの感情は単に、われわれの情動容積の包装の一部に過ぎない。それにしても、もしもわれわれが包装品をばらばらにして、積極的に評価される事実に応じて幸福を感じ、また劇場の中のように、否定的に評価されている事実に応じてある強力な情動——ただの不幸ではない——を感じることができるならば、その方がよいのではないだろうか。第三の現実原則は、劇場の観客がもつような種類の経験、強力で心を動かし、悲しくもあるが、でも不快でないような（けれども動顚させられるかもしれない）経験によって満足させることはできないのだろうか。それとも、これは、さらに深い現実原則の言述を要請する現実性からの離脱のまたもうひとつの種類なのであろうか。いくつかの否定的事実に対して、不幸は適切な反応として必要であるのだろうか。

快楽とは、とにかく、望ましく感じられた経験を表すには余りにも貧弱な用語である。もしもわれわれが快楽の専門的用法は任意のひとつの特質ではなく、いかなる特質の感触も部分的にはそれら自体のために望まれているすべてを示していることを忘れないでいるならばの話であるが。すると問題は、その特性自体のために望まれるのが当然である経験の諸特性のリストをつくることになる。情動も経験も、豊か、多彩、深遠、強烈、ほのめかされ、複雑で、人を高貴にも陽気にもするし、強力、本格的、親密、忘れがたく、充満し、上昇し、等々となり得る。情動的経験には多くの望ましい次元がある。強烈な積極的な（適切である）情動だけを求めることは、完全な装備一式を包含する情動生活を求めるための速記にすぎない。

われわれは誰かを愛したいと思い、そのためにそれ自身の仕合せが愛する人びとの仕合せと結合しているような存在になりたいと思う。かれらが不仕合せなとき、ただわれわれ自身もまた不仕合せな者として冷静に否定的な評価をするだけでは十分でない。何故ならどんな具合に、そのときわれわれは不仕合せであるのか、それはただ、われわれが不仕合せなのは単にかれらが不仕合せだからである、と言うことができるだろうか。これでは適切とは考えられない。それゆえ、われわれの感じる不幸の情動は、かれらが不仕合せなときわれわれにもそう感じさせる何かである。それは、われわれが不仕合せである在り方を構成しまたわれわれの仕合せを直にかれらの仕合せと結びつける。

　このことは、何故、不幸が時折、われわれの愛する者たちを巻き込むいくつかの状況への応答として必要か、の説明となる。けれどもこのことは、何故われわれ自身の状況もまた不幸である必要があるのか、を説明しない。例えば、親が死んだり計画が失敗したとき、もはや親に生きていてもらったりその計画を進行させたりしないというまさにその原因だけでわれわれが不仕合せである在り方ではないだろうか。われわれを不仕合せにするそれ以上のいかなる情動も必要としない――われわれはすでに、まさにその事実のおかげで、そうなのである。(しかしいったいこの事実自体、われわれの仕合せを相手自らの生活における親の喪失と結びつけることができるだろうか)。それでは、何故、われわれは、自らの状況で不幸にされる存在として組み立てられていることを望むのか――異なった強い情動がわれわれを十分に、しかももっと望ましく結びつけるということはないのだろうか。

あなた自身の事例で、あなた自身の苦悩に向かって、劇場の一観客の態度、その情動は深く感じられても苦痛にはならない態度にまで辿り着こうと苦闘するかもしれない。(われわれはすでに、これは愛する人びとに向かっては効き目がないことを見た。かれらといっしょに、われわれは単にあれこれの仕方で深く感じるだけでなく、かれらが傷つくときはわれわれも傷つく。これをしないことは、愛の絆によって、かれらと結びついていないことである)。それでもなお、これらの深い感情は、人を完全に事件から離脱させはしないで、それを見守る者で在り続けるようにする。たぶん、あなたがある出来事を不幸(または幸福)に感じることは、これらの出来事をあなたの生活の部分、またはあなたにそれらの出来事をありのままに感じさせるもの、である。すると次の問いはこうなるだろう。何故、われわれは、われわれ自身の生活を生き、生活の(一部の)傍観者となることを求めないのか。何故、われわれは、われわれの全人生を生きる種類の存在であることを求めるのか。たぶん、現実の幸・不幸がわれわれの生活を真剣に——ただの演技やゲームでなく——するものである。しかし、何故、それでは、われわれはわれわれの生活が真剣であることを求めるのか。

その解の一部は、われわれが強烈な悲しみ、悲劇からさえもまた手に入れることができるやり方の内に存在しているのかもしれない。このような経験はわれわれに鋭く灼きつけられ、われわれを深める。では何故、わたしは積極的な情動にいく分なりとも強調を置いたのであろうか。ただ単にいかなる種類であれ、強烈な情動をもつことを強調するよりも。否定的であることの中での徳の力の知覚は、ふつうその事実の後に生じる。たしかに、たとえそうできたとしても、われわれはあの否定的な過去、われわれを形づくり深め、今ある姿にした過去のすべてを取替えたいとは望まないであろう（もっとも、そのいく分かを変えたがらないと言うわけではないが）。それでも、だからと言って、なおいっそうの深みを得るためにいっそう多くの否定的なものを探し求める人は、ほとんどいないだろう。強烈な否定的情動は、だから、それらの否定性のためにではなく、ただそれらがわれわれを素材として造るもののためにのみ、価値があるとされる。われわれがそれらを選ぶのではない。

12
もっと真実《リアル》になること

われわれは、幸福や仕合せがいっぱいに詰め込まれるのを待っている空のバケツではない。自己の本性や性格もまた重大であり、こちらの方がもっと大切であるかもしれないからである。自己が到達し維持するはずのある特定の状態の境界を区切ってしまって、自己についてのある「終結‐状態」というコンセプトの中に安住するのはいともたやすい。けれども、自己の構成素や構造が重要であるのにおとらず、自己を自己変形させる方法もまた重要である。しかもこのことが重要なのは、ただ単にその終わりの結果にたどり着くためではない。ちょうどひとつの国家が部分的には、その憲法を修正する手段を含めて、憲法上の諸変化の過程によって形づくられているように、自己もまた部分的にはそれの変化の過程によって形づくられる。自己はこれらのプロセスによってひたすら受身でいるのではなく、それらを形成し選択し、またそれらを創始し動かし続ける。自己の価値の一部は自己自身を変形し、そのようにして（かなりの程度まで）自己‐創造的になり得る能力の内にある。なおまた一部は自己自らの過程の織りなす特殊な性質の中にある。思うに、自己がそれ自身を自らの変化の非静止的な動作主《エイジェント》として、変形の諸過程の場として、同一化することは有益である。これらの諸過程は後になるとさらに他の諸過程によって置き代えられることができる。最高のレベルにおいては、たぶん、恒常的な変化過程があるかもしれないが、それでもやはりいつかは、これらもそれら自身に適用され、そうすることによって自己-変形をこうむることがもしかするとあるかもしれない。

われわれの生活は時間の流れにのって連続しているゆえに、われわれの行なう選択を実験し試行したり修正したりすることができる。さらにまた、いくつかの特徴を熱心に、しかも他の特徴をまったく棄てる必要もなしに、追究することもできる。他の特徴のためには別の時間が待っていてくれる。このようにして、発達する自己、もっとも重要な諸特徴を時間をかけて内包し結合してゆく自己というものを持つことを、われわれは目標にすることができる。このことは、いくつかの責務や特徴がある年代や期間にひじょうに適切であることの意味を説明できるかもしれない。時間をかけていくうちに多くのものが適合するようになり、あるものは他のものより前に（または後に）より完全により容易に行なわれ、またある連続は他のよりもっとやすやすと流れるようになるだろう。*

時として、人間は自分自身に対していつもよりいっそう真実《リアル》に感じる。さあ立ちどまって、この問い「いつ、あなたはもっとも真実と感じるか」を尋ね、そして答えなさい。（いま、立ちどまって、現実にこの問いをめぐって考えるのです。何があなたの答えか）。

この問いはめちゃくちゃだと考える人もあるかもしれない。人間は存在するときはたしかにそのとき存在するし、だからそのときは真実に違いない、にもかかわらず、われわれはまだどんな実在の概念が巻き込まれているのか述べることはできないが、たしかに真実にはいくつかの程度の違いを見分けることができると思われる。

第一、文学上の登場人物を考察しよう。ある登場人物は他の人物より、もっと真実である。ハムレット、シャーロック・ホームズ、リア王、アンティゴネー、ドン・キホーテ、ラスコーリニコフについて考えよう。この人びとの誰ひとりとして実在しないけれども、かれらの方が、われわれが現に生きているのを知っている誰かれよりも、はるかに真実《リアル》に思える。これら登場人物が真実であるのは「本物にそっくり」、いつか逢うことができると信じられそうな人物だから、というわけではない。これらの登場人物の真実性は、かれらの活きいきした力、細部への鋭敏さ、目標に向かう途上での働き、あるいはそのための塗炭の苦しみを通して積み上げてゆく努力から成り立つ。かれら自身の焦点が完全には明瞭でないときでさえ、かれらはひたすら自らの関心に焦点を当てることに没頭する。あるいは（フローベールがボヴァリー夫人を描いたように）明確な焦点の中にかれらは表出される。こういう人物の姿は「人生よりもさらに真実」であり、適切でない外側の細部はほとんど削られて、いっそう鋭く刻み込まれている。かれらが示す特徴の中で、かれらの心理的有機体の一団は集中度をました中心となる。こういう文学上の人物は、合言葉、範型《パラダイム》、雛型《モデル》、縮図《エピトム》となる、かれらは強度に集約された真実在《リアリティ》の部分である。

文学上の人物を他のよりもいっそうリアルに、範型の焦点にぱっちりとはめ込むという

＊幼年期と思春期を過ぎ、人生の後の方になると、人びとは時は翔ぶように過ぎると言う。われわれは時の間隔をわれわれの人生がこれまでに費やしている年数の分数によって見積っているのだろうか。すると、われわれが齢《とし》をとるにつれて時間はますます速く翔んでゆくだろう。何故ならば任意に固定された間隔——一年、あるいは五年——はその人生について、次第に小さくなる分数をつくるからである。成人の主観的な時間知覚のもつ歪みは、もしかすると原則的に異常な結果を生じているのかもしれない。仮に正常の一分という長さに対して、主観的にはその半分の三〇秒が経験されると考えてみよう。するとこの現象はその後に続く時間間隔の上では次々に倍増されてゆき、そのために次にくる四分の一分である一五秒が正常の一分のように感じられ、次の八分の一分もやはり正常の一分のように感じられ、次の十六分の一分も、等々となる。客観的時間の一分の終わりまでには、次第に減少してゆく時間間隔からなる無限の数列、二分の一、四分の一、八分の一、十六分の一、三十二分の一……があることになり、このどれも瞬間的にはそれぞれ一分間であるかのように経験されていることになる。すると、主観的な分《ふん》からなるこの無限の総和は主観的な永遠のように思えるかもしれない。しかももし人がそれから次の分の間に通常の時間知覚に戻るとするならば、無限の主観的持続という経験はあたかもとうの昔のことのように思われることだろう。これに似た何かは——それをゼノンの永遠と呼んでもいいかもしれない——もしかすると、ある光に照らされる経験、あるいは死にゆくことの経験のための雛型となってもいいのではないだろうか。もしわれわれの意識が（ただの）一分間だけでも生物学上の死よりも後に残るとすると、しかもその一分間は主観的には永遠のように感じられるとすると、これは不死のもつある満足すべき形をなしているのではないだろうか。

特技と同じものは、文学の王国の外にも応用できる。芸術作品、絵画、音楽、詩歌は、しばしば、強烈な実在感を与える。それらの鋭敏に刻み込まれた特性は、もうろうとした物たちから成るふだんの背景から、作品を鮮やかに浮かびあがらせる。しっかりと首尾一貫した組織化の様式、または、少なくとも、明瞭な、そして面白い様式の組織化をもつという点で、芸術作品はよく統合された全体を形づくる。作品や風景のもつ美は、その装いの力強いバランスによって、われわれの日常、目に触れる雑然さよりも、もっと活きいきと真に迫まる。おそらく、このために、美しいものは、それら自身のひとつの完成を示しているのだから、そのままで当然に見えるのであろう。それともおそらく、美しいもの自体の功徳のために、われわれの眼を惹きつけ永続的にわれわれの注視に報いてくれるためかもしれない。いずれにせよ、それらは、より鋭敏なバランスと焦点の中で知覚されるように知覚され、より活きいきと知覚される。美以外の特性、烈しさ、力、深さ、もまた知覚を活気づける。芸術家は、何らかの方法で、よりいっそう真実性のある作品を創造しようと努めている、とわたしは思う。

数学者もまた、稠密に重なり合っている組合せの可能性、関係、内包のネットワークの中に明確な特性がからみ合っている内部をもつ物体や構造の輪郭を描写する。「いったい数学的な実在は存在するのか」――数理哲学者によって発せられる問い――を尋ねることは、数的実体の活きいきした真実性のすばらしさを捕えることにはならない。ギリシャ人は、はこのような事柄およびそこにかっきりと明確に示されている複雑な型に夢中になった。公約数をもたない「非合理」数の場合においてさえ、そうだった。伝承によると、プラトンは形相——かれの理論ではもっとも真である実体——は数（に似る）であると考えていた、という。数の王国は、活気のある領域で、われわれの関心をその真実さのゆえに強くとらえる。

文学の登場人物の中に真実性の程度が高い人びとがいるのと同じように、人間の中にも存在する。ソクラテス、仏陀、モーゼ、ガンジー、イエス——これらの人物はその偉大な真実性のために、われわれの想像力と関心を捕える。この人びとは、活気、集中力、焦点と輪郭と統合性をもち内的な美を放っている。われわれと比べると、かれらの方がいっそう真実である。*

けれども、われわれもまた、ある時、あるやり方において、他の時や他のやり方よりも、いっそう真実になる。人びとがよく口にするように、強い集中と焦点をもって仕事をするとき、技能や才能が効果的に演技や演奏の中にひき入れられたとき、最もリアルな感じがする。つまり最も創造的であるときに、最も真実に感じるのである。それは性交の興奮の間という人もあり、頭脳を回転させて新しいことを学んでいる間という人もある。われわれの全エネルギーが焦点に集中され、関心が一点に釘づけされるとき、われわれがきびきびと十全に機能を働かせ、われわれの（価値ある）力を利用しつくす時、われわれはいっそう真実になる。強烈に焦点を絞ることは、われわれをいっそう明確な焦点の中に連れこむ。

二番目の問い、「あなたは何時、いちばん自分自身であると感じますか」を考えてみよう。（これは、何時あなたは自分らしく感じるかという問い、あるいは、何時あなたはもっとも活きいきと感じるかという問い、とは異なる）。その解は、必ずしも何時最も真実に感じるかのときとはまったく同じでないだろう。人が最も自分自身であると感じるのは、ふだんは意識に目立つほど姿を現わさないで思いがけない情動の中に棲んでいるその人自身の部分、それをもっと慣れ親しんでいる自身といっそう緊密に結びつけて統合することで、その部分と「触れ合う」ときである。もの思いに耽りながらの森の中の散歩、大洋を思い浮かべること、黙想、あるいは友人とのうちとけた会話などの中で、自己自身のより深い部分が意識の中に目覚まされ、その他と統合され、より深々とした自己の沈着さ、もっとどっしりした自己感覚が産みだされる。

それまで孤立していた部分の統合（に気づくこと）が増大することで、人はもっと力強くまたより大きく広がる強い焦点をもって行動することが可能になり、こうして、いっそう真実に感じることができる。

真実性の王国、ある程度以上に真実性をもつことすべて、は存在するすべてのことと同じではない。文学の登場人物は、実在しないけれども真実であり得る。何故なら、存在する事物は、存在するために最少の程度の真実性要請しかもっていないかもしれない。真実性の低い方の限界を存在に位置づけることは妥当に思える。存在しているすべてのものよりも、活気と焦点化の度合が少ないものは何であれ、真実とはみなされない。もっとも、真実性は程度に応じて現われ、また特別に今われわれの関心をひく真実性は、この最低の限界より上にあるが。

この概念に従うと、真実性には多くの相がある。より高度の真実性に貢献できる多様な次元がある。これらの次元のひとつに沿って、より高い位置ないし点数を得ることは（こ

＊かれらの生涯によって、反復される人間の現象に新しい意味が与えられることがある――例えば、イエスが苦しみに与えた意味――それは人間がその現象をかれらの身にひきうけてそれを変容させることによってである。その時以来今にいたるまで、われわれが苦しむときはその時の苦悩が何であったか何を意味したのかを想起させるゆえに、つまりわれわれの苦悩もそのことを連想させるよすがになるために、異なる何かを意味するようになった。同様に、創作はわれわれが出逢うことにさらに深さと意味をつけ加える。誰かに逢ったときこれはドストエフスキーの描く人物の一人だ、と思うことができるのは、今、われわれはこの人をドストエフスキーの、必ずしも十分に安定してはいないが情動の強烈さをそなえている登場人物群という全体の風景を背景にして眺めることができるからである。それはまさに、苦悩を、イエスの生涯という風景を背景にして、見ることができるのと同じである。これらの意味は、われわれの生活の進行の流れに対して、垂鉛を投げ入れ、人生の味わいを深く豊かにする。

れ以外の関連する次元上の位置は常に一定と考える）、より高度の真実性をもつことである。これ以外の諸次元は、焦点の明確さと組織化の活気とによって関連づけられるかもしれない。しかし、それらは単に、それの一例ではない。われわれはすでに、芸術の作品を論じる際に、美について言及した。何かが美しければ美しいほど、それはより大きな真実性をもつ、と。真実性の今ひとつの次元は、私の考えでは、（より大きい）価値である。何かの内在的価値が大きければ大きいほど、それはより大きな真実性をもつ。よりいっそうの深みもまた、より大きな真実性をもたらすのは、よりいっそうの完成やより大きな表現性の場合と同じである。これらの、またその他の諸次元、およびそれらの組合わされた構造の調査は後でしなければならない。

わたしが言いたいのは、あなたはあなたの真実性である、ということ。われわれの同一性は、ただ存在するだけでなく（なおいっそう）真実であるような特徴、様相、活動から成っている。ある特性がより大きな真実性をもてばもつほど、それはわれわれの同一性の中でいっそう重味をますことになる。われわれの真実性は、われわれが追究しそれによって生きる価値、活発さ、強烈さ、また以上のものを具体化する手段となる統合性、からそれぞれ成り立つ。しかし、われわれの諸価値をもってしては、ひとつの価値でさえ、われわれの真実性の全体ではない。一般的に真実性の概念は、価値の他の諸次元を含む。われわれはわれわれの真実性から成り立つと言うとき、わたしの意味することは、自己の実質は自己が何とかして実現しようとする真実性であるということである。不死についてのひとつの見解は、われわれの死後も生きのびるものこそ、たとえどんな真実性をわれわれが現成させるにせよ真実性であるかもしれない、ということである。

われわれは今や、四番目の現実原則を定式化できる。それはいっそう真実であることをよいとする。この原則のもっともよい例となる、ソクラテス、仏陀、モーゼ、イエス、ガンジーのような人びとは、最大でもっとも持続する衝動、(大部分)かれらのより偉大な真実さから生じる影響力をもっていた。もっとも、この第四の現実原則の適用のどれもがこんなに華ばなしくはない。探求、応答、創造の活動に従事することは、もっと真実であることの一方法である。また強烈で積極的な情動をもつこと、親密な絆に結ばれることも、そうである。ここで、われわれが注目しなければならないのは、第二と第四の現実原則との間に起こる葛藤の可能性である。外側の現実から、一部分、切り離されることによって、いっそう真実な自己となり、また、例えばナポレオンであると思い込んでいる幻想の人格が、かれらに開かれている最大の真実性を達成するために、たとえ現実性との接触をこわしてまでも、あるたいへん迫真的な人格のシミュレーションを試みる、ということも可能であろうか。*

ある人びとは他の人びとよりいっそう真実である、あるいはそうなり得ると言うことはエリート主義者として反対されるかもしれない。けれども、この言い方は、ある人が、ある女性自身が以前よりもいっそう真実になれると判断したことの帰結であるはずではないだろうか。もしその女性がそうなるならば、そのとき、その女性は昔かの女がそうであったのと同じような別の誰かよりも、いっそう真実にならないということがあるだろうか。とはいうものの、これは厳密には帰結にならない。ひとりの人のための比較を行なうある知的構造をもつのは可能である――かの女はあれでなくてこの方法でいっそう真実になり得る――人びとの間の真実さの度合いを比較したりなど一切なしに。(個人間《イントラ・パーソナル》の比較をしないで効用の個人間比較をする経済学者のいくつかの理論によって、アナログ構造が提示されている)。この状況が残るかもしれないのは、ひとりの人間が二通りの異なる様式で存在することを含む諸比較を行なうときに、他のすべての因子は、人間にとってはどんな神秘があるやもしれないのにもかかわらず、一定であり、したがって同等であり、したがって相殺し合うということが前提されているためである。けれども、ここでは、人びとの間でということは前提されていない。人は、未知の、まだ明白でない、または比較しようのないやり方で、真実性が異なるかもしれないのである。(この推論でさえ、人びとのそれぞれの真実さには、いく分の差異があることを前提しているようにみえる、もっとも、どんな風にこの違いがあるのか言うことができるか否かにせよ、の話であるが)。それゆえ、真実さの相違は、各人の生活内の指標や目標や標準として働き、個人間的であるかもしれないが、人びとの間には留まらないであろう。わたしの省察のたいていは、この狭義の見解の下に変わらずにいるだろうが、それでも広義の人と人の間の読みも続けることになろう。ソクラテス、仏陀、イエス、ガンジー、アインシュタインのような人物の偉大な真実さを認めそこなうなんてことは不名誉どころの話ではないと感じさせられる。しかも、このより偉大な真実をよくわきまえて尊敬するとき、われわれは、少なくとも、盲目ではないことを自認する悦びをもつことができる。

わたしはすでに、いっそう真実であることをすすめるものとして、第四の現実原則を定式化した。しかし、それは人の真実さを最大に、またはもっと増大することを命じるのではない。十分に真実と考えられる、憧憬のレベルは、われわれ各自が決めねばならない別個の問題である。*

しかし、環境は、われわれがあるレベルの真実さに到達する見込みや用いる経路に影響

---

*エイブラハム・マズローの自己－現実化の原則と違って、第四の現実法則は、ある特定の自己や特定の才能や運命というものがあって、その内部にひそんで現成化されるのを待ち、またこうして自己－現実化とみなされるものを決定する、ということを前提にしていない。

*とにかく、われわれの特定の限界と、人間の一般的本性の限界という二つの限界に気づく必要がある。われわれは完全ではなく、また完全である必要もない。完全主義はまったく余計な欠点である。われわれすべての人間の性向という絶対のレベルも、途方もなく大きい能力をもった異星人には、つまらなく見えないという保証はないのではないか。

れるかもしれない。何にせよもっとも重大なことは外側の社会環境によって影響されるはずがない、と考えられたら気持ちがよいことだろう。しかし、それでは社会的不平等は人びとの前途にもっとも重大なやり方で影響を与えることを否定するという深刻さを過小に評価することになるだろう。こう言っても、階級上の身分や収入や家庭の躾や養育が、変更不可能な限界を課すことを意味しない――苦しみは人に感動を灼きつけ、品位は困難との戦いに際して現われ、また巨万の富は真実になることへの巨大な障害となるかもしれない――けれども、これらは人間の機会に影響を与え、ある人びとの生活を、幼いときからせいぜい前途多難な戦いとするだけだろう。だから、われわれは別の基準に向かうように誘惑されるのかもしれない。つまり、ある人の真実さの度合いではなくて、むしろその人の特定の環境の中で、かれが到達した可能なかぎり最大の真実の度合いを基準とすることである。どんなに上手に境遇に対処したかというこの百分率目盛り《パーセンテイジ》を用いると、誰にでも平等に始められる。けれども、これをもっとも重要な目盛りとするならば、社会階級(制)の代価はどんなに高くなり得るかを否定することになるだろう。(この理由のため、また、他人との関係において、かれらのもつ真実さの度合いにだけ反応すればよい、と言うことは適切でないだろう)。

自己の真実は時とともに変化する以上、その真実の総体をどのように見積るべきかという問いがでてくる。仮に、自己の真実の度合いを各時期ごとに――すでに、全生涯にわたる幸福のグラフを思い描いたように——グラフに表わすことができるとしよう。そのどれがもっとも真実な自己か。どの型がいつも努力と追究の的となるべきか。生涯の真実のグラフ上のどこかで最高の抛物線《ほうぶつ》をもつ型がそれなのだろうか、たとえもし、その最高度が束の間しか続かないにしても。それとも、成人の人生を通じて、その抛物線の内側の領域として計測することができる真実の最大総量をもつ型だろうか。(それとも、一生の長さの違いに着目すると、それは真実の最大平均値をもつ型だろうか)。それとも、総得点はマイナスになるとしても、上向きの真実曲線《リアリティ・カーブ》を求めるべきだろうか。

時間の中の自己の真実は、わたしが思うには、それがもっとも恒常的に維持し続けることができる最大量の真実のかたまりである。これは、もっと厳密な公式にすることができる。われわれが想像する時間上の自己の真実についてのグラフ上に、(X軸つまり時間軸に平行に)一本の水平線を引き、全体の中でその水平線の下の領域を考察し、その線がまた下限となる場が真実曲線である(またはそれと同一である)と考えよう。すると高さの異なる多くの水平線を引くことができる。では、与えられた曲線で、その曲線の下側の中で最大面積となるような高さを通る水平線Aを考えよう。(図1では、この面積は斜線部である)。この最大面積を曲線の基本量と呼ぶことにしよう。この基本量はわれわれの選択の基準を形づくる。二つの異なった人生(または時間上の二つの異なった自己)のつくる二本の真実曲線について、最大の基本量をもつ曲線が最大の総体真実をもつものと規定しよう。(二つの曲線の基本量が等しいとき、そしてそのときだけ、その二曲線の第二番目の量を求めることができる。その決定は二番目の水平線――それは最初の水平線より上に来なければならない――そして、この線と真実曲線との両方の内側に基本量のもつ面積と重なるすべてを除外してから最大面積をつくる。この手続きをくり返すことの極限――第三番の量、等々――は曲線の内側の全面積である)。自己の真実は、それが最も恒常的に維持し続ける最大の真実のかたまりである。

この基本‐量という基準は(他の候補たちと比較すると)魅力的である。けれども、われわれの未来の総体真実をめぐるいくつもの問いは、われわれが選択する間に、表立っては起こらない。たぶんその理由は、選択肢から特定のひとつを選択するということ自体が、いろいろに異なる未来の真実の輪郭を含むので、現在の真実の度合いに影響を与えるからであろう。なおまた、ある特定の時点での誰かの真実の度合いを考えるときは、その人の過去と未来のもつ目立つ延長にもまた考慮を払わねばならない。もしそうしなければ、首尾一貫性を欠く危険がある。

*

ことのついでに、われわれは今、人びとがお偉方の前に出るとよくあがってしまうのは何故か、を理解しておく方がよいかもしれない。雑誌、テレビ、映画は、たくさんの顔をわれわれの目の前に並べる。こういう顔は、われわれにはいっそうリアルに活きいきと見えるのだろうか。つまり、衆人環視という光の焦点はかれらの真実さをいっそう高めるの

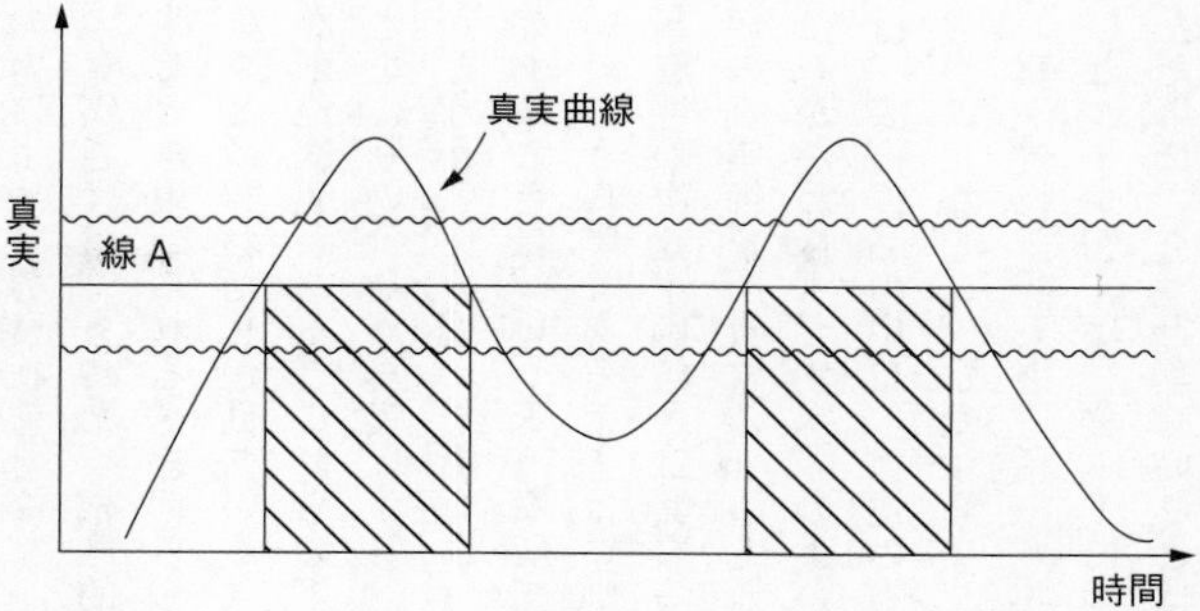

図1　時間上の自己の真実性《リアリティ》。斜線部はカーブの基本量――自己が常に維持できる真実性の最大のかたまり。

だろうか。大衆を夢中にさせることは、単にひとりの有名人の近くにいるということだけでなく、ひとりによって注目されている、ひとりの男、ひとりの女の視界にはいってくるということなのである。それは、まるで、有名人たちはあまりに多くの公衆の注目の主題であるために、かれらがわれわれを認識するときは、その注視はすべて一瞬、われわれに向けられ、われわれに向かって反射される。たとえ束の間にせよ、われわれも、かれらが受けとめた公衆の注目の中に浸り、われわれ自身の真実が高められたと感じるのである。一般大衆は、高められた真実さを渇望するあまり、たとえ、ほんとに虚しい一瞥を与えられたときでさえ、「王様は裸だ」と言うことはない。しかし何故、大衆は、衣服の中に王様はいない、と叫び出さないのか。それとも、大衆がむさぼり求めることとは、まさに実質を欠いた真実さ、大衆自らの注視の力によって興奮状態となり、真実を無からか創造することなのだろうか。

「真実さ」は、もっとも根底的な評価のカテゴリーなのか。それとも、それを理解し評価するとき用いられるべき、さらに根底的な別なものがあるのか。もっとも基礎的なカテゴリーとは、わたしが見ているように、真実のカテゴリーである。このカテゴリーには多様な下位次元がある。これらの下位次元では（他のすべてが等しければ）より高い位置が何かをよりいっそう真実にする。では、いっそう真実であることはいっそう価値のあることかどうかという問いを考えよう。真実性の構成諸次元のひとつとして、よりいっそう価値のあることは、いっそう真実であるひとつの道である。しかし、この結論は、何かがよりいっそう真実であるときはいつでも、いっそう価値があるということにはならない。別の真実性の次元、価値とは異なる次元上のその高い位置のために、それは、それの高い度合いの真実性を所有するかもしれない。価値はひとつの特定の次元であって、大きな包括性にもかかわらず、すべてのよいことを取りこむとはかぎらない。価値だけを追求することは、芸術作品の中に、言述の力強さ、透察の深み、驚き、エネルギー、機知などに関心をもつことなしに、ひたすら美だけを追い求めることに似る。*

真実性は、美しさ、活気、焦点、統合を包み込む一般的概念である。これらからどれかひとつ――例えば、美――について、それからより大きい真実性が生じる、ということは、ただ単に、もっと美しいことはもっと美しいことをもたらす、と繰り返して言うことではない。美しさをひとつの構成要素として包含する真実性という概念があり、ここでは、美しさをもっと真実になるひとつの方途としてみることは、美を、他の構成要素とともに、互いに照らし合うというこの一般概念の中に位置づけることになる。しかし何故、これら

*基本量というこの魅力的な基準は、たぶん、自己の真実という文脈中ではそれほど必要でないかもしれないが、類似の構造を露呈している他の話題にもまた、役立つように適用することができる。例えば、アリストテレスは、われわれの望ましい能力の全部を、よく釣合いのとれた何かの方法で開発させるべきか、それとも、そうしないで、われわれの最高の能力を最大限に開発させることに集中すべきか、と尋ねている。仮に、それぞれの開発された能力がある外的な価値尺度によって測定可能であると考えるならば、ひとつの解は、どの方向に向かっても、われわれの全能力の基本量が最大化されるように開発されるべきだ、ということになるかもしれない。これが、釣合いのとれた開発であるのか、それとも、ひとつの能力への最大の集中であるのか、はそれぞれ特定の個人をめぐる諸事実とその諸能力にかかっている。

*真実性はあまりにも包括的なカテゴリーであり、あまりにも多くの他のものを下位次元《サブディメンション》として取りこんでいるので、それを理解するのにもっと一般的などんなカテゴリーを用いることができるかは、判然としない。しかし

「何故、われわれは真実性を気にしなければならないのか」と問うことも許されるかもしれない。しかし何かを気にかけること、探し求めること、それを実現しようと努めることは、どれもそれ自体、活気、強烈さ、焦点が強められる状態——つまり、真実性の増加した状態——である。もしも真実性が重要でないのならば、何故、わざわざ、何を心すべきか、と問うことがあろうか。(この唐突な問いは、全然、適切な答えにならないので、この話題は、もっと後になって戻ることにする)。

の多様な諸次元すべては、ひとつのものごとの諸相であって単純にばらばらに在るのではないと考えるのか。それらを次元として一まとめにしてひとつのもっと広い概念の下におき、それを真実性と名づけることは気まぐれではないのか。もっとも、これら諸次元はひとつの関係づけられていないリストをつくっているわけではないが。これから分かるように、それらは、お互いに一種族の中に結びつけられている交差接続的な混み入ったひとつの構造の中に、ひとつのより広い概念の示す諸次元の諸相として、絡み合っている。

とはいえ、われわれは本当に、真実性と現実性とを区別することができるだろうか。真実な何かが存在し、それが現実であるとき、それは正確には真実であるとは言えないのではないだろうか。にもかかわらず、こう反対したくなる誘惑にもかかわらず、真実性はたしかに、度合いという用語で語られることができる。つまり、ある事物は他のもの（これもまた存在する）よりももっと存在するということはないし、もっと現実的であることもないのに、ある事物が他のものより真実であることは可能なのである。誰かを「真の友」と言うとき、べつに偽《にせ》の友と対照させているわけではない。何故ならその中間に真の友ほどではない場合が多くあるからである。われわれはまた、誰かを、真の野球選手、真の詩人、真実の人だと言うが、どの場合も、真〔実〕《リアル》という用語は、いろいろな度合いを比較し認定する等級分けの概念として用いられている。

プラトンの形相理論は真実性のさまざまに異なる程度を特殊化した。形相は、その中で範例化され分与されている個別に存在する事物よりもいっそう真実であった。プラトンの理論には、真実性のそれぞれ離存する領域が含まれていて——よく言われるように、形相は「プラトンの天国」の中に存在した。われわれがここまで導かれる見解には、ものごとがどれほど真実であるかに応じて異なっているかもしれないただひとつの領域が含まれている。宗教上の見方もまた、ときには、神はわれわれよりもなお「いっそう真実」であると語り、また神秘家たちも、かれらの経験——その対象がいっそう真実であると共に経験自体もまた——日常の経験よりもいっそう真実であると述べている、神秘家がその経験にそれほどまでの信をおき、また非常に価値があると主張するひとつの理由は、それが非常に真実である（ようにみえる）からである。ここで、わたしの言うことの要点は、これら特定の主張のどれかを保証することというよりも、むしろ、真実性（の概念）はこのような具合に、度合いまたはレヴェルが区別されるような構造をもつことに加担していることに注目することである。それは事物を、比較して評価するために、等級づけ、階層づけるのに用いられていると安心して言うことができる。

たとえもし、この真実性の概念がまだ十分に精密な概念でなくても、これで辛抱して、そうやすやすと捨てないことにしよう。思想史には、ある概念が明晰にとぎすまされるために、あるいは、数学の極限や証明などのような疑う余地のない重要性と豊かな成果をもつ概念からその矛盾をとり除くために数世紀もかかったという例が多くある。この真実性の概念が、事実／価値の溝、または記述的／規範的の溝に両足を広げてまたがるようにみえるのは、かっこうがよくないと思われるかもしれない。けれども、この二肢をかける姿勢は一種の強味なのである。何故なら、もしも両側にしっかりと足をかけるというある基本的概念、初めから終わりまで溝があるわけではないことを示す概念、溝のレヴェルの下方で生きて機能する概念、を用いないならば、いったいどのようにして、これらの溝を乗り越えることが希望できるのだろうか。そして、真実性の概念は、たしかに基礎である。事実の側からはこの上もなく基本的にみえる——そして真実性と現実性を同一化したくなる誘惑も、ここから生じる——けれども、それはまた、評価し等級づける役割ももつ。いっそう真実であることは、何となく、すぐれているから。それゆえ、この真実性の概念は、さもなければ手に負えない事実／価値問題をいく分でも前進させる希望を与えてくれる。したがって、この概念をあまり急いで捨てたり、早まって厳密にし過ぎて溝の一方の側だけにいるようにすることは、愚かな仕業となるだろう。

とはいえ、より大きな真実性を望まれ追究されるべきひとつの終点として扱うことに、わたしは心配するようになってきた。というのは、いったい何が、真実性は何か積極的なことであるということを保証してくれるのだろうか。積極性は単に、真実性に付加された次元、他の中のひとつの相に過ぎないのか。そのために通常の真実性の増加は、積極性への転回を含むが、必ずしもいつでもとは限らないのか。イアゴーは真実でなかったのか。

ヒトラーはそうでなかったのか。それなら、どのようにして、わたしは暗黒の道を除外できるだろうか。

われわれ自身のめいめいの事例では、少なくとも、われわれは単に自身の真実性の量の増加を願うだけでなく、真実性がある方向に伸展し、より高くまたはより深くなることも求める。(高さと深さは反対の極ではない。深さの反対は浅薄さ、高さの反対は低俗さである)。われわれ自身の真実性がいっそう高く深くなること、または少なくとも、より大きい真実性が高さや深さを少しも失うことなくやってくることをわれわれは求める。

理想とは何かより高いものの像《イメージ》であり、理想をいだき、それを追究することはまた、われわれの心を高く挙げる。われわれは理想——少なくともいくつかの理想——をもちたいと思い、単に欲望と目標だけを求めはしない。何かより高いものを心に描きそれを探し求めたいと思う。理想が高みに達するのと同様に、何かが深みにとどき、われわれをその方向に動かすものの像となるだろうか。理解こそ、それである。何かを真に理解することとは、それをその深みにおいて知ることである。理解することはまた、われわれを深める。情動もまた、何か深いものと結びつき、われわれの深層から湧き出るとき、われわれを深める。われわれの真実性が高さと深さの方向に成長するのを求めることは、われわれの生活が理想、理解、情動によってしるしづけられ、それらによって統治され、またそれらを追求するのを欲することである。

この高さと深さという話は、単に誤解を招くように挿入された空間の暗喩であり、その特別な評価にかかわる共鳴音は何か他の状況からの転移なのだろうか。* ヒマラヤ山脈はたいへん爽快であり、その山々を見ることは（たとえ絵の中でも）――よく言うように――われわれの心を高めるが、それは単に何か幼時の状況からの推定である、あるいは同じ理由で、ある音楽の調べは他のものよりも高い、と称することは、わたしの考えでは、本当らしくない。高さと深さは、評価の可能性をもつ独立した次元である。（これら二つの概念を十分に説明すれば、何故、深いまたは深遠な理解、霊の高み、高い理想などとわれわれが言うのかの説明になるだろう）。人びとが賞賛してきた真に偉大なことには、かなりな程度の高さと深さが含まれている。例えば、瞑想中の忘我、宗教的経験、崇高な音楽、圧倒的な愛。われわれがもっとも求めることはこれ、即ち、われわれの最深層部がありとあらゆる最高の事物と結びつくことだろうか。

高さと深さに向かって導かれることは、悪い方向へ真実性が増加するのを排除するだろう、ということは信じられる。誰かが深く悪い、つまり徹底して悪いということは在り得るが、悪であることはその人の深さを増しはしない。しかしながら、何故、高さと深さ、それ自体が、われわれのより大きい真実性への方向を指示するのに十分なだけ重要なのか。何がそれらの方向を支持するのか。それらの極限には何が住んでいるのか。これらの問いには後で答えることにしたい。

＊バリ・シュウォルツは（Barry Schwartz, *Vertical Classification* [Chicago: University of Chicago Press, 1981] の中で）すべての文化において、「より上の《アッパー》」と「より高い《ハイヤー》」は、より良く、より強力な人びと——上流階級、臣下より高い座についている王、部下よりも高い階に部屋をもつ会社社長、その他——に適用されるが、その理由は、どんな子どもでも教えられるとき、助けてもらうときに文字通り大人を見上げることに始まり、また乳幼児の強化はしばしば高く抱き上げられることと結びついているからである、と考えている。

13 自己をなくすこと

発達の過程は、自己をいっそう真実にまた完全にすることができる。親密な絆は、自己の限界と位相を変える、そして——後で見るように——照明〔さとり〕は、自己の本性および真実性とのかかわりを、根本から変貌させるものとして眺められる。けれども、仏教の見方からすると、自己は全く存在しない！　この「非自己の教説」のために、仏教徒は議論およびきびしく鍛えられた黙想中の観察からの支援を例証として提出している。かれらの議論には、自己を不変の部分、霊魂‐球体としてみる見解に反対するある力がある。しかし、自己を、前進し、変化し、心理上の特徴、計画、体つき等を進化として統一するものとみる見解には反対してはいない。こういう自己の同一性は、前進する全体のレヴェルごとに維持され、決して変化しないある部分によって保持されるのではないからである。(拙著 *Philosophical Explanations* の第一章で、わたしは、この種の理論、最近接‐連続者理論を提示している)。たとえもしも最初に、霊魂‐球体のようなものが存在していたとしても、ものごとが加えられ変えられるにつれて、それは、ただ他の断片の中の自己の一片に過ぎなくなっているかもしれない。またただそれのみが変わらないというだけで卓越した地位を占有し続けることもないかもしれない。たとえもし一粒の真珠がそのまわりに形成されるときの核となる一粒の砂について、その分子は絶対に恒常である唯一の部分であるにせよ、この砂の核が真珠の連続する同一体の中の最重要部となることはないであろう。

それにしても、次の二つに注目することはのびやかな洞察を得ることになるだろう。自己の組織化は、ブリキのおもちゃのように、全部の断片がじかにひとつの中心部に接着される必要はないということ――たとえもし初期の(自己の)部分がこういう関係で始められたにしても――。また、いかなるひとつの断片も不変のままに留まる必要もないということ。

当今の都市の構成をもっともあきらかに眺めるには、各部をその都市が発生した起点、今ではほとんど重要でなくなっているかもしれない場所、と関係づけて見る必要はない。現在の相互関係の方が、もっと顕著であり、またもしかすると今の地理上の中心地と中心点は、昔のとは違っているかもしれないからである。このことと対応して、人間の心理は、各特徴をじかにひとつの中心的特性に結びつけながら組織だてられる必要はない。だから人間は、どこからどこまで皆まじめでなくても、またはちょっとだけ、枠からはみ出していても、まじめであり得る。総体の各レヴェル上で自己を組織だてる可能性があるという、この広やかな見解は、けれども、自己の存在を否定することと同じではない。

非‐自己観を支持する観察は、仏教徒の瞑想の修行の中に根ざしている。けれども、この実践はまた教説それ自体によって手引きされてもいる――この修行の一部は種々の教説の断片について瞑想することから成り立つ――したがって、観察されたものの報告は、それら自体、ある程度、すでに信奉されている理論の産物であり、それゆえ、いく分か汚染されている。こういうことはこれらの観察が理論をある程度支持することの妨げとはならない。何故なら、いくら理論というサーチライトで照らしてみても、その理論に適合するデータを見つけることに自動的に成功する保証は何もないからである。それゆえ、何かそういう発見があれば、皆それぞれ、いく分かの支えとなる。

さらに的を射ているのは、人は、たとえ注意深く訓練された観察の方法によっても、事物はそれらが観察された通りに存在するということを単純に推定することはできないということである。この推定自体が、理論の一部であって観察の一部ではない。例えば、仏教の黙想の修行に従う人びとは、外界を観察しているときに、ゆらゆらする明滅と間隙――万物は非連続的に存在する――を報告する。この観察の説明は何か。おそらく、事物または時間の本性のために、事物は非連続であり、またそのため、われわれが考えるほど真実でなく、もし事物が連続的であるならばそうであるかもしれないように真実ではないということであろうか。けれど、もうひとつのいっそうもっともらしい説明は、われわれのもつ知覚と内省という道具はただ注目できる相違だけに関係して非連続なものを際立たせるけれども、実際のところ、事物は連続的だ、ということである。

一コマずつ写されている一本の映画のフィルムの例を比較してみよう。被写体、フィルムの主題は連続的に存在する（と推定しておこう）。それはフィルム上に、非連続に、区切られた枠内に再現されている。しかし、われわれの通常の知覚様式は、フィルムが、投射されるとき、連続的運動や存在が描写されているものとみる。われわれの知覚の鋭敏さは、コマとコマとの間の切れ目を察知するほど鋭くはない。とはいえ、仮に、誰かがコマの間の切れ目に注意できるくらい自らを訓練したとする。かれが、これを根拠にして、撮影された対象物はただ断続的にのみ存在するとか真実在はじつは灰色で、かれが努力して何とかスクリーン上に観察できた「コマ‐間」の投射物のようであるとか結論を下すとすれば、誤りを冒すことにはなるだろう。映画製作者は、非連続体を連続体として経験するわれわれの心理現象に気づいて、連続する外界の事物をフィルム上に非連続的で切れ目のあるやり方で再現することができ、このフィルムをわれわれが観るとき、すべては連続しているという経験を感じることを確信できる。もしも何かもっと高価な撮影の手続きがあってそれによって対象がとにかく連続的に再現されるようなことがあるとしても、それが観客の経験や信念に違いをまったく与えないのならば、映画製作者がこの過程を用いても効果をあげることにはならないだろう。*

同様に、進化の過程もまた、そのように効果的だったと仮定することもできよう。進化の過程はわれわれに、外界の対象を再現するある非連続的心理機制とならんで、限られたレヴェルの知覚の鋭敏さを与えた。これら二つが相互に嚙み合い連結しながら、われわれに事実たしかに連続的に存在する外界の事物を連続的に経験させてくれる。その過程の中間の非連続的局面は、気づかれずに進行する。ところで、これらの非連続を心が再現するときにはっきり知覚できるように自己を訓練できるならば、みごとな仕業といえるだろう――たぶん仏教徒の瞑想修行はこのやり方で知覚の鋭敏さを磨き澄ますのだろう――。しかし、ここから、外界の事物は本当は非連続であるとか、事物の外観よりももっと真実ではないとか、推論するならば、その根拠は保証されないだろう。

外界の非実体性は、自己の非実体性という仏教の教説と同類であり、また、後者が報告する観察は、われわれがすでに議論してきたことに比べるとまだ未発達であるけれども、それらもまた似たような厳しさに拘束されているようにみえる。瞑想の修行は、その主張にもかかわらず、自己は非実在であることを、いまだに示したり発見したりしていない。とはいうものの、このような規律正しい修行は自己についてのある認識、または自己の構造の取扱いをよりいっそう統御する方向にわれわれを連れていってくれるかもしれない。

理論上、自己をもつことは最終的には現実原則と緊張関係にはいったり、人間の真実性をある点までは引上げるが、その点を超えるとよりいっそうの真実性を獲得したりそれと結合されたりすることに対する邪魔になるかもしれない。けれども、もしも自己というものが、組織化に可能な種々の方式《モード》の中のひとつに過ぎないのなら、なにか他の構造的組織体の方式がより深層の真実性と結合するのを容易にすることができないものかどうか調べてみることができる。（ちょっとの間、次の問いを考えてみよう、「誰が真実とより深く結合されねばならないのか、またそれは自己でなければならないのか」）。インドの伝統に根ざすひとつの教説は、（限界を定められた）自己であることはもっとも真実な道ではなく、また必要な道でもない、と述べる。わたしはこの教説を、わたしなりの言葉を使って再構築しながら、調べてみたいと思う。

もっと仔細に、自己の組織体と特定の機能を見てみよう。（そのためには、自己の本性とその基礎となる構造についてのかなりの量の抽象的理論化が必要とされるので、この後の十あまりの段落を飛ばし読みしてもかまわない）。自己を構築し組織立てるのは反省的な自己‐意識である。自己‐意識は、それがそれ自身をそれ自身として知るときに反省的となり、それがたまたまそれ自身であるのは何かについて考えるときだけではない。健忘症の人は誰かが壁のペンキ塗りをしたことを知っていても、その誰かが自分自身であることは知らないかもしれない。オイディプス王がテーバイの都に災害をもたらした人物を探

＊他の人びとはすでに、映画の類比を別の形で用いている。その目的は、真実在はスクリーン上にうつるものと類似していて、われわれには連続的に見えても、切れ目をもっていることがあり得るかどうかと問うことによって、仏教の教説を説明し、またそれを適切なものとするためである。

し求めたとき、王がまさにその人物であるとは分かっていなかった。かれはかれ自身をかれ自身として探し求めてはいなかった。反省的自己-意識は、誰かが「わたしが」または「わたしを」「わたし自身」について考えるときに有しているもので、ただ、ある一般的な記述にあてはまる誰か（についてもしかすると誤解しているかもしれない）について有する意識の一種ではない。

では、多くの意識の小片、つまり経験、思考、その他——離存するかけらから始めよう。これらの意識の小片のあるものは、他の小片についてであり——例えば、ある小片は人生の早い時期に意識した出来事の記憶かもしれない。けれども、こういう自覚の破片のひとつは非常に特殊である。この小片は他の経験や思考の断片の多くについての自覚であるが、それに加えて、それ自身の自覚、反省的な自己-自覚である。自己は存在するまたはあの特別な自覚として始まる、すなわち他の意識の内容を自覚すること、さらにまた反省的にそれ自身がこれらの他の意識内容とまたそれ自身を自覚しているものとして自覚することとして、という仮説をたててみよう。それはそれ自身を他の事物への自覚として、またそれ自身への覚醒として知る。この特定の意識の断片、この「自己」は、さまざまな経験や、意識の小片をグループにまとめる。これらは、それが——それ自身も含めて——自覚しているものたちである。また、それが自覚していない他の意識の破片もあるかもしれないが、これらは今のグループには含まれない。これまでのところで、自己が言う資格のあるすべてのこととは、「わたしが知り、自覚している部分は、意識、経験、思考、感情、その他の断片に、この非常に自己‐反省的な断片を含めたものである」。とにかく、この一歩は、これらの意識の断片を自覚していることから、それらをもつことまたは所有することへと進むことで得られた。したがって、自己は、専有と獲得の営みのうちに誕生する。ではどのように、自己はこのことを行なうのだろうか。また、それが他の意識の小片よりもずっと多くの所有権を主張するとき、この主張は合法だろうか。

グルーピング原理のひとつとしては自分に再帰する自己意識という小片は他から切り離されている。他の意識の小片もやはり他のものについて知り、したがってそれらをグループにまとめるかもしれないが、この再帰的な小片は、他のものと同時にそれ自身をひとつのグループとしてまとめる点で特別なのである（つまりそれは自分自身について自分自身として知っているのである）。さまざまな他の意識の小片がこの再帰的な自己意識の領内にはいってきて気づかれると、この自己意識はそれらを自らが気づいているものごとの一覧表の上にただ順序もかまわず載せてゆくのではなく、もっと複雑な仕方でまとめ上げる。つまりそれらを相互に関連づけ統合するが、それは再帰的な自己意識が、それらの中のどれが他のどれに従属し、どのように下位グループを形づくるか、などに気づいているからである。そうしなければ無秩序なままの経験の小片に対してまたそのために、これがさらに構造化をすすめながら、新しく相互に関連づけられたひとつの統一体を創造する（またはそれに気づくようになる)。(ただ経験の各小片を知ることによる統一体を超えて、この構造化はさらにその先——カントが統覚と形式的統一体と呼んだもの——にすすむ)。非対称的な知り方——再帰的な意識の小片は他の全部について知っているのに他の多くの小片はこれについて知らない——の現象学または特性をめぐる何かが存在するのかもしれない。そしてそのため再帰的小片の方は、他と違う優越した順序、それがただ単にその他の小片について知っているばかりでなくそれらを組織して複雑にからみ合う統一体にまとめ上げるということによって強められる何ものかであると感じるのかもしれない。自己とその組織化についての話は、身体とその各部への意識の内容にとどまらずさらにその先へと続けて語ることはできるが、それはさしあたりわれわれの目的には必要ではない。*

もっとも、自己を他のすべての経験をもつ実体とするために、これだけで、所有を定めるのに十分だろうか。再帰的意識の小片である自己が、他の経験の小片を自覚すること、またそれらを所有し自らのものと認知するための相互関係から一歩ふみ出すとき、どんな新しい因子が導入されるのだろうか。おそらくは、他の経験にまさる優越性や力が主張されるだろう。しかし、自己がすでにとらわれの段階でかかわっている自覚や統合の諸活動を超えてより高くまたより遠く、いったいこれはどこまで現実に到達するのだろうか。

自己は、それが「持つ」諸経験、つまりその内容に対してある非対称の関係に参加するばかりでなく、その関係性にユニークな仕方で参加する。他の何ものもまたそうはしない。

それらの特定の内容に対してもしない。自己はただその経験を所有するばかりでなく、唯一のその認知者である。唯一の認知者であることは、単にどのようにして再帰的自己-意識が諸経験に気づくことによりグループにまとめるかということの帰結ではない。それらのグルーピングは重なり合うかもしれない。あなたはある考えをもつかもしれないが、わたしもまたその考えをもつかもしれない。あなたはある痛みに気づくかもしれないが、わたしもまたその痛みに気づくかもしれない。あなたにある痛みがあるかもしれないが、わたしにもまたその痛みがあるかもしれない。この最後に対して、反対したがる人は「まったく同じ痛みではない。たぶんごく類似の痛みだが、もしわれわれが痛みをかぞえあげていくと、それらの中にはただひとつだけで二つはない、という意味でなら、まったく同一の痛みではない。だからわれわれ二人がそれをもつのだ」と言う。けれども、哲学者が数的同一と呼ぶもの——そこには唯一のものしかない——と質的に同一であることとの間に

＊ここまでの各段落は自己が構築されてゆくひとつの過程を記述している。もっと極端な見方では、自己はこの過程中でおそらく不完全なゲシュタルトを完成するという路線に沿って生成された幻像とみなされる。ちょうど、わずかな切れ目のある円が、閉鎖を補給する視覚系によって完全な円としてみられるように、自己は、実際には、何によってでも「持」たれていない経験上の切れ目からなる閉鎖状態であるのかもしれない。明らかに、直接的恒常的な自覚の対象としての自己は、これらの環境のもとでは、まったく存在しないであろう。単に、ひとつの付加的な経験の断行、ひとつの閉鎖を幻想すること、が生起するだけだろう。

あるこの相違は、所有が経験にまさるとの主張を容易にするために導入されている。それは個別の自己を確立できるようにとの欲望から生じた。経験は個別になるために部分化され、その結果、個別で重なり合うことのないグループにまとめられる。

自分でない人が感じていることを、わたしはどうして知るのだろうか。ときには、強く、それはわたし自身だ、と感じることがある。しかしときには、わたしの感情を頒ち与えることがある。「きみはひとりで同じ感情を分けもつことはできない。人のを直接気づくことができないからだ。きみの感情はきみのもの、かれの感情はかれのものだ!」。こう言われるように、全体的であるべき心と心の分離をつくりだし、そしてまた哲学上の「他者の心の問題」をつくりだしているのは「所属」と「所有」という概念なのである。*

自己とは再帰性と専有の上に築かれている以上これらが自己の外側の活動から、しばしば不幸なかたちで、あふれ出しても、驚くべきことではない。自己の再帰的エネルギーは、働かせられることに快楽を見出す。自己はそれ自身について、他人がそれについて考えることについて、それが他人に与える影響について、他人がそれについて言うかもしれないことについて、それ自身を他人にどのように表わすかについて、考える。多くの時間、たぶんたいていの時間、自己は、自己とのおしゃべりにふけっている——その中毒症にかかっていると言ってもいいかもしれない。自己は外側のものごとやときには人びとを独り占めにし、ある場合には、それを手に入れることに、とめどなく熱中する。所有の中心にある排他性は、自己を導いてその外側の物品にせよ内側の感情にせよ、他と頒ち合うようにしは決してしない。これらすべてのあふれ出たものは厳密には必要でなくまた、自己という特定の形成物の起源を考えると驚くべきことでもない。これらはただまず第一に自己を産み出したまさに過程そのものを拡大する。もっと単純な、自己の最初の小片である再帰的自己‐知覚を構成し基礎となる過程でさえも、ただこの点を強化するだけである。何故ならひとつのそのような過程にはそれ自身を指示する再帰的自己‐知覚の力が含まれていて、それはまさに指示という行為において、それが創造しそれ自身に与える――それが刷り込む――特徴をもっているせいなのである。* 今までのところわれわれは自己が生まれる過程の用語によって、何故自己は自己に興味を向けときには利己的にさえなるのかを説明する方向にいく分か進んできた。もしまたわれわれが、自己の快楽への執着、つまり「何故、このように築かれた自己が快楽原則に執心しがちなのか」にも説明を与えることができる

＊もしかすると女性の自分自身についての考え、その自己の構築は、経験を排他的に区切ったり所有したりする概念とは、あまりかたく結ばれていないのかもしれない。また男性の間に見受けられる外部のものごとを獲得し独占し支配力をふるう方向への関心が女性よりも大きいことの一部は、男性の自己‐形成の様式の根底にあるもっぱら独占する経験というあの特定の――たしかに賞められることではない――概念によって説明されるべきかもしれない。

＊拙著 *Philosophical Explanations*, pp. 90–94 参照。

ならば、理論的にも満足のゆく結果となるだろう。そしてまた、「何故、自己はただ単に欲望をもつばかりでなく、(東洋の諸理論の言語を用いるなら) 執念をもつのか」の問いにも。こういう問題をわたしは、まだ十分に明晰にみていない。

自己には特定の性格――空間のというよりむしろ――実体のもつ性格がある。さらに、それは、ひとつの特定の部分化され専有化された構造をそなえた実体である。もしも自己がわれわれではなく、むしろわれわれがそれを通して世界を経験する特定の構造体であり、われわれの経験の世界を構造化し、われわれに、ある点で自己中心的・自己焦点的である外界を経験させるカントのいう眼鏡であるとすれば、そのときわれわれはいったいこの構造を現状のままに保持すべきか否か、問うことができる。

東洋の理論の中には自己を次の三点で非難するものがある。第一、自己はわれわれが最深の真実性を経験し、また一般の事物をあるがままに経験することに邪魔立てをする。第二、自己はわれわれを不幸にし、もしくは最高の幸福を経験する邪魔になる。第三、自己はわれわれの完全な真実ではないのに、あやまって、そう信じられている。

それなら、こういう東洋の考え方が端的に薦めることは、自己を終焉させることである。これは(人生を終わらせるには到らなくても) 特別に達成するのが困難なことであり、またこの困難さは自己の悪だくみのせいにされる。つまり、われわれは自己に執着し――自己がその執着をすすめ――それを手放したがらない。しかし、この自己の粘り強さ、自己の尊敬に値する部分については、少なくとも二つの他の説明がある。自己は最適の総体ではないかもしれないが、とにかく立派な構造体――経済学者のいわゆる局地的《ローカル》で全体的《グローバル》でない最上条件――かもしれない。では、よく用いられる類比《アナロジー》をみていただきたい。ある人が、今、近くの山よりは低いある小山の頂上の最高地点に辿りつこうと努力していると想像してみる。この人は局地的最上条件に位置して、そこからわずかでも動くなら、墜落してしまう。だがこの人は全体的最上条件には位置していない。もっと高度の高い方に可能性がある。最初の低い方の小山のまさに頂上近くに辿りついた誰かでさえも、推論上では、頂上めざして登り続けることができるかもしれない。このようにして、この人は最初に谷底深く降りてからその向こうの非常に高い地点への長旅を試みるよりも、もっと状況を改善できるかもしれない。局地的最上条件にはある種の安定性がある。第二に、たとえもしも自己が次善の総体であるとしても、いくつかの限局された機能、われわれが手放したがらない諸機能のために、もっとも良く、もっとも効率のよい構造であるかもしれない。したがって、自己を消滅させることは、いちじるしく不利になるであろう。

自己には、それにふさわしい必要な機能がたしかにある。自己は中心的モニター、情報が通過し、吟味され、比較され、評価されるじょうご形の筒、そしてそこから、決定を意識的に次々とくだすことのできる管としての働きをする。自己は情報スパイとして、知るもの、注目するもの、探求者として機能する。つまり、自己は、知覚、動機、信念を吟味し、その不一致に注目し、それらの構造を再組織化し、反応に注目し、などの役目をする。もっとも、この情報収集は絶えず生じる必要はない。自己は、遍在する秘密警察ではない。自己である形成物は必要とされるときに使用されることができる。常にはきわめて軽いモニターに従事して、何か要注意の事態が発生するか否かに注目しているが、時折は、特殊な任務や目的のためにその働きを強化する。(これを自己の「夜警員」理論として語ってもよいかもしれない)。自己はまた、その明晰な言語的理解を他の理解方式と結び統合し、またその結果を内側の利用可能な半自動部分に伝送する。完全な中央からの計画が経済にふさわしくなく効率もよくないのと同様に、個人にとっても、こういうことはよくない。

自己の合法的で限局された機能、それらが純粋に役立つときだけ注文され有用とされるような働きのすべてをリストにすることは、理論上の目的には役立つかもしれないが、それができても必要ではない。自己は、これらが使役されるための自己自らに固有の機能についての全部を知る必要はない。何故なら、そういう特殊な機能がもっとも要請されるとき、われわれ自らの無意識つまり、暗黙の理解にいくらかの信を置くことができるからである。たぶん、自己はその広大な貯水池のような無意識の過程ないし一般的な内容について、それらのあるもの、自己が無意識の中に追放してしまった抑圧された思考や感情の本性のために、不信を抱くようになるかもしれない。無意識とは、つまりはある場、自己がそれらを送ることができると知っているが、その特殊化された内容をその後は知ろうと思わない唯一の場所である。このように抑圧された内容はフロイトが略述した方法で働き続けるかもしれないが、そればかりでなく、意識をもつ心は当然ながら、無意識の中の全部を信じなくなるかもしれない——結局、それがある恐ろしいことをそこに入れてしまったのだから。また、自己は、それらから遁れるためにそこに追放したものたちだけを信じないでいるだけでよいのに、無意識のどの部分が使用されているのか完全に制御することができないために、無意識の全部に自己は実際に、不信感を抱くようになり、それゆえすべてはそれ自らの意識による吟味と監視装置を通過しなければならないと主張するかもしれない。

注意という現象のために「焦点」について瞑想したとき、われわれが定式化したズームレンズ理論は、自己にもまた適用できる。自己構造もまたわれわれの制御下に置かれ、必要で適当な状況に応じてそれのさまざまな様式で、貯水池の一部を呼び出し操作するために利用されることができる。たぶん、黙想の各種の技法は、自己の予定を決め、その最上の活動をめざして進ませると共に、休息も許す——たしかに自己の稼ぎはいく分かの休暇をかちとってきた——助けになるかもしれない。自己に休息がゆるされるのは、他の努力や存在の在り様が、不在状態の自己によって、もっとも具合よく遂行されるときである。(この「非自己」状態は自己がとることのできるひとつの役割なのか。それとも自己はこの非自己が利用できるひとつの役割なのか。それとも、どちらも同じように、うまく言うことができるのだろうか）。これらの技法はまた、自己の再帰性と排外性から結果として生じる醜悪な特徴すべてを弱めたり除去したりすることができるのかもしれない。

われわれ自らの真実は、たとえもしも、ある地点を越えると自己がその先に進むことの邪魔になるにしても、自己の内部および自己によって効果的に組織化される。真実の高みの極点が測定されねばならないことになるとき、おそらく自己の多くをもっていることは障害となるだろう。そのとき自己は局地的となり、全体的最上条件ではなくなり、ただ他のもっと困難な、よりいっそう真実になるいくつかの道のためにだけ注意深く先行するものとなるかもしれない。

14 構え

どんなものごとが重要であるかを選択し、それが生活の中で演じる役割を決める価値に向かってそれぞれ異なる構えがある。* 三つの基本的な構えがあり、それは利己的、関係的、絶対的な構えである。（後でこの三つを統合できるかもしれない四番目を考えることにする）。第一の構えは、価値の本来の場（またはよいと評価されると思われるものすべて）を自己の内部にあるものとしてみる。つまりものごとの重要性はいかに自己を高め、発展させ、拡大させ、利益を与えるかによる。唯一の大切なことはあなた自身の幸福、という見方は価値あることをあなたの内側に位置づけ、しかも驚くべきこととしないで――あなたのもっている何か（幸福）またはあなたの生き方（幸福であること）として――この立場は利己的と見なされる。とはいうものの、利己的な構えは外側の何かに焦点を向けることができる。もっとも、そうするとき、その構えは、価値を、そのものごとの内部にではなくむしろ自己がそれをもっているということの中に位置づける。この利己的な構えにとって、あなたが何かを創造することの価値は、創造されるものや創造という行為それ自体の本性の中にでなく、あなたが創造者である、ということの中にある。また誰かを愛する価値は、愛する人はどんな種類の人か、あるいはあなたともうひとりが互いに愛しあうとき、あなたが手に入れる同一性の種類は何かということの中に存在する。利己的な構えの目標は、あるひとりの人自らの真実である。かれはこの真実をかれの自己の内部にあるものとして追求する（そして快楽や幸福などのようなものを獲得する）か、または、かれの自己に衣服をまとわせる（そして権力、財産、名声などのようなものを獲得する）か、または自己の真実を直接に追求する（自己 - 描写、自己 - 表現、自己 - 投射の活動において）。

第二の生活の構え《ライフ・スタンス》は、価値の本来的ありかを、関連ないし結合の中に、まず第一には自己と他のものごと（または他の自己たち）との関連の中にみる。価値は、自己と他の何かとの間に位置づけられるようになる。この関係的な構えによると、誰かを助けることの価値は、あなたが助け手である（またはひたすら他者の改善された状況にいる）ことの中ではなく、助けることという関係性の中にある。科学上の理解の価値は、それが人を自然（の一部）に結びつけるやり方の中にある。関係的な構えは、人の目標を真実――外側の真実、他の人びととの、または自分自らの――とのもっとも真実な関係としてみる。もっと

＊トマス・ネーゲルの著書 Thomas Nagel, *The View from Nowhere* (New York: Oxford University Press, 1986) の中で二つの類似の構えがやや異なったひとつの役割を演じることを扱っている箇所からわたしは恩恵を蒙った。

も、このはじめの二つの構え、利己的な構えと関係的な構えにとって、価値はどこかしら自己と結びついている。自己内部にせよ、自己と他の何かとの間にせよ。けれども、われわれは問うことができる。「何が自己またはそれと関係するものを価値あるものとするのか」、「これらのものが価値をもつように力を及ぼす特徴の様相は何か」と。これらの一般的特徴は、ひとたび、それらが何であるか明らかにされると、自己およびそれと関係するものよりもっと他にそれら自身をもまた目立たせることがあるかもしれない。そして、そうなると、それらを例示するいかなる状況でも価値あるものとみられるであろう。第三の、絶対的な構えは、価値を、独立した一領域として、もともとわれわれとかわれわれの関係の内部にあるものではないとして、位置づける。これはプラトンの学統に連なる構えである。そのとき、われわれは、価値ある事物（および特徴）と関係をもつかそれらを手に入れる。何故ならば、それらは何にも依存しないで価値があるからである。もっとも価値の本来の場所は、そうされても、われわれの方に移動することはない。母猿の背にしがみついている子猿のように、われわれは価値あるすべてのものを手につかんで運ばれてゆく。

絶対的構えに従うと、われわれの目標は、どこでも、またそれが起きるときはいつでも、他の二つの構えが言及していることを含むがそれだけに限定されることはなしに、真実性によって特殊化される。重要であるのは真実である。われわれの真実との関係が重要であるのは、ただこの関係がそれ自らのある真実をもつ限りにおいてである。絶対的な構えをとるならば、われわれは、われわれ自らのばかりでなく他者の生命や自己の真実、およびそれらの外側の真実との関係がもつ真実ばかりでなく、また、動物の生命、絵画、エコロジーの体系、星雲の群、社会組織、歴史的文明、聖なる（諸）存在の真実をもまた、それが見出されるところならばどこなりと、同じように等しく真実と考えるであろう。絶対的構えの目標は、どんなところにも、存在する真実の総体の量によって明示される。

　この三つの構えは、同じものごとの表面での異なった眺望である。またそれらは同じものごとを中心にしてはいないが、それぞれはそれ以外にとって中心的である事物へのそれぞれの眺めをもっている。例えば、利己的な構えは、相互結合と関係性は自己がそれ自身を高める手段のひとつであるから、関係的構えにとって中心的であるとみるだろう。他方、絶対的構えは関係的な構えを一般的でより包括的な種類の価値としてみるだろう。

　われわれはこれらの構えを、ただ単に価値の位置づけについての理論としてだけ用いてはならない。これらすべては厳密に言うと価値はどこにでも存在し得るということを許容するかもしれないが、しかし価値がどこにあるかによって、それをどのくらい考慮に入れるべきか、それぞれ異なった加重を提供する。それぞれの構えは、どのように事物は重要であると見なされるべきかをわれわれに明示する。利己的構えは、けれども、何を大切と評価すべきかの理論としては、それ自体の土台を蝕むことになりやすい。もしも真実が関係することに値し、所有することに値するならば、たとえ人がそれを所有することもそれと関係することがなくても、それは価値がある。もしそうでなければ、何故わざわざそれと関係したり、それを得ようと努力したりするのか。利己主義者はかれ自らの真実を高めようと必死に努める以上、他の人びとのもっとも大きな真実もまた、同じように注目すべき何かである。またかれのそのような真実とのかかわりがそれをよく認識し、それを高め、それに反応することなどを含むものである以上、この人はこのことをまた他の人びとの真実とともに行なわなければならない。他人の真実を過小に見たり嘲笑したりすることは、利己主義的な人自らの生活の指針の基盤となっている前提を蝕むことである。こういうやり方は、真実は高めたり尊敬したりするのにふさわしい何かではないということを声高に告げる——さらに、かれの振舞いがかれ自らの真実およびかれが他の真実と関係する範囲をもまた縮小するやり方であることは言うまでもない。だから、利己的構えに立って行為するとき、かれ自らの生活はそれ自らの内在的特性において、さらにまたそれ自身が目指している方向性において、無価値で無意味であるとかれは言う。というのは、これらを築いている真実は、一般に、尊敬したり反応したりする価値がないとかれが広言しているからである。

　利己的構えへの返答は、すると、欲望の理論としてそれが必然的に整合性がないというのでなく、価値の理論、人生で重要なものとは何かという哲学としてそれ自体の下部を掘り崩している（これは利己主義者の発育を妨げるいくつかのやり方にさらにつけ加えられる）ということである。哲学の伝統は利己主義に——それの特定の欠点を理解し分離するという務めに——多くの注意を払ってきたのであるから、このことを、しばらく考えてみよう。何が重要かという問いは、ただ一般的である（真実のような）価値への指示によってのみ答えが得られる。つまり、重要であることは、その価値と連環したり結合したりすることであり、それによって、積極的に価値と関係することにより、どこかよその他人の生活の中にも現成され得るもののいく分かを現成することである。重要性‐または‐価値の授与者は、たったひとりの人の生活の中では価値のあるものとはなることができない、「どんな理由で、きみの血は他人のよりも赤いのか」というわけで。それが行く所どこでも、価値を授ける何かでなければならない。どんな条件の人の生活でも価値があるのは、この価値‐授与者のカテゴリーにはいり、それに参与し、それにいっそう滲透されるためである。もしも利己主義者がその価値をどこか他で否定するならば、かれはそれが価値を授ける資格を認めないことになり、それ故かれ自身のもの、そこにだけしか基礎づけられないかれ自らの価値を下から蝕むことになる。それの自己を価値あるものとして区別し、単に欲望に形を与えるのではないためには、利己的な構えは、それのもつ利己的な方向づけを超越しなければならない。*

絶対的構えは、この世界内の真実の総体として、価値の場を明示するので、これは人自らの真実およびその人の関係——利己主義者と交渉学者との関心——を、ごく小さいが部分として含む。この極大の形では、宇宙の中の真実の総体（量および程度）を極大にするようにと、それは行為に命じる。その関心の広さのもつ中立性により、真実はどこにでも、どんな所にもあるので、絶対的構えの視界は、伝統的倫理の焦点よりも遥かに遠くまで広がっている。惑星系、恒星、銀河系、巨大で広範囲にわたる知能的存在——宇宙がいかなるものを秘めているか誰が知るだろうか。その強烈な真実は、われわれのよりも偉大であり、もし葛藤が起こるとすると、われわれ自身（ひとりの人または全人類が束になって）競争しても絶対的構えによれば負かされてしまうだろう。この構えをすることができない、また人間は自らとその後の歴史を、何か途方もなく偉大な非人間的存在のために、犠牲にした方がいい、などとはわたしは言っているのではない。そうではなくて、たとえもしわれわれ全部がそれを選択するのが高貴なことであるかもしれないにせよ、そんなことが要請されるとはほとんど思われないのだ！（もしかすると絶対的構えは、たとえわれわれの目標ではないにせよ、われわれの注意と認識にふさわしい焦点について詳述することがあるだろうか）。

このような極大宇宙の文脈を脇において、以上の三つの構えは和解できるだろうか。われわれがこの世界の真実性を増すことができるのは、まったく真実な実在を創造することにより、いま存在しているものたちを保存したり高めたりすることにより、他の人びとが

＊これらの考察は、真実は適当な基準を供給するということを前提にはしていない。どのような基準を採用するにせよ、その人は、このことが他人の生活に重要性を与えることを認めねばならない。さもないと、この人自らの生活の重要性についての見解を下から掘りくずさねばならない。わたしが今言っていることは、単に他人の場合の重要性を否認すれば、かれは首尾一貫しないことに巻きこまれるだろう――首尾一貫しないことを避けようと大した注意も払わない人もいるかもしれない――ということばかりでなく、かれが他人を同じ光の中でみて、その結果、同一の基準が他人に同一の重要性を与えることができるようになることができない限りは、かれは、自らの生活がすべての重要性をもっているものと見ることができなくなる、ということである。かれ自身を他人から区別することは、かれがもっているもののうち価値があり探し求めるのに値する特性を掘りくずすことである。また、かれはただ単に基準を外側の事物、おそらく芸術品にも、他の人びとの中にも現成するように配慮できないばかりでなく、かれが認める必要があることは、それはかれ自身のために、他の人びとにおいて重要であるということである――何故なら、もしそうでないならば、それはただ事物にだけ価値を与えるたぐいのものとなり、また他の人びとの中で重要でないものは、一般に、かれの中においても重要でないからである。ここでの位置は二分される。(1)何にせよ、もっとも一般的な基準がかれ自らの生活に重要性／意味／価値を与えるものを、誰かが、他人の中に認識しまたそれに応答すること、(2)真実がその基準であること。この形の推論は、すでに述べたように、真実が選ばれた特定の基準であるということに依存せず、むしろある歪められているが想像上の基準――例えば、誰かの生涯に重要性を与えるのは苦悩の強さであるということ――は、(1)により一般化される場合、反対の方向に導かれるかもしれないが、特殊なある基準を見つけて支持できるかもしれない。(1)および(2)の構造から出発して、われわれは(2)の下で、(1)と結びついたとき、どんな基準が、倫理的な振舞いを生じさせるかを問うことができる。

かれら自らの真実を増すことができるように助け、またわれわれ自身の真実を増すことによるのである。そのため、絶対的構えは、時々、他の構えと協力することもできる。このような、世界の真実を増加し維持したり、またはある真実を創造したりする関係が、関係的構えの内部で重く考えられることは、明白である。さらに興味深いことに、この世界内である人の真実に応答する度合い、その人が創造したり増加したりする外側の真実は、その人自らの真実の中でもまた、増加として、その人に帰せられる。* 以上のことを行ない、これらをその人の伝記中の注目すべき出来事また成功したこととして保持することにより、その人は自らの生活と自らの真実を高める。この世界での真実の総体を増すことは、したがって、その人自らの真実を最大に増加する途でもまたあるのかもしれない。

絶対的構えに基づく行ないは、ある人自らの真実を高め、それによって利己的構えにも、これがこの行動の目的であるということなしに役立つことができるかもしれないけれども、やはり、この二つの構えの間の争いがすべてこうして避けられるわけではない。一般に、つくり出された真実は、再びその自己のせいにされるけれども、自己のもつ特長として、すべてがそのせいにされるわけではない。さらにまた、自己の真実が増すとき、その得たものは、利己的構えが与える（かもしれない）ものよりは、たぶん少ないかもしれない。二者択一的でその違いがしだいに大きくなる行動の二筋の道を想像してみよう。一方は、ほとんど苦労せずにしかもこの世界に続いて起こってくる真実をとりこんでゆき、他方は自己をますます表現し発達させてゆくが、外的な生産はますます少なくなってゆく。これらの事実を認識しながらそれでも第一だけを選ぶという行為によると、あの個人の真実のいく分かは得られるかもしれないが、その得たものは第二の行動の道を進むときの損失よりもっと少ないかもしれない。絶対的構えは関係的構えに対してずっとわずかの移動を与える。それは、あなたの伴侶、子ども、友人に対する行動に特別な重みを与え、これらの関係がもつ特殊な真実を維持することを黙認しない。(もしかすると、人によっては知識と影響力の範囲がごく局地的なためにその人の身近な人びとに奉仕することで総体的全面的真実にもっともよく奉仕することがあると言うことによって、この構えは、ある派生的な特殊な重みを与えようと努めることがあるかもしれない)。さらに、もしこれら局地的関係が、より大きい全面的総体的真実に奉仕するならば、それもまた余りにも安易に、関係的には望ましくない非道徳的行動に黙認を与えることになるだろう。

＊ある人がつくった真実のうち何がその人のせいにもされるのか、そして正確にはどのようにこれが種々の因子に依存するのかを略述するのは微妙な仕事である。因子とは、その人の意向、努力、事故や偶然の一致の役割、こういう外側の真実を増す諸活動はどのように自己 - 表現と自己 - 投射となるのか、他の人びとがその人の行動に応答するように導かれる種々なやり方、結果として生じる全体のどの部分がその人の行動の結果とされるのか、等々である。

以上三つの構えは、それ自体では、いずれも誤りがあるけれども、それぞれには訴える点、また合法的な言い分もある、とわたしは思う。ヒレルはこう自問自答した「もしわたしがわたし自身のために存在しないのならば、誰がそうなのか。またもしわたしがただわたし自身のために存在するならば、わたしは誰なのか」。真実の各部分にはそれ自らの価値、意味、強度、活気、聖性、深み等があり、各部分は（探求され反応されることにより）高められ、維持され、創造され、知られる価値がある。こういうことが絶対的構えの訴える力である。けれども、自らの真実の方がわれわれめいめいよりもある種の優先権をもっているように見え、また正しくはそうである。われわれ自身の（または愛する者たちの、そしてかれらとの諸関係の）真実とくらべて、われわれはそれ以外の真実の各小片は、たとえどこに在ろうとも、同じだけの重みを与えることが要請されているとは考えないで、ただ自身の生活が全体の小部分である限りにおいて、この生活に焦点を当てている。* この三つの構えが結合されて、それぞれの力を確保できるようなやり方はないものか、その中のひとつだけに絶対的な優位を与え、他はこれが十分に解決されてから後に認められると主張するのは、不十分なやり方であろう。これでは補助とされた二つは余りにも従属的になり、第一位の構えの決定をくつがえすのに十分な力が与えられないので、実際には、どんな注意も払ってもらえないことになるだろう。二番目の結合法としては、この三つの構えをあなたのレパートリーに入れておいて時に応じてそれぞれひとつを用いるという、交替方式ということになるだろうか。けれども、そうすると、別々の機会に各構えの中にすっかり没頭してしまうことができるが、結合の方は特別措置のように見えてしまう。もっと適切に三つを統合するやり方は、それぞれの構えに全面的な目標を明示するときに、ある重みを与えることであろう。どのようにして、これを行なったらよいか。三部分からなる目標とは、人自らの真実、人が他の事物との関係の中にもつ真実、および現に存在する総体的真実（ここでの総体からは、二重にかぞえるのを避けるため、はじめの二つを除外してもよい）である。ただこの三部分を足し算してその総計によって、自らの道案内をさせることにしようか。総体的真実は、あなた自らの真実や関係のそれよりも、はるかに偉大なので——それは他の人びとおよびかれらの関係および現に存在する他の一切ま

＊この特別にわれわれ自身を重視することは、たぶん利己性に動機づけられた幻想、あるいは一般的認知の偏向から生じた幻想である、と絶対的構えは言う。われわれ及びわれわれ自らの生活は、必然的にわれわれ自身にとって、その注目の前景を占めるので目立つ性格をもつ。また一般的な心理現象として、もっとも目立つものは、たとえふさわしくなくても、もっとも重要と考えられる、ということがある。とはいえ、人は各自、自らの生活と自己とそれ自らの真実との諸関係に特別な優先権を正当に与えることができると考えるが、単にそうできる以上に、またその他の人はみなわれわれ、いいわれわれの生活にも同じ優先権を与えるべきだ！ とは考えない。この一般的立場は、単にわれわれ自身を中心とする認知的な傾きによってだけ、容易に生じるものではないだろう。

でも含む――前の単純な総計では、この総体的真実は、それ以外を結果として圧倒してしまうだろう。三つの構えが実際に配慮していることの単純な総計に、そのどれかひとつずつ時に応じて交替して用いるという行動や人生コースが、どのように影響しているかということによって評価することは、最初の二つの構えに全く重みを与えていない。だから、本当のところ、これはまったく絶対的構えに変わってしまっている。

とはいうものの、この三部分の目標のどれにでも、等しい重みでなくても、なんらかの重みは与えることができる。（この段落の後の方は、重みを与える形を取り扱うので、読者の大方は急いでとばし読みしたいと思っても結構である）。第一、三部分目標の計測に規範を与えること、そしてただそうした後に、それらを重量と結びつけること。計測が規範化されると、種々の計測の尺度が定められて、同一の極大値と極小値をもつことになる。ある人が自己、その縁故や関係のある人びとのため、また全宇宙を貫いて、産出できる最大量の真実は、例えば、１００という同一の整数がどれにも定められ、また、同種の真実の最小量は、例えば同じ整数０が当てられる。（尺度が違うのは、宇宙の総体的真実は人自らの真実よりもはるかに大きいので、これらをそれぞれ１００を最大値とする尺度で測ると、実際には、宇宙の真実をひどく縮小し、人の真実をインフレ化するからである）。いったん測り方の規範が定められて、ただひとつの真実のタイプが自動的に他を圧倒することができなくなると、はじめてわれわれは、これら三つの異なる因子がそれらの重さの測られた総量としての目標を与えるために、どれだけの重みをこれらに与えるべきかという問いに直面する。重みが異なると、われわれはいく分か異なった構えの方に傾くことになる。

重みのあらゆる組合せが可能である以上、正しい立場がそのどこかの場所の中にあるに違いないと思われるかもしれない。(単純で純粋な構え――利己的、関係的、絶対的――はそれら自らの因子にある積極的重みを与え、他の二つの因子には0の重みしか与えない、と限局する場合として見ることができる)。しかも実際、積極的に係わりのある事物や領界が同定された話では、一本の線条的な重量測定は、しばしば、われわれの求めるものが何にせよ、それの近似値となり得る。けれども、現在の場合では、どんな重量が定められようとも、三因子の単なる重さの総量は、各因子の重さが提示されるべきだと思うわれわれの感情を捉えることはないだろう。これらの因子のどれかひとつでも無視する生活は、たとえその欠乏が数量上、他の二因子の量と釣合がとれているにせよ、不適切な生活となるだろう。

各因子――ある人自らの真実、かれの諸関係の真実、存在する限りの総体的真実――はその他の現在と大きさによって増幅される。この三因子に規範化された尺度にのっとって得られた計測が与えられると、われわれには因子をすべて足し算ではなく、掛け合わせることが必要となる。あるいはおそらく、われわれは全因子の重みを測りそれから掛け算することが必要である。そのために、それぞれの現存と大きさがそれ以外の大きさを拡大する。この第四の構えは、結合された構えと呼ぶことができる。これは次に来る定式（これもとばし読みした方がいいと思う読者もいることだろう）の中でもっと精密に述べることができる。仮に、ある人がある機会に真実とかかわりを持つとき、三つの計測方式があると想定しよう。その人の自己の真実のどれくらいがその関係づけの中に運び入れられているのかの計測、かれが係わる総体的真実の部分の計測、そして最後に、この真実とのかれの係わりがどれだけ真実であるかの計測である。（これらの計測はすべて規範化され、同一の可能的極大値と極小値をそなえている）。すると、かれがこのように、この例においては、真実の一部と係わるときの真実は、これら三つの計測方式の算術的結果、三つの加重された）相互に掛け合わされた計測方式、関係づけられた真実によって増大された関係の真実によって、増大に向かうように動かされたかれの自己の真実となるだろう。またかれが真実と係わる際のすべての真実は、三つの産物の合計、かれが参加する個人的な実例のそれぞれの中に含まれていることの結合された総体、すなわち、第一の例の産物プラス第二の例の産物プラス……となる。（もっとも、もしもある例の場合に三因子がすべて同じような役割を果すのではないとしても、その場合でも、すでに言及した尺度があることになる。三つのうちのどれか離存しているものが働いているからである。この加重された総計〔適切な重さを用いている〕は、定式を完成するために、それ以前の産物の総計に加えられねばならない)。

この結合された構えは、これまでの三つの構えを互いに補強し合うやり方で統一する。(この結合された構えに統合的構えと名づけることができたらと思うが、これは三つの構えをまとめるけれども、この名称に値するようなひとつに統合された概念の中に、それらを残らず位置づけることはしない。「闇と光」の黙想において、各構えを統合する型を、掛け算方式よりももっと緊密にする方途が調べられることになろう)。この構えがかかわる全体は、ただ各例の関係づけでなく生涯にわたる総計において、あなたの‐真実‐との‐関係づけ、とも呼ぶことが許されるかもしれない。与えられた全因子数の産物の上述の総計内部で、それらが大きく相互的補強をしても、任意の一因子にだけ集中するならば(前述の三つの構えが勧めているように)、全面的大きさでは大変な損失、ただひとつの因子の顕著な量の(掛け算でない)足し算によっては相殺されない損失に導かれるだろう。結合式は、われわれが外界の真実の全部と関係することは要請しない。もっともできる限りそうすることを勧めるかもしれないが。けれども、それは意味のある外側の真実のある部分とわれわれが、強烈に、しかもわれわれ自身の意味のある部分と、ある大きな乗数を加えるために関係することをつよく要請する。*

この結合された構えをとる人の中には、これを前述した形よりもさらに広げる人がいるかもしれない。利己的構えの場合とまったく同様に、もしこの構えが価値についての立場となるはずであり、一自己の境界内に止まらず、あらゆる所の真実と価値を認識しなければならないのならば、また同様に、結合的構えをとる誰かは結果として、ただ単にかれが－真実－と－関係することに焦点を定めるばかりでなく、われわれが－真実－と－関係することにも焦点を定めるように導かれるだろう。この「われわれ」の境界線を定めるのは何であるかは、こみ入った質問である。が究極のそれは、真実の資格で真実の諸特徴に対して、関係を持ち、よく認識し、反応する資格を有するすべての存在になるだろう。けれども、われわれは他の人びとが真実の資格での真実と関係を持てるように助けることはできるが、それを強要することはできない。その後に続く関係は真実ではなくなるかもしれないから。もしそうしても、それはかれらの広大な真実に近づくことではないし、かれらを真実の資格での真実に関係させることもできないだろう。

結合的構えについての第一の概括は、それが目標をわれわれが－真実－と－関係するという非個人的な目標の方へ移動するにつれても、なおこの新しい目標から個人的な展望が失われていないということである。それは人はわれわれが－真実－と－関係することへのかれの関係を高めようと行動するからである。ゆえに、かれはあの一般的目標へのかれ自らの結びつきを最大化しようと努めるかもしれない。第二の概括は、あの一般的目標へとかれが関係することには特に係わらない。煩わしい言い方だが、それはわれわれが－真実－と－関係することへのわれわれの関係に向かって焦点を当てる。ある人がこの後者の展望をとるとき、もし他の誰かが一般的目標を進めたとしても、かれはそれもまた良いと考えるだろう。第一の概括は、利己的構えからまたは絶対的構えからある力を補足するひとつの妥協としてみられることがあるかもしれない。

結合的構えの最も広い立場は、既述の定式を概括して、いまやすべての人びととかれらの真実の諸部分への諸関係を包括する。

単独者めいめいにとって、それは——前と同様に——その人が真実関係を代表する産物の総計をとり、つぎに、これらの総計をすべての人びとの場合にわたって加えてゆく。こうしてこれらの因子は二重の和となり全部まとめて掛け合わされることで互いを増幅する。この一般的結合的構えは、すべての人がひとりずつ真実と関係をもつことに係わり、それが養育する全体とは、われわれが-真実-と-関係することである。

誰かが産出し、または他人にそうすることを助ける真実は、かれ自らの真実へと再帰する。もしかしてある利己主義者が、他人もまた真実と関係することへの関心を含む、この

＊後の部で均衡性という考えについて論じる。これは、もし行為するとき、ある人が目盛りを読むのに二つの行為を試みて、かれの自己のどれくらいの量の真実がひとつの関係の中に含まれているか、またその関係づけのもつ真実はどれくらいの量かを調整し、両方を関係づけられた真実の大きさに合わせて釣合わせるならば、結合された構えの中に含めてもかまわないかもしれない。

一般的定式に従うようになるかもしれない。その理由はただひたすら、そうして得られた真実がかれ自らの自己に帰せられるとき、これはかれ自らの真実にもっともよく奉仕するとの計算ずくからである。しかし、こんな理由で生じた真実が十分にもとに戻ることができるかどうか、われわれは疑ってもよい。(もっとも、他の場合、もともと感心できない動機は、時と共にうすれてゆき、またそのときそれ自らもっとも適切な動機を生成し展示していた現実の行動パターンも、消滅してゆくだろう)。利己的構えをとることは、誰かが最大の真実に辿りつくもっとも効果的なルートではない。この構えは——たとえこの構えそれ自体から判断しても——地球規模の最適条件ではない!

さまざまの構えについて語ることは、自由意志の問題に新しい光を投じる。この問題の由来は、前述の因果関係の諸因子——われわれの育ちや神経生理機能あるいは過去の世界状勢——がわれわれの行動を促したり抑制したりする悩みからである。しかしながら、伝統的な自由 - 意志問題を生起させるのは利己的構えであるのかどうか、考えてみることは許されるだろう。もし、わたしがどのようにわたしは自由であることができるかという問いを出すならば、これこそまさに自由の概念——外的事物からの自立——利己的構えに根ざしたコンセプトではないだろうか。関係的構えは、この自立を高く評価しないし、そこに価値を見出そうともしないので、どうやって自立を獲得したらよいか尋ねることも、どうしたらこれが可能になるかと悩むこともしない。その代わり、関係的構えは、どうやって人は他の事物や外的事実と関係づけられるのかを問う。さらに、特定の因果的因子によって行動すると決心することは、もしかすると、それらの因子と特別な協力に関係づけられるやり方を築いてしまうことさえあるかもしれない！ このため、行動を決意することは、関係的構えが高く評価する何かになるかもしれない。この構えは行為の因果関係のもっとも広い可能性――つまり、できる限り強力なやり方でできる限り多くの因子による決定――を探求することができるかもしれない。これの究極の目標は、何ひとつ置きざりにされていないすべての状態の真実によってなされる決意、われわれの行為はどれも他のすべてにもっとも強力で多岐にわたるやり方で結びつけられているときの決意であろう。この構えをとるとき、嘆かわしいことがあるとすると、それはただ部分的でしかなかった決意、十分に完全でなかった決意ということになるだろう。

15 価値と意味

真実《リアリティ》という考えには多様な局面や次元がある。集中と活発さの程度が増すことはいっそう真実であること（他のことが等しいと考えるならば）であり、価値の度合いが増すことはいっそう真実であることであり、また……という具合になる。真実という考えをつくり上げている多様な次元のどれかひとつに沿って、得点が高くなっていくことは（他のすべてが恒常であると考えるならば）いっそう真実であるということになる。この諸次元は真実という考えを、その諸局面を描写することによって特定する。これらの同じ諸次元はまた、各対象を評価するための基準をととのえる。わたしはこの諸次元が評価を行なう局面つまり役割を吟味し、その後で、真実の諸局面としてのこれら諸次元の形而上的身分および相互関係に向かいたいと思う。この省察の中で、わたしの考察するのは二つの次元であるが――まず第一に、価値の次元である。

　価値という考えは、単に何か漠然としたほめ言葉ではない。あるものごとが価値をもつのは、ただ価値のある他の何物かへの手段であるときだけである。またあるものごとはそれら自体のひとつの価値、内在的価値をもつ。（ものごとには二種類の価値、他の何物かへの手段としての価値そしてまたそれら自体のひとつの価値を有するものがある）。この内在的価値という考えは基礎となる価値であり、他の種々の価値は内在的価値との結びつきによって存在する。しかし内在的価値は何から出来ているのだろうか。何がそれを成立させるのだろうか。

人からよくそれ自体で価値があると言われているものごとについて考察してみよう。芸術作品から始めることにして、芸術鑑賞のクラスのことを思い出してみよう。一枚の絵のさまざまな細部や構成要素がどのように相互関連し合っているか、形や色によってどのように眼がどこからどこへと導かれ、その絵のテーマの中心に連れていかれるか、これらの色彩、形態、質感がどのようにそのテーマに適合しているか、などなどが教えられた。あなた方はどのようにして絵画はひとつの統一体であるか、どのようにして画面を構成するさまざまな要素がひとつに統合され結合された全体を形づくるのか、教え示されたのである。昔から今にいたる芸術論者によると、絵画が審美的価値をもつのは、それがひじょうに多様な材料をとにかく統合してひとつの緊密な統一体に、しかも活きいきした鮮烈なやり方で、まとめ上げるときである。このような「多様性の統一」は有機的統一《オーガニック・ユニティ》という術語で呼ばれている。何故ならば、生物界の有機体は、有機体の生命を維持するためにさまざまに異なる器官や組織が相互に関連し合って同じ統一を示していると考えられたからである。（この美学の極端な教説は、芸術作品のどのような一部でも、除去したり変更したりすると、必ずその特性をそこないその価値を低下させることになると考えている）。

昔の作家は自然界にあまねく表示されている価値の物差しを知っていた。それは底辺の岩石から始まり、次に植物、次に下等動物、高等動物、人間、そして（物差しをさらに伸ばして）天使、そして最後に神で終わっていた。この伝統的な「偉大な存在の鎖」の中の階級づけはまた、それぞれが示す有機的統一の度合いによっても理解できる。この物差しを上に動かすにつれて、いっそうの多様さが結合されるようになり、しかもよりいっそう緊密な仕方でそうなってくる。岩石は分子間の諸力を示し、植物はこれらを有機的な諸過程と並行して示し、動物は以上のたいてい（もっとも光合成はしないが）に加えて移動力を示す。高等動物は時間をかけて知性と意識によってその諸活動を統合させていく。そして人間の場合には、この統合は自己意識を通してよりいっそう緊密な方法で生じる。（この多くはまた、進化の物差しとも呼応する。けれども、要点は、いっそう進化したものは、それがいっそう進化しているという理由でいっそう価値がある、というのではない。むしろ、有機的統一の度合いは、われわれの行なっている価値の等級づけ、大まかには進化的であるそれと適合し、しかもこんなにも適合しているという事実こそ、有機的統一という考えがわれわれにとって何が価値があるかという直感を捉えていることの証拠となる）。

また科学においても、理論の評価は多様さのある統一という考えを呼びさますことによって行なわれる。科学者が口にするのは、莫大な量のデータと多様な現象が、少数の単純な科学の法則という点から説明されることによって統一される際の度合いである。ニュートンの法則の輝かしさは、それらが地球上の物体の運動およびあきらかには関係づけられていない天体の運動の両方を説明したことである。これとよく似た目標が今や物理学者たちに自然の大きな力をひとつの説明で行なうための統一場の理論の探究に向かわせている。

この有機的統一の度合いという考えを精確に定義したり、その測定の仕方を決めたりしようとするならば、大がかりな仕事になるだろう。ここでのわれわれの目的のためには、大まかな直観的な理解を道連れにして進むことにしよう。やがて統一される多様性が大きければ大きいほど、有機的統一は大きくなる。そしてまた、多様性がもちこまれる統一がより緊密になるほど、有機的統一は大きくなる。単彩で描かれたキャンバスでも高度の統一を示すかもしれないが、色彩、形態、テーマの点で多様性がないために統一が行なわれていないのだから、高度の有機的統一を備えることはないだろう。このようにして、結果として生じる有機的統一は二つのことに依存する。多様性の度合いおよびその多様性がもちこまれる統一の度合いである。有機的統一を成功させる仕事はむつかしい。何故なら以上の二つの因子は逆方向に異なりやすくそのために反対方向に引き合うからである。多様性が大きくなればなるほど、統一の所定の度合いの中にそれをもちこむことは困難になる。有機的統一をつくりあげることのできる要素は、それ自体の中に有機的統一をもっていなくてもよい。例えば、有機的に統一された「原子以下の素粒子」などというものが存在しなくても統一された「分子」は存在するはずだからである。

何かにはそれが有機的に統一されている程度に従って、内在的価値がある、とわたしは提案する。それの有機的統一こそ、それの価値である。少なくとも、価値の構造をつくっているのは有機的統一のある構造である。たぶん、ある特別の領域では、付加的特定的な特徴（例えば、気持ちのよい快楽的な調子のような）もまた価値の中である役割をつとめるが、異なる領域に通じる価値、およびほとんどすべての価値に基づく主要な次元の共通構造は、有機的統一の度合いである。

これを前提にすると、われわれは何故、他の特定のものごとがそれら自体の中で価値がある——例えば、複雑に相互関連し合っているバランスをもった全エコロジーの体系——と信じているのかを理解することができる。また、何故たったひとつの価値の序列の中に、絵画と惑星系と人間と理論を配置することを困難に思うのかを理解することができる。たとえ有機的統一について同一の構造的な考えが含まれていてさえ、われわれは上述のような異なったものごとの有機的統一の度合い（つまり多様性の構成度合い）を比較することはできない。有機的統一のこれらの度合いを比較する際のわれわれの曖昧さ加減は、価値についてこれらの比較をするさいのわれわれのためらいに適合（またその説明を）する。

哲学者の間での一大問題「心‐身問題」は、脳と体の中で、精神的事象と神経物理学的事象との間にある連結とは何かを尋ねる。これらはただ単に関連づけられているのだろうか、それとも同一物の二つの面なのだろうか、それとも本当はこれらは同一物であって異なる語によって指示されているのだろうか。これまでのところ、満足すべき解答は何も見つかっていない。この問題は、精神と身体との間によこたわる明らかな極端な相異、デカルトを精神と物質は別々の実体であるという見解に導いたものによって、特別にむつかしくされている。とはいうものの、もしも両者の間に存在する統一の緊密さというものがなかったとしたら、この明らかな精神と身体の間の相異はそのような問題とはならなかったかもしれない。意識と精神は有機体が時間をかけてその諸活動を統合することを可能にするだけではない。いかなる所定の瞬間においても、意識はそのとき生起している物理的／生理学的過程と緊密に統一されている。われわれがもっているものは、それならば、あるたいへん高い度合いにまで統一されているひとつの明らかに巨大な多様性であり——つまり、われわれは極度に高い度合いの有機的統一、したがって、極度に価値のある何かをもっているのである。もしも価値（の度合い）が有機的統一（の度合い）であるならば、心－身問題は人間はたいへん価値があるということを示す。この問題の解決には、どのようにしてこのきわめて高度な価値が可能であるのかを理解することが要求されるだろう。

われわれが価値あるものとなりわれわれの生活や活動が価値をもつことを望むときには、われわれはこれらが高度の有機的統一を示すことを望む。（プラトンは魂の固有の状態を三つの部分——合理的な部分、勇気のある部分、欲求の部分——の階層的な配置として、またその各部分はその前の段階に従属しハーモニーをもってそれ自らの働きを遂行しているものとして見た。もしもこのような見方が心に訴えるならば、それはわれわれを価値ある当為の道として強く動かすからであって、魂がいつかは結果として幸福になるはずだからではない。もっとも、プラトンが記述していることは、ひとつの有機的に統一された存在の見本であって、異なる特性をもつ他の物たちもまた存在する)。われわれが望むのは、多岐にわたる特徴や現象をとり囲み、これらを多数の交替関係を通して緊密に統合された方法で統一して、生産的にわれわれの活動の中へ送りこむことである。実体の中には、それら自らの有機的統一をはたらかせる動因となるものや、内部からそれを形成し発達させるものもある。他方では、全面的に外部からとり決められてそれを持つようになるものもある。このことが、実体のもつ価値の種類や広がりに差をつけるのかもしれない。個人個人がきっちりと編成されている社会には最高の度合いの有機的統一つまり価値がない、というわけではない。ただ自由な社会よりも価値は少ないだろう。自由な社会では、人びとの主な関係は自発的に始められ、特定の周囲の変動する条件に応じて修正され、経済理論が記述するような複雑に相互関連しつつ常に推移するバランス状態をつくり出す。この中には複雑に結合された活動がもつ最大限の多様性がある。(とはいえ、他の無害で非破壊的な有機的統一体を破壊することを目標ないし目的とするような実体を取り扱うためには、いくつかの紛糾した事柄の導入がぜひ必要である)。連帯や仲間気分のいろいろな見本をつくりあげ、社会という織物に織り込んで頒ち合うことは、経済市場によってもたらされた社会に、さらにいっそう大きな統一を増し加えることになる。

価値はひとつの特定の種類のものであり、またその他の評価の諸次元も存在する。われわれが理解できるのは、とはいえ、何故ふつうの習慣は価値という語を異なったように、善いものすべてのカテゴリーに橋を架けることを明示するものとして、使用することになっているかである。何かが善であり得る異なった方法は、そのとき多様な種類の価値として見なされ、価値以外のほかの何かとしては見なされない。この問題はただ単に言葉の上のことだろうか。何かを価値づけることは、それに対して特別に近い、積極的な心理上また態度上の関係、それ自体高い有機的統一によってしるしづけられたひとつの関係の中に立つことである。何かの価値づけとはこの特定の関係に結ばれた活動を行なうことである。するとあなたはこう言うかもしれない。われわれが特定の活動をしかけるすべてのものごとや特性は、だから「価値」があるけれども、それは心理評価的な活動の統一体を、活動が目ざしていたあらゆる異なっている対象に対して投射することだ、と。この有機的統一の度合いとしての価値という見方は、他方では、価値をただ一種類の現象としてとどめ、価値づけという活動はその一例ということにする。

価値はただ単に関連づけ評価する次元だけではない。われわれはまた、われわれの生活とわれわれの実存が意味をもつことを求める。価値は何かがそれ自らの境界内で統合されることにかかわるが、意味はそれが自らの境界を越えている関係をもつことにかかわる。

意味それ自体の問題は制限の存在から起きる。そのため、典型的には、人びとがその生の意味について心を悩ますのは、かれらの存在に限界が見えたときであり、たぶん死が存在を終わらせてかれらの最終の限界をしるしづけるためであろう。人生に意味があることを求めるのは、個人の生の限界を超えることを求めることである。（われわれの現在の制限を超えるための二つの方法があり、したがって二つの意味の方式、つまり外側に残る他のものごとと結びつくこと、および、ものごとを、われわれの内側にせよ、拡大された同一性の内側にせよ、なんとかして包みこんでこれらの事物と結びつくこと、という二つの意味の方式があるのだろうか）。そのために時には、子どもたちを置きざりにしたり、時には人の手のとどかない何か大目的、正義や真理や美などという大義を押し進めたり、という事態が起きる。

けれどもこのような大きな目標（または一個人と結びついた目標）に対して、われわれは代わりに、その制限に注目することができる。たとえ宇宙をひとつの全体と考えるときでさえ、われわれはそれに限界があることを知っている。そのため、人びとの中には、もし最終的に、今から数百万年後に、銀河系や宇宙の大量の熱の死の中ですべてが終わるならば、いったい何故人間の存在をめぐる何かに意味があるというのか、と考え込む人がいる。与えられているものが、たとえどんなに幅広くても、それについては、われわれは後ろへさがって距離をおき、その意味は何なのかと問うことができると思われる。すると、それの意味を見つけるためには、われわれはそれの境界のかなたの別のものとのつながりの環を見つけるように駆りたてられているようにみえる。まさにこのようにして、後退が始まる。この後退を止めるためには、内在的に意味のある何か、それ自体において意味があり、それが他の何かと持っている関連のためではない何かをわれわれは必要とすると思われる。またもしそうでなければ、われわれが必要としているのは、限界のない何かであって、そこからたとえ想像の中であっても、後ろへさがって、それの意味は何かと思案することはできない。このようなわけで、宗教こそ意味についての数かずの問いが停留できる場所、究極の意味の土台、を与えるようにみえた。それは、限界がないのが当然と見られているようなある無限の存在、その限界を見ようとしても後ろへさがる場所などあり得ず、その結果それの意味についての問いは始めることさえできないようなある存在に言及するという手段を用いていた。

　意味は、ただ境界のかなたの、例えば、まったく無価値な何かとの結びつきによって獲得することはできない。しかし意味を獲得するために結びつけられたものが、それ自体で有意味である必要はない。（あの後退が始まる）。われわれはすでに何かが何かに値するためのもうひとつの道があることをみた。それは価値をもつことができる、ということだった。価値とはあるものごとのもつ内在的に統一されたまとまりということである。このものごとは、価値をもつために、他の何かもっと大きいものに結びつけられる必要はない。

それの（内在的）価値を見つけるためにわれわれは何かのかなたを眺める必要はない。がそれに対して、あるものごとの意味を発見するためには、それのかなたをぜひとも眺めなければならない。もっとも、われわれがかなたを展望するとき、見つかるかもしれないものは、価値との結合、それ自らの有機的統一をもっている何かとの結合である。意味の後退がとめられるのは、意味というよりある種の真価をもつ何かに辿りつくこと――すなわち、何か価値あるものに辿りつくことによってである。（後で考察される他の諸次元もまた真価を築くことができ、そのために意味の根拠を用意することができるかもしれない）。

意味と価値は、ここまで説明してきたように、興味があり、錯綜した関係の中にある同格で対等の考えである。意味は価値ある何かと結びつくことにより手に入れることができる。とはいえ、この結合の性質が重要である。わたしはこの世界の正義を推進することに関係していると発言するだけで、わたしの生活に意味を与えることはできない。正義の推進との結合といっても、わたしが毎日、毎週、新聞を読むことによってどのように正義と不正義が行なわれているかに注目していることを意味するだけなのだから。これでは余りにも些細で余りにも実体のない結びつきの環でしかない。（しかし、外界の事物を知りそれらがどのように価値があるかを理解することは、些細ではない結びつきを築くかもしれない）。この環が大きければ大きいほど、またより密接で、力強く、強烈で、拡大すればするほど、得られる意味はますます大きくなる。価値との結合が緊密であればあるほど、ますます意味は大きくなる。この結合の緊密さは、あなたが統一的な方法で価値としっかり結ばれていることを意味する。あなたと価値との間には、ひとつの有機的統一よりももっと多くがある。そのとき、あなたのその価値との結合はそれ自体価値があるものであり、また意味はそのような価値との貴重な結合を通して得られる。

意味と価値はまた、時間をかけて相互に織り込まれることができる。文芸や科学における場合を考えてみよう。ある段階ではある統一が達成されるが、やがてそれに適合しない新しい要素の出現によって統一は破られる。しかしやがてこれらの新要素（に加えて旧要素の大部分）を包含するある新しい統一が形づくられ、その後にはまた同様の過程が繰り返される。この新要素は科学の分野では新しいデータかもしれないし、芸術の方では新しい材料やテーマかもしれない。多くの人は、いくつもの統一に成功する過程の要点と目標を眼のあたりにするだろう。また、さらに既成の統一がただ単にもっとすぐれて適切な新しい統一をめざす手段として崩れていくのを見るだろう（わたしが言及しているのはさらに多くの統一が成就する変化であって衰亡として分類されるような事例ではない）。ところが一方では、他の人びとは既成の統一や限界を乗り越えることが過程の眼目であるとみて、その過程内で人間の本性は苦闘し超越する存在であることを実践し立証していると思うかもしれない。もちろん、どちらの段階も対等に重要で、単に一方は他方に辿りつくための手段ではないと見ることができる。両方とも交替しつつもっとも重要なこと、あの連結する過程それ自体をつくり上げる。*

価値と意味というこの二つの考えだけで、自己、その生活、仕事、他の人びとやものごとの関係を評価するための十分な基礎となるだろうか。それとも、何か重要な評価がもっと多くの考えを巻き込むのだろうか。価値と意味はたいへん広い考えなのでもしかするとどんなものでもこの名のもとに入れることができるように思えるかもしれない。たとえそうであっても、他の評価的考えを、ただこの二つのカテゴリーの中にだけ置いてみることは、もしもそうすることが価値と意味のもっとも目立つ特徴をゆがめたり隠したりするならば、あまり光を投じてくれることはないだろう。

---

*この部分はわたしが前に出した本 *Philosophical Explanations* 中の価値と意味についての議論を参考にした。そこではさらに細部にわたって論じられている。価値と意味という概念を理論的に興味をそそられる性的関係に、薄弱だが広範囲におよんで応用することが行なわれている、がこのことにわたしはあまり重点をおきたくはない。性的結合では、ある強烈な統一がつくりだされ、境界を越えた結びつき、それらを通しての相互貫入がある。価値と意味という考えは、読者もすでにお気づきかもしれないように、それら自らの性的な

倍音を伴わずにはいない。ある人自身をその人自身を超えた内的統一のうちに運びいれ結合するということは、ただ単に価値と意味という考えを別々に記述するばかりでなく、性的結合の方式にも適当するようにみえる。さらに思いをこらすと、価値と意味には、いわば、性差《ジェンダー》がある。自らを内的統一に運びいれるのは性的に女性の結合の仕方に適するようにみえるが、自らを越えて結合するのは男性的にみえる。価値が女性に対する関係は、意味が男性に対する関係に等しいのだろうか。これらの評価的諸次元は大きな対等の重要性をもっているので、これは満足すべき結果かもしれない。これら二つの中心的評価的次元は単にわれわれの性の考えが昇華され大きく扱われているものだ、とわたしは主張するものではない。とはいえ、この平行関係はたしかに、評価的な考えの力を強めることになるだろう。ちょうど、おそらくそれが——もし何らかの付加が必要とされるならば——性に対する態度の品位に加えられて品位をますであろうように。

もっとも、この高度な抽象化のレベルにおいてさえ、価値と意味の考えのどちらが、どちらの性に適用されるべきかは、明白ではないかもしれない。性的態度において、男性は外側と結合するために出てゆくが、女性は内に向かって一体化する。けれどもかれらの自己‐概念の本性の中では、女たちはしばしば関係や結合という考えの周囲を志向しているとして記述されるのに対し、男たちはかれら自身をもっと自律的に自らの境界の中に入れられているものと見ている。このことは女性をもっと意味の次元に沿って、男性をもっと価値の次元に沿って配置することにならないだろうか。男と女がそれぞれの場合にしたがって、価値と意味という考えを定義するような傾向になったら、おもしろいことになるだろう。もしそうなると、男女はこれらの考えが宿るところ（コンセプション）において、異なるかもしれない。女性は価値をワギナでの一体化にしたがって、意味を他者との関係にしたがって形成し、男性は意味をファロス結合にしたがって、価値を分離した個人主義にしたがって形成するかもしれない。もっとも、これは別々のルートでかれらが定義しているような、価値と意味を手に入れるか見つけ出すかしなければならない、という意味ではない。

16 重要さと重さ

われわれはなんとかして重要になり、世間で一目おかれ、違いを見せたいと願っている。重要さは、真実のもつ付加的、分離的次元である。重要さだけを切りはなして考えることは不必要にみえるかもしれない。効果をおさめるためには他のものごとと結びつけられることが含まれる以上、重要さのあらゆる特徴を意味という考えの中に含めるわけにはいかないのではないだろうか。さらに、何かが一目おかれる方法やそれ自体で重要なこととするような効果は、価値があり意味がある必要はないのではないだろうか。では、どのようにして重要さは真実の際立った付加的な次元になることができるのだろうか。けれども、重要さという考えを価値や意味という考えには還元できない。いくつかの活動は重要でなくても価値をもつことができるかもしれないのに対し、他の重要で影響力の強い活動には価値も意味もないことがある。

重要さのない価値の一例はチェスである。チェスをするとき、昔からの競技のテーマを統一したり、有名な戦略を修正したり、大胆あるいは狡猾あるいは忍耐づよさを示したりして、価値があり美しくさえある構造をつくりだすことは可能である。このゲームはまた、ある人びとに対しては敵対する勢力間の戦闘というテーマを鳴り響かせる。戦闘という、より大きなテーマに結びつけられることによって、競技には、それ独特の展開、組合せ、奇手という価値に加えて、意味もまたあると言ってもよいかもしれない。しかし、わたしの考えでは、このゲームは重要ではない。たとえそれが誰かの人生を支配することができる活動であるにせよ、それ自体を越えるほどの強い影響力はもっていない。もっと大きな戦闘というテーマでそれが演技してもわれわれの見方を変えたり他の戦闘に参加させたりはしない。わたしが言いたいのは、チェスにはそれ以上の効果はまったくなく、ただ、そこに注ぎこまれる巨大な量の知力と精力が与えられているにせよ、不釣合いなほど、わずかなものしか得られない。すばらしいチェスのゲームについて心得があり楽しんでいる人びとも、それでかれらの人生が深められたりその知覚に変化が起きたりということはない。あるのはただゲーム自体を観賞した経験とその記憶だけである。(これは——忘れないで欲しい——何もチェスには価値があるということを否定しているのではない)。よく似た構造的なもくろみである数学は、科学法則の中で利用されていて、実際に使用されないときでさえ、巨大な量の数学上の細部や事実を統一し、これらの構造により深い理解を与えることができる。(けれども、英国の数学者、G・H・ハーディの考えでは、自分の専門は、それ以上に何の応用も関係ももたないという理由で数学をしていることを誇りにしていた)。

価値と重要さをいっしょに持てれば、いちばん望ましいが、たとえこのことが可能でなくても、われわれはときには差をつけたり効果を及ぼしたりしたいと思う。だからわれわれは影響力と重要であることをどこかに落ち着かせようと思う。たとえこうすることが価値も意味もなくまたわれわれの影響力もそのどちらでもないとしても、まったく重要さがないよりは幾分でもあった方がましである。経験機械のもつひとつの欠点は、それがわれわれの世界に何の効果も影響力ももたらさず、何の重要さも与えてくれないことである。あの経験機械とは違って、真実と受動的な接触を与えたもうひとつの機械でも、やはりこの欠点をもつだろう。これらによって、さらなる現実原則、他との対等な――第五現実原則と呼ぼう――真実に何か影響力を加えるようなやり方で現実性との結びつきを要請する原則は満足させられないだろう。

とりわけ重要さを、どんなに手間ひまがかかろうとも最大にして、価値や意味の上にランクづけるべきだということではない。(もしも歴史上の怪物たちが悪としての特性における悪に屈伏したのではなく、むしろかれらにできる唯一の方法で他人に大きな影響力を与えることを追究したのだとしても、ほとんど慰めにはならないだろう)。もっともすぐれた種類の重要さもまた価値と意味を持つ。しかし差をつけることにはそれ自らの言い分があり、つまり、それは個別の評価という考えである。人びとが価値や意味の不在に乗じて重要さを希求し追究することをわれわれは特別に注目するが、この主張は価値と意味が在るときでさえ存在している。

とはいうものの――いっそう面倒なことに――われわれは重要さという考えを価値と意味という概念から完全に切りはなすことはできない。ある重要な事件や行動は、それ自体で積極的な価値や意味をもったり、何かに積極的に影響を与えたりする必要はないが、しかしそれはいくぶんの効果を価値や意味に与えなければならない。すると、この場合は、その重要さは、価値と意味へのその大きな否定的な影響力の中にあることになろう。何かが影響力をもつということは、ただその効果の数をかぞえることではない。どの行為もおそらく、特定できない程の多数の効果をもっている。話をするとき、わたしは数百万の空気の分子を動かし変化させている。そしてこれらの効果は連続して時間の中に滝のように流れ落ちている。とはいえこのことがそれ自体で談話の重要さを保証するのではない。すると、何かが影響力をもっていることを同定する際には、大切なことは数ではなく効果の種類である。この効果を特定するためには、価値や意味という考え、あるいはさらに評価的な諸次元を呼びだすことになるだろう。重要な事件とは、わたしの考えでは、大きな問題となる諸効果、大きな相異を価値や意味（の総量や特性）に、あるいは何か他の評価的次元に与える効果を伴った事件である。（この相異は否定的な方向に作用することもあることを忘れてはいけない。重要さの考えは他の評価的諸次元を指示するけれどもそれらに還元はできない）。価値、意味、またはある評価的次元への指示をとり除くことは可能ではない。*

重要だと感じることは奇妙な形をとる可能性がある。人びとの中には、かれらの生みだした結果のためではなくかれらを生みだした原因のために重要だと感じる人がいる。たとえば有名な人の子孫がその事実に誇りをもつときがそうである。そういう人びとは、昔の偉業は遺伝に基づいていて、だから自分たちが所有していても表に見せていない潜性形質を誇りにする資格があると信じているのだろうか。それともこういう人びとは成功との生物学上の結びつきが、たとえその環があまり望まれていない方向に向かっていても、かれらに意味を与えていると感じているのだろうか。何かすばらしいものの原因である方がその結果よりもすぐれているというわたしの前提に注目して欲しい。すばらしい原因がつまらない結果になることもあり得るが、その反対に、つまらない事件がすばらしい事件の原因となることはそうたやすくはない。すると、結果のすばらしさは、部分的には、その原因にもどってそのせいにされる。けれども、原因のすばらしさは、その結果をみこしてそ

*このことが意味するのは、歴史家がいくつかの事件を重要と見てそれらを研究するとき、かれらの主張は評価的に中立ではないということである。ある歴史家は、重要な歴史的事件や行動とは人びとが知悉している多くの効果、たとえかれらがそれらがどんな以前の事件に由来しているのか知らなくとも人の意識の中に入りこむ多くの効果を伴った出来事を意味しているのだ、と考えるかもしれない。大戦や政体の変化などは人びとにいつも気になる多くの効果を与えるだろう。この基準は人間の知ることに焦点をあてるが、さらに拡げて宇宙や地上のある動物意識の中の他の知的意識をも含めることもできよう。宇宙の重要な出来事とはそ

の効果が広く知られていることである。(前述の歴史家は、ナポレオンの曾祖父母の結婚もまた歴史的に重要と扱うことはしないで、ナポレオンの生涯は歴史的に重要であると考えることはできる。が、どのようにしてこの人はこれを除外するつもりなのだろうか。あの結婚が歴史的に重要でなくなったのは、ただ単にそのすべての既知の効果はひとつの後代の出来事というトンネルの中に入っているからだろうか。けれどもいくつかの歴史的に重要な出来事とは、ただ単に後代にひとつの重要事件をひき起こすことによってそうなるのである)。

たくさんの既知の効果の基準は、わたしの考えでは、評価的な考えを呼び起こす別の効果への近似値として機能する。第一に、全分子にはある基本的な意識の形があると想像してみること。するとわれわれの談話は、単に数百万の分子がわれわれの発語のために新しく変えられた位置に気づいているために、重要になったのだろうか。その代わりに、われわれは分子の意識はそんなに重要ではなく、それをひき起こした出来事もそうではないと考えないだろうか。他の出来事もまた、広く知られているがつまらない(と言いたい)効果をもっている。たとえば、人気のあるレコードは数百万の人に聞かれるがその人びとの生活にはその他にそれと分かるような影響力は及ぼさない。知識の基準もまた、他の方法では不適当である。もしも太陽系が突然に消滅させられて全人類の知る意識がぬぐいさられたとすると、この事件、人間の歴史の終焉は、たとえ太陽系の住民の誰ひとりとしてその知識や後代への影響をもたないにせよ、歴史的には重要であるだろう。(けれども、知識基準は改良されて次のように言えるだろう。ある歴史的に重要な事件は知識-事象にある相違を与えると。つまりもしそうでなければ起こっていたかもしれない多くの知識事象をさえぎるひとつの爆発は重要とみなされるだろう)。この知識基準の最初のもっともらしさは、たいてい何かが問題になると人びとはそれについて知りたがるという事実から派生する。そのために、知識基準は、評価的次元にそって相違をつくりながら、もっと正確な重要さについての見解に、大まかに近接する。

のせいにはされることはない。事実、影響力という考えは根本的で評価的な次元であり、それは単に、意味という考えのもとに示された結合から派生するものではないのである。

われわれが切望してやまない種類の影響力は、ひとつの大きな積極的な差異を、何かの価値や意味に（あるいは何か他の適当な評価的次元に）つくる。われわれはこの差異が内部の何かつまらなくないものから生じることを望む。偶然に誰か大きな滝の流れのような効力をもった人にぶつかること――「釘（決め手）がなかったので……」の肯定版――では十分でない。われわれは大きな結果がわれわれが尊重する特徴から由来すること、またさらに具合よく、それらの統合された組合せから生じることを望む。われわれの行為が原因となったとき、われわれはその行為が意図的で自己 - 表現的であり、価値ある特徴から派生しそれを示していることを望む。おそらく、この理由は、価値と意味の中で続々に起きるすべての差異は、それ以前の自らの価値と意味をもつ特性や活動から選択されて、それらのせいにされるからである。少なくとも、そのような特性が気まぐれな役割を演じるときわれわれの重要さはいっそう増し加わる。大体において、影響力は行動をさし控えることによってではなく、行動によって結果として生じる。もしあなたが誰かを傷つけるのを見合わせて評価してもらえるとすると、それはただあなたのその人間を害する行動が期待されていた何かであったり、当然の行動のなりゆきとされるときだけである。ただ往来の歩行者をひき殺さないというだけで、あなたがいつも歩行者たちに重要な結果を与えているわけではない。

私は重要さをもっと仔細に、物質的豊さと権力とを試みにそれの形として、含めてみたい。哲学の伝統がそうであったように、これまでわたしは、多くの人間が富と権力を飽くことなく追い求めているという事実にもかかわらず、こういう形の重要さを無視しがちだった。哲学者とは考える人であり書く人であることを尊重する人間である。本を書くことがまったく無価値だと述べている本がほとんどないのは、ちょうど知的論議の価値を否定する知的論議がほとんどないのと同じである。もしこんなことを考えれば、本を書いたり議論するのもやめるばかりだ。ただ富と権力だけが大切であり、知的理解と明晰さは大切でないと考えていた人びとも、かれらの事例を述べている論文を（わたしは確信するのだが）拋《ほう》り出したりはしなかった。わたしはまだ世間の富や権力を無視したい思いに駆られている。でももっと仔細に見てみよう。

重要さには二つの面がある。第一の面は外からの影響力つまり効果をもつことを含み、外からの効果のもととなる源泉であり、他の人や事物があなたの行動によって影響される結果となるように効果が流れ出てくる場所である。第二の重要さの面は一目おかれなければならないこと、存在感があることを含む。（たとえ、一目おかれることは影響力や効果の一種としても、別々に論じるだけの価値がある）。もし重要さの第一面が効果が流出する原因的源泉であることを含むなら、第二面はそこに向けて反応、あなたの行動、特徴、存在への反応が流出する場所を含む。ある点では、それらはあなたに注意を払い、あなたを考慮にいれる。単に注意を払われるだけでもわれわれの求める何かではある。*

他の人びとの注目の焦点であることは、しばしば、権力者たちの特権である。権力、名声、富貴への欲望は、大部分、重要さへの欲望である。もちろん、権力、名声、富貴が欲望されるのは、一部は、それらに続いてくるもの——財産、愉快な経験、おもしろい社交上の出会い——の手段としてである。けれども、これらのつつましいものごとのかなたには、権力、名声、富貴がまた、まぎれもなく重要さのあの二つの型、効果をもつことおよび一目おかれること、を巻きこんでいる。さらに、これらはまた重要であることを象徴する。重要さへの結合は権力の場合にもっとも明白になる。権力者は自然の恵み、自然自身、他の人間に影響を与えることができるからである。権力の多様な形態を分類することは可能であり——いく分かを脚注にしてある——またおそらく、特定の権力の方式がわれわれに強制されているとき、その位置をいくつもの選択のパターンの中にみることは、救いにさえなるはずであり、そうでなくてもいく分かの慰めとなるであろう。*

権力——成果に影響を与える能力——を研究する社会科学者は、しばしば他の人々が権力の成果に真正面から反対する状況に集中している。マックス・ウェーバーは権力を「ある社会関係の中の一行動者が抵抗にもかかわらず自分自身の意志を遂行することができる地位にいられるであろう確率」と定義するところまでいってしまった。*たしかに、変更できない反抗という状況は当面の一状況かもしれないが、この事例がいつも存在するということを直ちに前提することが多過ぎる。成果に影響を与える能力はまた、他のやり方でも行使できる。他の人びとを説得すること、協力的な妥協を提案すること、各党派の欲望をもっとうまく満足させるある新しい代案をもちだすこと、等々のやり方によって、そして諸党派の絶えず続く連合の中でとり替えなければならない千変万化の衣裳替えに参加する（そしてその方向に影響を与える）ことによってもできる。社会科学者は行動や振舞いに影響を与える権力について語る。しかし情動、観念、知覚の様式——芸術家や思想家の王国——に影響を与え、また人びとの核心である自己——霊の教師の王国——に影響を与える権力というものもまた存在するのである。

富もまた、それで買えるものばかりでなく、それがもたらす重要さのために望まれる。西欧社会では、たいていの場合、富が人を重要にする。そのため富裕な人は（たいてい）大切に待遇され大きな効果を及ぼすことができる。さらに、多数の人にとって、富は重要であることの象徴であり、富こそ重要さの通貨と言ってもかまわないだろう。ぜいたくもまた、現実のやわらかい慰めを別として、重要さの象徴的再現である。まるで人びとはこの世間がこんなに大切にもてなす人は誰にせよ重要にちがいない、という風に考えているようだ。（ぜいたくな品目は相対的に少ない——ヴェブレンが認識した通り——ということが特別なものの代わりとなり重要さを象徴することを可能にしている）。

わたしが言いたいのは、誰でも、その当人にせよ他の人にせよ、富によって人間の重要さを見積るべきではないということである。そのわけは、個人の特質を利用する活動とちがって、ただ金銭の所有は自己‐表現的になれないためだろうか。それでも、金銭は自己‐表現的である家をつくるのに費やすことができる。またその支出は建築家、大工、家具製造人に影響を与えることができる。また金銭を集めるという活動は、自己‐表現的で

---

*Charles Derber, *The Pursuit of Attention* (New York: Oxford University Press, 1983), pp. 21-35, 65-86 参照。

*権力の範囲を測定するために（社会科学者の説によると）われわれがしなければならないことは、他者についてかれらの行動のどれが巻き込まれているのか、どんな権力の源泉が用いられているのか、そして、権力の行使者に対する経費は何であるのか、を同定することである。権力は異なった形態をとることができる。他者のふるまいは、人びとの身体をどこかに連れ去ったり監房に幽閉したりするときのように、かれらの選択をそらせることによって影響を受けることができる。あるいは、影響力は人々の選択を通して起こることもできる。ひとりの人間のふるまいにたまたま伴った消極的な結果のつまり非有用性の確率が持ち出されることもできる、そしてそのことによってかれを強制して何か他のことをさせることができる。それとも、かれの偶発的なふるまいの積極的な結果のつまり有用性の確率をたかめ、そのようにしてかれを誘導してそれをさせることができる。あるいは、あなたはかれの確率や有用性の判断に影響を与えることができるがその一方で、かれに情報を与えてそれらを変わらないままに放置することができる。このようにして、あなたはかれの行動に影響を与えているのである。（この考え及びたぶん次の考えがメディアの権力とか影響とか言

われるとき、用いられている)。あなたはかれをある方向に導くために、かれに正しい情報の偽か偏向したサンプルとあなたが信じる情報を与えるとき、あなたは他人をあやつっている。(あなたがそれが偽とか偏っていると信じることなしに、それが真かつ偏向していないということを信じず、ただ他の人間を誘導することだけに関心を向けるとき、これもあやつることだろうか)。誰かがあなたが影響をおよぼしている行動を通して第三の部分に権力を行使するとき、あなた自身もまたその第三部分に権力をもつことになる。権威をもつということは、誰かに何かをせよと命じ、かれらに服従の義務を課す権利をもつことである。またこの権威は命令された者が義務と感じそのために服従する限り合法性がある。

指導者は人びとの雑多な憧憬や行動をまとめて特定の目標に向かう調和のとれた形にもってゆくことができる。人びとがいっしょになってできる多くの価値あることがある。国家は、貧しさを減らし、本格的な文化を進め、新技術を開発し、個人の自由を最大限にふやし……のことに専念できる。十代の仲間のグループなら、いっしょに映画や遊園地や闘技場に行ったり、街をぶらついたり、近所の清掃をしたり、町のパトロールをしたり、劇をつくったり、などが考えられる。可能で望ましい目標のリストはたいへん長いが、全部が同時にできるわけではない。とにかく、望ましい目標が競いあってその長所を声高に叫んでいるまっただ中で、人やグループはその中のどれを全心からいっしょになって追求するべきかを決めねばならないだろう。指導者はこの諸目標間の競争を解決するように機能する。かれは望ましいひとつの目標というヴィジョンを与え、そこにたどり着くために適切な計画をはっきりと述べ、そしてかれに続いてこの道を進むために多くの人びとの勇気をふるいたたせる。すると、ただきわめて特殊な条件の下でのみ、社会はある種の指導性への必要を避けることができる。

＊Max Weber, *The Theory of Social and Economic Organization* (New York: The Free Press, 1964), p. 152 (傍点は著者)。

ありまた他人にも影響を与えるようなやり方で行なえないのだろうか。それでも、ある人がその注意を自らの才能を行使したり生産的活動を行なった内実に向けるよりも、手段としての金銭に向けるその範囲にしたがって、その人の心はまったく内在的価値のない内容に占められてゆくだろう。金銭と富は、それだけでは、ニュアンスに富んだ表現の媒体ではない。複雑な何かを鏡のようにうつす渦巻きや肌理《きめ》を欠いている。

何故われわれは金銭が活動の第一の動機であるとき品位がないと考えるのだろうか。(これは人が家族を養う動機やその人自身を品位がないと考えているわけではない)。ある活動にはいる動機が第一に金銭によるということは、金銭がもたらすものを活動それ自体の価値と意味の上位にランクづけることである。するとこのことは、その価値と重要さが金銭よりも高いと考えられている活動をおとしめることである。もしわれわれに向かって哲学者はお金のために思索し、医師はお金のために病気を治し、ヴァイオリン造りは現金を得るためにそうすると言ってのければ、かれらの活動はどことなくきたない感じがする。またもしもかれらがその仕事の意味と価値を、金もうけより下にみるような間違った理解をしているならば、いったいどうして質のよい仕事をすることができるだろうか。フロイトが言及している名声と美女たちの愛に動機づけられている——かれはどちらが上位かは特定しなかった——男性の作家たちでさえも、すぐれた著作をするために名声を望んでいる。つまり質がかれらの欲望に内在しているのである。金銭は、これに反して、顔がなく、何か価値あるものを再現または表現する必要がない。そのために、行動の主体の注意をその活動の輪郭や質に向けるのが当然であるのに、それらから逸らしてしまうものは単に支配的な動機としてのお金ではない。金銭に与えられる高い地位はかれをその活動のゆがんだ見方とともに見せつける。かれの活動が続行されるやり方に影響を与えずにはいないゆがみと共にである。けれども、もしかしてこのゆがみはかれの活動観の中にではなく、かれの金銭観の中にだけあるのだろうか。人生はこんな風に分けられるものではない。この活動と同時にその他のものごとにも価値を見出すのはひとりの統合された人物なのである。するとその活動はそのような価値の物差しをもった種類の人物によってなされた種類の活動ということになる。人物よりも金銭をよけいに愛する人はその人物を愛していないことになる。

権力は、他人に大きな効果をおよぼすやり方で押し出し豊かに、用いられ強制される。もしも重要さがたしかに真実の一次元であるならば、単に権力を所有することも誰かにより大きい真実を与えていると言われねばならないのだろうか。たとえもしその権力が、その権力の保持者自らの意志を他人に押しつけかれらを一定のやり方で動かすのを望むというだけで、かれらを支配したり他の選択の余地をとざしたりするために行使されるようになったとしても、であろうか。もしも権力それ自体の所有と行使によって効果をもつことが誰かにより大きい真実をもたらすならば、それは他のやり方よりももっと広い範囲にわたって、その人の真実を縮少することになる。これこそ権力がもたらしがちな腐敗の一片である——誰ひとり、とても沢山は持ち逃げできない。(ほんの一目でもみるがいい。権力をふりかざしその一生を金銭や影響力や特権をかき集めることに没頭した者たちの顔を)。

こういう理性のやぶの中に追いやられてわれわれが明白なこと、つまり、以上のような重要さのもついくつかの方式は誰かをいっそう真実にはしない、ということをようやく示すことができたのは、これまで重要さが中立的に——どんな種類にせよ、影響力をもつものとして——定義されてきたためである。まず初めに、ただある種類の影響力、およびただあるタイプの理性だけが考慮され、重要である「重要さ」をつくりあげると限定した方が簡単ではないだろうか。後の「闇と光」についての黙想の中で、現在の中立的な真実の内容の特殊化についての考察を行なうつもりである。

価値、意味、重要さと対等に、真実の第四の評価的局面ないし次元、つまり重さのそれがある。何かの重さとはそれの内的実質性と強さである。その反対について考えてみる方が役に立つかもしれない。ある人物が「軽量級《ライト・ウェイト》」と呼ばれるときはどういう意味だろうか。ここで話題にされているのは影響力や重要さのことかもしれない。しかしふつうは、私の考えでは、意味されていることは、重要さが基づいている(または基づかねばならない)特質である。人びとが口にしているのはその人がどんなに実があるか、その考えは思慮深いか、その判断は頼り甲斐があるか、またどんなにかれが不幸やもっと深い試練にも負けないでいるか、なのである。重味のある人は流行やきびしい詮索の風によって吹き飛ばされはしない。ローマ人はこれをグラヴィタスと名づけた。

われわれは重みをある種の外的変化への抵抗として特定してもよいかもしれない。(もっと十分に調べると三つの構成部が特定できる。あるものは、特定の諸力に直面するときの特定の諸変化に関連する特定の諸特徴の中に、重みをもつ)。重みはある平衡という考え方もできる。安定したバランスをもつものならば外からの力に抵抗するか、以前の状態かそれに近い状態にもどる。また同じように、ある人物、ある意見、ある原理、またはある情動は、もしもそれが外側の圧力ないし諸力に直面したとき現状を維持するか、もと通りに立ち直れるならば、重みをもつ。以上のことは、重みのもつ内的概念を、どのようにして外からの諸力に抵抗するかということによって外部から特徴づけている。あるものがこのような具合に自らを維持することを可能にさせている内部の実体とはどんな風なものか、われわれはまだ語っていない。

ときとして、重みは何かが関係の網目の中でどれほど緊密に統合されているかに依存することがある。重みのある意見とは順序正しく考察されていて、多くの事実、より大きな問題、持ち出されるかもしれない反対意見の可能性を考慮に入れている意見である。情動も重みをもつ。それが当人の他の努力、計画、目標、欲望と結びつけられ、それらと統合されるとき、それは一過性の気まぐれではない。たぶん情動はいま述べたことにきちんとうまく適合するためにいく分か修正を蒙っている。このような多岐にわたる関係の網目は、外からの圧力に面したあるものをしっかりと支える。さらに、重みをもったものは、倒されないように、すでに多くのものたちを考慮に入れていて、それらを統合し始めている。重みの一般的内的特性描写、人間や信仰や情動に役立つような描写が見つけられたらすばらしいだろうに。実体（の量）や密度について語ることは単に現象を示すだけで、それを特徴づけることではない。たぶん異なったタイプのものごとは異なったやり方で、実体的であり、ただいくつかの外的特徴と外圧に面して立ち直り維持できる能力を共通にもっているのだろう。けれども、重みとは、それが外的であるための基準をわれわれは用意したにもかかわらず、内的な現象である。それは内的な属性であり、特定の事例においてどんなであろうとも、平衡を保ち続ける基礎となるところの属性である。

重要さは、意味と同じく、外的結合ないし関係を巻きこんでいる。重みは、価値と同じく、内的組織を巻きこんでいる。重みの価値に対する関係は重要さが意味に対する関係に等しい。重要さは外的または関係的強さまたは権力であるのに対し、重みは内的、内属的強さである。価値は何ものかの内属的統合であるのに対し、意味は外的事物とそれの関係および統合である。こうして、このきちんとみえる公式、重み／価値＝重要さ／意味から表をつくることができる〔表1〕。

	内属的	関係的
統合	価値	意味
強度	重み	重要さ

表1

真実のもつこれら四つの評価的次元——価値、意味、重要さ、重み——についてこの単純な表は、これらに光を投じ満足を与える関係の中に位置づける。そのつぎに、われわれは議論をして、何であれ一切をただこれら四つの次元の基準から評価していくことを希望してもよいかもしれない。が、不幸なことに理論上の目的のためには——しかしたぶん生活のためには幸福なことに——これら四つだけでわれわれがやりたいと思う関連する種類の評価全体を論じ尽くしてはいない。

深みもわれわれが賞賛する特質である。芸術作品、情動、科学理論、数学の定理、人物、それとも理解の仕方、そのどれにおいても、深ければ深いほどよろしい。霊の道をすすむ人たちは最深層の真実と接触することを求める。浅薄さと皮相さは、何も深いものが必要とされないときには登場する機会もあるかもしれないが、一般的な望ましい諸特質の中にはいない。

深みを広さに還元して、それによって一切を平たくしておこうという試みは魅惑的である。ある深い科学理論は多くの他の理論や問題と結びつけられている。ある深い情動は多くの他の人びとの心に響きわたり多くの変化を生じている。では、われわれは深みを、単に、すべて同一平面にある、広範囲にわたる結合のネクサスとしてだけの理論にしてもよいのだろうか。すべてのものは同一の表面にあるが、いくつかのものが他のものよりもいっそう広範囲に広がり大規模な表層の結合をもつときには、われわれはこの面を深みとして投射する。(二次元空間の住民は平面幾何学の特質からどのようにして曲率を推論するか比較すること)。

しかし何故このひとつの還元法にこだわるのだろうか。多くの他の次元が急速にわれわれに流れ込んでいるときに。もし深みがふさわしい次元ならば、振幅、何かの大きさと規模についてはどうだろうか。より大きい作品、より大きい領域、より大きい自己——これらすべてとともに、純粋な大きさ、それに伴うものを包み込む拡大された資質、は積極的な特性となる。自己を評価する際、われわれはその広さ、量、その内面空間の規模に気をつけた方がいいだろう。もしわれわれがすすんで、価値、意味、重要さ、重み、深み、振幅について語るのならば、そのリストには高みをも加えるべきではないだろうか。何故なら、より高い情動、より高い芸術作品、より高い快楽というものがあるからである。もしも高みがとりあげられたら、次は、強烈さではどうだろうか。

もしもわれわれがそれによってどんなものでも——自己、その生活、情動、活動を——判断したいと思ってもよいような評価的次元を全部リストにのせてゆくならば、やがて独創性、活気、生気、円満具足などもまたリストにのせねばならなくなるのだろうか。そしてもしもこれら全部がゆるされたら、次は、創造性、個性、表現力を入れたらどうだろうか。──ひとたびすべての抑制がはずされてゆくことになれば、美・真・善もまた入れないでよいのだろうか。

評価的次元の数をふやすことは、われわれの強烈な積極的情動の見方に影響する。というのは情動が積極的であるのは厳密にそれらの情動が積極的評価を具体化するときだからである。ひとつの積極的評価は価値の次元を呼びさますが、われわれはまた何かを意味、重み、重要さ、深み、強烈さ、活気、その他をもつものとして積極的に評価することができる。情動は、これら多様な次元に沿って事物を評価することに基づいているばかりでなく、われわれがこれらの強烈で積極的な情動をもっていること自体がわれわれの生活の価値、意味、強烈さ、深み、その他に貢献している。このことはあのスポック問題に対して、もっとも真である答えを与える。これらの情動はただ単に評価的諸次元に呼応するばかりでなく、これらの次元に沿ってわれわれをつくりあげることを助けているのである。

われわれが過度の評価的諸次元に、その爆発に遭遇してしまったのは、驚くべきことではない。しだいに増大する評価的諸次元のリストはただひたすら真実の諸次元をリストにのせているのである。これらは何かをいっそう真実にする諸次元である。これらの次元のどれかに沿ってランクが高くなることは（他の次元は一定に保っておいて）いっそう真実になることである。われわれはすでに、真実には多くの局面、多くの次元のあることを見た。では何故、これらのうち、ただいくつかだけが評価に関連する次元を形づくることを期待しなければならないのか。真実のもつひとつひとつの次元は評価と関連し、またわれわれの努力とも関連することはないのだろうか。

17 真実性の行列表

前述の省察では、真実性の次元のリストを初めの四つ──価値、意味、重要さ、重み──からさらに広げてその他の種類を含めた。ではこれから関連する評価の諸次元のもっとも幅広い可能性のリストについて考えてみよう。このリストに含められるのは次のことがらである。(全部を一息で言うために深呼吸をすること)。価値、意味、重要さ、重み、深み、振幅、強烈さ、高み、活力、富裕、完全さ、美、真、善、成就、精力、自律、個性、活力、創造性、焦点、目的、発展、穏やかさ、聖性、完璧さ、表現性、本格性、自由、無限性、忍耐、永遠性、知恵、理解、光明、高貴さ、嬉戯性、壮麗さ、偉大さ、輝き、高潔さ、人格、気高さ、理想肌、超越性、成長、斬新さ、広がり、独創性、純粋さ、単純さ、貴重さ、意味深さ、広漠さ、深遠さ、統合性、調和、繁栄、力そして命運である。(まだとり残されているものがありはしないかと問わないことにしよう。でも、以上のどの次元が経験機械によって認められ得るのか、どれが除外されることになるのかを問うことは適切である)。

この諸次元のリストは網羅的である。もしも順序をつけずにただ雑然のままにしておくと、どんな長いリストでもわれわれをたいして啓蒙してくれない。ある知的な統制を得る

	内属的	関係的
統合	価値	意味
強度	重み	重要さ

表1

ためには、このリストの構造化が必要である。もっとも、このリストのみが唯一、尊重されるべきというわけではない。構造化の過程で、あらわれてくる形に適合しないいくつかを除外したり、その形が要請するいくつかの付加を含めたりするようになるかもしれない。

どのようにして、これら多数の真実の次元に秩序を与え部類に分類したらよいだろうか。私は縦・横の欄をそなえた行列表《マトリックス》という表中に配列してみたい。(表を選ぶのに親近性以外の理由はあるのだろうか。真実の次元はどんな配置図をもっていると期待されるだろうか。十四次元空間中の一個のドーナツか、光線を放射している無限－次元の圏か)。ただ四つの次元だけを用いて、われわれは二つずつの行列を得ていた。

全部の次元を包括するもっと大きな行列表をつくり上げることは、多くの理論上の目的に役立つ。それの行 (横欄) と列 (縦欄) の見出しは現実の範疇《カテゴリー》となる。(二つずつの行列表では列の見出しは内属的と関係的であり、行のは統合と強度である)。そこから順にわれわれは、何故このような行と列の見出しが厳密に存在するのかを調査することができる。(もしもつくり上げられた行列表にいくつかの空欄があるとすれば、まだわれわれのリストに挙げられてはいないが、他にどんな次元がふさわしく空欄を埋めるかと問うことができる)。また、すでに充たされている行か列かの欄の中に、ある特定の範疇がふさわしい見出しを貼られているのをみるとき、それが重要であることを納得するかもしれない。さらに、この行列表は、われわれがまだ知らなかった諸次元間の関係、つまり、それらが同一の列(または行)の欄に入れられるもとになる類似性をはっきりと示すことができる。さらにまた、それぞれ個々の次元について、われわれはそれを行と列の各欄の見出しに呼応する二つの相のもとに見ることができる。混沌としたリストを組織立てて行列表にまとめることが光を投じることになるのは、われわれが諸次元を新しい関係の中にみて何故その表がその構造を所有するのかを調べてゆくにつれて、構成している諸次元をよりよく理解させてくれるからである。諸次元を行列表に組織づけるときは、あまり無理強いをしたり、きれいに配置しようとするあまりに恣意的な決定をしたりすることのないように進められるべきである。けれどもまた、なんらの強制も恣意もまったくなしに進めてゆけると希望することは無理かもしれない。

新しい行列表をつくり始めるのに、前に四つだけの次元——価値、意味、重要さ、重み——を考えたときふさわしく解明した二つずつの表を利用することができる。前回の行列表は、さらに広げられ、積み上げられていく行列表の核として用いることができる。リストにのった他の次元で、内属的または関係的という見出しのつけられた列の中に自然に当てはまる何かがもっとあるだろうか。あるとするとそれらはどんな新しい行を示唆するだろうか。統合または強度という見出しのついた行に無理なくあてはまる何かがもっとあるだろうか。もしそうならば、どんな新しい列を、それらは示唆するだろうか。もっとあるという答えはより大きな行列表をつくりだす。そして類似の問いを繰り返していくと、行列表をつくり続けることができる。ときには、他のものと自然に適合する次元をひとつ加えることによって、もっと大きなグループ分けが目立つようになるために結果として、行列の見出しを修正することになるかもしれない。

真実性の諸次元の行列表をつくり上げることによって得られる、別の機能というものもある。それは厳密に理論的な働きではない働きである。ただわれわれが見た目のよい満足すべき行列表をつくり上げることができさえすれば——先の方を一瞥するとまだ未完成であることが分かる——そのときこそこれら他の機能を美の働きと呼ぶことができるかもしれない。行列表が具体化しているのは、多様な真実の次元が統一され分かりやすく相互に関連づけられているという願い、真実の王国がそれ自らの有機的統一を示しているという望みである。こういう行列表を、価値の表として考えることもできるかもしれない。この後にくる図表が正道に沿っているという自信はわたしにはない。ゆえにこの章の残りは、現代哲学の肌合とは違った非常に奇妙でときには人をまどわせる理論づけを含んでいることを自認する。もしそこを削除すれば、わたしは現行の哲学者村の住人からそんなに嘆きの的《まと》とされることもないかもしれない——ここを書き始めてからもうわたしは落ち着きのない気分にさせられている。

けれどもどんなに奇妙であっても、この図表は真実内部の統一の象徴的再現、あるいはわれわれのそれへの願望である。たとえそれがその統一の正確な理論であろうとなかろうと。だから、この表を、何か暗喩《メタファー》のようなもの、それとも真実の内部構造を代表し呼び起こすある対象、それとも、せめて、真実が姿をあらわすまで、真実になるべくふさわしい象徴のための場を保持する何かとして、見てほしい。ここに提示した真実の表は正確ではないかもしれないが、それが真実であることは必要である。

では行列表の中に真実性の諸次元を配置してみよう。[*] その他の二つの次元、完成と完全は、当然、統合という見出しの下に来るように見える。完成とは統合のテロスつまり目標、その成就であるのに対し、完全はそれ以上の何かであるように見える。ものごとが成就したときでさえそのかなたには、それの理想の限界が存在する。(理想の限界自体も一種の成就かもしれないが、成就もまたその理想の限界にはとどいていないことを見つけることができる)。完成はあるものごとの、それ自体の統合の相におけるある成就である。他方、完全とはそこから可能なかぎり遠方の地点、そしてたぶん、さらにかなたのそれの理想の限界にとどくまではこぼれた統合である。

最初の二つずつの行列表は、今、拡大されて次のようになる〔表2〕。

二つの空欄を埋めるのは何だろうか。強さの理想の限界は伝統によれば神、全能、まっ

	内属的	関係的	成就 またはテロス	理想の限界
統合	価値	意味	完成	完全
強度	重み	重要さ		

表2

たく強力な存在に帰せられる特性である。この理想-限界の欄が神学者たちがこれまで論じてきた数多の特徴を集めているのは驚くにはあたらない。何故なら神聖な存在またはその概念は、存在の数多の属性と様態の理想の限界を代表し現成するからである。

強さの目標ないし成就とは何か。リスト上の二つのものごとが適合するかもしれない。権力――しかしこの最後のものは単に強さを言い表わす、より広義の用語に過ぎないのではないか――および偉大さがその二つである。重要さについてのわれわれの議論はその二つの相を区別した。外からの衝撃、および人から一目おかれること、である。この区別を強さの行に沿って続けてみてもいいかもしれない。偉大さ、強さの成就には、したがって二つの相がある。権力は強さをその衝撃の相において成就する。何がどのようにして何かが一目おかれることを成就するのか。自律および愛されることは一目おかれることの成就であろうか。全能は強さの衝撃的な相の理想の限界である。ならば何がそれが一目おかれることの理想の限界であるのか。それは崇拝されることだ、とわたしは思う。

崇拝されることと愛されることが列の小項目に含められるときには、

強さはもはやその行のもっともよい見出しとは考えられない。実質性または実質的である、ことの方がふさわしいかもしれない。何かはどのように実質的であるのか。その実質性のもつ内属的な性質とはその重みであり、その実質性の関係的性質とはその偉大さであり、等々となる。おそらくわれわれはもっと単純に何ものかの実質性ではなくてその実質について語る方がよいだろう。もしもあなたが実質とは何か、よく分からなくても、たぶんこれは役に立つだろう。つまり何かの実質の内属的性質はその重みであり、その関係的性質とはその重要さであり、実質の成就とは偉大さであり、等々となるからである。

一般的に、われわれが行の見出しを明確にすることができるのは、列の各見出しとその行の行列表の各項目を理解することによってである。例えば、実質とはそれらの列に対するそれらの項目をもつものすべてである。同じように、われわれはひとつの列を理解するために、ひとつの行の見出しとその列の行列表の全項目をより明確に理解することを基礎とすることによって、明らかにすることができるかもしれない。例えば、成就とは統合が完了したとき達成されるすべてのことである。この行列表を円を描くようにぐるりとあたってみることさえ、われわれの理解を増すことができる。ちょうどある科目を学ぶときに、ただぼんやりと分かっている何かを読み、このとぼしい理解を用いてなんとか第二、第三の論文を把握し、それから第一のに戻ってもっとよく理解し、その後で第二、第三のに戻ってさらにいっそうよく理解するという方法で学習することができるのと同じである。とはいえ、正直に言うと、この行列表の基礎をつくり、組み立ててゆくことは、トランプのカードで家を組み立てるような気分にさせられることもある。カードの家はたとえ立っていても、ぐらぐらして脆《あや》うげにみえる。

われわれのリスト中の三つは、しばしばひとつにまとめられ、美・真・善とひと息に言われる。これらをいっしょに同一線上に位置づけるのは喜ばしいことだろう。けれども、哲学者の通例の見方からすると、このグループの中に真が存在することはおかしい。哲学者たちは真という用語を命題か文か陳述——ということは、何か言語学上の項目——に適用する。何かが事実と符合するとき、何かが事物の有りようを記述するとき、そういうことは真である。もっともつつましい平叙的陳述でも真であり得る——例えば、このすぐ前の頁には少なくとも「あ」という文字を一回は含んでいたという陳述でも。その理由は、きちんと形づくられた陳述なら、それは真であるかその否定が真であるかのどちらかであ

＊読者の中にはこの部分は興味がもてないと思う人がいるかもしれない。すでに「真実」についてはもうたくさんというほど、聞かされてしまったか、あるいは後出の部分はひどく抽象的と考えるゆえかもしれない。もしそうなら、あなたにもわたしにもいらない苦痛を省いて、すぐに次の章に移ることである。もっともそれ以外の読者のためには、もし仮に二つずつの配列表を描き、論議の進展につれ、その表を外に向かってしだいに広げていくとすれば、どういうことが生じるかを見るのに役立つかもしれない。それとも、あらかじめ三五九頁と三六一頁の完成図を見ておく方が役に立つかもしれない。

るから、われわれがどんな関係をもったらよいか知っていたり焦点を当てたいと思ったりするよりも、もっと多くの真の陳述があるからである。（以下を考察すること「この前の文は九四二語を含んでいなかった。」「今まさに象が私のペンを嚙んでいるということは事実でない。」）真である文のようにつつましく平凡なものが、美や善といっしょのリストに属するのだろうか。たぶん、ただ根本的または重要な真の文だけが、大いに知る価値のある文だけが意図されているのだろう。けれども、真という用語が美や善といっしょにつるりと舌先からころがり出るとき、私にはそれがメタ言語学的な何かとして、ある文や命題や何かそれに似たものとして、もっとも適切に組み立てられているとは、どうしても考えられない。詩人のキーツが真と美を同一と信じたとき（「美は真であり、真は美である」）正しかったにせよそうでなかったにせよ、とにかく真は美と善と同じ種類のものごとに適用されている。それは単に文や命題だけに限定されていない。*じっさい、真とはそもそも本来的に関係的であると考えられるのが一番よいと、わたしは思いもしない。たとえその関係に対応性があるにせよ一貫性があるにせよ開示的であるにせよ、である。

あるものごとの真理とは、それの内部の存在である。その真理とはその内部の精髄《エッセンス》であり、それは外に輝きわたることができる（もっとも常にそうというわけではないが）。その真理とはそれをめぐるいくつもの最深の真である――もしメタ言語的に理解するのが役立つならそのように理解してもかまわないが――その内部の本性をめぐるいくつもの真理である。あるものごとの真理とはその内なる光である。（ゆえに真理は輝きである）。しかし事物の中にはその内部の本性、その最深の精髄が暗黒であるということがあり得るのではないだろうか。もしエリク・エリクソンが「ガンジーの真理」について語ることができるのならば、われわれもまたスターリンやヒトラーのについても語ることができるのではないか。こういうことは避ける方がいいかもしれない。とはいえ単にあるものごとの真理はその感嘆すべきまたは望ましい性質（いく分なりとあると仮定して）であると規定するという手段に頼るのではいけない。

ある行が表中の統合と実質性の下に分類されるためには――それは範疇か様態か、どういう見出しかはまだ分かっていない――真（理）は表の中で内属的という第一列中にはいるだろう。もし善と美とが真とならんで配置されるべきだとすると、善は関係的の列に属

＊現代の哲学者の中で、マルティン・ハイデガーは真理をより広く用いている。かれの見解では、真理は言述または非言述の一種、開示または非開示である。かれの真理についての考えはこれより広く応用されているけれども、何故特別にこの用語が文に適用され得るのかが理解可能になるということは、もしかするとハイデガーの理論の手柄とみてよいかもしれない。開示と非開示もまたハイデガーにとって個人的なテーマであった――かれのナチズムとのかかわりがどんなに深いものだったかをわれわれに語ろうとは決してしなかった。トマス・シーハンのすぐれた論文 Thomas Sheehan, "Heidegger and the Nazis," *The New York Review of Books*, Vol. 35, No. 10 (June 16, 1988), pp. 38-47 参照。

す。その内属性がその真でありその関係性がその善であるような範疇にとって、その成就は美である。このことがそうでなければならないということは、美しくさえ見える。美を真と善とに加えることは、このリストの継続であるばかりでなくまたリストの成就とも見える。

存在の内属的な相が（あるものごとの）真であり、その関係的相が善であり、その成就が美であるような範疇ないし様態をわれわれはすでに仮定した。このように高邁な範疇の理想の限界とは何だろうか。また何がその理想の限界になれるのだろうか。理想の限界とは聖性である、とわたしは思う。これらの連続は減少なしに続くことができる。真、善、美、聖と。

その内属相が真であるもので始まり、その理想の限界が聖で終わるものとは、どんな範疇だろうか。それに卓越とか精髄という見出しを貼っても、正しくとらえたことにはならない。それでわたしはそれは光の範疇だと言いたい誘惑にかられる。あるものの内属的な光はその真であり、関係的光はその善であり、光の成就はその美であり、また聖性はその光の理想の限界である。こういう言い方はまだある気分を呼びさますだけで、明晰ではないことをわたしは認める。しかし捨てて顧みないままに放置せず、やがてもっと十分に理解できることを待ち望みたいと思う。

諸次元のあるものは、ある事物の大きさと規模、つまり深み、高み、振幅、無限性とか

	内属的	関係的	成就 またはテロス	理想の限界
統合	価値	意味	完成	完全
実質	重み	重要さ	偉大	全能
光	真	善	美	聖
規範	深み	振幅	高み	無限
精力	強烈さ	活力	創造性	無限の精力
焦点	鋭さ	活気	個性	独自性《スイ・ゲネリス》
充満	肌理《きめ》	富裕	全体性	全－包括的

表3

	内属的	関係的	成就 またはテロス	理想の限界
独立	自己－指令的	自由	自律的	自己－選択的
穏やかさ	おちつき	穏やかなこと	調和	理解を超える 平和
発達	成熟	成長	目的	命運
実存	時間的実存	空間的実存	因果的相互活動	自己原因《カウサ・スイ》

表4

かわる。深みは内属的、無限性は理想の限界、高みは成就と思われるから、ためしに（ためらいがちながら）振幅を関係的として位置づけよう。すると他の諸次元は事物の精力、その強烈さと活力を指示する。そして私見では、強烈さは内部、活力は外に向かって湧き出る。たぶん創造性も精力の成就としてここに適合する。（精力の理想の限界、無限の精力についての特別の用語をわたしは知らない）。われわれの最初の真実についての議論（「もっと真実《リアル》になること」に関する省察の中）は焦点の鋭さと活気、何かが地《じ》に対する図柄として目立つ程度、および焦点が一般的範疇としてわれわれの行列表に追加されねばならないこと、の考察から始められた。焦点の成就ないしテロスについて、図柄として腐刻《エッチング》されることについてはわたしにはまだ確信がない。たぶん、それは背景の地からまた他人から境界設定されている個人性である。もしそうならば、その理想の限界は、絶対的特有性および絶対的唯一性、独自性《スイ・ゲネリス》であること、となるかもしれない。諸次元のいまひとつの範疇は、充満、豊富、富裕、全体性とかかわるように見えた。これらの理想の限界は全‐包括的であることになるかもしれない。しかし、それらの厳密な位置づけは明らかではない。充満をためしに一般的範疇としてみよう。そして全体性をその成就、富裕をその関係相としてみよう。するとその内属相は、構造ないし肌理《きめ》となるだろう。このようにしてわれわれは表3〔三五三頁〕にやっとたどり着いた——つまりつまずいて倒れこんだのである。

ヴェクトルの向き	構造的構成	方式
精力	充満	独立
焦点	統合	発達
〔名無し〕	実質	実存
光	規範	穏やかさ

表5

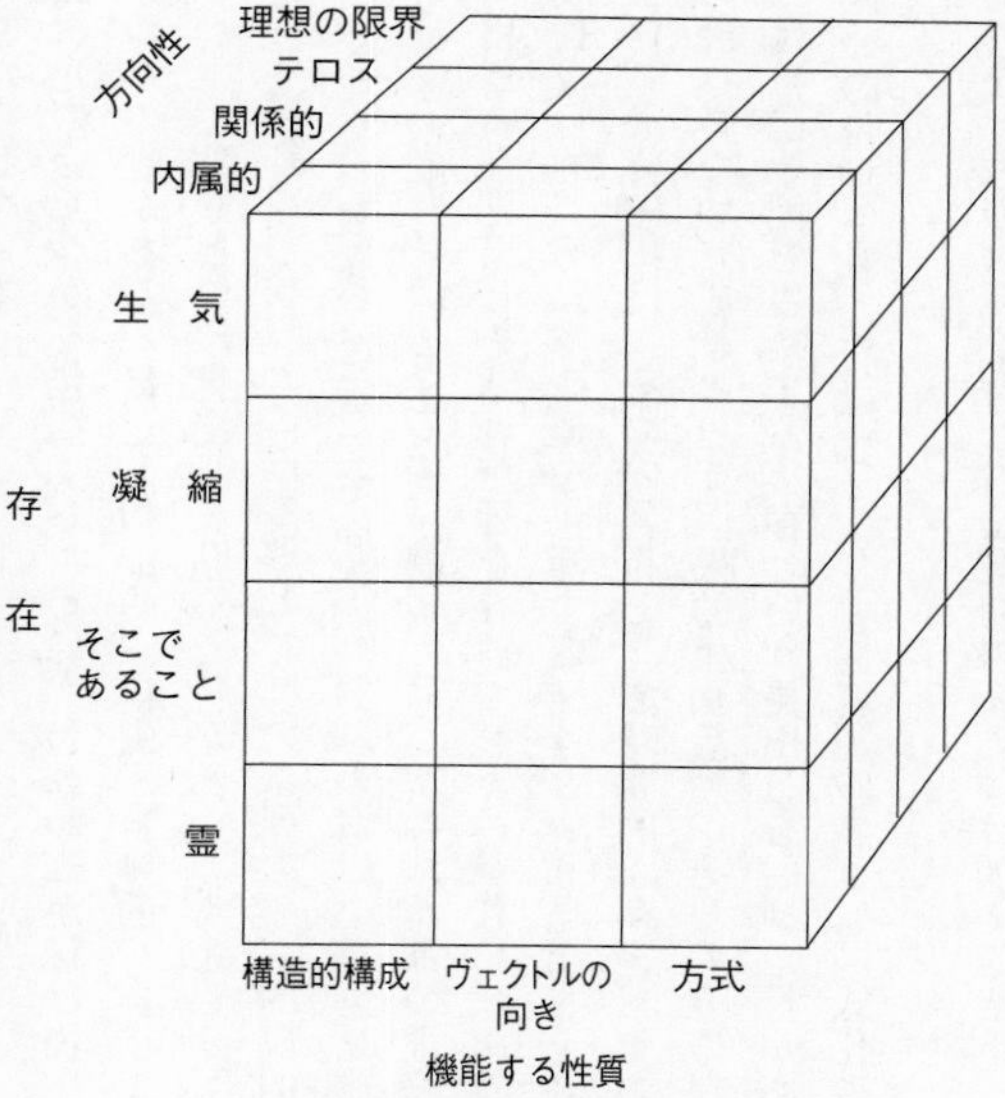

図2　真実在の多面体

真実の諸次元の秩序づけられていないリストの雑多さに比べると、この行列表は、脆弱かもしれないが、ある統一性はもたらしている。

これまでに挙げたその他の諸次元のいくつかを包括するために、われわれが付け加えてもよいかもしれないさらにいくつかの行がある。自己‐指令的、自由、自律的、自己‐選択的というそれぞれの項目とともに、独立という見出しを貼った行があってもよいかもしれない。(これら、およびそれに並ぶ行は、今のところ標準としている列の順、内属的、関係的、成就またはテロスおよび理想の限界、に従っている)。われわれは、落ち着き、穏やかなこと(または外側のものと和解していること)、調和、そしてわれわれの理解を超える理想の限界を包括する平和という見出しを貼った行をもってもよいかもしれない。(内的)成熟、(外へ向かう)成長、目的、そして命運を包括する発達という見出しを貼った行をもってもよいかもしれない。最終的には、その内属相として時間的な存在、その関係相として空間的な存在、そのテロスないし成就として因果的相互活動、そしてその理想の限界として、必然の存在または自己原因《カウサ・スイ》を包括する実存という見出しを貼った行があってもよいかもしれない。以上四つの付加された行は表4(三五三頁)のように図式化される。

これらの四列(それらに付加的な十六の次元を含む)を最初の表につけ加えると十一行と四列からなる大きな表になるだろう。十一はそれ以上の構造化なしにただリストにのせるにはかなり多い数であり、たぶん七にしてもそうだった。もしもこの拡大された表にまた一行の（さらに四つの次元からなる）項目を見つけて四列×十二行の行列表が生じることになると、たぶんそのとき結果として生じる十二列はさらに四×三行列表の中に配置されることになるだろう。すると、これらの十二がどのように相互に関連しているかがよく分かるようになり、またこれは、二次元の四×十二行列表を三次元の構造物、四×三×三の立方体に変えることになるだろう。このような多面体は四十八の構成次元を含み、それらを緊密に相互関連づけることになる。

以上の結論はたしかに不十分であることを認めながらも、これがどんな風な働きをするのか調べてみよう。四×三配列に組みたてるのに必要とされた十一の（これまでのところまだ名づけられていない第十二番目も加えると）行の見出し用の貼札は次のようになる。統合、実質、光、規範、精力、焦点、充満、独立、穏やかさ、発達、および実存。どのようにしたらこれらを納得できるようにグループ分けできるか。規範、統合、充満、実質という行はもっと一般的な構造的構成または組織という範疇に入れられる。それに対し、光、精力、焦点という行はどれも凝集した運動またはヴェクトルの向きを含んでいる。さらに、この組織の中でいくつかの一対《ペア》は自然にみえる。ヴェクトルの向きとしての精力は構造構成（物）としての充満と一対になる。これを検証するためには、どのように表の各四列にそって精力と充満の各行が対応し、どのように精力の次元が、拡大された構造的組織としては充満の次元であるものの凝縮された形となるか、見ることができればよい。同じように、焦点と統合、光と規範の組合せも考えられる。実質と対になるのはまだ名無しの十二番目の範疇だろう。行の見出しの三番目の区分は様式やスタイル、つまり方式《モード》と関係しなければならない。この区分中には、（上述の順序に合わせると）独立、発達、穏やかさをいれることができるだろう。他方、実存は実質および名無しの範疇と組になる。

こうして、さらに多面的な行列表の核（表5、三五五頁）ができる。この新しい三つの見出し語の組――構造的構成、ヴェクトルの向き、方式――は、あるものの機能の性質、どのようにそれは働くか、を特定するようにみえる。それは機能することの構造的基礎と活動の種類（方向と方式）を特定する。したがって、また次のように言えるかもしれない。それはあるものの機能する性質を特定すると。これに反して、表の四列（内属的、関係的、テロス、理想の限界）は（哲学用語を使うなら）志向性、外に向かって働く語《ナラティヴ》りを特定するようにみえる。けれども、この包みを開いてゆくようなことは時の中にある必要はないので、この開きを何かの潜在性として考えてもよいかもしれない。もっと中立的には、一種の途上性と考えることもできる。今や、われわれはあの多面体の三側面のうちの二つ、機能的性質と途上性（または潜在性）を手にした。

ではこの多面体の第三面とは何だろうか。それを発見できるのはあの拡大した行列表の十二の行の見出しを再編成し、こんどは四つのグループに（それらは構造的構成、ヴェク

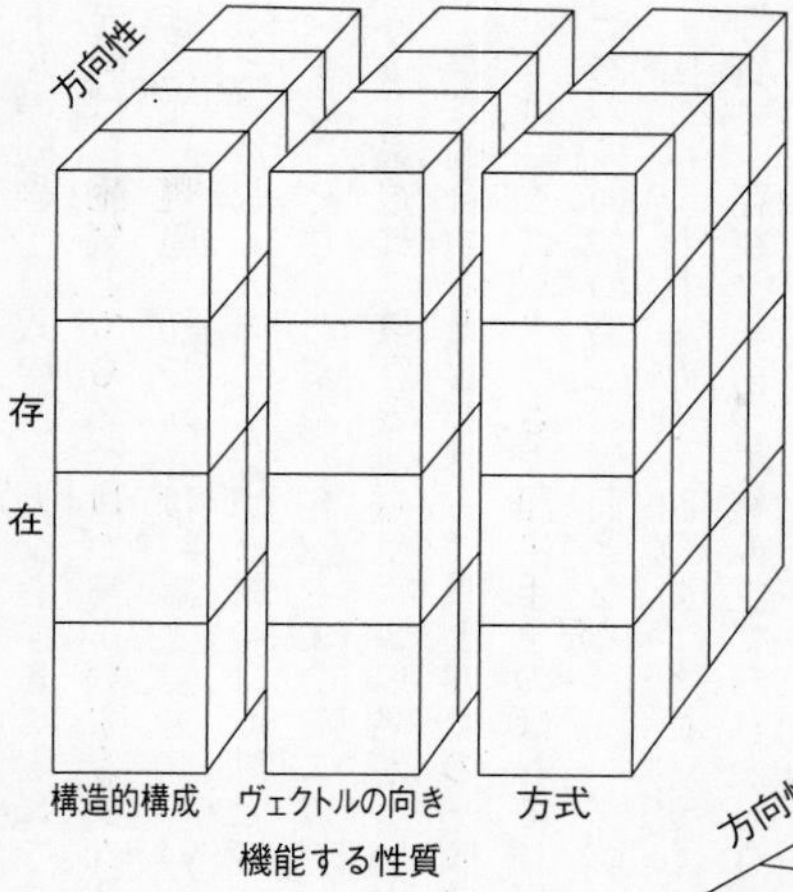

図３　構成素を示すため
分解した多面性

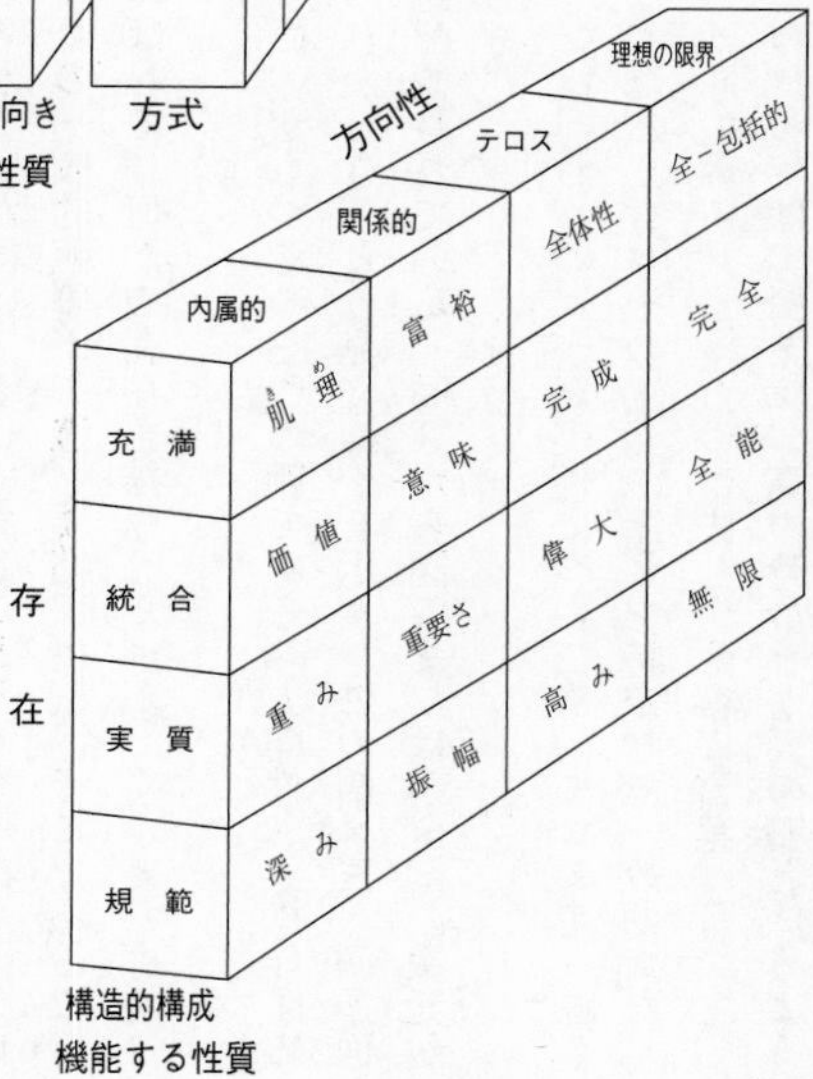

図４　多面性の完全な
構造的構成の部分

トルの向き、方式の三つと交差することになる）分けることによってである。独立、精力、充満は、生気とでも名づけたらよいようなグループに、まとまって適合すると思われる。また光、規範、穏やかさは、霊とでも名づけたらよいようなグループにまとまって適合すると思われる。また、焦点と統合は凝縮とでも名づけたらよいようなグループにともに適合する。そしてたぶん、発達もまたここに、時の中の一種の凝縮として、入れてもよいだろう。最後に、実存と実質は、よい名がないために、そこであることとでも呼びたいグループに適合すると思われる。以上四つの一般的範疇――霊、凝縮、生気、そこであること――はともに（大げさな語に手をのばして）何かの存在を描写している。すると、存在こそあの多面体の第三の側面となる。

図2は、われわれの（四角の）多面体がもつその三つの軸である「方向性」、「機能する性質」、「存在」に沿って組み立てられたとき、どう見えるかを示す。この四×三×四多面体の中には、真実の四十八の次元が配置されている。図3から図6までは、全部の次元が見られるように多面体を区分してある。

英国の哲学者J・L・オースティンは、われわれが真実性についてもっている考えをきわめて一般的なやり方で語ることは、たとえもしその次元の諸相を特定して一般的でなくなるようにしても、間違いであると論じている。もっとつつましい形容の言葉、「真の《リアル》」、をよく見るように、とかれは言う。われわれは、例えば、真の《リアル》時計とか真の《リアル》鴨というよう

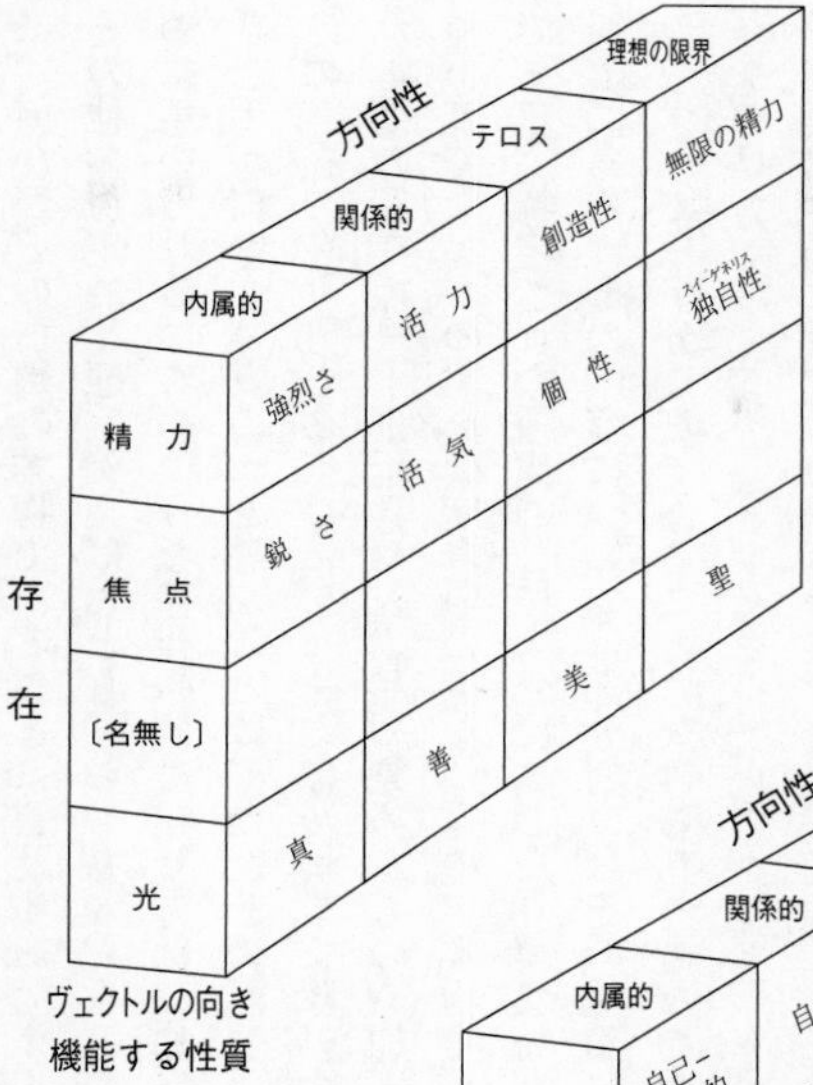

図５　多面体のヴェクトルの方向の部分

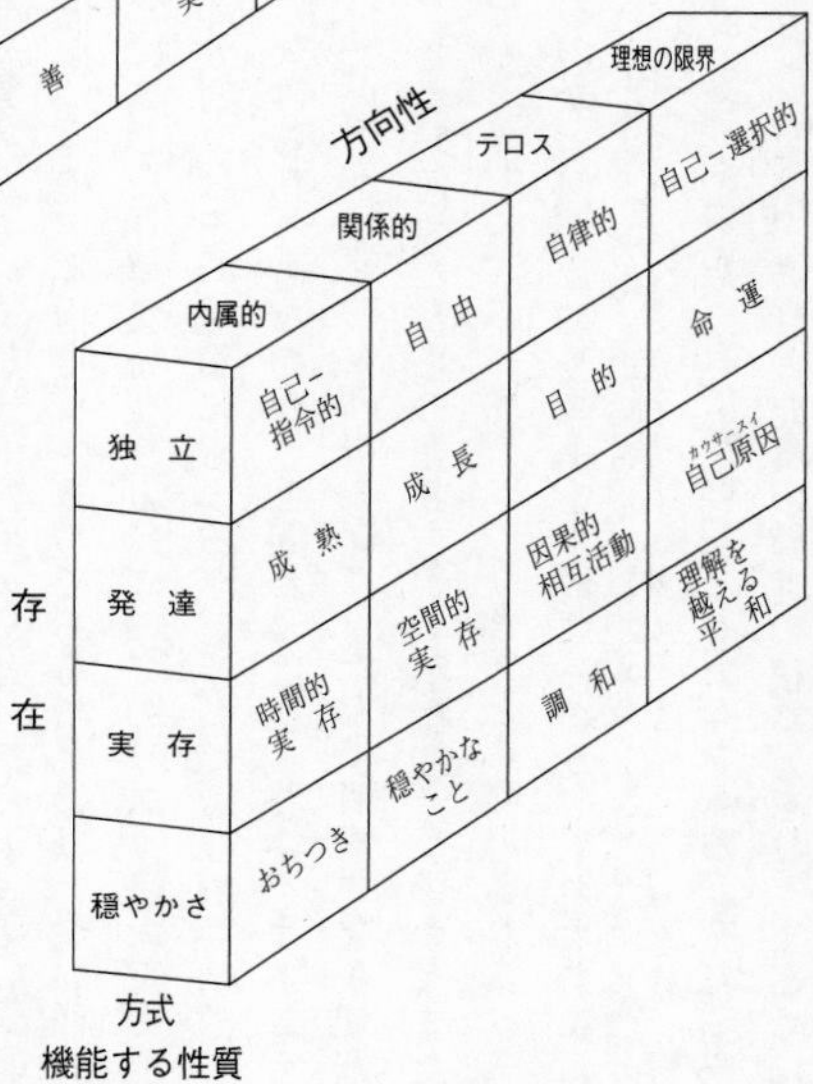

図６　多面体の完了型の部分

に、何かがその種類の本物であることに言及する。オースティンによると、リアルは単にその他の否定的状態、例えばおとり、おもちゃ、人工の、染めてあるその他と対照するために用いられる。このような存在の他の在り方は、独自の内容をもつものすべてであって、話し手が何かを「真の」と呼ぶことは、ただその話し手が心に浮かべているその他もろもろの存在の在り方から、ひとつ（または数個）を除外することに過ぎない。*とはいえ、これら他の存在様式――玩具や人工品や染めたものや加工したもの等――のそれぞれは、同種の真でない《アンリアル》もの、真の度合いの少ないもの、本物でないものであることのひとつの様式である。特定された種類ごとに十分に真となり得ない在り方についてのリストは大部で無制限にある。その内容については部分的にはその種類にもよるが、それでもなお「何故これらすべては十分に真であることに欠ける在り方なのか」と問わねばならない。オースティンの見方では、「真」という考えには何の積極的な内容もなく、たんに消極的な在り方を締め出すのに役立つに過ぎない。しかし何故これらの在り方が「消極的」なのか。また何故それら（そして他のものたち）が一括されて、「真」という考えから除外されるべきものとしてリストにのせられているのか。何がこのリストを生成するのか。われわれには、たとえオースティンの見解でさえも、少なくともある種類のものについては、どういう在り方が、より少なく真であるか、非真《アンリアル》であるか、真でないか、と見なされるかを知るある方法があると思われる。けれどもひとたび、これら非真の種々の在り方をひとまとめにしても、「真の」が単純に、非真であるさまざまな在り方のグループと対照されると主張しなければならない理由がないのは、このグループは、真であるという内容の充実した考えと対照的であると同定され（そして一括され）るのではないと主張しなければならない理由が何もないのと同様に思われる。このようにしてわれわれはまたふたたび真実の性質を考察する任務に（または少なくともより少ない真実と考えられているものに共通する糸を考察することに）戻ることになる。もっと真であること及びもっと少なく真であることの多数の異なる在り方があるということについては、オースティンに賛成できる。真の諸次元の相についてのリストはこれらの在り方を示しているからである。

それでもなお、ここで真の一般的範疇を呼び求めるのは恣意的ではないだろうか。全部の次元（価値、意味、重み、重要さ、強烈さ、その他）をひとまとめにしてひとつの総体的な範疇に入れ、それを真実と呼ぶことによって、何か確定的なものがつけ加えられるだろうか。ただこれらのやや特定的な諸次元についてだけ言及したり、何か他の一般的な用語をそれらに適用したりする方が、特にここで真実という用語を適用することはそれが現実との間にある絆をゆるめることになるのだから、そうした方がましではないだろうか。わたしが希望していることは、読者が（わたしと同じように）これら諸次元をひとまとめ

＊J. L. Austin, *Sense and Sensibilia* (Oxford, England: Clarendon Press, 1962), Chapter VII.

にして真実の諸次元とすることはそれらおよび真実の性質を明らかにすると感じてくれることである。さらに、これらの次元を複雑に入り組んだ（二次元の）図表中に配置することは、まとまりのないリストとして放置することではない。何故かと言えば無関係な事物なら互いに適合できないかもしれず、またゆえにそれらはあるひとつの考えの相互に関連した諸相を形づくっていると考えるのは無理でないと思われる。もしそうでなければ、何故それらはそんなにもうまく適合するのだろうか。（この論点は、たとえ行列表の中に置かれる何かが大部分にわたって「感じ」に依存しているときでさえも妥当である。もっとも、たぶんこの論点はもっと脆弱な多面体の場合には重みが減るかもしれない）。もしも行列表または多面体の相互連関した構造（どのように諸次元が配置され、各行・各列に見出しが貼られ、一般的な諸範疇の中にそれらが入れられるか）を、何かもっといっそう理論的な用法に、たぶん事実／価値問題や経験上の応用に――例えば、何が記憶に永続する効果をのこすか、あるいは自分あるいは世界が非現実に感じられると言う精神科の患者を理解する際に――使用してみると役立つかもしれない。それを他のところに応用するのは、また形而上学の任務でもある。

　それでもなお、たとえもしも諸次元が相互連関しているためにそれらが何かひとつの考えの諸相からなるということが許されたとしても、何故、これを真実の考えと呼ぶのだろうか。もっと十分な成果をもって答えるためには、まず伝統的な真実性の基準の数々をリストにのせることから始めるのがよいであろう。そういう基準とは、いくつかの変形の下でも不変（またはより少なく変わる）であること、安定した平衡を保つこと、価値や崇敬の対象であること、いっそう永続性のあること、ものごとがそれを目ざして移動する目標を特定すること、他の現象を支えること、対照によって他のものごとを劣ったものに見せること、その他もろもろである。*

　とはいうものの、これらをひとつの鮮明で満足させる図像の中に結集したり、何故これらが真実性の基準であり、何故真実性の範例化がこれらの基準なのかを説明するために満足を与えてくれる方法についてわたしは知らない。だから、この章で提示されたことのきわめて試験的な性質をふたたび強調しておくのがよいだろうと思う。もっと適切な図表、もっと真実性の諸次元を上手に構造化すること、そして特別に、あの図表が語る潜在的なストーリーをもっとよく理解し、さらにすすんでそれが描写する真実性とその内部のわれわれの位置についてもっとよく理解することが必要とされる。さらにもういくつかの真実性をささえる性質についての思考は、この章の付録とする。

---

*Gregory Vlastos, *Platonic Studies* (Princeton, N.J.: Princeton University Press, 1973), Essays 2 and 3 のプラトンの degrees-of-reality theory（真 - の - 度合い理論）についての明快な議論を参照すること。

付録　真実性についての形而上学

究極の真実のどんな性質が、これまでわれわれが描いてきた特定の秩序を生じさせているのか。わたしが知っているいかなる理論も、それが科学的自然主義、西欧の一神論、ヴェーダンタ、中観派仏教、あるいは哲学者たちが提議した形而上学の諸システムであるにせよ、ここで展開されたような行列表ないし多面体を説明するものではない。いま挙げた理論のどれも何故真実がそれらの次元を含むのか、何故各行と各列の見出しとなるあのような諸範疇にしたがって真実が組織されているのか、を説きあかさない。（それほど行列表は間違っているのだろうか）。わたしは行列表中にひそめられた真実の性質についてよく考えてみたい。とはいえ、わたしがたどり着くことができたところはわたしが望んでいるものよりも鋭利さも明晰さも及ばないのであるが。

究極の真実という考えは、今列挙された理論中ではいろいろのもの、例えば、一切が構成されるもととなる地ｰ床となるもの、時々刻々の出来事すべてを説明する基礎的説明レヴェル、他の一切のものの起源となる因子、一切が発展してゆく目標の到達点、もっとも真であるところのもの、に当てはまる。しかし、これらさまざまの究極性の方式は、ひとつの共通の特徴を分けもっている。究極性はつねにある秩序づけの最後の最後をしるしづける。この秩序づけは、一連の説明、一連の起源、一連のしだいに遠ざかる目標、等々に基づくことができる。どの場合でも、究極であるものごとは、ある秩序づけ、ある重要で極端に長くたぶん無限でさえある秩序づけ、の最後の最後にくる――その位置は、それをまさに究極とするところに存在する。その究極性の側面を形づくるものこそ秩序づけのよりよい、またはより重要な終わりである。究極の真理は秩序づけのもっとも深い終わりに、浅い終わりではないところに、住む。ドイツの哲学者ハインリヒ・リッケルトは「真の」という語は「最高、最深、最内奥でもっとも本質的、またその他の最上級の語でそのかなたには、もう何ものも考えることができないものと同定される」*という信念を抱いていた。

究極の真実はある重要な長くつづく秩序づけのより良い方の極の終わりをしるしづける。真実の次元的諸相（価値、意味、重み、強烈さなどのような）はそれら自体で、ものごとがそれらに沿って並べられ順序づけられる諸次元となっている。諸次元のそれぞれにそって、多くあればあるほどより良くまたより真実となる。最大こそ最真である。真実の諸次元はアリストテレスの諸徳とは異なる。アリストテレスの徳では最良の位置は、どちらかの極端にではなく、（黄金《ゴールデン》）平均《ミーン》にある。勇気は臆病と向こうみずの間の最良の地点にあ

* W.M. Urban, *The Intelligible World* (London: Allen and Unwin, 1929), p. 152 からの引用。

る、とアリストテレスは信じた。一方、基礎的評価的諸次元では、より大きい方がより良いという状態を続ける。これらの評価的諸次元はまた、(増大してゆく) 真実の基礎的諸次元であるから、そこでより高い得点をとることは、より大きい真実をもたらし続ける。真実と評価の基礎的諸次元は、下向きになることなく、絶えず上昇してゆく。真実の性質についての適切な理論は何故そうなのかを説明する。

真実は限界がなく、無限である。その次元のどこにも、停止点や飽和点はない。どのように鋭敏に真実が、その精力や充満や焦点や統合や……に対して創発するか、には限界がない。どんな最終または根本のレヴェルにも停止点は存在しない。(真実をめぐって究極であることとは、究極などないということだろうか)。理想の限界という見出しのつけられた最後の列は、停止点を示していると見られてはならない。そこにもまたいくつかの度合いがあるはずだからである。神秘家の中には、かれ／かの女らが保持している新しい光に照らされる経験は、それ以前の経験、それまで心底から無限で至高と信じていた経験をはるかに超越していると伝える者がいる。この以前の経験は、普通の経験にくらべればもっとも強烈な言葉で描写されても少しもおかしくなかったにせよ、今では、限界のあるものと見なされてしまう。無限の真実は、無限のさまざまなレヴェルや秩序を包括する。もしも真実在についての基礎的事実が、それが無限であるということならば、それが程度に応じてあらわれることは驚くべきことではない。したがってそれを構成する諸相は諸次元、すこしずつ異なる段階をもつ諸相である。

それでもなお、われわれは何故真実それ自体があの特定の行列表や多面体に整理され、その諸次元が厳密にあのような行や列に分布されるのかを理解したいと思う。この行と列との見出しの名票について提供できる何か一般的な記述や語りによる説明はあるのだろうか。

行列表の四つの列はひとつのものごとの潜在性の明細をしるすという側面をみせる。もしも何かの内属的な特性または性質その関係的な性質、何がその成就を、また何がその理想の限界となっているのかを知るならば、そのときあなたのその方向にむかう潜在力、その担体、それが何へ向かっているか、を知ることになる。列は、内属的、関係的、成就、理想の限界という順に表示されている。ここでの方向とは、単に外部への拡大なのだろうか、それとももっと複雑に埋めこまれた語りなのだろうか。

行列表の十一の行の見出し(まだ多面体に配列される以前の)——統合、実体、光、規範、精力、その他——は何かの状態、その存在の複数の在り方と緯度的に交差する部分、その形而上的組成の(それぞれの度合いに応じた)記述を与える。この行列表を多面体につくり直した後では、われわれはさらに、この状態 - 記述は二つの部分または相に——何かがどのようにはたらくかという機能する性質およびその在り方の記述に——区分されていると言ってもよい。

三つのもっとも一般的な軸、存在・作用・向き、が一貫性をもってひとつにまとめられる存在には、機能の方式および方向づけられている作用、つまり向きの指示がある。存在は方向へとはたらく。ここには存在という主語、はたらくという動詞、そして方向へという前置詞句（方向性）がある。しかし目的語はどうしたのか。何に向かって存在ははたらくのだろうか。

　表示するだけの価値のある四つの可能性がある。第一は、真実への基礎的性質は、存在の指示されたはたらき、その作用的志向性の中にある。とにかく、でたらめではなく、指示、方向をもって、動いたり成長したり変形したり作用したりする存在があるということ、これこそ基本的な形而上学上の事実である。（これは人間が目標に向かって行動することと同一ではないが、相似するかもしれない）。この方向性をもってはたらくということには、内在的な目的論がある。真実についてのこの根本的な形而上学上の事実、つまり存在は方向へとはたらくということの中に、価値が生まれると言ってもよいかもしれない。（ここでの価値は有機的統一の度合いとしてでなくて、何であっても評価のとき真であるものというもっとも一般的な意味で用いられている）。というのは、価値とは存在がそれに向かってはたらくものすべてである、と言えるかもしれないからである。価値は存在が方向性のある作用をもつことによって生じる。もしも存在が静的であったりその運動がでたらめであるとしたら、価値などまったくないことになるだろう。ただし、存在が何かの方へ動くのはその方向にすでに存在している価値があるからだ、というわけではない。存在がある方向に動くからこそ、価値が生じるのである。こういう具合なので、つまり、これら三つの構成素――存在、そのはたらき、その向き――はきわめて根本的なので、もしかすると存在は誤りの方向に作用してはいないのかと反問する方法はまったくない。こういう図は、おそらく、抽象のレヴェルでは魅力的かもしれないが、それでもなおわれわれはこう反対したい。もしわれわれの知る中で最大のもの、宇宙が熱死と崩壊へ向かって動いているのならば、この方向が宇宙の価値の性質を決定したり特定したりするのだろうか、と。またもし何かへ向かっているのが真実在または存在であるならば何故それがもっと違っていなければならないのか、と。

第二の可能性は、存在がそこへ向かって作用するものは、より特定的な内容を与える。向かう方向は、内部から関係性を経てテロスへ、そして理想の限界へ、となり、だから標準は終点にある理想の限界によって規定される。あの列は、思い出してみると、完全、全能、聖性、無限、無限の精力、独自性《スイ・ゲネリス》、全-包括的、自己-選択的、理解を超える平和、命運、そして自己原因《カウサ・スイ》を含んでいた。これらの多くは、もちろん、伝統的に神の属性とされているものである。では、どんな存在が、この第二の可能性によると、神になることへ向かって動いているのだろうか。存在の起源またはそれより初期の原因ではなく、神はむしろ、その目標、それがそこへ向かって運動し、作用している当のもの、である。いったいどんな資格のある存在が神になろうとしているのか！（すばらしい霊感の息吹を感じる——しかしまさにあの列の順番を逆にしてならべてもよかったのではないだろうか）。

第三のもっと伝統的な神学上の可能性は神を存在の起源として見る。それにもかかわらず、存在はやはり神のようになることへ向かって、神の（ほとんど）すべての理想の限界の諸特質へ向かって、たぶんある新しい神との共同の同一性、神だけでは手に入れることのできないある度合いの真実を所有している共同の同一性を形づくるために、運動することができる。（しかもわれわれはこれをそれの、「こども」として何か新しいものに創造することがゆるされるのではないだろうか）。

むかしの神と信仰についての省察は、神の概念についてであって神の本性についてではないと言うことで終わっていた。形而上学の思考が役に立てるだろうか。もし神が存在の機能的本性の理想の限界であるならば、そのとき神の本性はこの理想の限界に位置する特定の諸次元中の決定的内容に与えられる。けれども、そもそも神という概念は——以前にみたように——最大限に可能な完成を必要とはしない。形而上学の理論が神の本性の内容を特定するためには、神はまさにあの理想の限界上に住んでいると考えるための——たぶん人びとの最高または最深の経験の中にそなえられている——理想がなければならないということになるだろう。

第四の可能性は、存在の方向性のある運動を反復的または回帰的な一過程として見る。

理想の限界それ自体のレヴェル上にある真実在の交差部分は、ある新しい行列表の第一の列をしめる何かとして考えてもよく、その行列表をめぐって、われわれは順次に、何がそれの関係的性質か、テロスか、理想の限界か、と問うことができる。「理想の限界」という考えは他動詞的である必要はない。あるものの理想の限界の理想の限界は、それ自体、そのものの理想の限界である必要はないのだから。では一例をお目にかけよう。有限の正の整数列の理想の限界は最小の無限数であるかもしれないが、ここからつくられるいろいろの無限数の理想の限界は、たとえ何であっても、それ自体は正の整数の理想上の限界ではない。最初の無限数は、有限数の範疇からはね上がっていて、この新しい範疇の理想の限界もまた有限数からあまりにも遠くはなれすぎて、それの理想の限界になることはできない。真実在の行列表または多面体の一続きの列は、すると、ある反復する過程を記述しているのかもしれない。そのことは想像力を刺戟してこのような可能性を思い描かせる。それでも、ある問題を総括することは、たしかにしばしばその解決へ向かって指示することがあるけれども、今までずっと考え続けてきた行列表または多面体の中に記述されているように、まず最初は、まだ反復されたものではない。

ある方へ向かって作用する存在というテーマはさまざまなことを喚起するが、曖昧模糊としている。われわれはまだ、真実在の本性と配列についてのより深いより適切な理解にはたどり着いていない。

18 闇と光

ここに描かれているような真実は全部がばら色ではない。苦痛や非道徳的なやり方の中の特定の諸次元に沿っても真実は増すことができるからである。悪は包括的であり得るし、苦痛は強烈になり得る。では、深く真実とかかわり、いっそう真実になることをすすめるのは危険ではないのだろうか。この危険は一般的な組み合わせの立場によって軽くされるけれども、なお、われわれの真実との結びつきが否定的な方向へ向かってすすむことによって増加されるままになるということはないのだろうか。

「肯定的なもの」それ自体を行列表中にいれてそれに真実のひとつの次元という身分を与えることは、否定的な道という問題をとり除くことにはならないことに注目すること。何かが肯定的であればあるほど――他のすべてが等しければ――それはますます真実になるだろう。したがって、肯定の方向に行くことは、いっそう真実になる道ということになるだろう。けれども、これではまだ肯定の道は脆弱な状態のままに放置されている。他の諸次元中のただひとつとして、この次元はそれらの諸次元に沿う機会によって圧倒されてしまうかもしれない。だから、ある人の最大の真実への行路は、それでもなおひとつの否定の道であるかもしれない。

真実の諸次元のあるものは断然、肯定的な型——例えば価値と意味、善と聖——をもっている。これらはみな、光の行の中にでてくる。（他にもまだ肯定的なものがあり、また行列表中の諸次元には道徳的に中立に見えるものもある）。またもしかすると諸次元のもうひとつの範疇、闇の行もあるかもしれない。この行は、特に道徳の問題に焦点がしぼられているわけではないが、明らかに、われわれが否定的と呼ぶあるものごと——例えば、苦悩や悲劇——を含んでいる。（闇を図表にすると、苦悩をそれの内属性、実存的絶望と不安をそれの関係性、そして悲劇をそれの成就として描くことはできないだろうか。するとと何がそれの限界にくるのだろうか）。これらも、闘争、対立、葛藤などとならんで、等しく単なる現実ではなくて真実の諸相ないし諸次元ではないのだろうか。

ニーチェはこのような力の中で強力な劇や闘争も生命の決め手、しばしば生命を昂揚させるものとして観た。ただ肯定的なもの、善であるものにだけ焦点をあてることは人間の先端を切り詰める、とかれは考えた。「それは木の場合と同じように人間にも当てはまる。人間は高みと光に憧れれば憧れるほど、いっそう強くその根は大地とたたかい、下に向かって、闇、深淵の中へ——悪の中へ——と降りてゆく*」。闇は悪と融合してはならない。

*Friedrich Nietzsche, *The Will to Power* (New York: Vintage Books, 1968), p. 967.（ニーチェ全集12・13『権力への意志』上・下　原佑訳　ちくま学芸文庫　一九九三年）。

悪はただ闇のひとつの形にすぎないので、「至高者がその高みに達するのは最深の深みからである」。終わりにかれは言う、「私は信じる。大いなる緊張でひきしぼられた弓である偉大な人間の成長とは、まさに対立者の現存とそれらが生起しているという感情をくぐりぬけることによるということを」。*ニーチェが意味するのは、ただ単に否定的なものは肯定的なものへの必要な道具としての手段であるということではなくて、この両者はともに持続する緊張の中で力動的な全体を形づくるということである。彼が賞揚したのはこの全体でありまたその緊張であり、邪魔者に勝つことばかりでなく邪魔な障害物そのものでもある。

リルケはある書簡にこう書いた、

誰にせよ、時には、生のおぞましさに対して十分な同意、十分な喜ばしい同意を与えることのない人は、決して、われわれの実存の言い尽くせない豊さと力を所有することができないでしょう。ただ存在のはしの方を歩けるだけであり、そしてある日、審判が下されるとき、生きてもいなければ死んでもいなかったことになるでしょう。おぞましさと至福とが同一であることを示すために、この二つは同一の神の頭部で向き合っています。じつは、これは唯一の顔であり、われわれがそこから遠ざかったり、それを知覚するときの心の状態によって、ただその顔自身が正反対を表わすだけなのです――。これが『〔ドゥイノの〕悲歌』と『オルフォイスへのソネット』の本当の意義と目的なのです。*

ステップを踏むとき――たしかに楽しくのびやかに感じられるとき――否定的な足どりを肯定的な足どりの調子に合わせるなんてできないとわたしは思う。まだ他に二つの行程についてゆくことができる。その一方は、一般的真実から出発して否定的なものにはその内部に当然な従属的な場を与えることであり、他方はまず最初から肯定的なものだけを積み上げてゆくことである。わたしは最初の否定的なものを含むフォルマリスム的な試みから始めよう。

悲劇と苦悩は、それらが誰かを徹底的に敗北させたり滅したりするわけではなくてそれら自らの強烈さをもつときには、より大きな真実への手段となることができる。けれども、否定的なものには限界がある、とわたしは主張したい。ということはただ単に、それが真

---

*Friedrich Nietzsche, *Thus Spoke Zarathustra*, in Walter Kaufmann, ed., *The Portable Nietzsche* (New York: Viking, 1954), pp. 154, 266.（『ツァラトゥストラはこう言った』上・下　氷上英廣訳　岩波文庫　一九七〇）

*Letter to Countess Margot Sizzo-Noris-Crouy, April 12, 1923, in Stephen Mitchell, ed., *The Selected Poetry of Rainer Maria Rilke* (New York: Random House, 1982), p. 317 より引用（『リルケ書簡集　Ⅳ――ジッツォー伯爵夫人への手紙、他』塚越敏・後藤信幸他訳　国文社　一九八八年）。

実の諸次元（光の行の中にないものを含めて）にやたらに干渉しがちであり、その結果、否定的なものは貧弱な取り引き、たとえある特定の面では真実の点数をプラスすることがあるにせよ全体としてはマイナスにする交換になるからという理由だけではない。否定的なものはそれ自らの本性によって制限がつけられている。もしも仮に、行列表の中の闇という見出しに適切な行があると仮定したら、その行の得点は光の行の点数よりも少ないだろう。ある測定にふさわしい尺度をもっていると、否定的なものの最高に可能な真実の点数でも、肯定的なものが到達できる得点数にはとどかない。真実の標準は、われわれを否定的なものの方へ等分に向かわせることをしない。

行列表の中のどれかひとつの次元――例えば価値――に沿ってより高い位置へ動くこと自体、何かをいっそう真実にさせる。それに対し闇――例えば苦悩や悪――の増加はそれ自体において何かをいっそう真実にはさせない。そのやり方は、真実について既に与えられている強烈さや深みという次元の背にまたがってその次元に沿って点数をふやすように駆り立たせるのである。悪としての悪は何かをよりいっそう真実にはしないが、価値としての価値はそのようにする。さらに、否定的な相の中には、（肯定的）諸次元の中のひとつと単に異なるだけではなくそれと対立するものもある。ゆえに、悪を通って真実を増加することは、単に、偶然に何か他の次元に沿って真実の得点を現象させるだけではないのである。それは直ちに、その反対をすることであり、当の次元に沿ってどのように下降するかによって部分的に限定される。何かの真実の増加がある肯定的次元に沿ってそれの位置もまた高められるということによって可能である、という否定的なものは、じかにそれ自体に作用して——少なくともそれの一部はそうして——結果としてまだ他の肯定的次元と対立し弱めることになる。真実の度合いを増加するために真実諸次元のどれかと直接に対立する方策をとるような試みはどれでも排除すべしという原則は好ましく見える。(とはいうものの、否定的なものを理解しているという状態はそれ自体、真実の諸次元にそういう一側面を伴う何か肯定的で深みのあることと言えるかもしれない)。

暗闇や否定的な面はまた、(道徳的には)それ自体悪ではなく、真実の一次元との直接の対立でもない——例えば、苦悩と悲劇——というものも内包している。これらのことが真実を増すことができるのは、あるものごとをもうひとつの次元に沿ってさらに動かすことによってであるとわたしが言うのは、何か精神の分裂していることを伴う。というのも、わたしの一方の部分は、これらの闇を構成するものはそれら自体が真実に従属するのではなくて真実の別個の独立した諸相であることを認めたがっているからである。この方が真実についてより深遠でより切り詰められていない見方ではないだろうか。わたしは心配だ。

とはいうものの、否定的なものの従属的な地位は、意図されている真実との結びつきの特性によって再強化される。葛藤と闘争、敵対と破壊、もまた結びつきであるが、しかし誰もが志向する真実への結合ではない。けれどももしも望まれているものが肯定的な結合であるならば、それはもっと十分に完全に、それ自体肯定的である真実との結びつきが生じるようにできる。たとえもしも真実の否定的面が同等に深く大きい――前にはわれわれが否定した何か――と仮定しても、その面が否定的結合によっても肯定的結合によっても、同じように深く十分に結びつけられるということはあり得ないだろう。われわれが目ざしている真実との結合のタイプは、自分が自身でもっている種類の真実ばかりでなく、われわれが関係づけられている真実の特性にも影響を及ぼす。さらに、あの一般的な組合せの立場は否定的なものの方へと指示を与えることはない。誰かに対して否定的な行為をすることは、その人の真実との全体的な関係を縮少することになり(たとえいくつかの方法ではその人の真実を増すことがあるにしても)、またそれゆえ(すべての)われわれの真実との関係づけについてのあの組合せの立場の配慮によって排除されることになる。

おそらく、われわれが手に入れたり結びつけたりすることのできるまさに最大の真実は肯定的――肯定的なものは全世界的な最適条件である――である。けれども否定的なものへ向かう少数の変化がわれわれの真実(との結合)をいくぶんか改善するということもゆるされるのではないだろうか。ここでもまたわたしは、さらにいっそうためらいがちながら、あの楽天的な持ち場を守り続けたいと思う。暗闇の中を歩むことで、真実ある人が現在持っていて知っている真実よりも大きい真実にたどり着くことはどうにかできるかもしれない。けれども、その歩みは同じように僅かな歩みだが組合せの立場に調和する歩みによってたどり着くことができる最大の真実にまでは、その人を連れてゆきはしない。

肯定的なものと否定的なもの、それら自体の諸範疇の基礎は何だろうか。この区別はもっとも根本のレヴェルにおいて存在するのかそれとも、もっと後の方で生じるのだろうか。これらの範疇を真実の行列表内部の諸項目の相互作用から生じさせるよりも、それらを行列表を組み立てている行と列の見出しに結びつける方が、理論上はもっと満足させられるだろう。これら特定の行と列との見出しの下にひそんでいる語りをなんとか発見すれば、たぶんそのとき、肯定的なものと否定的なものとの基本的な区別が根拠づけられるだろう。

より大きな真実へ向かう運動は暗闇の小道をたどらねばならない必要はないけれども、この運動は最大幸福の原理からは離れてゆく可能性がある。（われわれがもっとも真実と思っている個人――ソクラテス、ガンジー、アインシュタイン、イエス、ナポレオン、リンカン――が他の人びとよりもっと幸福であると見ることは困難である）。幸福は、真実という考えに対して、可能的な葛藤に対する関係よりももっと興味深い関係をもっているけれども。幸福なひとときはわれわれが特別に真実と感じる刻《とき》である。強烈で集中的で耐久力があり適合している幸福はそれ自体、きわめて真実であり、またわれわれをたいへん真実に感じさせてもくれる。するとたぶん、幸福な感情が望まれるのは、ただひとえに良い気分になれるからばかりでなく、真実な気分になる明らかな道を示すからでもある。しかしもしも、この幸福への魅惑と理由づけの一部が、いっそう真実になりまたそう感じることの結びつきにあるのならば、もうひとつの道筋がより大きい真実とより小さい幸福をもたらすとき、その葛藤はそれほど苛酷ではないだろう。というのはこの道の方が、われわれが（部分的に）幸福の目的として求めているものをより多量にもってきてくれるからである。ある幸福と引きかえに、幸福がならべてみせている真実とは異なる真実の他の諸次元を手に入れることはそんなに大きい犠牲となることはないだろう。しかしながら、真実に感じることはたとえ価値のあることにせよ、他の何にもまさって賞賛することは、わたしの本意ではない。まず第一の必要は、真実であることである。そうであることなしにそう感じることは、経験機械でも与えることができるだろう。

前の方でわれわれは実存（または現実性）を拡大行列表（時間的実存、空間的実存、因果的相互活動、自己原因《カウサ・スイ》の項目を含めた）の行として位置づけた。われわれが定式化したまず第一の真実の諸原理は、快楽への手段（フロイトの原理）として、またそれ自体において重要で貴重なものとしての現実性への結合をすすめている現実の諸原理であった。現実性は（拡大）行列表の一行である以上、現実性への結合はそれ自体、いっそう真実であることのひとつの道である。したがって、あの前述の真実の諸原理なしでもすませることができるだろうか。しかし、現実性は真実のいくつかの次元にまきこまれているのに対し、行列表は、現実性へのいかなる結びつきもなしに、他の諸次元を通して、より大きい真実を手に入れる可能性に開放されている。もしも現実性の列がその真実の行列表の内部に特別に大きい重みを受けいれるならば、この問題は、脇にのけるか少なくとも最小にすることはできよう。

ひとつの行列表中に真実の諸次元を並べることはわれわれにそれらが互いにつくる構造や相互関係についての観念を与えるけれども、これら次元の階級づけについては何もしない。二つの次元のどちらがより大きい真実をもつかについては、真実の諸次元の全部に沿って、その一方が他方よりも高く階層づけられない限り、語ることのできる特別な方法は何もない。経済学者の形式上の道具である階級分け、無関心曲線、交換をどのように利用し始めるべきかを知ることからは、ずいぶん遠くはなれている。そしてもしわれわれの考えで、ものごとは十分な発達が大切にされるために次元の多数に沿って目立つ得点を得ているとき、いっそう真実であるとされるならば真実を査定する全体的な定式は、これを考慮に入れねばならなくなるだろう（例えば、展示され、たぶん、計量された諸次元の最初の総体のための用語を取り込むなどして）。

わたし自身としては、真（理）、善、美、聖などの項目をもった、光の行の全部をとくに人びとの生活のための大きな重さに与えたと思う。けれども、これらの次元を完全なひとつの線上に等級づけることからわれわれはまだほど遠いし、そんなことは不可能というほかないだろう。とはいえ、いろいろな次元のリストをつくるだけでも、どんなことを考慮に入れるべきか、どんなことが関連的であり得るかを人に思い出させられれば、役に立つといえるだろう。行列表は、構成素となる諸次元の最初のリストに構造を与えている。それは、真実についてのある喚起的なモデル、正確に相互関連づけられた理論の代役をつとめること、そして自己の統合についての一つの様式をもまた、与えている。

真実の領域それ自体がまだある階層的秩序の中にあらかじめ定められていないで、その諸次元を組み合せ統合する新しいいくつかの方法に開かれていると考えれば、すばらしいことだろうに。完全な秩序づけはまだ知られていないのだから、いずれにせよ、われわれには創造的な努力をするための余地が残されている。われわれがもっとも真実になるのは、前から定められている尺度を上に昇ってゆくことによってではなく、真実の諸次元を結合し展示するわれわれ自身の新しい方法を発見し発明することによるのである。他の人びとがまだ定式化しようとも思わないでいるが、もしその人びとの面前にさし出されると、生きている真実の独特の方法として認められ受け入れられるようなものとして、われわれを描き出すことである。自らに特別な種々の特質と機会とを用いて自分自身とその生活の諸次元を貫く独特の軌道として描き出すことである。

自由意志（完全に決定論的な世界でないところの）は、ある見方では、われわれが理性に重みを与えることの中に息づいている。* 何かがある行動を行なうための理由になるか、それに反対する理由になるかどうかはわれわれの思うにまかせない——これはその考慮することがらの性質によって決定されることかもしれない。またどのような考慮がわれわれに役立つかは、社会の諸因子によって決められるのかもしれない。しかしこれらの理由のうちのどれか特定のひとつが持つことのできる重みは、いかなる外的因子によってもあらかじめ定められることはない。ある行動を行なう決定にあたって、われわれはこれらの理由を検討してどれが最大の重みをもつかを決定する――つまり、われわれがその理由により大きい重みを与えるのである。しかも、法が前例に執着するようにというより、われわれがそのより大きい重みに執着しつづけるのである。選択し終わった後では、他の人びとは（そしてわれわれもまた）、その行動を行なったのは、それを指示する理由の方にもっと重みがあったからだ、と言うかもしれない。しかしもしも別の行動をした（そうすることもできたかもしれないこと）とすると、そのようにしたこともまた、別のそれに有利な理由によってなされたのだ、と言われるであろう。われわれが行動することは、それを指示する背景となる考慮を、原因という地位にまでたかめる。というのも、われわれはその行動はひき起こされた（原因された）とは言うかもしれないが原因として決定されていたとは言わないからである。ある範囲内では、われわれが行なうことは、われわれを動かす

＊この見解は拙著 *Philosophical Explanations*, pp. 294-316 にさらに詳述されている。この本はまた完全に決定論的な世界の中で何が自由意志を形成することができるかについての考えも提示している。pp. 317-362 頁参照。

理由の重みはわれわれの与える何かであるゆえに、われわれ次第である。ゆえに、真実の（評価的）諸次元は、嘆きのたねの何かであるよりもむしろ、何か固定された階層の中にあらかじめ秩序づけられているのではないという事実こそ、まさしく、われわれに自由に行動することを許し可能にすることなのである。

おそらく、われわれ自ら真実の諸次元を計量し展示するやり方を発見することよりもさらに極端になると、われわれはめいめいで、少なくとも明示的にではなくても、自らの図表を作成しなければならない。真実の相互連関的な性質をわれわれ自ら悟りつつ生き、その図に加えられ、探求され、呼応し、われわれの生活の内部に合体されねばならない新しい諸次元を識別しなければならない。（その図には純粋さも配置された方がいいだろうか。さらに恩寵もだろうか）。われわれがたどり着くいかなる特有の行列表も最終と考える必要はない。たとえそれをいつなりと容易に変形できるときでさえ、めいめいで、それまでに理解できた限りでもっとも広く、もっともよく組み立てられた行列表をつねに念頭に描いて生きているのだから。*

われわれはこの部分の冒頭を、より大きな真実への関心はもしかすると人を否定的で非倫理的な方向へ導くかもしれないという懸念からはじめた。倫理それ自体を直接に注視することはその心配を軽くするかもしれない。倫理は一重の構造ではなく、四つの層から組み立てられている。第一の層、尊敬の倫理は、他の成人の生活と自律（そしてまた若い人にひそむ成人性）を尊敬することを命じる。その規則と原則は、人の選択領域に干渉することを制限し、殺人や隷従を禁止し、尊敬されねばならない諸権利のもっと一般的なリストを結果としてさし出す。第二の層、敏感さの倫理は、他人の真実と価値に敏感であるような方法、他人の真実に考慮を払い、それに入念に合わせてゆくやり方で行動することを命じる。その指導原則は、真実と真実なものとして扱うことであり、それはまた結果として次の達成目標をさし出す。「他人の真実をこわしたり縮小したりしてはいけない。また、他人の真実に敏感に応じ、それを高めるようにふるまいなさい」*。

尊敬と敏感、そのどちらが優先するだろうか。この二つが対立したとき、どちらに従うべきだろうか。敏感の方が高い層であるけれども、それは尊敬の層があってこそ安住する。このことの意味は、尊敬はその原則と規則にしたがって命じられるということである。あ

*真実の全範疇は広大で包括的であるけれども、伝統的な考えはまだわれわれが触れていない別の領域に言及していることに注目してもよいだろう。その領域は、大虚《ヴォイド》、沈黙、あるいは空と呼ばれている。特殊な瞑想の修練によりわれわれは自身の内部のこの領域に到達し常住することができると言われている。すると、どのような新しい基準が生じることになるのだろうか。

*尊敬の倫理——またはその一変形——は拙著 *Anarchy, State and Utopia*『アナーキー・国家・ユートピア』嶋津格訳 木鐸社 一九九四年）中に提示されている。敏感さの倫理は拙著 *Philosophical Explanations*, Chapter 5 中に示されている。

る特別な状況下で敏感が何か違うものを要請するときは、たしかにそれが行なわれねばならないが、しかしその方法は尊敬の規則からの最少限の分岐ないし逸脱にとどまらねばならない。どちらの層も最小限の部分切断という原則によって関係づけられる。「尊敬の諸規則に従いなさい、そして敏感に応じるためにそれらの規則から逸脱することが必要なときには、尊敬の平均値をもっとも少なく破ったり乱したりですむようなやり方でそうしなさい」。

この構造については、もうひとつの最大限の敏感さを第一にまたこの最大化に結びつく政策や活動の中に置き、それから尊敬の諸原理をもっともよく満足させるものを選ぶという構造からは、どのように異なっているかに目を留めなさい。

最小限の部分切断の原則は、敏感さに呼応するためには尊敬の諸規則からの逸脱を黙認するけれども、尊敬からどんな犠牲を強要してまでも最大限の敏感をかち得ることまではまかせられていない。どのような付加的に獲得された敏感さも、尊敬に払われるべき付加的費用よりも高価にならねばならないだろう。ときとしてある敏感さに応じる活動の中で尊敬の諸規則の織りなす生地をひき裂くようなものが選択されたという結果になることがあるかもしれない。しかしまさにもっとも敏感な活動は、そのひき裂くことがあまりにもひどく重くこたえるかもしれないので選択されることにはならない。*するとこれは、敏感を最大化する構造でもなく、またいちずに尊敬を命じる構造でもない。それはより大きな

*どれ程の量の活動が――これを活動（A）としよう――、尊敬が要請すること――これを尊敬（A）としよう――を成就し、また活動Aによって真実への敏感さが要請することを成就する総計――これを敏感（A）としよう――を測定することができると仮定しよう。尊敬の規則と原則への十分な固執をR*によって表示することにしよう。するともしもAがいっそう敏感に呼応するために尊敬が要請することから逸脱するならば、R*――尊敬（A）はこの逸脱の量を測定するだろう。また最小限部分切断の原則はこの特定の相違を減少または最小にするように努力することを要求することになる。行為BをするよりもAをする方が尊敬の平均値に適合するかどうか――AよりもBの方が尊敬則の折り目をより少なく切り裂くことに十分に適合しまた必然的に伴うかもしれない――を決定するときに、われわれに必要とされるのは、Aの敏感さがBにまさる得点、（つまり敏感（A）マイナス敏感（B）、Aの尊敬がBにまさるための失点――尊敬（B）マイナス尊敬（A）、をかぞえることができ、次に、もっとも重要なこととして、いつこれからのひとつが他方にまさるかを決定することができるかということである。これは単に二つの総計を比較するという事柄ではなくて（というのは多くのことが「敏感」と「尊敬」の測定のための二つの異なる尺度に依存するからである）、道徳的判断の事柄である。Aがすすめられるのはただ敏感（A）マイナス敏感（B）が尊敬（B）マイナス尊敬（A）よりもまさると判断されるときのみである。さもなければBが行なわれねばならない。あるいは別の活動、Cという尊敬の平均値にさらによく適合し、またそのより大きい尊敬がBのより大きい敏感によって圧倒されない活動が行なわれねばならない。（この構造をその最小限切断という特徴とともに明記することに関連する細部の詳述については、拙著 *Philosophical Explanations*, pp. 485-494 参照）。

敏感さのためには尊敬からの逸脱を許容するが、ただし、これは、尊敬の平均値にひたすら密着するためにおきた失点を上まわるのに十分なだけ大きいときにのみ許容される。それが黙認する逸脱には、最小限必要なだけの切断が伴われる。

第三の層は配慮の倫理である。配慮という態度は、柔和さへの気くばりや関心から、もっと深い愛への同情まで広がることができる。敏感もまた時としてこれを伴ったり命じたりするかもしれない――呼びかけられている真実の特有の性質に依存して――けれども、今あげた心構えはそれとは独立した考慮を正当と認めさせるのに十分なだけ際立っている。この層にはまたそれの価値や原則がある。もっとも強烈な点では、それはアヒンサー、すべての人に（そしてすべての生きものに）害を与えないこと、および愛（「あなたが愛している人にしたいと思うことを他人にも行ないなさい」）である。ここではしばしばこれらの心構えに対する宗教的な基礎――仏教徒の慈悲、ユダヤ教徒のツェダカ、キリスト教徒の愛――が見出されるし、非宗教的な形もまた可能である。配慮の倫理は、敏感が尊敬に続くように、この二つの倫理に続く。それが勧告するものが前のひとつから分岐するときは、前の方に従うことになっているが、ただ最小限切断の原則に応じる限りにおいてである。

ある意味では、後に続く層はより高くなる層であり、この後の方の層は、それ以前の層からの逸脱を正当化できるし、それらの基準はいっそう微妙にみえる。とはいえ、基準が前期のものであればあるだけ、いっそう基礎的ということになる。はじめの方の基準こそ、まず満足させられるべきであり、それからのいかなる逸脱に対しても強い重力的圧力を行使して、最小限切断の原則へ順応するように引っぱる。ひとつの層の内部では、尊敬（または敏感または配慮）が要請するある人へ向かう活動は、別の人へ向かう心構えが要請する活動とは異なるかもしれない。またたとえ同一の人に向かう同一の心構えでも異なる活動を命じるようにみえるかもしれない。これらの相異は層を高くすることによって解消されるかもしれない――もし問題が尊敬の層で生じたら、敏感の層に上げて解決できるかどうか見てみたらよい。もしだめなら、配慮の層で求めてみること。そしてもしも層を高くしていっても解決しなければ、ひとつ（または二つ）層を下げてみてもいいかもしれない。

この上にさらに高い層、〈光〉の層がある。（ここだけ〈光〉にしたのは読者に光という語がもつ特別の意味を想起して欲しいからである）。光の範疇は真実の行列表の中の一行として出現した。その項目は真、善、美、聖であった。さてここでの層では、われわれが影響を与えることができる人びとの光を高めたりわれわれ自らの光を増したりする構えを人はもっているだろうか。他人へ向かう構え（そして振舞いの様式）が、人自らの存在の在り方と区別できるときには、他人へ向かう倫理的振舞いをもっとも良いやり方と結びつけるという問題が起きてくる。光の層はこの区別を解消する。

光の倫理は、存在が光の乗物であることを要請する。光をたたえる存在であることは、光を送るものとなることである。自と他の区別は乗り越えられる。光はそれが輝くことから分離できないし、その存在をそれが現われることから切断することもできないからである。

光の乗物であることは、その非人称的乗物となることである。人間の刻印をその道具に記そうとすると、それは、あなたの限界の方に引き寄せられ、歪んでしまうだろう。バガヴァド・ギータは動機のない活動ということを語っている。その話は、わたしの考えでは、自己自身を純粋で非人称的乗物とすること、それによって他の何かが活動し伝送されることを意味する。オペラの歌手なら、自らの身体の全素材、全共鳴を用いて音楽が純粋のままに体をつらぬいて流出するようにさせ、その音楽を伝えるための搬送の道具として自分自身をみることがあるかもしれない。演奏に個人的なスタンプを押して、音楽のある通訳をしたいと努力する人と、音楽が純粋に生起してくるままにしておくように努力する人、もっともこの人にしてもわれわれがその歌唱を聞くときはその人なりの特色をもつある特定の人ということにはなるけれども、この二人は異なる。たぶんその相異とは、歌い手はそれをそんな風に聞いていないか、歌い手なり聴衆なりが分かるようにそれに形を与えていないことだろう。

光の乗物が男女各自のもつ敏感さと開放性の中心となる焦点を光へ運ぶのは、真、善、美、聖の例証や範例を注目し、それらを養い育て、それらの変形作業が行なえるだけの十分な広さを許容し、そして自発性をもって行動することによる。真、善、美、聖があなたを通してはたらきあなたを変形するやり方があなたの光の道となる。これでわれわれはいまひとつの真実原則をつくることができた。第六番目は、光の器となれ、である。

これまでにわれわれは、価値への三つの心構え——利己的、関係的、絶対的——を掛算の式によって結合することを試みたが、じつは、三つの構えを何とか結合したいという必要の他には、特にこれといった際立つ理由づけのない人工的な合併だった。けれども、光の器であることは、その三つの構えを、たとえさらにいっそう特殊化しながらも、たしかに統合するのである。

これまでに提出された真実の理論においては、諸次元のほとんどは（例えば、強烈さと活気、重要さと有機的組織体の度合いとしての価値さえも）どんなものでも真実の内容を形づくるものとして認めている。このような形式主義の理論を用いると、いったい、悪、苦痛、蛮力、またはただの富は真実を増さないのではないか、という問題が生じる——何故なら真実自体は何の特有の内容も必要としないものとして記述されたからである。その結果、いくぶん不確かながら、どのようにその現実の形式主義理論が暗い内容からずれているかを示す試みに向かうことになる。そうではなく、われわれは光の行——真、善、美、聖——を真実の内容としながら、その他のすべての真実の諸次元が、この内容を包含するとき（そしてそのときのみ）真実を増すとすることができる。強烈さや活気は、それらが真、善、美、聖をいっそう強めたり活きいきさせたりするとき、真実を増す。価値は、真、善、美、聖のある部分からなる多様さの統一であり、深みは、これらの深みであるときいっそう真実となる。またはたぶん、これら他の諸次元が光の内容によって満たされるのを要請するよりもむしろ、それらがもし光に対立するもので充満されていないのなら一般に真実を増すものとして、われわれは見てもよい。善悪どちらでもない中性の内容はそれらの内部で役立つであろう。

とはいうものの、もはやわれわれは善いものをほとんど中性的な真実性の論理の内部から正当化しようと努めることはしないだろう。真実は、はじめから、真、善、美、聖の上に築かれているからである。けれども、何故われわれは善いもののために、とにかく何か中性的な理論づけを与えたがったのだろうか。結局、もしも善に向かわないことが明らかになるようなある中性的な話——例えば、知られる限りでは演繹法はみな自ずからその方向を指示するわけではない——をしたとすると、それは適切な中性の話ではない、と言われるであろう。おそらくわれわれは他人を信じさせるために中性的な話を求めるのだろうが、歴史はこの道筋に沿ってはほとんど成功していないことを露呈する。またもしその話がじっさい善に導くならば、十分に検証力のある批評家は、その当初の非中性的な色合いや位置をあばくだろう。その位置に非中立性はすべり落ちる——結局、もしそれが徹底して中立であると仮定するならば、悪よりもむしろ善の方へといつもそれが導かれることができるわけではない。

カントは、義務が傾向を束縛するために、良い傾向よりももっと他の何かに基礎づけられることを望んだ。かれは道徳性のためによりいっそう確実な基礎を求めた——もしも良い傾向が欠けていたり十分に強くなかったとしたらどうだろうか。* 多数の倫理論の構築物はわれわれ自らの傾向を恐れ不信の念をもつことに基礎がおかれ、またわれわれの性向を束縛するように意図されている。善の魅力は十分には強くないのでさらに何かの権威がなければならないと思われているので、善いもの、それを支える事実からなる存在、のための基礎が求められる。同じように、善を合理性の中に根づかせようと努める人たちは、合理性の方が、この二者の中ではより安定していると仮定する。

もしもわれわれが自らの傾きを信用したとすると、倫理観はいったいどういうことになるのだろうか。そのときもしかしたら、われわれは倫理を、われわれの良い傾向の増幅、拡大、規則化そして経路化として、またどうしたら光の器であり送り手となることができ

---

*David Shapiro, *Neurotic Styles* 中で、デイヴィッド・シャピロは、強迫‐衝動的人間の関心はそのごくわずかな行動でも一般的格言と原則によって導かれていること、それはこういう人は自らの全面的決定にたどりつく必要を、細部にまで一般原則を適用するという技術上の問題に置き代えることによるからだということを描写している。

るかを命じるものとして、見てもよいのかもしれない。もしも倫理の土台を理論的に築くことが光の魅力への不信――すなわち、われわれの欲望の図形への不信――から生じているならば、その務めは議論の力であの光を補強することではなく、われわれ自身の向きを変え、それからわれわれの諸傾向を信用することのできる存在への変容を目ざしてゆくことである。

光の諸次元について、内なる真理（およびその明晰さと透明さ）について、善について、内なる美およびカントの美と真の等価式について、聖について、何か明るく照らしだすようなことが言われるなら、そしてまた何故光が以上のふさわしい構成素またはメタファーであるように見えるのか言うことができれば、どれほど望ましいことだろう。どんなに人の顔は善良さによって輝いてみえるのか、なぜ宗教画では光輪がふさわしくみえるのか、なぜクエーカー教徒たちは「一条の内なる光」について語るのか。おそらくいつの日かわれわれは倫理的であること――その根底やその結果でなしに、倫理的であるとは何を意味するか――を悟ることができるであろう。

19 神学からの説明

形而上学ばかりでなく神学もまた古くから闇と格闘してきた。神学の伝統的な問題のひとつは何故神はこの世に悪の存在をゆるしているのかである。わたしはいくつかの非伝統的な答えについてよく考えてみたい。宗教の信者にとってこの問いはしつこく心に迫るものだが、信者でなくてもまた興味があり、少なくとも知性に挑戦する問題である。*

「悪の問題」は、伝統的な考えの中では、神がいくつかの属性、すなわち全能、全知、全善などを備えているという事実によって立てられた。それでも、悪は実在する。上述の属性からひとつを除いてみると、後には知的に困難な葛藤は何ひとつ残らない。もし仮に神が全能でなければ、男神（または女神）は悪を防ぎ得ないから悪は存在するかもしれない。もし神が全知でなければ、神は世界創造のとき悪をも創造していることを知らなかったので、悪は存在するかもしれない。もし神が悪の存在（少なくともわれわれに考えられる限りの）を意に介さないとか、神に悪意があるとすると、同じように悪は存在するかもしれないしまた、（知的な）問題はまったくなくなってしまうだろう。この世界に悪が存在すること、それが他人に悪いことをする人の中にあろうと、例えば地震のように、罪のない人びとを苦しませる事件の中にあろうと、悪の存在を、全能、全知、全善という特性と和解させる道などないように見える。悪を含んでいる世界の説明としてさし出すことのできる宗教上のいかなる説明もないようにみえる。少なくとも、いかなる適当で内的に満足させる宗教からの説明（または弁神論）もこれまでに提示されていない。

そもそも悪は存在しないという抜け路も以前からあった。いくつかの見解では、悪は積極的なものでなく、喪失である。悪であるもの（およびその全部）は善の欠如である。神が悪をつくったのではなく——ただどこへでも十分な善をゆきわたらせることがなかったし、すべてのものを善で充たすこともなかった。（こういう理論家は、もし神が悪を創造しないでただ十分な善を積み上げるのに十分なだけの善を創造しそこなっただけなら、神は悪が存在することに対する道徳上の責任が減るだろうと考えたにちがいない）。

悪は単に善の欠如にすぎないという見方は、特に悪を蒙ったり悪によって苦しんできた人びとにとっては、すこしももっともらしいとは思えない。もし善がゼロより上の〔正数の〕ある得点とすると、悪はゼロではなく、たんに善の欠如でもなく、ゼロ以下の〔負数の〕得点となる。悪はそれ自体の権利を持つ何か、消極的な何かである。ある教義は悪をこの世である役割、われわれを教育する役割を持つものとみなしてきた。世界はひとつの大きな学校、キーツが魂づくりの谷と呼んだ場所である。われわれは苦悩を通して悪を経

＊この部分のもとの形は雑誌 *Ploughshares*, Vol. 11, No. 4, pp. 151–166 に掲載された。

験し知恵を獲得する。このようにして、ある神聖な存在は親切にもわれわれの教育のために準備をしてくださっている、と。

この見解は、何故われわれはいくつかの段階を省略されていなかったかをめぐるきわめて重大な問いをもち出す。何故われわれは、こんなに徹底した学習過程を通らなくてもよいように、もっと上級段階にいる状態に前もってつくられなかったのだろうか。

神聖な存在が自由意志をもった人間をつくった、そして人間たちがときには自由意志を用いて悪をすることを認めた。けれどもすべての悪いことが、他の人間の行動の結果として人間に起こるとは限らない。自然の災害、地震、大嵐、その他もある。また、このような他の伝統的な教説は、悪を自由意志から由来するとみる。自由意志論者は原則として、これらの出来事を、神が自由意志を与えた他の存在——（堕）天使たちつまり悪霊たち——の活動のせいにするかもしれない。そのようにして、とにかく、すべての悪は自由な行為主体者の活動によって説明されるかもしれない。

しかしもしも神が自由意志をもった存在を創造することを望まれたのなら、あらかじめどういう存在が悪を行なうことによってそれらの自由意志を（誤って）用いることになるか予見し、そしてそれらを被造界から除外しておくことができなかったのだろうか。（ある大部の巧妙な文献がこれが本当に可能かどうかについて討議している）。自由意志は貴重である。ただ自律的な能動者だけが悪よりはむしろ善を選ぶとき道徳的な徳をもつからである。しかし悪を自由意志を通して説明する理論家なら、ただ単に自由意志は良くて価値があると信じるだけでなく、それは次善の選択よりもとび抜けて遥かに価値があるという意見ももたねばならない。自由意志につづく次善の選択は、善さが内部に刻印されている存在たちで、そのためにかれらは自然に不可避的に良いことを選ぶ。たぶんこういう存在は、誘惑に直面して自律的に善を選ぶ自由意志をそなえた存在と同じだけ良いとはいえないだろう。ではどれくらい悪いのだろうか。その相違はたいへん大きく重要なので、この世界が含む悪と苦しみのすべてをそれが持つことを正当化するのだろうか。自由意志の次にくる最良の選択と比較すると、それをそなえた存在をもつことによって得られた余分の価値は、（仮説により）自由意志が目覚めるときにもたらされるすべての悪と苦悩をしのぐのに十分な重さがあるのだろうか。最小限を言うとしても、それは不明である。*

この問題をめぐってとることのできるさらにいくつかの立場を思い出してみよう。この世界は無から（ふつう解されている通り）ではなく、それ以前から存在する質料から創造

＊宗教上の説明では必ずしも自由意志の目的はそのわれわれに対する内在的価値にあると仮定する必要はない。神が自由意志をもつ存在を創造したのはその存在を予知できない者とするためだったと想像してみよう。そしてその結果、神はかれらのストーリーを興味と驚異の念でたどることができる——かれらは神の連続テレビ・シリーズとなるだろう。

されたという見方がある。(『ティマイオス』中で) プラトンは神聖な技工者はこのようにふるまうという見方をしている。ユダヤ神秘主義の伝統中、あるカバラ学者の見解は、先立つ創造がいくつもあり、これらの廃棄物である破片が現行の創造に否定的に働きかけているという。だから神は本当に創造の中のいかなる悪や欠陥のゆえに非難されるべきではない。何故ならそんなものはもっと昔の残存する質料の特性に由来するからである。神の業の質料となるべきものがこのようであったら、いったい何を期待することができただろうか。とはいえ、この見方は神の力に制限を加える。たとえもしすでに存在する質料を利用するとしても、何故神はそれを変形して、後まで悪の残りを留めることがないようにできなかったのだろうか。

プロティノスと新プラトン学派によると、神聖な存在(一者)は下方の諸レヴェルを流出する。それは、意図するわけでもないのにこれらのレヴェルを流出し、これらについて何も関知しない――だから、分泌するといってもかまわないだろう。神聖な存在がこれら下方の諸レヴェルに関知しない以上、その流出を防ぐために何もしない。次々とレヴェルがつくられ、それぞれはまた次のレヴェルを放出する。神聖者からはるかに遠ざかってしまうと、悪が存在しているレヴェルになる。しかも不幸なことに、これこそわれわれが住むレヴェル、もしくは少なくともわれわれの質料的本性があるレヴェル、なのである。新プラトン学派の見方が神学上妥当か否かは別として、これでは神は礼拝するのにふさわしい存在のままではいられない。われわれが紹介されたのは、うっかり何かを流出し、しかもその事態に関知しないという、自ら行なっていることを知らないある存在である。こういう理論は形而上学の観念には役立つかもしれないが、宗教としては何の役にも立たない。グノーシス派（その教説は、新プラトン主義とともに、カバラの中にとり入れられた）は、われわれの世界を創造した神（聖なる存在）は全く完全でも全く賢明でもなく、また、とりわけ最高に位置する存在でもないと考えた。われわれの創造者よりも、もっと高いところにいますひとつの神は、われわれの世界からはるかに離れて存在する。この世界はその助け手または反抗的な神聖な霊によって――少なくとも、何かの点で神の仕事を不手際につくろった誰かによって――創造された。この信念からグノーシス派の学者たちは、自分たちの務めはこの世界をのがれて、局地的な君主の治世の手の及ばない、より高い全善の神と触れ合えるどこかへ移ることだという結論に導かれた。

二元論者のあれこれの見解は、思想史上に頻出する。ひとつ以上の神があると、全善であるひとつの神――それはあなたが今かかわっている神ではない――が存在し、それがすべてのことに全責任を負っていると言うことができる。しかしこれではただ問題を先送りするばかり、同一の問題を別のレヴェルに押しこむばかりである。もしもこのより高い神が本当にトップの神存在ならば（無限数のとか三つのレヴェルとか思い煩わないで、二つのレヴェルでとめておこう）、いったい何故、このより高次の存在が、われわれの世界をこれまでのようなひどい状態のままに統治している存在を容認しているのか。もしもこの至高の神の存在が全く善で苦悩や悪が起こるのを望まないのならば、何故、かれは低次の神がこの地で大さわぎをするのを許容するのか。(それを止めさせる力をかれはもたないのか)。もしも高い方の存在が低い方の存在を創造するのなら、何故かれは低い方を間違いをおかすことのないようなものとして創造しなかったのか。明らかに、グノーシス派の教説は、しばらくの間はどこかに何ひとつ非難されることのない神が存在していると考えることで、たしかに、満足を与えてくれるけれども、ただ問題を先にひき延ばしているだけである。

ユダヤ教の伝統の一派、カバラの奉じる見解では――偉大な学者ゲルショム・ショーレムの記述に従うことにすると――神聖な存在の内部、アインソフ(無限定と訳される)の内部では、いくつもの属性、領界(セフィロト)があるという。この世の悪は、標準的なカバラ教徒の説ではさまざまな神聖な属性間の緊張の結果として生じる。これらの属性はどれもそれ自体としては善である。いかなる属性も誤りや悪や咎めだてされるものではない。ただどういう訳か、それらの相互活動中に、うまくいかないことがある。うまくいかなかった二つの属性として、カバラ教徒の著作者たちが、審判(ディン)と愛にみちた親切つまり慈悲(ケセド)に焦点を当てていたことは、偶然ではない、とわたしは思う。この二つは緊張関係にあったし、よいバランスにどうしても辿りつくことができなかった。

緊張と不均衡のために、この被造界に紛争が起きる。

あなたはこう訊くかもしれない「何故その神聖な存在はそれらに正しいバランスをとらせなかったのか。それは神聖な存在の中にある不完全さではないのか」と。しかし審判と愛にみちた親切との間、正義と慈悲との間の正しいバランスとは、いったい何であるかを知る人がいるだろうか。これらは常に緊張をはらんでいる。（いくつかの見方では、もし正義が存在するのなら、慈悲のための余地がどのようにあるのかをみるのは困難である。もし慈悲とは人びとに、かれが受けるに値する以下――つまり、かれらに相当するのより少ない罰――を与えることなら、人間がひどいことに値するのに、いったいどうしてそれが正義であることができるのか。わたしがこう尋ねるのは、慈悲と正義の両立しないことを強調するためではなく、緊張、両者が別々の領域を与えられるときに残るある張力、つまり正義は過去を矯正することを求め、慈悲は未来を和解し善くすることを求めるということを示すためである）。

思想史の中ではいつも、正義と慈悲の間の緊張があったので、カバラ派の思想家がこれらを均衡のとれない二者として取上げたのは当然だった。このことが神聖な存在の欠陥を示すことにはならないのは、神の属性自体は、それらの本性を与えられているために、互いに簡単に適合するわけにはいかないからである。にもかかわらず、神聖な存在ならばこの両者を含んでいなければならない。

けれども、何故、神聖な存在は完全なバランスをつくり出さなかったのだろうか。たとえ神の業としても、単に正しいバランスなど存在しないと考えてもよいかもしれないが、カバラ教徒の標準理論は、ディンつまり正義ないし審判がその正しいバランスの範囲から外へふみ出しているという。イサク・ルリアの見方では、世界を創造するために、神聖な存在がそれ自身の中に収縮したとき、ディンのあるものが凝固または凝縮して残されてしまい、微細な一点となり、それが後になってわれわれが遭遇するあらゆる悪事悪行を産出した、という。ルリアの後、ガザのナタンという偽救世主サバタイ・ツヴィに従ったひとりは、神には種々の構成素があると主張した。完全に自足して全く世界の創造など求めない神があった——かれはただ、まるですぐれたアリストテレスの学徒のように、観想に没頭することだけを望んでいた。けれども、神の他の部分は世界創造を欲求した。そのわけは、神の自足している相が、悪を包含する世界の創造に反抗したからである。

以上のカバラ派の理論はみな、次のような長所をもっている。悪の実在を神の本性内部のある緊張、葛藤、相互活動過程などの点から説明しようと試みていること。このようにして、ショーレムが指摘したように、神智学的見解と等しくなること。神智学では神聖な存在の内的本性と生命——「プシケ」はあまりふさわしくない——および発展しつづける存在について語られる。この領域内では、伝承された原典について、神秘経験やしばしば秘教的な解釈を用いて操作できる余地のあることが発見されている。こういう理論はとくべつに深遠である。

一四九二年、スペインからの退去命令とともに、ユダヤ人たちは甚大な心の傷《トラウマ》をこうむった。カバラ派のシェキナー（神の現存の一相）の絵図は、追い払われ、異郷に捕らわれ、帰郷しなければならなかったものとして、エルサレムと聖地から追放されているユダヤ人のこの地上の状況を、鏡のようにうつしている。このもっとも心を傷つける種類の苦悩が地上のユダヤ人を取り囲んだとき、カバラ教徒は神の王国でもまた万物は調和している状態ではないと信じた。（ショーレムの主張では、カバラがユダヤの人びとに訴える大きな部分はこの〔天と地の〕並行説に由来する）。神は自らの理由でここに悪を創造した（かれは何か自由意志といったようなものをそなえた存在を創造したいと思った）。そしてただ楽しそうに口笛を吹いているばかり、という標準的見解とは違って、カバラ教徒は天上にもまた争いがあると言った。悪いことがいつも起こりつづける人間の国と、人間の国にかかわらずにはいられない神の国の出来事との間には並行関係があった。神の心の傷《トラウマ》はユダヤ人の流罪と呼応した。神のひとつの相は追放状態にあって、その固有の場所にはなかった。ユダヤ人には遂行すべき特有の働きがあり、そうすることによってユダヤ人は神の、シェキナーがその固有の場に戻るのを助けることができると考えられた。このカバラ教徒の見解のいくつかの特色については、また後で触れることにしよう。

ライプニッツの悪の問題への見方は、ヴォルテールの『カンディード』中の諷刺からもっともよく知られている。ライプニッツは神はあらゆる可能世界中で最善の世界を創造すると言った。ヴォルテールが登場させた人物は次から次へと災難に見舞われて、おろかにも、「そうさ、これがあらゆる可能世界中でベストなのだ」と言う。微積分の共同発明者であるライプニッツほど頭のよい誰かが、いったいどうしてヴォルテールがこの哲学者のせいにしているような間抜けなことを口にすることができるのだろうか。(「楽観論者はこれがあらゆる可能世界中でベストなのだと考え、悲観論者はそれに同意する」という冗談を思い出すこと)。

ライプニッツは実際にどんなつもりで言ったのだろうか。かれの考えは、神は全可能世界中でもっとも完全な世界を創造しようとしているところだ、ということだった。可能世界とは矛盾を内包しない世界のことで、あなたが今読書中でありしかも今読書中でないという世界は可能世界ではない。論理的可能性の領域では、ライプニッツによると、神はもっとも良くもっとも完全なものを選んだ、と言う――しかしどういう点で最善、最完全なのか。

ライプニッツの考えた世界の完全性とは、諸原理、諸規則からなるひとつの簡単な集合がその世界の細部の豊さを生じさせる手段であることだった。もっとも完全な世界なら、もっとも簡単な可能的方法でもたらされるもっとも大きな多様性をもつことになるだろう――つまり、最大の有機的統一をもつことになるだろう。ある世界をこしらえるとき、あなたは単純な、自然法則を望むだろうが、それらを操作する際、たまには、地震や自然発生的事故もあり、ときには人間がその中に迷い込むこともあるだろう。けれども、神ならばそれらを避けることができただろうに。神ならば奇蹟を——レーズンケーキのなかのレーズンのように——ばら撒くことができ、しかも、まったくふさわしい瞬間に、その介入が行なわれるだろうに。（マイモニデスは奇蹟は事前にプログラムされたり作りつけになっているのか、それとも後になって跳びだしてくるのかどうかを論じている）。災害はどれも個別化されたしわ寄せによって、もし奇蹟がなくても、もとの自然法則中の個別化された複合体によって、避けられている。こういうことを行なうことができたとしても、ライプニッツの見解では、結果としてはひどく不完全で見た目も美しくない世界しか生じなかっただろう。あの〔奇蹟という〕レーズンのいっぱいつまった世界は完全でも望ましいものでもなかっただろう。したがってライプニッツの考えでは、創造にあたって神はすべての可能世界中でもっとも完全なものを創造していたのである。かれ——ライプニッツと神の両方——は、最大の富と変化に富む事実（多くの良いことが含まれている）がごく簡単な方法で生じるような世界がベストであるとみた。

明らかに、これはヴォルテールが諷刺した考えではない。それでもなお、われわれは何故そんなにも美しい完成品だけを気にかける神聖な存在を礼拝するのか、思案してみてもよいだろう。もしも悪いこと、道徳的に悪いことが起こっても、そういう存在は、当の悪いことが世界の完璧な美しさに傷をつけない限りは全然、気にかけようともしないだろう。(次の程度くらいは気にするかもしれない。即ち、もしも二つの世界が美しさの点で最上の完全さをもつことの中で結ばれているならば、かれはわれわれに最小限の苦しみをひきおこす方を選んで手にとるだろう)。

けれども、われわれはライプニッツの見解をすこし修正して(経済学者の言うようにトレード・オフをいれることができる。この変更された見方では、神はすべての可能世界中でもっとも完全な世界(もっとも簡単な可能的方法で最大の多様性を生じるもの)を創造することなく、すべての可能世界中で第十七番目のもっとも完全な世界を創造する。神は、ある形而上学的完全さを、もしそれを犠牲にしないと、きわめて大量の苦悩を軽減することができないので、犠牲にする。このような神がわれわれを気にかけるのはもっとも簡単な法則から生まれ育つあのもっとも完全な世界の方を選びとらなかったからである。この神はあちらこちらに少量のレーズンを投入して、ことがらを複雑にしてきた。たしかに、かれはわれわれのために道徳的にベストの世界は創造していない。このことは、きわめて多くの小粒の奇蹟つまりレーズンがふりかけられていることを意味し、またその世界、一六九五番目にもっとも完全な世界もまた神にとっては美しくも完全でもないことを意味する。それでもまた、かれの視点からはベストな世界を創造することはしていない。かれは犠牲を払って、ここでの道徳的な良さを高めるために、かれの完全性の階層性中では低次の世界をつくったのである。このような存在が人間の福祉全般をまったく気にかけていないというかどで軽蔑されることがあってはならない——かれはそれだけを唯一気にかけているわけではないけれども、われわれのために重要な犠牲を払っている。とはいうものの、たとえこの修正されたライプニッツの見解をもってしても、悪の存在を宗教的にふさわしく説明することはできない、とわたしは信じる、そしてその理由は間もなく論じられる。

ライプニッツの時代からこの方、多くの哲学者は、常にベストとは限らないが可能世界について論議してきた。最近ひとりの哲学者、ジョージ・シュレジンガーが、あらゆる可能世界中でベストの世界などというものはないと主張した。ベストであり得る唯一のものごとは無限の価値の世界かもしれないが、無限の価値をもつ唯一のものごとは神聖な存在、神である。(神は、ここでは立入る必要のない理由によって、かれとよく似た無限の価値をもつもうひとつの存在を創造しようとはしていない)。だから、神がある世界を創造するときにできることは、有限の価値の世界を創造することである。

けれども、そもそも神は何故世界を創造したいと思うのか。(われわれはある種の事柄については考え込んではならないという警告に気づいている、また敢えてそれをする人びとがどのように生まれなかった方がよかったのに、と悟るかについても知っている)。たいてい創造をめぐる神学の論議は悪の議論から切りはなして行なわれている。人びとは個別化されたいくつかの問いがあることを前提としている。即ち、誰が世界を創造するのか。何故悪を含む世界をつくるのか。しかしたぶん、もしわれわれが創造の理由を理解し、何故完全な神聖な存在がただかれ自身によってのみ安らかに満ち足りていないで、そもそも何らかの世界を創造するつもりになったのかを悟ったとしたら、そのときわれわれは何故この世界は今あるように、悪を含むという特性をもっているのかを理解するだろう。

神の世界創造の欲求は、かれまたはかの女自らの価値を増すためではなく(すでに完全に自足し無限に価値のある存在であるから)、また必要に応じるためでもない(もっともユダヤの伝承はよく個々の人間、またはユダヤ人全体として、遂行することのできる機能を記述しているが)。神聖な存在は現に存在する全体的価値を増加しないように努める――これはすでに神自らの現存に無限に由来しているから――のではなく、他の価値をそれ自体のために創造しようと努め、またいかなる創造された世界もただ有限の価値をもつばかりである。

神は、世界創造のとき、ある大きさの価値、ある有限の大きさをもたらしている。それはちょうど神がある数を選ぶようなものである。神はある数――仮に百万五百六十三としよう――を選び、それがこの世界の価値、功徳、善の総計となる。するとわれわれは神に尋ねる、「何故もっと大きい数を選ばなかったのですか」。神はではどんな数を選んだらよかったかと訊く。われわれは「五百万二百二十二にしたらいかがですか」と言う。神は

「もしわたしがその数を選んだとしても、きみたちは「何故もっと高位の数を選ばなかったのか」と言うだろう。わたしが創造する世界には無限の価値はあるはずがないとすると、それは有限の価値をもつだろう。だからわたしの創造したどのような世界も、より大きくないという同じ理由で批判されることになるだろう」と言う。理論上、すべての可能世界中でベストなものはない——それはちょうど最高の正の整数などないのと同じである。神の創造する世界はそのどれをとっても、常にもっとよい世界というものが存在するはずなのである。神はある世界を創造中のとき、どれかの世界を選ばなければならず、それでこの世界を選んだのである。

このようにして、シュレジンガーの悪の問題への返答は次のことを尋ねる（小手先のトリックのように感じるが）。「何についてわれわれは苦情を申し立てているのか。何故われわれはこの世界について苦情をいい、神に何故もっとよくつくらなかったのか、何故この世に悪が存在するのか、と問うのか。かれがつくったかもしれないどのような世界に対しても、われわれは同じことを言わなかったであろうか」*。何故ならわれわれが線を引いて少なくともわれわれはそう言わなかっただろうと答えたい。

* George Schlesinger, "The Problem of Evil and the Problem of Suffering," *American Philosophical Quarterly*, Vol. 1 (1964), pp. 244-247; *Religion and Scientific Method* (Dordrecht, Holland: D. Reidel, 1977) 参照。

ともそれより上のよい世界を神は何故つくらなかったのかと問うことのできるような自然な一線があるからである。われわれは悪の存在のところに一線を引くことができるだろう。おそらく悪をもたない世界は想像できるかぎりのすばらしい世界というわけにはゆかないだろう。おそらく世界がどんなにすばらしくなり得るかには限りがないだろう。(おそらくもし神が本当に世界をすばらしく造っていったならば、その世界はわれわれなどまったく容れなかっただろう!)。しかし少なくとも、神は今存在するような途方もない苦痛や苦悩などをまったく伴わない世界だって創造することができたに違いなかっただろうに。

悪の存在によってしるしづけられる一本の線があるが、この世界はその得点、また価値においてもその線以下にある。何故神は少なくともその線を越えなかったのか。これに対する返答は、シュレジンガーの論点では、無限の数の線がある、ということになる。われわれが注目しているのはただ一本の線、どんな悪も含んでいない線であり、われわれが問い求めているのは何故神はその線を越え出ることがなかったのか、ということである。しかし神はすでに他の多くの線を越えてしまっている。世界が、現状のようではない状態であったかもしれないような多くの悲惨なあり方がある——この世界はそのようには創造されなかった。かれはその他の線をふみ越えた。もしかれがその線(悪をまったく含まない)をもまたふみ越えたとしたら、われわれはさらにその先にもう一本の線を見つけて何故神はそれを越さないのかと問うだろう。論議は今、レヴェルを一段上にあがった。そしてこの時だけ、何本もの線を引くことができるが、それは創造へ向けて価値の総計を変えることではない。

何故神は少なくとも莫大な悪の拡がりを防がなかったのかと問う人もあるかもしれない。その答えは同様に、かれはたしかにもっとも巨大な広がりは防いでいると言うことかもしれない。例えば、かれはたぶん一億もの人間を殺したかもしれないような事件や戦争は避けるように行動した。神がもっとも巨大な悪を除いた後に残存している悪の中で最大ののが何であれ、現実によく知られている尺度の頂点にそれらの悪が位置するので、われわれには、途方もなく大きくみえる。したがってわれわれは、あやまって、何故神は少なくとももっと巨大な悪をとり除かなかったのかとさらに問うかもしれない。かれはとり除いたのである。

おそらくこの理論は、はじめに、悪の問題への満足すべき解決について考えているときに列挙しておいた知的な基準を満足させる。われわれはただ、論理的に、神の全知、全能、全善をこの世界の悪の存在と和解させるような何かを求めていただけだったのかもしれない。われわれはこれらを和解させるものなら、どのような理論でも満足すべき解法だと考えていたのかもしれない。そのこと以外には、この理論は満足すべき解法はない。

悪の存在についての適当な宗教的見方に課し得るひとつの条件は、その宗教観がじっさいに苦痛や悪に苦しんでいる誰かに何か言うべきことを用意していることであるが、言われることが必ず苦しんでいる人を慰めなければならない、という意味ではない。おそらく本当の話は慰めを与えるようなものではない。しかし人を困らせ身をすくませるような何かであるはずもない。これまでに考察された理論が備えていることは、誰かに向かって話しかけるときに可能ではなく、口当りのよいことでもない。

悪の存在のもうひとつの見方も同じ欠点をもつが、ここに記述する値打ちはある。そもそも神は何故、ただ独りで、どんな状況でも存在し続けるよりも世界を創造したいと欲したのか、その理由を考えてみよう。これはただひとつの世界を創造する理由だろうか。適切でない一連の創造のストーリー。また並行していながら相互活動をしていない宇宙というサイエンス・フィクションの主題も思い出してみよう。*

神はかれ自らの価値、善、その他なんであれ——それはすでに無限だから——の増加のために世界をつくろうとはしない。またそこにある価値の総計も増されることにはならない。すでに無限な総計にさらに有限の総計を加えてもすこしも増大はしない。その理由は、有限の価値をもつあの世界を、それ自身のためとそれ自身の価値のために創造することではないからである。しかし、では、何故ただひとつだけつくるのか。何故、多数の世界を、多数の相互活動しない宇宙をつくらないのか。

もしも神聖な存在がそうしたならば、それらの世界はいったいどんな風だろうか。同一の細部をもった同一の世界を際限もなく繰り返してつくるのだろうか。終点はないかもしれないが、五回、十二回、百万回と繰り返しつくるかもしれない。それでも、異なる世界を加えることはまた、ある変化、あるそれ自らの価値を、すでに創造されているものから何も差し引くことなしに、導入するであろう。すると、おそらく、神聖な存在は最終の積極的価値をもつすべての世界を創造することになるだろう。(ある世界が最終の積極的価値をもつのは、その世界の善さや価値やその他の総計が計算され、またその悪さの総計が引き算されても、結果がまだ正数であるときである)。世界は、もしもその世界が存在することが、存在しないことよりも、善ければ、創造されるだろう。このようにして、われわれは神聖な存在が多種多様の宇宙、しかもそのすべてに価値がある宇宙の創造にとりかかり始めている姿を想像することができる。

あなたはこの宇宙全体にたくさんの欠陥をみると言い、何故神はこの宇宙をもっと良くつくらなかったのかと問う。神はたしかにより良い宇宙をつくったし、もっとも良いもう

＊デイヴィッド・ルイスはすべての可能世界が存在するという主張を David Lewis, *Counterfactuals* (Oxford: Basil Blackwell, 1973) の中で述べ、またこの主張を、*On the Plurality of Worlds* (Oxford: Basil Blackwell, 1986) で反論から守りつつ詳細に展開している。私は拙著 *Philosophical Explanations* の中で、どのようにこの主張、またはそのもっと省略した変型版が、「何故、無ではなく何かがあるのか」という問いに答える際の助けになるかを論じた。これを今、提示されている悪の問題に応用することはスティーヴン・フィリップスとの討論の中で展開された。

ひとつもつくった、しかもあなたが想像している通りのやり方で、神はあれをつくりまたこれもつくった。「では、何故神はあれだけをつくることをしなかったのか」。あれプラスこれの二つの代わりに、もしただあれだけをつくったとしたらその方がよかったかもしれないだろうか。もしこれもまた存在するのに値するならば、答えはノーである。「でも何故神は、わたしをこれにでなくあれに入れなかったのか」。もちろん、こちらの方に神が置いた人は誰でも同じ問いを問うだろう。（さらに、この宇宙またはあなた自身は、ただその中または類似の中でだけ存在できるように構造化されているのかもしれない）。

この図の中に存在するものは、よい神聖な存在でそれは最終的に積極的な価値をもつ世界を全部つくっている最中のものである。またわれわれの世界もあって、これはある悪を含んでいるけれども、これらの世界のひとつである。われわれの世界が存在しないよりもする方がもっとよいし、また何故よい神がこの世界をもっとよくつくらなかったのかという問いへの答えは、かれはよりよい世界もまたじっさいつくった、ということである。神はすべての可能でよい世界を想像したのであって、単にすべての可能世界中のベスト（ライプニッツの考え）だけでもなく、単にどれかひとつの世界だけでもなかった。かれが創造したのは多種多様の可能（よい）世界だった。じっさい、もしもかれが無限数を創造するとしたら、このことは無限の価値の創造へ向かうかれの行程であるかもしれない。というのは、個別に創造された各世界の価値は有限（そして積極的）であるけれども、これら有限の価値の無限個の集積はそれ自体無限であり得るからである。

この理論はたぶん、悪に苦しんでいる人にいく分かさし出しやすいかもしれないが、道徳的に納得できる振舞いのパタンを神性に帰属させていることは明らかでない。どの世界も最終的にプラスの価値をもっているのだから、それを創造することは自動的にすべて支障なく道徳的にも容認できるのだろうか。子どもを創造する際にどのように比較の原理が適用されるか考えてみよう。仮に一組の夫婦がいて子どもは別に欲しくないが家の中に小さな召使いがいたら便利だろうと考えたとしよう。「わたしたちは職業や娯楽で忙しいから、この子がとりわけ欲しいとは思わなかったかもしれないが、もしその子をわたしたちに仕えるなかば奴隷のようにしておけば、その存在も最終的にプラスの価値になるかもしれない。誰もわたしたちがそれを生まれさせたという理由で非難することはできないはずだ。というのも、たとえそんな状態でも、全く存在しないよりは、生きる方がまさっているからだ。だからその子を所有し永久に奴隷のままにしておいても全く何のさしつかえもない。存在する方が存在しないよりももっと価値がある限り、何かを創造するという方針にただ従っているだけなのだ」とかれらは考える。

しかし明らかに、この夫婦がそんな風に子どもを持つことは決してよくない。何故よくないかを究極的に説明するものが何であれ、かれらは子をそんな存在の中にひきずり出してしかも「でもこうでもしなかったら、わたしたちはそれを存在させるようにするつもりはなかったのです。それの存在も最終的なプラス価値をもつ以上、何の苦情を申立てているのですか」と言い立てて、批判を拒絶することはできない。ひとたびその子が存在すれば、その子にはある種の道徳的身分が与えられる。両親を含めて他人は、自分たちがその存在が最終的なプラスと両立するように望むどんなやり方においても、その子をただ利用することはできない。

未来の人口数に影響を与える選択はこういう問題を痛切な形で提起する。また道徳哲学者もこれらに適用できる正しい道徳原理を描き出すことは容易でないと考えている。*たとえもしインドの人口増加の只中で誰もが自分の生命を全く生まれないでいるよりもよいと思うとしても、われわれは、よい暮しをする人の数が少なくなるよりはこの国の人口が減少する方がよいだろうと信じる。幸福の総計が、もしもほとんど積極的な幸福はなく存在しないよりはましである程度に生きている個人の大集団を付加し続けることを意味するのなら、そんなものは最大にならない方がよいと考える。そんな幸福の総計は多量すぎることによって幸福の平均値を下げるだろう。けれどもまた、ただ平均的な幸福が最大値にあるというだけでは、状況が望ましいとも考えない——そんな事態はほんの一人や二人の極端に幸福な人間が存在するだけで起きてしまうかもしれないからである。

これまで存在しなかった新しい人間を世界にもたらすことについての諸問題と並行するのは、新しい宇宙を創造することをめぐる（こちらはある神性に直面する）諸問題である。

問題「ある宇宙が創造に値するものとなるためには、それはどのように善くなければならないか」は、問題「ある人間の生活がどのようでなければならないか、はわれわれが前もってもしその人間がここにいるとすればその方がよいかを考えてからのことなのか」と並行する。(もっとも後では、問いは異なっている。第一の答えの領域外の人それぞれについて、その特定の人がここにいない方がよかっただろうに、と言うつもりはない)。

話題は異なっていて、一方は新しい人間を創造することについて考えている人びとと関係し、他方は宇宙を創造しようと考えている神聖な存在に関係する。けれどもどちらの問題も類似の構造をもっている。そのような状況にはどのような適切な道徳原理があり得るのかを考え出すことはきわめて困難である。しかし次の原則は受け入れ可能ではないように見える。「何かを創造することは、その存在が最終的に積極的な価値をもつときは、常に道徳的に許容される」。したがって、この悪の問題は、神は最終的にプラスの価値のある全宇宙を創造した、そしてわれわれの宇宙は、多くの悪を含んではいるが、それらのひとつである、と言うことによってでは解決できない。けれどもおそらく、最終的に、あるいちじるしく大きな量よりも、さらに大きな価値を

＊Derek Parfit, *Reasons and Persons* (Oxford, England: Oxford University Press, 1984), Part IV (パーフィット『理由と人格』森村進訳　勁草書房　一九九八年) 参照。

もつ全宇宙を創造するのなら受容できるかもしれない。ただ、ある宇宙の最終価値がゼロよりも大きければ、という条件では十分でない。それはゼロよりも上のある実体的レヴェルでなければならない。ではそのはじまりの量は正確にどのくらいかを知るのはむずかしい。しかし、いかにももっともらしく、われわれの宇宙は限界量以上のこのやや厳しい条件や得点に達しているのである。

人口数の選択にはどんな原理が働くべきか、われわれには確信がもてないときに、神学の方に向き直ることによって道徳哲学を解決できるのだろうか。正しい人口政策を見つけるのに、もし神が宇宙を創造しながらある一般道徳原理に従っているのだとしたら、かれがこの宇宙を創造していたにちがいないようなある一般的な道徳原理をわれわれもつくるべきなのだろうか。われわれは構造的に並行する世界のためのある道徳原理を、それが神がこの世界を創造するときに従っていたにちがいない原理であるのかどうかを調べることによって、テストすることができるだろうか。そうすれば宗教に倫理学の理論の中のひとつの役割を与えるだろう。そしてその役割は神がこの宇宙を創造するときにそれを受容して働いたという宗教的前提に基づくだろう。そうすると、倫理学の理論はそれがこの結果をもつか否かによってテストすることができるかもしれない、しかもこのテストに合格したものだけが、他のむずかしい道徳の諸問題を解決する際に使用できる理論の候補者ということになるだろう。

では、われわれは悪の問題を解く手段として、神のきわめて顕著な最終的に積極的な価値をもつすべての可能世界を創造した、そしてわれわれの世界もそれらのひとつである、と言うことができるだろうか。(何故かれはもっと善い世界をつくらなかったのだって? かれはそれもちゃんとつくったのだ)。これもまた現在、悩み苦しんでいる人びとには言いにくいこととわたしには思える。(「これは神がおつくりになったバスケットにいっぱい詰まっている世界のひとつです。もっとよい世界をつくらなかったと不平を言ってはいけません。神はそれをつくられたのです。たくさんのもっとよい世界も、そしてもっと悪い世界もいくつか。あなたもあなたの苦しみも極端なものではありません」)。さらに、神はその価値が、ある閾値を上まわる世界をすべて創造したというわけではなく、むしろその真実が存在する全世界をつくっているという見方を考察したらどうだろうか。この見方は、当然、悪の入りこむ余地をもっと大きく残すかもしれないが、それが神をわれわれの礼拝にふさわしい対象のままにしておくかどうかは、明らかではない。

他の倫理学上の区別もここではいく分の自由を得るために用いてもよいかもしれない。例えば、何かを行なうことと何かが起きるようにすること(またはそれを防止しないこと)との間には区別があるし、最善の目標結果を最大にしようと努力することと、ただいくつかの道徳上の規制に従うこととの間にも区別がある。またこんなことを言う人もいるかもしれない。「神が、われわれのために最大となりすべての可能世界中で最善の世界や最良の宇宙を創造する義務など本当はないのだ。あまりにも非道なことをすることがない限り、また種々のことをさし控えている限りは、たとえ神が少々の悪いことが起きるのを許可するにしても、道徳的責任をまぬかれる」。けれども何かをひき起こすこととただそれを傍観することとの間の区別は、宇宙全体の創造主がかかわるときには、明らかな区別ではない。

　では、悪の問題への満足すべき解答は、どのような基準に合致しなければならないのか。第一は明白で、あの神の三属性――全知、全能、全善――と世界の中の悪の存在とを、どうにかして和解させねばならないことである。答えはこれらのことを全部、知的に調和させねばならない。

　第二への答えは、今苦しんでいる誰か、あるいはこの世の苦悩を経験したり知っていたりする誰かを亡くした遺族の一人にわれわれがじっさい話したり、出かけていって言う気にさせるような何かでなければならない。

　第三の基準については、あまり確信がないが、それは心理学上の省察にかかわる。現実にわれわれは宗教からの説明は、何かそれと類比するものがもっと身近な問題の答えに役立つのでもない限りは満足すべきものとは思わない。例えば何故、かつてわれわれに全能にみえた親たちが、われわれより善良でもなく完璧でさえもなくなったのか。（わたしたちはなにも、宗教の信仰は単に家族生活の拡大された投射にすぎないと主張しているのではない)。このレヴェルもまた満足させるような解答は、今まさに求められている最中だ、とわたしは思う。

第四に——そしてここで私はカバラの伝承に頼るのだが——悪の説明は神聖な存在に手をつけないままにしておくわけにはいかない。男神なり女神なりが楽しげに最善であることを行ないながらただ進んでゆくと言うのでは何にもならない(最善であることとは、何かのよい作用を最大にすること、すべての可能世界中の最善を創造すること、われわれに自由意志を与えること、その他をいう)。またそのような生起の仕方のため、それが最善であることを今日行なう結果は、ときとして、この下界にいるわれわれには非常にひどいことになるかもしれない。神はただ楽しげに進んでゆくことはできない。少なくとも今起きている心に傷をのこす悪については、満足すべき解答として、何かの方法で神の王国内に反映されているあの欠陥を示すことができねばならない。

ライプニッツの神はすべての可能世界中の最善を創造するという見方によっても、また種々の小手先の修正をほどこした見方によっても、この条件を満足させることはできない。修正案の中には、神はただひとつだけ宇宙を創造したのではなくすべての十分によい宇宙をつくりその中にこの宇宙もはいっているという例もある(ここから神は何故もっとよいのを創造しなかったのか、という問いへのにべもない返答、「神はすでにそうした」が出てくる)。以上の理論はどれも、神聖な存在をわれわれの悲惨な状況からあまりにも断絶したままにしておく。

第五、満足すべき解答は、礼拝に値する神聖な存在、ある宗教〔結びつき〕をもつことができる神聖な存在について語らねばならない。（プロティノスの理論、この王国はある神から流出されたより低い領域でありこの神は自らの流出についてすら知らない、はこのテストには合格しない）。それはただ超然とした形而上学の理論であるはずがない。神はいま・ここで生起していることから離脱してはいけないばかりでなく、その説明はわれわれを神に、単にかれによって創造されたというばかりでなくもっと他のやり方で、愛着させておけるものでなければならない。あの「対象関係」はどちらの方向にも有効にはたらく。

悪の問題への解答をめぐる他のひとつの条件はあのホロコースト〔ナチスのユダヤ人大虐殺〕によってわれわれの胸元に突きつけられている。理論上、いかなる悪もすべて、たとえひとりの幼児の苦しみのように小さくても、何故、全能、全知、全善の神がそれを許容するのかという神学上の問題を提起する。けれども、悪がホロコーストほどの精神外傷的な広がりを持つとき知性の問題としては同じであるけれども、情動の問題としては同じでない。

またさらに、それは特にユダヤ人の伝統への問題であり、ユダヤ人は神聖な存在との特別な関係の中に立つという信念を奉じてきた。ユダヤ教神学が神聖な存在を悪の実在と和解させるという話、つまり説明をなんとか提供しているということでは十分でない。ある宗教の絵図内にぴたりと適合しなければならないのは、まさにこのユダヤ人に襲いかかる特有の巨大な悪だからである。イスラエルという国家の創造は、その後の時代にあまりにも近接しているが、すべてを救出することがひょっとしてできるのではないかと考える人もいるかもしれないが、(これらに言及するのは容易でない事柄だが)これは受け入れられる解答とは思われないし、またイスラエルに居住しているホロコーストの生存者もそう考えてはこなかったようにみえる。

未来のユダヤ教神学は、カバラがスペイン追放のために行なったことを、ホロコーストのために行なわねばならないだろう、とわたしは思う。流罪のときの「シェキナー」の状況は、ユダヤ人の状況を鏡のように映し、またそれによって同じように映されている。ホロコーストは宇宙にある種の裂け目を生じさせた。このことに対しては、神の生命または王国のある裂け目によって木霊《こだま》が返されなければならない。そこにはまたある種の外傷もできているはずである。神は何の接触もなしに放置されてはいない。

まだ完全には満足させないが、必要とされる種類の説明の風味を捕えはじめた三つの可能性を列挙することができる。ホロコーストはユダヤ民族の存在をほとんど終熄させた以上、神学上の見解は、それは神の中のあの広がりのひとつの出来事に、その神の存在をほとんど終熄させた何事かに、呼応しているという説になるかもしれない。例えば――わたしは不快なことをいうつもりではないが——神の側で自己破壊を意図するというようなこと。

何故こんなことが繰り返し起きるのだろうか。いったいこんなことが起きることができるのだろうか。神聖な存在がそれ自らの存在を終わらせるのを選ぶことができるのだろうか。それはそうする力をもっているのか。哲学の文献中には全能者のパラドックスとして知られるどこかイカサマめいた巧妙な問いがある。「神は神が持ち上げることのできないほど重い石を創造することができるか。もし神がその石を創造することができないなら、神（または女神）もすることができない何かがある。ゆえに神は全能ではない。もし神がその石を創造することができたら、神がすることのできない、つまり持ち上げることのできない他の何かがある。すると、どちらの場合も、神は全能でないようにみえる」。この問題はイカサマめいているが巧妙な問いなので、わたしはここで停止せず、これまでにこの逆説を切り抜けてきた種々の試みを概観してみよう。

神聖な存在がそれ自らの全能の力を終わらせることができるのかどうかは、よく分かっていない。（わたしは性急に結論して——全能者のパラドックス風に——もしそれができなければそれは全能ではない、というつもりはない）。

われわれは神がもっていると考える特性について、神はそれらをもつことを止めることができるのだろうか。神は全能であることをやめることができるのだろうか。もしかれ

（またはかの女）が選択すれば、神は存在をやめることができるのだろうか。その答えはわれわれに明らかではないばかりか、それは神聖な存在自身にとってもまた明らかではないのかもしれない。神聖な存在をただ全知と定義してはいけない。それが知っていないというレヴェルではそれ自らの力の限界についていくつかの事実があるかもしれないからである。いったいそれはそれ全体の存在を終わらせることができるのかどうかということは、それがそれ自身についてまったく知ることのできないことかもしれない。とはいえ、それが何か他の務めを成就するためには、それは知らねばならない、または試みねばならない、何かであるのかもしれない。

すると、神が自らの存在を終わらせようとする試みは、まさに神なる概念によって排除されてはいないし、またそれはわれわれの宇宙内で並行するもののない裂け目に呼応するためにふさわしい広がりの秩序をたしかにもっている。それはふさわしい広がりをもってはいるけれども、それにもかかわらずこの理論は不十分である。もし神の自己破壊の試みがひとつの実験であり、それ自らの限界の可能性についての知的好奇心から行なわれたとすると、そのように動機づけられた出来事は、どれほど重大でも、ホロコーストはユダヤ民族が望まないのに降りかかった出来事だからそれと並行するのに適切な種類ではない。おそらく何か他の異常な自己失調的な動機が神と自己破壊の試みに導いたのかもしれないが、わたしにはこれを示唆するのに適切な何ものもない。

第二の試みもある。第一同様、不十分ではあるが、神は、伝統的な考えの中では、何でも神のしたいことができる無限の力をもち、全知であるから、現に存在するありとあらゆる事実と未来に存在するありとあらゆる事実を知っている。しかし神のあらゆる真理の無限の知識にもかかわらず、たぶん神は無限の知恵はもたない。知恵は（普通の）知識と同じではない、別の種類のことである。「もしもきみが戦争にいったことがなければ、それがどんなものか、絶対に分かりっこないよ」と人びとが言うようなたぐいの状況を思い浮かべてみよう。戦争について本を読み、映画を観、あなたのために描写してもらうこともできるが、それでもあなたには分からない何かがある。あなたがもっていない種類の知識、経験による知識、伝統的哲学が時として「面識による知識」と呼ぶものが存在する。ただ神が自身で耐えることによって、あるいは神の被造物が耐えていることを経験することによってしか神に知り得ない何ものかが存在するのだろうか。ギリシャ人の信念によると、知恵はただいくつかの苦悩を耐え忍ぶことによってのみ到達できるかもしれないものだった。神聖な存在でも同じやり方で知恵を得る必要があるのだろうか。この経験をするとき、神がもとのままでいることはないだろう。この世で人びとが経験する苦悩はまた、何かのかたちで神聖な存在にも影響するだろう。神もまたこれらの経験を耐え忍んで、他のどんなかたちででも獲得できないある種の知識、何か他の重要な任務に必要となるかもしれない知識を手に入れることができるようになる。もし神聖な存在がはじめから全き知恵をもっていなかったとすると、そのことは当の存在を不完全にするだろうか。むしろ神聖な存在が完全な知恵をそなえて出発するよりは、たぶん苦労して知恵を得る方がよいのではないだろうか。

三番目の見方をとると、神は（人間ではなく）この世界を神自らの像に似せて、神自身の質料的再現として、たぶん自己表現の営みとして、創造した、ということになるだろう。（質料世界全体は神聖な存在の情動の再現なのか。われわれは神の情動生活の中で、またその一部として生きているのだろうか）。その善良さを縮小することなしにでも、神には補助的部分がありその傾向が上手に制御されているところを除いて全体に逆らっている、ということがあるのかもしれない。それはちょうど善い人びとは制御されている情熱や無意識の欲望をもっていてそれらは表現されないままか、表現されても容認されたやり方でしか行なわないでいることができるのと同じである。では、この神の似姿に創造された宇宙の特性はどうなっているのか。この巨大な宇宙は小さい不協和音の部分を含んでいるが、これが邪魔をして宇宙が全体としてすばらしくなくなるということはない。この第三の見方では、神はもっとも完全な可能世界の創造を試みないでむしろ自らの像に似せたひとつの世界を創造する。（それともたぶん神はそういう世界を沢山つくり、どれも違ったかたちだが神自身の適切な再現となっているのかもしれない）。神が制御しているのは小部分でしかないということは神を不完全にすることはないが、この宇宙内でその部分が再現されると、この地上に（道徳の）不完全さを組み入れる。この宇宙は完全な似姿ではない。ただ神のひとつの可能なイメージにすぎず、全部ではなく際立った相貌の多数を捉えているだけなのである。われわれの宇宙を神の再現とする図像は完全さを保持していない。（にもかかわらず、神の再現に、その肖像のひと塗りやその名の一母音としてなりと貢献できるならわれわれは驚喜することだろう）。

この第三の見方は神の国の何かを地上の悪に照応させている。しかし、その何かは天上では、混乱を起こすのには十分ではない。悪の問題への満足すべき解法は、われわれをあの再現的図像のイメージが混乱を続けている（が増大しない）ある宇宙の中に置かねばならないように思われる。さらに、保存されていなければならないことはどんな風にわれわれは混乱を感じるか、である——概して宇宙というものはその内部の悪でもって、ひどく混乱させられることはないのかもしれない。（もっとも、この点でわれわれの悪の問題への満足すべき解法への要請はあまりにも人間中心になり過ぎてしまったのではないか）。

自己破壊、知恵、神の像にかたどった世界の創造に係わる、以上の三つの選択は、神聖な存在の内的生命と動機に向かって満足させる理論ではない。神概念は、すでに見たように、もっとも完全な可能存在（に限られているの）ではない。前の方でわれわれはその概念を、もっとも完全な現実存在、もっとも完全な存在に次ぐ二番目の存在をはるかにひき離している存在、そしてまたこの世界と（その創造者としてなど）きわめて意味深い関係に立つ存在として定式化した。

少々違う定義をすると「もっとも完全な」という考えは「もっとも真実な」という考えに置き換えられるだろう。すると神はもっとも真実な現実存在、その真実性はもっとも真実な存在の次の存在をはるかに凌ぎ、またこの世界ときわめて意味深い関係に立つ存在、その他ということになるだろう。神の完全さの中の明らかな欠点は、すると全体として、かれのより大きい真実のせいにされるかもしれない。いずれにせよ、神学のこれからの任務（特にユダヤ教神学のそれ）は、かつてのカバラ教徒のように、神聖な存在の内部的実存をめぐって、大胆に思索をすることである。悪をめぐる諸問題を深く、神の王国あるいは自然の内部に何かのかたちでたたき込むために、勇気のある理論が必要とされている。そしてその理論はその領域内に、それ自体は悪となることなく、しかし悪に深く冒されて、とどまらねばならない。

20　ホロコースト

ヨーロッパのユダヤ人の三分の二という人数は、第二次世界大戦中、ユダヤ人の完全絶滅を決定した——今やホロコーストとして知れわたっている——計画の一部の数に過ぎなかったことは、あまりにも無気味な出来事すぎてわれわれはまだその意味深さを十分につかめないでいる。何が起きていたのかを年代順に記録することさえ容易なことではない——苦悩やけだもののような残虐さをそっくり知ることは犠牲者と共に消滅してしまった——そしてその仔細をただ読むだけでも衝撃のあまり呆然とさせられる。例えば、絶えずなぐり続けていたドイツの犯罪人たちの気紛れな残虐を、人びとを家畜の群のように各地のシナゴーグ〔ユダヤの礼拝堂〕に追い込み火を放って生きながら焼き殺したこと、親たちに強制的に見守らせる中で、その子どもたちの頭を壁にたたきつけたこと、いわゆる「生体実験」、無理やり掘らせた墓穴の中にその穴を掘った人びとを機関銃で撃って倒れ込ませたこと、老人のひげを引きちぎったこと、人びとを脅迫しつつ嘲笑したこと、ユダヤ人銘々を破滅させるため、およびその過程でかれらの品位を徹底的におとしめるための情け容赦もない組織だてられたやり方、いく分かの希望を失わせないために東部に再定住させるとだまし、トレブリンカ駅からガス室までユダヤ人たちを裸にして強制的に歩かせた通りをヒンメルファールシュトラーセ、天国への道路と呼んだこと等々、こんな例はきりがない。しかもそこで起きたこと全部をカプセルに封入して象徴とすることができるようなひとつまたは二、三の特有の出来事を見つけるのは不可能である。*

どうしたらわれわれはこんな出来事を理解できるだろうか。社会科学者や歴史家はそれらの原因の追求につとめ、その結果、いったいどうして、西欧文明の高みにいる国——誰もが言うようにゲーテとカントとベートーヴェンの祖国——がひとつの民族を絶滅させるためにそのただ中から根こそぎにし、しかもその仕事にたけだけしく熱中することができたり、うずくような憎悪を公然と口にしてはばからないような一人の男をリーダーに選ぶことに同意するのができたりということが生起し得たのかを学ばねばならない。それが明

---

*さらに積極的にこれに加わったり助けたりしたポーランド人、ウクライナ人、リトアニア人、その他もいた。かれらは自らユダヤ人を殺してやりたいほど憎悪し、ユダヤ人狩りに協力しユダヤ人の残していった家や財産を喜んで自由に自分のものにした（この人びともまたドイツ人に搾取され柔順な労働者として隷従のしるしをつけられていたという事実にもかかわらず）。またさらにわけ知り顔をしたり、しばしば拍手を送ったりして傍観する人びと、あるいは犠牲者が逃げるのを邪魔した人びともいた——例えば英国人はパレスチナに逃げようとする一団を乗せた船をドイツに送還し、他の国々にも同じことをするように圧力をかけたし、アメリカの外務省と軍事省の官僚はヨーロッパのユダヤ人の救出を制限し、移民をさまたげ、アウシュヴィッツのガス室やそこに通じる鉄道を爆撃すべきだという民間の声に反対し続けた。

らかになれば、昔ながらの反ユダヤ主義やどんな文化の中にもある人種的優越性の感情というような他の現象も、不可避的に同じ光の中で見られるだろう。またわれわれはこの出来事の結果の広がりを、東欧や中欧からユダヤ人が削りとられたこと、核兵器が姿をあらわしたことの中に追跡しなければならないし、また今やわれわれはどのように西欧文明について、およびギリシャ以来ルネッサンスと啓蒙期を経てごく最近まで続いていたひとすじの希望について考えているか、ということの中にわれわれの勇気をくじけさせる結果も追求してゆかねばならないだろう。

ホロコーストは、われわれがある意味深いやり方で応答しなければならない何かである。しかしどんな反応が役に立つのかは明らかではない。それを忘れないことか、絶えず心につきまとわれることか、二度とふたたび起こらないようにその防止のために働くことか、それとも涙、涙の洪水だろうか。

ホロコーストの意味深さは、その追求で知られること、また以上の反応で包み込めることよりも、もっと重大である。わたしの信念では、ホロコーストは伝統的キリスト教が考えているような〔アダムとイヴの〕堕罪、人間性の状況と身分を根本から猛烈に変えてしまう何か、に類似の出来事である。わたし自身としては、現実にエデンの園からの追放という出来事があってそれ以後人間は今にいたるまで原罪を負って生まれてくるということは信じていない。けれども、今まさに何かそのようなことが起こってしまっている。人類は堕落したのだ。

その意味深さを余すところなく理解しているとわたしは主張しているのではないが、理解したもののひとかけらをお目にかけようと思う。もしも人類が終熄したり、人間という種が核戦争によって絶滅したり、地球がある雲に包まれその中で人間はそれ自身を再生産し続けることが不可能になったりしたとしても、今となっては特別な悲劇とはいえないだろう。人間性はこういう事態に陥るのが当然の報いだと言うつもりではない。そういう出来事は巨大な個人的悲劇と苦悩、生命の苦痛と損失、また子どもが与えてくれる連続性と意味との喪失に巻きこむから、いかなる人間であろうともそういう事態を発生させることは間違いであって怪物のしわざということになるだろう。わたしが言いたいのは、もっと以前だったなら、人間の歴史と人類が終わりになるとしたら、それはある付加的な悲劇、個々の人間が巻きこまれるところよりもさらに遠いかなたの悲劇となっていたかもしれない。しかし歴史とそれをつくった人間が汚染されてしまったからには、その喪失は個人にかかわる喪失より、もっと高いところ、もっと遠いかなたにあるとは言えないだろう。人間性は、存続すべきであるという主張は失われてしまった。

われわれはすでに発達した西欧文明が黙認した数々のこと、例えば奴隷制と奴隷貿易、コンゴーにおけるベルギー人、国内のインディオを絶滅させたアルゼンチン人、アメリカのインディアンを十人に一人の割合で殺し裏切ったアメリカ人たち、第一次世界大戦で人命をひき臼にかけるように圧殺したヨーロッパ諸国、その他の世界史という妖怪の記録をいちいち数え挙げるまでもなく知っているのに、何故、今の窮状が生じる理由にホロコーストが用いられたと言い立てるのか。残虐さや災害の程度を比較しても何にもならない。（中国、ロシア、カンボジア、アルメニア、チベット……この世紀は凶悪さの世紀として知られるようになるのだろうか）。おそらく、何が起こったのか、事の真相はホロコーストがこの状況に封印をして、事態が判然と明らかになるようにしたことである。

けれども、ただホロコーストだけの力では、十分ではなかっただろう。ひとりの親戚〔の非行〕が一家一門の恥さらし者になるように、われわれ人間の親戚であるドイツ人一家はわれわれ一同に恥辱を与えた。かれらは個々の人としてわれわれの評判を、だいなしにしてしまったのでなく、――人類という家族の評判に恥を塗ったのである。われわれすべてが大虐殺を行なったり傍観したりしたことへの責任を負うわけでないにせよ、われわれすべては、汚されてしまったのである。

別の銀河系からわれわれの歴史に注目している生きもののことを想像してみよう。たとえその歴史が終わりになり、かれらの見ている種族の歴史が核戦争で絶滅したりその他のことで存続できなくなり終わってしまっても、かれら、異星人たちには不都合なことには見えないだろうとわたしは思う。これらの観察者は個々に巻きこまれた悲劇の数々を見るだろうが、人類の種族が終熄することには別にそれ以上の悲劇を見ることは、絶対にないだろう。あのこと、、、を冒してしまったような種族は、それにふさわしい身分を喪失してしまったのである。繰り返し言わせて欲しいが、この種族は絶滅させられるのにふさわしいのではなく、ただ、もはや存在し続ける価値がないのである。人間性は自らを非聖化してしまった。もしもあの他の銀河系の一存在がわれわれの歴史を、その全内容目録から、読むことになり、しかもその物語はその時点で滅亡のうちに終わるということが万一あるとするならば、それは消えてゆく弦の音色のように、満足すべき結末をその物語にもたらすのではないだろうか。

すでに述べたように、ホロコーストは、神の行為を理解しようと努めるユダヤ教神学にとって特別な問題となっているが、それはまた、思うに、根源的にキリスト教神学にも影響を及ぼしている。ここでわたしは数世紀にわたって反ユダヤを教えてきた責任のどれほどがキリスト教にあるか調べることをしたり、ホロコーストの期間にその組織体が実際にはたした役割、また絶対にホロコーストが起こるようなことのない文明の創造に成功しなかったという事実に言及したりはしない。ただ神学上の状況それ自体が変化してしまったと言っているのである。

キリスト教神学はこれまで、人間の状況中、二つの重大な変化があったという考えを奉じてきた。まず原罪、そして人間を罪の状態から救い、その救いの道を準備するキリストの十字架の苦しみと復活。この十字架と復活がひき起こすことができると考えられていたどのような状況や可能性の変化も、今や終わりになってしまった。ホロコーストは、キリストが開いた扉をとざしてしまったからである。（われわれ自身はキリスト教徒ではないが、そのことがキリスト教にとってもっとも深い含蓄を見るさまたげにはならない――たぶんかえってもっと明白に見る役に立つかもしれない）。ホロコーストは三番目の重大な変化である。まだ、イエスが亡くなる前の生活で示された模範や倫理の教えは残っているが、もはやキリストの救いのメッセージには効果がない。この意味ではキリスト教の時代は閉じられた。

もしかしたら、キリスト教神学の言う通りキリストが成就したことは、永遠に、ただ一度限りで永久に、成就されたと考えることができるかもしれない。キリストはわれわれすべての、過去と未来、大と小、すべての罪のために死なれた。しかしあの罪のためにではない、とわたしは思う。神は人びとに自由意志を与えたとき故意に神の全知に制限を加え、それゆえ人びとの選択を予知しなくなった、という神学上の見解を思い出して欲しい。たぶん、かれの独り息子を人間の救いのために送ったとき、人間がやがて救いを必要とするようなこととして、ホロコーストのたぐいは決して心に浮かべられなかったのだろう。しかしとにかく、どのような苦悩をイエスが忍び、また父なる神がそれをご覧になって忍ばれたとしても、ホロコーストに直面している人間を救うためには、これでは十分であるはずがないだろうとキリスト教神学は主張する必要がある、とわたしは思う。それともむしろ、個々人の当面する状況がそれぞれどんな風であっても、ホロコーストは全体としての人間にとって根本的に新しい状況と身分、イエスの犠牲をもってしても癒すことができずまたそのように意図されてもいなかったこと、をつくり出してしまった。人間の種族は今や非聖化されている。万一、今人間どもが終わりにされたり抹殺されたりしても、その終末はもはや特別な悲劇となることなどないだろう。

人間性は永遠にこの非聖化された身分におとしめられているのだろうか。何かわれわれが時間をかけた行為によってできること、そしてその結果ふたたび、もしわれわれの種族が終わりになったり滅ぼされたりしたならば、そのことが特別のまたいっそうの悲劇となるかもしれないような何かがあるのではないだろうか。われわれはわれわれ自身を救うことができるか。〔キリストの〕「再臨」も、もし繰り返された演出のようなものだとしたら、われわれの身分を、いかなる程度にも、変えられることはできないだろう。もし何かしらできるとしたら、ただ人間の行為のみがわれわれを救えるだろう。だが、いったい「何かしら」など、存在するのだろうか。

数百年にわたる平和に充ちた善が、もしそれに先立つ改悛、われわれの過去の歴史に対しわれわれが心をひとつにして悔い改めるということがあるならば、われわれの集団の側に奉仕してくれるだろうか。多分われわれに必要とされる行為は、もうひとつの、もっとよい種族を生産すること、あるいはそのための準備をすることを手伝うことである。ただ道をゆずるだけで生存し続けるのにふさわしい身分を再び取り戻すことはできるのだろうか。

それよりもたぶん、われわれには本性を変える必要があり、われわれ自身を不幸であり、他の人びとが苦しむときには苦しむ存在に変容すること、少なくとも、われわれが他人に苦しみを与えたり、苦しみの原因となったりするとき、また苦しみが与えられている傍らにただ立ち、なす術もないときには苦しむ存在に変容することが必要となるだろう。この後の方の変化は、どのような起こり方にせよ、少なくとも苦しんでいる人間の打撃を大いに減らすことになるだろう。けれどもこの世にはあまりにも多くの苦悩があり、もしわれわれが、他の人びとがいかなる理由にせよ苦しんでいる度ごとに不幸であるとすると、年中、不幸でいなければならないだろう。またもしも誰かが他人に苦しみを与えているとき常にわれわれが不幸であるとすると、すべての人びとがわれわれと同じように変容しない限り、不幸はわれわれにとって変わることのない運命となってしまうだろう。それとも、ただ他人が大量の苦悩を与えるとき、またわれわれ自身がたとえ少しでも人を苦しませるときだけ、不幸でなければならないというのだろうか。とはいえもし他の出来事、遅かれ早かれ反ユダヤ主義や他のグループの人種上の優越性の確信などが、今や、ホロコーストのプリズムを通して見られねばならないとすれば、そのとき——それは与えられ忍ばれた苦悩があまりにも大きく広く多様であったときだったので——今後はいかなる場所のいかなる人間の苦しみもまたあのホロコーストの一部として見られ、感じられなくてはならないのだろうか。

たぶん、われわれがこの種族を救うことができるのは、ただわずかの苦しみでも与えられたり感じられたりするときでさえ、われわれ自身が苦しむことによるしかないだろう。以前だったら、たぶん、われわれはもっと孤立できたかもしれないが、今ではもはやそれではいけない。キリスト教の教説は、イエスは人間の苦しみを自ら背負い、それを救ったと述べ、また人びとはキリストに倣うように命じられたのに、同じように救霊のための苦しみを一身にひき受けることは期待されなかったと教えてきた。もしもキリスト教の時代が終わってしまったのならば、今やわれわれめいめいが人間性の苦悩を一身に背負わねばならないという教えによって代えられてしまったのである。ホロコースト以前に、イエスがわれわれのためにして下さったと考えられていたことを、人間は今や自らのために行なわなければならない。

またこうすることによって、ユダヤ教とキリスト教との間の裂け目は修復されるかもしれない。キリストがかつて成就したかもしれないことは何であれ——ユダヤ人もキリスト教徒も同意するだろうが——今はもはやそうではない。われわれは救われていない状態の中で暮らしているからである。人間種族の身分がとにかく救われることができるのならば、ただ(ほとんど)すべての人が他人の苦しみを自ら担うということによる以外はない。クリスチャンならば、この事をいっそう真実にキリスト教のメッセージを保ち続けまた具体化する新しい時代と考えることができるだろう。またユダヤ人ならばあの重苦しく怪物のようにのしかかられた苦悩に他の人びとが今や心から涙を流し誰でもこれからは変わらねばならないと感じているのを見ることができるだろう。ホロコーストは救いの問題をま新しくわれわれの面前に突き出した。今すぐわれわれの側からの救いが来なければならないということの他には、全体としての人間には、不確実な結果しかない。

もしかすると、他人の苦悩を引き受けるくらいなら、むしろ種としての人間は救われないままに放置して、たとえ絶滅しても悲劇にはしないでおく方がよいと考える人もいるかもしれない。さらに、こういう人は、人類の終わりについてのあれこれの考えは、結局、抽象的でただひとつの仮説としての悲劇しか含まないが、それに対してもしわれわれ皆が実際に人間の苦悩をわが身に背負うなら、もっと多くの現実の苦しみという付随する出来事に巻き込まれるのだから、この考えの方がどこからみてもましであるとさえ考えるかもしれない。だからもしもこれが人類が自らを救う唯一の方法だとすれば、救われないままに放っておいた方がいいのではないだろうか。もし仮に、人間の終末がそれ以上の悲劇となるはずがないとしたら、それがいったいどれほど悲劇的というのか——そしてそれはわれわれがそれと共に暮らすことを学習することができる種類の悲劇ではないのか。

けれども連続に値するひとつの果敢な人間の冒険からの試みの一部であることは、われわれの生活やその生活にあると考えられる意味の些細な部分ではないであろう。多数の活動がそれらの力点や重要性を見出したりまた他の多数が辛うじてとどまれる地点を見出したのは、現在までは当然と考えられていたこういう背景に対してであった。こういうコンテクストを解消したりずたずたにひき裂いたりはできないが、他のすべてを在ったままに残しておくことはできる。

以上でわたしはホロコーストの重大さに釣り合う重みを与えるホロコーストの一解釈のあらましを描いた。しかし他の解釈をしりぞけたり、何が何でもこれひとつだけと言い張るつもりはない。こんなにも最近の、この傷痕のもつ完全な意味深さとその含意は、たったひとりの人間の理解を極端に小さくする。だから、たしかにわたしの理解も小人のように小さくされている。

ホロコーストはそのまわりの一切をゆがめる一つの巨大な激変《カタクリスム》である。物理学者は時折、周辺の物理空間の規則正しい幾何学をねじったり歪曲したりするものとしての重力をもつ質量について語り、その質量が大であればあるほど、歪曲は大きくなる、と言う。ホロコーストは人間空間の大量かつ連続的な歪曲である、とわたしは言いたい。その渦巻きやよじれやねじ曲げはたいへん遠方まで広がってゆくだろう。ヒトラーもまた彼のまわりの人間――かれの追随者、かれの犠牲者、またかれを征服しなければならなかった者たち――の生活を歪曲したある力を作りあげた。かれが作り出した渦巻きはまだ消えていない。

たぶんどのような大きさにせよ、どの悪も人間空間にある歪みをつくり出す。われわれにそのことを気づかせるために悪は一大激変を起こしたのである。

21 照明〔さとり〕

人間存在の至高の目標とは何であるかという問いに対して、さまざまな東洋の伝承は、それは照明〔さとり〕であると答える。それらの伝統はこの目標の特定の仕方（およびそのための用語、涅槃《ニルヴァナ》、悟り、解脱《モクシャ》）に違いがあるけれども、どれにも四層構造があると考える。その構造には、ある経験、最深奥の真実在とのある接触、自己のある新しい理解、およびある自己変容が含まれる。

この照明経験を記述する人びとは自分たちの記述は不適切であると警告する。この経験（または諸経験――それは誰でもが経験するものとまったく同一の経験であると考えるべきではない）は、至福、無限、無境界ないし無制限、忘我、力の充満、純粋、光輝、そして途方もなく力強い。さらに、それは何かについてのある経験、あるより深い真実在《リアリティ》の本性を露呈する経験のように感じられる。この真実在は外在的で宇宙をつくり上げているある無限の純粋な実体であることができる。それは自己のより深い本性であることができる。あるいは、ヴェーダンタの伝統による場合には、最深の真実在であるブラフマンは最深の自己、アートマンと同一であると考えるので、真実在は両方であることができる。この経験は、真実在はそれが普通に現われる方式とは大いに異なっていることをあらわにしているように思われる。もしこの経験がまったくの幻想として捨てられて当然のもの――それをもつ人びとには捨て去る気のない何かであり、その理由の一部はこの経験のもつ他の特質のため、一部はその啓示的な力のためである――であるならば、これはその擁護者たちにひとつの恐るべき問い、「何故真実在はかれらにその以前からそれが真にある通りに現われなかったのかを説明すること」を突きつける。この経験それ自体の構成の中に根ざしていない日常世界、例えば幻想、夢、虚構の創造その他などをめぐって特有の理論や仮説をいろいろと登場させるのは、この理論上の説明という務めなのである。

悟りの経験があるより深い真実在を啓示しているように感じたり思えたりするということは、この経験からは独立して存在する何らかの真実在とかその特性がその中にあらわにされているような真実在というものが存在することを保証しない。めったにこういう経験は反復可能であったり完全な複製であることはなく、たとえ何度も経験している人物の場合でさえもそうである。だからそれらの客観的妥当性を示そうとするこのひとつのルートは行き止まりになる。けれども、あるいくつかの手続きによれば、これらの珍しい啓示的な経験をもっと起こりそうにしてくれる。それらの中には、瞑想、ヨガの呼吸法、その他がある。こういう方法が幻想を産み出すと考える人びともいれば、これらは真実在をおっているヴェールをはずすことと見る人びともいる。もしかすると、われわれはこういう方法、またそれらが時として産み出す普通でない経験の妥当性を、進化論の根拠に基づいて、信じてはならないとされているように思われるかもしれない。意識の状態が実在にあまりよく適合していないような有機体は、ほとんど、あるいはまったく子孫を残さないようにしてきたので、事物は本当はどのようであるかを語ることに十分に適合させられているのは、じつはわれわれの通常の意識の状態で、すこしも珍しいものではない。けれども、進化論的な議論からわれわれが結論できることのほとんどすべては、われわれの通常の意識の状態は、子育ての年齢になるまでには有機体としてのわれわれの生存に関わりのある実在の諸特徴を探り出すことに上手に適応しているということである。これらは移動する、肉眼には中位の大きさの身体的対象のもつ普通の身体的特徴といえるだろう。もし仮に、より深い霊的実在があるとしても、それの本性を知ることはわれわれの身体の生存と再生産、つまり進化が「配慮すること」には無関係である、とするならば、この根底的な真実在を知り、それと関係を結ぶことのできる意識の状態を選ぶような進化論的選択など全然あり得ないだろう。

しかも人びとが経験して伝えている珍しい異常な経験は、このより深い真実在のための論証となるだろうか。超常経験がそのための論証となるか否かは以下の質問への答え次第である。「どんな経験を人びとはもちたがるか——どんな経験を人びとがもつことをあなたはよく期待するか——人びとがヨガ式呼吸法や瞑想のようなことをしても、より深い実在は存在しなかったのではないか」。もしもより深い実在などまったくなく、ただ普通の常識的なものごとがあるだけとすると、上述の人びとは何をその代わりに経験したのだろうか。もしもこの人びとがその時まったく同一のこと――つまり、ひとつの無限で純粋な実体、その他の経験（または存在）――を経験したとすれば、そういう経験をもつということは、あるより深い実在とはそのようであるということを示しもしないしその証拠でもない。もしかれらが事物がどんな風であろうと（こういうことを行なって）まったく同一の経験をもちたいと言うのならば、その経験は事物がどのようであるかを示すことはできない。それでも同一の経験が、根底的な超常的な実在が不在にもかかわらず、生起するかもしれないと考える理由がある。というのは、人びとが雑念をしずめ、いかなる観念、概念、映像もかれらの意識に入ることを許さず、ひたすら無に焦点を当てているときには、かれらがまったく限界のないようにみえるある経験をしているとわれわれは期待したくならないだろうか。結局、限界や輪郭や差異をそれに与えているかもしれないような一切は除去されるか抑圧されるかしてしまっている。この超常的経験にどれくらいの信用がおけるかを知るためには、われわれは――そしてこれらの経験をした人びともまた――その代わりとなるのは何か――つまり、もし実在が深くなくむしろたいていの人が普通に考えている通りとすれば、どんな経験がその代わりに期待されるべきなのか――を教えてもらう必要がある。これまでのところまだ誰も、これに代わる基本線を特定してはいないので、この超常的な照明経験（の報告）に基づいて何を信じるべきなのかを知るのは困難である。

この照明経験があらわにするようにみえる真実在はまさに最深の真実在、ふつうに経験されているのよりは深いというだけではない実在と感じられている。もっとも、この経験自体の特性がその究極の深さをどのように保証することができるのかを見るのは困難である。もしかして経験されているレヴェルよりも下にある驚くほど違った特性をもつまた別の隠れたレヴェルがあるのではないだろうか。ひとりの禅の老師は、かれの最初の経験を凌ぎ、転覆させ別の光の中に位置づけた、もっと後のより深い悟りの経験を伝えている。また二十世紀のインド哲学者で神秘家のオーロビンドは震動する空虚の経験——仏教徒が最深として伝えている経験——を伝え、またそれによってかれらはさらに一段と深い（ヴェーダンタ）ある充満した無限な至福の意識をもつ実在の経験に到達することができたと言った。両方の経験——順序は逆になる——ある充満した無限の実在の経験の下方に横たわっている空虚の経験——をやはり経験したと伝えている仏教の聖僧たちが存在することをわたしは疑わない。

照明経験がまさに最深の真実在のある経験であろうとなかろうと、一部はこの経験自らの強烈な真実性（この語の特別な意味において）のゆえに、それは極端な深みを人に顕現するような気分にする。この真実性はまったく肯定的なもの、または——たぶんこれは本当にその経験からの推論だろう——宇宙で否定的にみえているあらゆるものに対しひとつの救いの場所と目的を与えるものとして経験される。この真実原則はそのとき、幸福原則をその最深部にいたるまで実現させることへ向かうひとつのルートを築く。

自己はそのとき、まったく別なものとして経験され、もはや日常の意識の構成物の中に包みこまれていたり、すべてそれだけで構成されているものではなくなる。自己は、時間から自由になった意識を見守る者、始めも終わりもない無限で純粋な意識、その前にあるものすべての浄らかな鏡と観察者、大宇宙から分離されていない空虚、空間内の一存在よりもむしろ無限の空間として、つまり、最深で真実在それ自体と同一のものとして、経験することが許される。いずれの場合でも、自己の境界は広がり、または解消される。

このように経験された自己のあまりにも異なった特性のゆえに、これまでの東洋の理論は不必要な難解さの高みにひき上げられてしまった、とわたしは思う。もしも自己がまったく異なりそのためにいっそう驚嘆すべきものならば、何故われわれはこのことをあらかじめ気づかなかったのだろうか。もし自己がそれほどに豊富であるならば、どうしてそれは頭脳明晰でないということになるのか。東洋の理論が提出する説明は、その前まで奉持されていた日常の見方は幻想か錯覚のような何かであるという。不当と思えないこういう理論が生成されたのは、どのようにして幻想が生じたか(または何故いつも幻想が存在してきたのか)を説明するため、どのようにして深い自己(アートマンまたはプルシャ)のようにすばらしい何かがそんな幻想に耐えることができるのかを説明するため、また何故いったん追い払えば、幻想はもう戻ってこようとしないのかを説明するためである。

こういう理論をつくった人びとがもしも自己はすでに変容された、つまり自己は以前は制限されていたが今はもはやそうではない、ということを提議してくれていたらもっとよかったのにと思う。（これに代わって追求されるべき選択は、かれらがそれは常に制限されてはいなかったが以前にはそれ自らの本性について誤りを犯していたと言うことである）。もっと目ざましく、自己はかつてある無限の純粋な実体（ブラフマン）と同一ではなかったが今ではそのようになった、とかれらが言うこともできるだろう。* 堂々と流れる大河に流入する一筋の支流の水を思い描いてみよう。合流した後では、支流の水は広大な河の一部となる。ふり向いても眼路のとどく限りはどこまでも広大な河があるばかり。（つまらない細流はほとんど注目されない）。その前まではそうではなかったのに、あの水は今では河と同一になってしまった。河はいつもそこにあった。そして支流の水は今は河と同一である（この流れに沿って、または時間の段階で）、しかしその前、流れをさかのぼると、この水は大河とではなく、ただ支流とだけ同一だった。この水の同一性はわれわれがそれを問う際の時刻に依存する。もしも同一性は時間とともに変わることができるのならば、このことは幻想理論の必要を回避させてくれる。かくして、東洋の理論家たちは、ブラフマンは常に存在していた、また今の自己はそれと同一であるが以前はそれと同一でなかった、と主張することができるだろう。（もはやかれらは、自己は以前もブラフマンと同一であったが、まだ自己ではなかったある幻想の下で苦役していたと言わねばならない必要はない)。そうならば、必要とされるのは、変容理論、どのようにして或るときある無限で純粋な実体と同一ではない自己が後になって同一になることができるのかにかかわる理論であり、この理論は幻想理論にとって代わる。

悟りの経験中に人はその最深の自己がたいへん違っていると感じるばかりでなく、しばしばこの経験の結果としてかれは変容する。あるきわめて異なった方式での自己−組織化という照明経験は、その人に日常生活にもまた異なった風の出会いの仕方、限定されていた自己の利益によって曇っていたり歪められたりの程度が今は少なくなっているやり方で、日常と出会うことができるようになる。

悟りの経験をめぐる三つのことが人をより自己中心的でなくなる方向に導いてゆけるかもしれない。第一、制限が少なくなり、無限で純粋な意識として自己を経験すること。この意識から展望すると日常の孤立した自我の関心事の重要性はごく小さくなってしまう。第二、最深の真実在を経験すること。ここからの展望でもまた、日常の自我の関心事は小さなことになる。第三、そしてたぶんもっとも顕著な、悟りの経験それ自体、並はずれた

＊同一性陳述の真に時間による変化を許容する理論については、David Lewis, "Survival and Identity," in Amelie Rorty, ed. *The Identities of Persons* (Berkeley: University of California Press, 1976), pp. 17-40 参照。

価値と重要さとして経験され、このようにして他の自我の関心事はそれ自らの価値と生における中心位置に全面的に従属するものとして位置づけられる。照明経験はまさにもっとも真実で価値のあることとして感じられる。したがって、この経験をもつ人びとは、他のものごとをその上位に置いたり、その啓示的特性をまったく幻想的として払いのけたりすることに不服である。

これらの人びとについての記述は――わたしはとくに禅の大家や他の東洋の教師たちについての話を考えているのだが――完璧に焦点が定まり、明晰、確実、自信、くっきりした輪郭をもち、しばしば、じかに目標に進んでゆくために既成の繰り返された型をぶちこわす人物として描かれている。かれらは今すべきことを心得ており、その心眼は澄みわたり一点の曇りもない。かれらはこの上なく真実である。

悟りの経験は、特有の限界のない存在としての自己と同一になることだけで終わらない。それはもしかすると、まったく存在ではなくなり、むしろ空間になる経験かもしれない。実在主義者のスローガンは実在は本質に先行する、だった。すると人はそれぞれ自由にかれまたはかの女らの本質を選ぶことになる。悟りの経験は何の特有なものではないということの経験であり、ゆえにあなたが必然的にそうでなければならないような自然な特質はどこにもない。あなたはいかなる本質も所有したり選択したりする必要はまったくない。それを持っていると考えるのは誤りである。本質や同一性をもつことは、あなたが必然的にもつなにがしかの財産、あなたが持たねばならない財産が存在しなければならないためであり、また、その種類の存在たちのために嘆き求められねばならない適切な標準もまた存在しなければならないためである。すると、全面的に自由を感じるための先行条件は、この意味での同一性をもつことではない。あなたの特徴のどれひとつも必然的に保持されるのではないから、あなたが必然的にそうであるような種類のことは何ひとつないのである。* これは「わたし」と「自己」という概念にまでまたもや拡散するのだろうか。これらは少なくとも照明された存在の感じられた同一性の部分ではないだろうか。もしも人生の意味という問題がわれわれの限界によってつくり出され、またこれらの限界のかなたにある他のものごととも関係を結ぶことによってわれわれが意味を獲得しようと試み、そのようにして限界を超え出るならば、そしてまたもしも悟りの経験が何の限界もないもののひとつであり、いかなる特有な同一性もその必然的な特徴や基準を押しつけることがないとしたら、それは大変に意味深く感じられることであろう。いっそう正確に言えば、それは完璧に（無限に）意味深く感じられるか、それとも、意味がすこしでも問題になるために、

*ここに、必然性の概念を攻撃した最近のW・V・クワインの哲学論文を当てはめてみるのもいいかもしれない。W. V. Quine, "Necessary Truth," in *The Ways of Paradox and Other Essays* (Cambridge, Mass.: Harvard University Press, 1976) 参照。

つまり何か限界のようなものの存在のために必要な背景または前提となるものが抹消されてしまったので、それは意味の問題なるものを超越するようになるか、のどちらかである。

悟りへの魅惑は何かしら不思議なことだろうか。その経験はたいへん真実であり、最深の真実在と見えるものとの触合いにかかわらせ、その人間はいっそう真実なまた完全に自由な存在へと変容する——これらすべてに加えて恍惚の至福もまたある。さらに加えて、その人間はある新しくいっそう正しい真実の見方に到達する——この経験が現実と符合すると想定しての話だが——そして最深の真実在をいっそう適切に表現する相似形《アナログ》*となる。

悟りは、目的としてどんなに魅惑的であっても、もしかすると直接に追究することができる目標ではないのかもしれない。追究の手段、またそうすることの動機のあるものは、悟りが変容しなければならない自己の構造をかえって強化してしまうかもしれない。たとえまったく一足も踏み出していないにせよ、もしも仮に悟りが至高の善であるとしたら、あなたの生活をそれとの関わりにおいて見ることは大切といえるかもしれない。

多くの人びとが悟りの目的は再生と苦悩の循環を後にして別世界へ逃避することと見るのに対し、ある人びと——オーロビンドもその一人だが——は物質的存在を変容することと見る。もっともそれのためには、個人的愛着、愛情、友情などをいく分犠牲にしなければならないように見える。「このすばらしい存在を垣間見るだけでも、目がくらむほどであり、またその魅力に吸い込まれそうになるので、一度見てしまうと、われわれはそれを求めるために他のすべてを無視しても正しいのだと、ただちに感じる」とオーロビンドは言う。*

禅のしたり顔の解釈でもまた、照明つまり悟りはこの世のたいへんに異なったしかも特有のヴィジョンとかかわるものと見る。したがって別の世界への逃避というより、この世との別の異なった関係と見る。禅の公案は人に理性的概念的な思考の限界を認めさせるた

---

*では心理的なすこやかさはどうだろうか。照明〔さとり〕経験を伴う場合はどうかを知ることはむずかしいが、信頼すべき報告によれば仏教の瞑想を教える西洋の人間で、永年の修練をつみ自ら一日に数時間も集中的に瞑想を行なっている経験豊かで献身的な人びとは、絶えまない不安とか他人を操り意のままに動かそうとする試みなどからはるかに超越している。がときにはこういう人びとも専門的な心理療法を求めることがある(*Inquiring Mind* [Berkeley, California], Vol.5, No.1 [Summer 1988] 参照)。これらの教師たちは——これを報告する際の率直さと真面目さのゆえに推賞されるべき人びとだが——光に照らされたと自ら主張することがない、とわたしには思われるので、われわれはこの人びとの事例を挿入することはできない。しかし照明それ自体について書かれている記録は心理的すこやかさという問いに直接には何も答えてない以上、楽観的な結論をひき出す際には用心深さが必要である。

* Aurobindo, *The Synthesis of Yoga* (Pondicherry, India: Sri Aurobindo Ashram, 1955), p. 14. オーロビンド自身は過去二十年余り、かれの霊的集団内部の三部屋の続き間に隠棲して、折にふれて人前に出たり、かれの著書の改訂をしたり、弟子たちに手紙を書いたり、また霊の発達についての長い叙事詩、*Savitri* を執筆するなどしている。

めに工夫された、無意味で解答不可能な問いではなく——何故、禅の師匠たちは明らかに無意味な問いではなしに、このような公案を出さねばならないのだろうか——それらの問いは人をこの世界のまったく異なった見方に連れ出すために工夫され、見方が与えられるときには、意味のある確定的な答えを持っている。ゲシュタルト心理学者の用いるおなじみの図を考えてみよう。あるひとつの図は、ひとつの壺とも互いに向き合う二つの顔とも見える。一方の像は他方の背景となる。あるいは年とった女の鼻が若い女のあごと頬にみえる図がある。あるいは一本の曲線への異なった見方があり、その底部は前を指しているのかそれとも後を向いているのか、どちらとも見える。われわれは図像をひとつの見方でしか見ていない誰かにいまひとつの特徴だけを注視させて——例えば「ひとつの壺の右脇の曲線の代わりに、その線のこの部分を左側に向いている鼻としてみなさい」——まったく違う見方にさせることができる。禅のヴィジョンはこの世のもので別の領界のものではないとわたしは思うが、それでも壺が二つの顔と違うように通常の見方とは異なる。たしかに、通常の見方はひとつの特有の特徴である自己のまわりに、巻きこまれ凝固している。ひとたびこの世界に、客観的にせよ主観的にせよ、ひとつの実体、つまりわれわれの自己をかかえてわれわれが住むようになると、この世界の残りはすべてその（遠近法をもつ）世界におちいってしまう。禅の修行——黙想、公案、突如ふりかかる痛棒と音——は自己の支配をゆるめ、この実体との同一化を停止させ、そのようにしてこの世界を完全に異なったものとして見させるように工夫されている。こう解釈すると、禅のまき起こす変化は、あなたの自己のまわりに組織されている構築された図像からあなたのヴィジョンを振り払うことで現実の世界のゲシュタルトを変えることであって、まったく別の分離された領域にはいることではない。この変化が生じると、公案は完全に明晰な答えをもつようになる。

悟りへの道はまた、生きる苦痛や苦悩を、その原因となりがちな活動にただ背を向けることによるのではなく、それらを減らすことのできる種々の方法を提供することができる。ここにちょっとした経験上の証拠がある。長時間、座禅の姿勢で座ることははじめは苦痛である。膝頭が痛くなり、くるぶしが痛くなり、全感覚がするどくなる。けれども感覚の焦点が瞑想のもたらす他の点――例えば呼吸のしかた――にも及ぶとき、事態は一変する。感覚に感覚として焦点を当てること、あなたの感覚としてではなく、苦痛な感覚としてでもなく、ただひたすら鋭い感覚としてそれに集中することは、あなたの意識を伴って、その中にはいることである。すると、驚くべきことに――はじめは信じられないが――感覚の質が変わる。もはや均質なひとかたまりの苦痛ではなく、いくつもの部分に分かたれ、その間のあちらこちらに感覚は残るが、どこにも全面的に残るのではない。その感覚からあなたは距離をおいて存在し、それらはあなたのものというよりも、ただそこに在るものとして眺められる。さらに、もはや苦痛の感覚ではなくなり、依然として強烈に感じられても、ときには視覚のような他の形態をとるため、痛みはない。それはあたかも、何かが苦痛をもっていることは、少なくともこの場合には、それをあなた自身のものと見ることに、またいくつかの特質を感覚に投射するある遠近法のうちに見ることにかかっている、とでも言うようである。諸感覚それ自体の中に注意が向けられるとき、苦痛な特質は溶けて異なった風に経験される。どこまでこの「無痛」現象は広がることができるのか。たぶん数時間も続く感覚のところまでは広がれないし、たぶん完全には、いくつかの強烈さにまでは到達できないだろう。わたしの主張は、いかなる苦痛も不本意に受ける必要はないということで、単純な瞑想による技法はしばらくの間苦痛を軽くしたり除いたりすることができる。さらにいっそう軽減することが修行や訓練によってでき、またもっと沢山軽減することすら、悟りの経験を用いることができる人には可能であるかもしれない、と信じても不合理ではないようにみえる。快楽原則にある満足を与えること――無痛原則――は、それゆえ悟りの目覚めの後に続くだろう。

究極においては宇宙とその内部のわれわれの場所は完璧である――そのように悟りの語りは主張する。その物語によるとわれわれは持つに値するものすべては、最上の度合いまでもつことができ、また存在に値するいっさいのものになることができる。われわれの本性はすでにこういうことに親しんでいるからである。悟りの教説は、したがって、悲劇の究極の真実性を否定し、また悪を避けるために何かたいへん重要な善をときには本当に犠牲にしたり永遠に失ったりする必要を否定する。こういう主張は、この教説が最深の知恵を含んでいることを示しているのだろうか。それとも、それは最高でもっとも美しい愚かさなのだろうか。われわれは悟りと、その全体の背景をなす理論は真であるにはあまりにも善すぎるということを疑わなくてもよいのだろうか。その可能性と有効性について、しっかりした証拠や証明が欠けているとき、すべての人の自我を悟りという籠の中に入れてしまわずに、懐疑的にとどまる方がよいのではないだろうか。堅固で究極の知恵とはむしろ次のようなものではないのか。人間の条件を遁れるすべはなく、しかもそれができるという信念は、最終の分析においては、ただ浅薄皮相さを露呈するということではないだろうか。あるいは、むしろ、知恵がかつて不承不承に苦しみながら、誤って結論を下したことを手柄にするのは止むを得ないことだったという例なのだろうか。知恵は堅実なリアリズム、幻想をもたないことを誇りにしながら、悲劇にすがりついているのではないだろうか。それはノイローゼの病人が病状にすがりつくのが、次善の利益となるためであるのと同じことではないだろうか。

ときとしてわれわれは、ほとんど知りもしないことも含めてさまざまな可能性を捨ててしまいがちである。理由はたとえそれらがかなりすばらしく見えたとしても、真であることは望みもしないためである。そういう可能性は、この世界、及びわれわれの生活、習慣、思想の諸形態、そして目標についてのわれわれの一般的な図式のあまりにも大きな再組織化を要請する。これまでにわれわれの（個人的、知的、文化的）場所の限界と思われるものに適応してしまっているので、われわれはもはやこれらの限界に発展性があるとは信じたくないのである。その結果、巧妙な議論で可能性をさっさと捨てさり、ほっとして――激烈な変化の必要が回避された、と喜ぶのである！　けれども、賢い人ならば、過度に信じこむことなく、心を開いて新しいことを学ぶだろう。そういう人は新しい驚くべき可能性に念入りな注意を払い、それらを試したり、探ってみたり、実験してみるだろう。もしもそうやっているうちに、ある可能性からいくつかの確信――照明的な力強い経験、望ましい個人的変容であろうと、また同一の経験をさらに深く追究してきた印象的な人びととの出会いであろうと――が与えられると、さらなる確信をもって、とはいえやはり少々の用心はしながら、その道を続けることだろう。パスカルは無限の利得の可能性に人生のあらゆるものを賭けることを薦めた。しかしわれわれは統計学者の描く二つのタイプの誤り――あるものが真であるときに拒否し、誤っているときに受容する――を忘れることなく、われわれの道を行く方がさらによいだろう。ときには大胆に、しかしやはり慎重さをもって、また、こんなに重要な事柄であるから、どちらの方向にしても間違いを犯さないように最善をつくして。

22 それぞれにその分を与えること

人間性についての偉大な霊の教師たち――仏陀、ソクラテス、イエス、ガンジー、その他――は輝かしい個人の例を示すお手本である。この人たちは単に命題や原理を宣言するだけではなくまたかれら自らの活きいきした存在感を通して、強力な衝撃を与えてきた。われわれは、単に教説だけでなくかれらの人間性に出会い、自分に可能なほんの僅かな範囲でも、この人たちに似る者になりたいと思う。かれらはわれわれよりもいっそう真実にみえ、その活きいきした真実はわれわれを鼓舞する。かれらに似るようになることはわれわれもまたいっそう真実になることである。こういう教師たちの存在と生活はその教説に肉づけを与える。この人たちの生き方を見ることによって、説いていることを学び、その言葉の意味することを学ぶのである。かれらの生きかた――ときにはその死にかた――は身をもって教えを実践することであり、抽象的な言説を具体化することである。

この人たちはお話を語り、寓話を伝え、われわれが心を熱くして結び合わせることのできるあらゆる交点をも与える。物語をしたばかりでなく、今では、プラトンの初期対話篇、パーリ語仏典、福音書、バール・シェム・トフの噺などの物語の中でこの人たちの姿に出会う。こういうお話から、われわれはこの人たちの姿、行ない、いったい誰なのか、についてイメージをえがく。かれらの生活は、その言説がわれわれに信じられるか否かの際に決め手となる役割を演じる。われわれがその教説、またその正しさの由来を知るのは、何か他の既に公式化された一団の言述からではないのである。もしわれわれがかれらの見解をその権威に基づいて受け入れるにしても、それでもその権威とは、ただかれらの生活の中にだけ、その伝説の中で伝えられている通りに示されていることにだけ由来する。かれらの生活の示すことが何でも正しいと仮定する原則をみとめて出発するわけではなく、ただかれらの生活を見つめわれわれ自ら畏怖と感動を覚えることに気がつくのである。

霊の教師に特有のいくつかの特徴をかぞえあげてみることができる。もっとも誰でもがその全部をもっているわけではない。まず、この人たちは重要と考えることを身をもって示し、価値が生活に浸透している。かれらが重要と考えていることは、たしかに善く、輝く価値、賞讃すべきことがら――例えば、ソクラテスの場合は探究、仏陀の場合は慈悲、イエスの場合は愛、ガンジーの場合は行動に際しての非暴力と真理――である。それらにはいくつかの特性がしるしづけられている。親切、非暴力、生きものへの愛、単純さ、率直さ、正直さ、純粋、焦点、強烈さ、人生をより深い真実の現成する場とすること、内面の穏やかさ、物質や世俗の財産への比較的な無関心、放射する精力、偉大な内からの力、などである。これらはわれわれの内面のもっとも善いものに語りかけ、そこへわれわれを連れ戻す。それらを前にして、われわれは自らがなおざりにしていた高みを思い出させられ、最善の自己自身になっていないことを恥ずかしく思わされる。われわれがそれらの特性のうちに感じるのは、ただ単に高く賞讃されねばならない特質の集合ばかりではなく、ある異なった内部の組織と構造なのである。それらは光の器である。

霊の教師はかれらの価値の完全な力の模範である。かれらの魅力の一部はこれら高い諸価値の魅力であるが、また他の部分は霊の教師が原型として成就する超常的真実およびこれらの価値を具体化することにある。それはまるでプラトンの形相のような価値がこの地上に托身されたかのようである。しかし霊の教師は多くの価値の中からただひとつまたはほんのいくつかだけの化身であるのだから、これは可能である。完璧であることは、たぶんこの人たち独自の価値の輝きを弱めてしまうだろう。

霊の教師は完璧に全面的に、かれらにとって重要であることだけにこだわる。こういう価値からは逸脱したり妥協したりしようとはしない。全生涯を挙げてこの価値にかかわり、死に至ろうとも、この価値に生涯を賭ける。たいてい、霊の教師は、交換することも妥協することもできない単独の価値のために生きる。とはいえ、かれらが共通に分けもつことのできるさらなる価値がある。かれらはしばしば誰に対してもまた何に対してさえも積極的な関係の模範を示し、害を加えないことに献身する。いかなる環境においても、かれらは他人を傷つけようとはしない。かれらはまた簡素な生活をする。物質的な品々を集めることなく——ときにはそれらを抛棄し——偉大な純粋さのイメージを与える。霊の教師は外からの力の統制から自由であり——いかなる外部の脅迫もかれらを動かせない——また内からの欲望からも自由であるようにみえる。いかなるものもかれらが欲しないところに強制的にゆかせることはない。

霊の教師を通して、これらの価値（またはそのひとつの価値）に捧げられた人生というものが可能であり、それはすばらしく、善い生き方であるということをわれわれは知る。このようにしてわれわれはひどく心打たれるのであるが、それでも、その価値を生き抜いている人物に面前することなしに、ただ述べられた価値を聞かされるだけだとすると、そんなにわれわれの心が動かされることはないかもしれない。これらの霊の教師は出会った多くの人びとに偉大な影響を与え、より高いまたはより深い目標へと呼びさまし、（これら他の人びとが感じている）より善い自己をひき出している。

霊の教師には三つの面が区別できる。第一は倫理上、芸術上の強い影響力である。この人たちのもつめざましい人物像はしばしば逆説にみち芸術上、興味深い存在であり、ときには困難な勧告を与え、たとえこの人たちを描写する本が、はっきりと虚構の作品として提示されているにもかかわらず、同じ影響力を与え、われわれはこれらの人物が好奇心をそそり霊感と感動を与えると思うのである。第二は、かれらの存在が立証するのは、ある生き方は本当に可能である、何故ならそのように生きてかれらはかれら自身になったのだから、ということである。第三は、われわれの生活の中にあって以上の二つの面に連続するどんなものよりも、遥かに高くまたは遥かに遠く、これらの人たちが現実に存在しかれらの行為を行なったことから連続するもの、かれらの行為や存在がみせた違い——霊の教師たちを描写する語りの効果およびそういうことが可能であるとするわれわれの信仰よりもさらにかなたにあるものが存在するということである。(例えば、キリスト教徒はイエスの生涯と死は人間の神への関係を本当に変えた、と信じる)。霊の教師として、人物をとり扱うに際して、わたしはただ初めの二面とそこからわれわれのために結論されることだけに焦点を当てるつもりである。第三の面はまた別の事柄で、ここはわたしの領分ではない。けれどもこの面を、なおざりにして傷つけるつもりはまったくない。

　霊の教師の全体像はめざましく、霊感を鼓吹することさえあるけれども、ある特徴についてはわれわれにあるためらいを感じさせることもあるだろう。霊の教師は、自らに重要であることについてはまったく妥協しようとしないので、ときとして、かれらのまさに最高のレヴェルの理想にごくわずかでも到達をはばまれるくらいなら生命を捨ててもよいというような印象を与える。これに反して、わたしなら、まさに最高のレヴェルに落ちこむのを避けるためなら生命を投げ出す方を選ぶかもしれない——本当にそうしたいと思う——またたぶんかなりの距離を落下するのを避けるためにもそうするだろう。が、ただ単に最高の理想のレヴェルからわずかばかり下にいるというだけなら、そうしたいとは思わないだろう。こんなことを口外するなんて、わたしがいかにひどい欠陥人間かを示すだけかもしれない。しかしわたしには、霊の教師たちの非妥協的な姿勢はあまりにもこちこちの完全主義者であり過ぎるので、理想像としてさえも、留保なしに賞賛することはできない、と思われる。賢明な人なら、いつ妥協が許されないかを知っているように、いつ妥協がふさわしいかも心得ているはずだ、とわれわれは思う。

たとえわれわれが、霊の教師はその特有の理想に過剰に執心すると思い、また当の特有の理想なるものにそれほど感心しないときでさえ、われわれにも、かれらと同じように先頭に掲げて進めるような(どれがそうか分からないかもしれないが)何らかの理想があればよいのに、と願うことがあるかもしれない。それとも、もっとありそうなことは、たぶんわれわれは仕事の分業を信じているので、誰か——誰か他のひとが——最高の理想によって立場を死守していることを嬉しく思うことである。

霊の教師はかれらの単独の価値の範例として輝いているが、われわれのための範例として輝いているのだろうか。単に価値についてでなく生きることの手本なのだろうか。前に挙げた四人——ソクラテス、仏陀、イエス、ガンジー——のそれぞれにとって、ある領域を例にとると家族や子どもと共に生活を続けることはしないか十分ではなかった。これらの人物の誰ひとりとして完全でないとか重大な欠点があったとか、ただ不平を言っているのではない。しかし、それはそれとして、霊の教師の完全主義をわれわれが心配するとしても、かたくなな完全主義の例を示すのは似つかわしくないだろう。『ガンジーの真理』

という著書で、エリク・エリクソンはどのようにして、普通の、またいくぶん普通でない人間的弱さとノイローゼという素材からガンジーが自らを並はずれた何者かに仕上げたかを述べている。W・J・ベイトは類似のテーマをそのサミュエル・ジョンソンの伝記中で追究している。霊の教師をわれわれ常人と同じ人間の粘土で構成されていると言って非難したあげく、かれらが苦心してその素材からつくり上げた驚くべき形と光沢とを無視することは、あら捜しの不作法きわまることである。

私の言い分は別である。これらの教師が宣言し模範を示している積極的な理想をよく調べ、欠点がないかどうかを見ることは、不適切ではない。かれらの生涯に価値のあるいくつかのことが欠けているという事実は、かれらの理想にはこれらを配慮する余地がなかったということの結果だろうか。またもしも、こういうことのいくつかが通常の人間生活の重要な部分、われわれが犠牲にしたり断念したりするのを望まないような部分であれば、そのときにはわれわれの生活の模範としては、心して控えめに霊の教師に近づく必要がある。かれらは真実の諸次元のうちいくつかにおいては、極度に真実ではあるが、おそらくわれわれとして心すべきことは、交換を含めて、バランスのとれた生活というものは、霊の教師たちの強烈な真実一路の生よりもむしろ現実性——そしてまたいっそうの真実性——ともっと触れ合っていることなのではないか、一考してみるのがよいであろう。

ジョージ・オーウェルはガンジーについての小論文の中で、つよくこの留保を述べている、「以下のことがあまりに安易に思い込まれている……普通の人は〔聖性に〕それがあまり困難すぎるという理由でただ反対する。つまり、平均的人間とはなり損なった聖人となる。いったいこれが正しいかどうかは疑わしい。多数の人間は聖人になることなど一向に望んでいない。また聖性に達したり憧れたりする人びとの中には人間であることに大きな誘惑を感じた経験がないというのは確からしい」。これはあまりにも否定的な口調だが、わたしならこう思う。「十分にまた平等に両側への誘惑――聖性へ向かうのと人間性へ向かうのと――をわれわれは感じているのではないだろうか」。

通常の考えによると、最深の真実在への関心は人をそのまわりの日常世界から外へ連れ出すように見える。例えば、聖なるものへ焦点を当てることによって、人はしばしば、最深または最高の価値以外のいかなるものごとに対しても、他の人びとや日常の事柄に対しても、もしかすると最深、最高ではない意味深く高い諸価値に対しても、それと十分な関係を結ぶことから遮られ隔てられているように見える。この代価は軽々しく受け取ってはならないものである。とはいえ、人がもっとも深く関係を結ぶことのできるいかなる意識的真実というものも存在しないと仮定しての話であるが。霊的探究は、それならば、ドン・キホーテの冒険のようにむなしく人びとの眼にうつるだけなのだろうか。それでもなお、前述したような個人的な特質をもっているので、人間性のかがり火は残っているだろう。もしこれらの人たちがより深い真実とのいかなる触れ合いもなしにこのような状態になり得たとすれば、異常なことであろう。ここはより深い真実が存在するという論議の場ではなく――異常なとは不可能な、を意味しない――しかもそのより深い真実とは、もし存在するとしたら、外側の何かではなく、かれら自身の一部であるということかもしれない。とはいえ、より深い真実との触れ合いをまざまざと再現し、実際にはそこに何も――ないのつまり人が創造し想像力をもって現実化した焦点に結ばれた真実在以外の何も――ないのにより深い真実を透明にあらわにすることは、異常な人間的達成といえるだろう。もし周囲に関係を結ぶことのできるいかなる意識の深い真実がないときでも、人びとはかれらの役割を立派に行なうことができる。あらゆる種類の望ましい状況に対して、人びとは実際にそれが存在するかのように振舞うべきである、などとわたしは主張するつもりはない。もし孤島で独りきりになったロビンソン・クルーソーが次のようなことを決定しても感心されたりはしないだろう。もうひとりの人間が来たら以後は会話を続ける(かれ独りだけであるのに)方がよいし、もう一方の「個人」のプライヴァシーを守るためにかれはすこし離れて暮らした方がよい等々ということを。とはいうものの、われわれが描写してきたような意味で、最深の真実と関係づけられることは、それを具体化し、展示すること、ある人自らの特徴を通して行なうことのできる何か、である。

われわれがつよく求めるのは最高最深の真実に結合されること――それを第七の真実原則と呼ぶことにしよう――であるが、これがわれわれのしなければならない唯一のことなのだろうか。もっと幅広い真実原則ならば、単に最深または最高だけでなく真実在のすべてに結びつけられ十分に呼応すること――これを第八の真実原則と呼ぼう――が求められるだろう。問題はこれの反対が避けられるような望ましい形の言述をすることである。

反問は、いったいこの全部はまとめてひとつに述べられるのかということである。もっとも真実、最深、最高の真実に十分に呼応して応答すること、また最深のには及ばない真実をも含む真実の十全な広がりに十分に呼応して応答することは可能だろうか。人生は短くわれわれの能力には限りがあるのだから、何かを無しですませねばならないように思われる。『倫理学』の中で、アリストテレスは同じ構造をもつ問題に直面した。「われわれは十分に発達してわれわれの最高の能力を発揮することに没頭しているのか、それとも円満に発達した型を追い求めているのか」。どちらの場合にもかなりの犠牲が求められているように思われる。

真実の全部に、より大きい真実ばかりでなくより劣るのにも十分に呼応するとは、いったいどんな風なことなのだろうか。全部の部分に同じ時間をかけて広範囲にわたって同等に呼応することを望む人はいないだろう。そんなことをしたら最高や最深の部分をあまりにも多く無視しなければならなくなるだろうから。もっとましな原則ならば事柄をそれらの真実在に釣合いをとった形で呼応させるだろう。このような比例の原則の構造を見るために、われわれが利用できるのよりもいっそうの精密さを想像して、それぞれのものごとの真実（または重要さ）が計測できると仮定してみよう。比例の原則はわれわれに任意の二つのものごとにそれらの真実（の度合い）の割合に合致する割合で（時間と注意の広がりの中で）呼応することを命じることができるだろう。けれどもこの原則はわれわれをあまりにも拡散させたままに放っておく。真実の比例の度に応じて与えられる各小部分のために呼応されることのできる真実には部分が多くあり過ぎる。けれども真実の充満への応答は、それぞれ単独の小片すべてが呼応することは必要でなく、ただ十分な範囲、その範囲全体の釣合いに応じての応答が要請されるということである。*

けれども、人びとの中には最高または最深の真実は無限で、無限に真実であるが、他方ではそれ以外のすべてには有限の真実があるので、——この二者の間には溝があると考えてきた者もいた。しかしそうすると二者の真実の計画の割合、有限を分子とし無限を分母とする分数もまた無限となる。無限が有限を沈めてしまうので、この比例原則でさえも結果として最深の真実への全体的排除的応答を要請することになる。したがって、最大の真実であるものにだけ焦点を集めることをまったく明白に要求する原則からは、見かけはそうであっても、異なってはいないことになるだろう。ものごとに当然あるべき釣合いのとれた注意を向けることは、もしあるひとつのものが無限に真実ないし重要であるとするとそれ以外の一切を無視することを要請するのだろうか。この難問は、もしわれわれが応答されるべき真実の大きさばかりでなく、またその応答それ自体がどれほど真実であるかにも考慮を払うならば、処理することができる。

比例原則は、応答されるべき事物の真実に比例する応答を要求した。けれども、この応答は他の何かにも比例していなければならないのかもしれない。とすると、これはまた別の比例原則ということになるかもしれない。応答は、それらがどのくらい広がっているかどれくらい時間がかかっているか、どれくらいの注意か、またどれくらいの精力がそそがれているか、によってだけ異なるのではなく、またどれくらいそれらは強烈であるかという点でもまた異なる。応答される側の多様性は、また応答の側の、それら自体がどれくらい強烈で真実かということの多様性を生じる。われわれが何かに払う注意の強烈さは（原則として）供給が不足することはない。しかし異なるものごとは、一部はそれら自らの本性、また一部はわれわれの本性のために、その注意に異なったやり方で報いる。こうして、われわれの応答は、それらがどれくらい多く真実をもっているかで変動することができる。

＊それはこんな風に作用することができるだろう。真実の程度がほぼ等しいという基準でまとめられたものごとのグループを考えてみよう。ひとつの群はその中に他の群の中にある真実とは異なるが、（だいたい）同一の真実をもつとしよう。比例の原則はこれらの群に適用され、それはわれわれに各群から少なくともひとつのもの（ただし同数のもの）を選ぶことがらに応答することを要請する。各群に釣合いのとれた応答、次にそれらの真実の度合いに応じてそれに注意を払い釣合いのとれた応答をすることによって、ただ単に真実の最高や最深の部分にだけでなく、その十分な範囲に、われわれは結合し応答していると思われる。

応答は広がりの点でばかりでなく、強烈さでも異なる。原則がわれわれの応答や注意の場を確定するとき、それらの原則が確定するのは応答ないし注意の範囲、どれくらいの時間（と注意と精力と）を各ものごとは受けとるか、である。われわれはこの応答の範囲を定めるのに、応答されるものごとの真実に比例して（第一の原則が行なったように）ではなくて、その事物への応答そのものの真実に比例して、そうする。この新しい比例原則は、応答の広がりをその強烈さと調和させる。真実への二つの応答の広がりの割合は、これらの応答それ自体の真実の割合、これまでわれわれが応答の強烈さと呼んできたもの、と合致しなければならない。大ざっぱに言うと、時間は、ものごとに対して、それらがどれくらい強烈に時間に報いているかに比例して、与えられねばならない。（もしも、真実へのある応答の強烈さが全体を通して均一でなく内面的にどれくらいその応答が強烈であるかによって異なるならば、それに伴う付加的な複雑さにはわたしはここで目をつぶることにする）。

最深の真実の（または神の）場合には以上のことは何を意味するのか。それは以下の通りである。最深の真実は他のいかなる真実よりも無限に大きい——二つの真実の比率は無限である——かもしれないにもかかわらず、われわれのそれへの応答はわれわれのそれ以外のすべてへの応答よりも、無限により真実であるわけではない。疑いもなく、これはわれわれ自らの限界のせいであり、この限界は嘆かわしいけれども、いつも存在する。もしもわれわれがものごとに注意し応答する際に、それらがどれくらい多くの注意と応答を返してくるかに――第二の比例原則の勧めのように――比例してそうするならば、そのときわれわれはまさに最深の真実にだけ、ひたすら注意を払うことはしないであろう。それ自らの本性は他のすべての真実を水面下に沈めてしまうが、それへのわれわれの応答は他のすべての応答を沈めることはないであろう。

けれども、一定の事物へのわれわれの応答の真実と強烈さは、しっかりと固定されているわけではない。真実と強烈さは時間の中で変化して当然である。たぶん、われわれがどれくらいの程度、最深の真実へ応答するにせよ、そのことはわれわれの能力を拡大し、それゆえ、さらにいっそう強烈で真実である応答へとわれわれを導いてゆく。こういう条件の下では、第二の原則ならば、また応答の広がりの増大も要求するだろう。明らかに、この（「積極的相互影響《フィードバック》」の）循環は連続できる。すると、結果として、まさに最深の真実は、全体的で排外的な応答を受けるかもしれないけれど、それはただわれわれの準備がととのっているときに限るということになる。*

第一の比例原則は、応答の範囲は応答されるものごとのもつ真実と同じ比率をもたねばならないと言う。第二の比例原則は、応答の範囲はまさに応答それ自体のもつ真実と同じ比率をもたねばならないと言う。われわれの応答がもっているかもしれない強烈さと真実に調和させるために、われわれは応答の範囲に釣合いをもたせてその目盛りを定める方がよいだろう。（範囲という考えは真実の諸次元のひとつまたはいくつかに結びついている以上、応答の範囲もまたその全体の真実を評価する中に入ってくる）。これら二つの原則はどちらも魅力的であり（無限の真実の場合は脇に置いたままにして）、またある人がこの両方を共に満足させたとき、ある第三の原則もまた満足させられるだろう。二つのものごとへの応答のもつ真実の比率は、これらのもつ真実の比率と同じでなければならないからである――つまり、あるものへの応答の真実は、そのものの真実と比例しなければならないのである。この第三の比例原則を、すぐに論じることにしよう。*（四八六頁）

もしも人生が真実のすべてに十分に応答するように生きられねばならないとするとこれは第八の真実原則である――そのとき、われわれの時間、注意、敏感さの限界を考慮に入れると、この応答することの本性は、比例の第二法則によって特定される。人の精力の全部がただひたすら最高最深の真実に応答することにのみ捧げられるわけではない。何故なら、今、現在あるような存在としてのわれわれにとってたいてい、こうすることは釣合いのとれた真の応答を引き出すことにはならないからである。意味深い時間と注意は、多様な真実の部分に応答しつつ費やされていくのである。けれども、見方によっては、真実のいかなる部分に対してもわれわれの応答がどの程度まで、真実になり得るかということには（原則として）何の極限もない――超絶主義者たち、六一三種類ものユダヤの戒律が生涯のあらゆる部分を高め聖化するための支配、またあらゆる活動へ焦点を当て完全な注意をはらう瞑想的な心構えをもたらす仏教の伝統を思い出して欲しい。すると、比例の第二原則およびあらゆる真実への焦点を魅力あるものとするのは、単にわれわれの敏感さに欠陥があるからではない。

けれども、われわれの敏感さの欠陥のゆえか、またはあまり深くない真実の他の部分にも本当はどこかしら深みと意味深さがあるという理由のためか、われわれは今かりそめにあまり深くない真実の部分に焦点を当てているだけなのかもしれない。が、そういうことよりも、もっとそれ以上を語って欲しいと思うかもしれない——つまり、われわれは現実のつまらない表層に焦点を当てて寛いでいても、まったくそれでよろしい、と言われることを望んでいるのかもしれない。けれどもここでさえも、どれくらい完全に、そしてどれくらい長く、これに焦点を当てていられるかということには限界があることを認めたいと思うであろう。とはいえ、真実の最高または最深の部分にだけ焦点を絞ることは、十分に

＊第二の比例原則は、とはいえ、あまりにゆるやか過ぎるかもしれない。最深の真実に応答する用意がほとんどできていない者にもそうすることを勧めるという点においてである。それは、あの真実に対して取るに足りない注意を向けることをあまりにも安易に許していないだろうか。たぶん、別の因子が導入される必要があるだろう——この極端な場合だけでなく一般の場合のために——より偉大な真実に向かうその応答にわずかばかり（そしていく分か比例をくずして）陰影を与えるために。

人間的な生活を送ることではない。人間的生活の中には他のこと、娯楽、冒険、興奮、気晴らしのようなことが含まれている。われわれがこれらを愛でるのは、幾分かは、それらがわれわれ人間の多くの面を表現したり満足させたりするためである（たとえそれらにもそれらなりの真実の諸次元はあるにせよ）。

比例の第三原則は、前述の式のように、応答の真実は応答されるべきものの真実と比例させられている。そのように全面的な比例の型はある比例の因子を含むであろう。例えば、ある応答はそれが応答する真実の半分または、三分の二、または十分の一、または五倍かもしれない。比例の考えは一群の応答に一括して応用することができる。いかなるひとつの応答も、まったく単独では、比例的にはなり得ない――つまり、比例性か他のある因子を示すだけである。けれども一群の応答は、群全体がまったく同一の比例因子を示すとき（または示す範囲まで）に限り比例的であり、例えばその応答の全部は、それらが応答す

＊第一の比例原則は次の通りだった。

$$\frac{\text{Aへの注意範囲}}{\text{Bへの注意範囲}} = \frac{\text{Aの真実}}{\text{Bの真実}}$$

第二の比例原則は次の通りだった。

$$\frac{\text{Aへの注意範囲}}{\text{Bへの注意範囲}} = \frac{\text{Aへの応答の真実}}{\text{Bへの応答の真実}}$$

以上の二原則をまとめると、第三の原則は次の通りである。

$$\frac{\text{A への応答の真実}}{\text{B への応答の真実}} = \frac{\text{A の真実}}{\text{B の真実}}$$

もしも第二原則においてわれわれの応答の真実が中央の舞台を占拠して応答が向かっている真実を排除するならば、そのときは、これらの応答の真実の総量を最大にして、そうすることによってわれわれの応答の範囲を確定したらどうだろうか。このような最大化の戦略は比例原則ではないけれども、ここでこの二つの境界を決定する必要はない。われわれの応答能力には限界があるのだから、この最大化原則と第二の比例原則は二つとも多様な真実の部分を応答に生じさせるという結果をもち、したがってそのどちらも最深の真実にだけ焦点を当てることは回避する。この第二比例原則と最大化原則との間には、どれほどの複雑な問題があるかということは、行動心理学者が構造的に類似している調和または改善原則対最大原則を含む問題を処理する際に見ることができる。R. J. Herrnstein and W. Vaughan, Jr., "Stability, Melioration, and Natural Selection," in L. Green and J. H. Kagel, eds., *Advances in Behavioral Economics*, Vol. 1 (Norwood, N. J.: Ablex, 1987), pp. 185-215; R. J. Herrnstein, "A Behavioral Alternative to Utility Maximization," in S. Maital, ed., *Applied Behavioural Economics*, Vol. 1 (New York: New York University Press, 1988), pp. 3-60 参照。時がたてば応答の強烈さ（と真実）はそのために応答されるべき真実にしたがっていっそうきちんと目盛りが定められるようになりそれらに比例するようになるだろうとの希望から、この比例形式を支持し続けることもできるかもしれない。この第二比例原則は、すると、あなた自らの適切に応答する諸能力が発達するにつれて、発達して第一原則の中に入ってしまうだろう。強烈さへの応答に調和する広がりは同時的に応答されるべき真実への広がりへの同調になることとなる。

べきものの真実の三分の一をもつ。孤立したひとつの応答の比例因子が間違いであるただひとつの方法は、わたしの考えでは、一より大であることによる。何かに対してそれがもっているのより大きな真実をもって応答することは、応答のし過ぎ、過剰となるだろう、その応答がまた、そのものの真実を増すことができない限りは。(J・D・サリンジャーは愛することのセンチメンタリティを神のわざよりももっと大きい何ものかとして描いた)。この世間は尽きることなく豊かであることは、たとえその比例因子が一以下か一と等しい程度であるときでさえも、われわれが応答すべきものが無くなることはないことを意味する。

比例性の型は抽象に訴える力が大きいけれども、細部にわたって考えると、その適切さは疑わしい。ひとつの比例の因子がその他から異なるとき不釣合いが生じる。例えば、この一つの応答は真実在の三分の二持つのに、その他の応答の全部は応答させるべきものの真実の半分しか持たない。もっとも、だからと言って、その他を増す(ように努める)よりもむしろこの例外的な応答を次回には減じるべきである、ということではない。おそらく理想的な型は、一の因子で均一に応答し、あらゆる人の応答をそのレヴェルにもってゆくことであろう。しかしわれわれは自らの能力をそのように大きい範囲にまで拡大することはできないけれども、より高くなる比例性へと動かしていくことはできる。それでも、この動きは厳密な進行でなければならないのだろうか。ひとつの応答の比例因子をいっきに押し出させることは、後になってその他の応答の因子をもまた上昇させるわれわれの能力を増すかもしれない。

綜合的な比例性は記述され得るということを認めてもなお、われわれは時折、それらの因子を一に近く上昇させて（たとえそのことが他の応答を生じるのに役立たないにしても）いくつかの応答を大幅に前進させたいと望むかもしれない。この事態は特に二つの例において起きるだろう。第一は、あるものの真実が特別に高いところ――もうひとりの人または芸術作品または神――そしてそのためにわれわれの応答もその広がりにおいて高くなり得る場合。第二はあるものの真実が極端に低く、そのために別にたいした努力をしないでも完全にその真実に（一という因子をもって）釣合うことができる場合。どうしてもふさわしくない不釣合いは異なっている。そこには真実の度合いが中位にあるものに対してきわめて高い比例性の一因子が含まれるのに対し、またもっと大きい真実をもつもののごとに対してもっとはるかに低い因子で応答することもある。

このことがもっとも反論を受けやすくするのは、比例性の因子があまりにも大きく異なるために、より少ない真実性しかないものが、より真実であるものよりももっと大きな絶対量（つまり単なる比例ではない）をもって応答されるときである。両方の因子が同じ種類や同じジャンルであれば、このことは特別に明らかになるのだろうが。しかしそれにもかかわらず、一見小さなものへの芸術家の極端に強烈な反応――ウォレス・スティーヴンズのガラスの壺についての瞑想詩、シャルダンの静物画――をわれわれは反対すべきことは考えない。ただし、これらの作品の規模もまた小さいままであることはたぶん大切なことかもしれない。ここでわれわれが考えるのは、芸術家は自らのテーマの中のほとんど全部のリアリティに、一に近い因子をもって、応答しているということである。このことはわれわれに、その巨大な疑うことのできない真実性について教えてくれる。それからまたおそらく、その理由から、われわれは推論によって、これまではあまり十分に応答しなかったものまでもまた、途方もなく大きな真実をもつという結論に導かれるかもしれない。(些細に見えるものの中に見つけることができる真実性の深みによって、これらの作品はむしろ、あらゆるものの真実性は等しいことを示すのだろうか。もしそうならば、これはわれわれがすでに観察したように全てのものごとはそれぞれ自らの忍耐強い実体性の中で、ひたすら待ち続けているということに合致することになるだろう)。大切なことは、十分に(因子一をもって)真実のある重大な度合いをもつ何か――リルケは『ドゥイノの悲歌』の第七歌で「ひとつの地上にあるものは、本当に経験されれば、たとえ一回でも、十分に生涯にわたって持続する」と語っている――に対して応答することだから、反対すべき唯一の不釣合いは、すると、単に、相対的な諸真実を誤って評価することから生じること、(誤って)比例しているように見せかけるものに過ぎないのかもしれない。この場合に重要なのは真相を知ることだろう。個々の不釣合いな応答でも正しい評価がともなっていれば問題はないだろう。けれども、この破調をあまりにも一般化することはできない。われわれは正しい評価を口に出して言うばかりでなく、それを生きなければならないからである。それでも、人びとが自らの判断を用いて、それぞれの重みが比例に従って、またある特定の応答の円満さを増すように、与えられるための逃げ道がある。

このように紙数を費やして比例性について書きながら、時折わたし自身、その構造の中にものごとを無理やり押しこもうとしていることに気付いてはいたのである。* われわれは釣合いを維持しつつ暮し、一切のものごとにその所を得させねばならないと言うことは、受け入れ可能の原理のようにみえる――たしかに、まるで知恵がそれを要請しているかのように聞こえる。知恵それ自体はそれぞれにその所を得させ、それを味わい、理解し、その価値、意味、さらにもっと一般的に、真実の諸次元のそれぞれに沿うその輪郭を知ることと考えられている。ということは、われわれの生活もまたそうするように考えられているという意味だろうか。この問いはまるでわれわれは知恵をもって生きると予想されているのかどうかを尋ねているかのように聞こえる。だからその答えは「その通り」と言わねばならないようにみえる。それでももし比例を欠いて生きる方がましだろうと考え、われわれの関心の大半を二、三の活動とその水路の中にだけ投入すると仮定しよう。すると知恵はそんな生活様式にも当然さを認め、そのように生きることを勧めるかもしれない。けれども、知恵はその勧告自体に従おうとはしないし、いくつかのものごとにそれらの分より小さい所を得させようともしないだろう。何故なら、知恵の務めは生きることとは何かしら異なったことだからである。たしかに、知恵は生活を案内するものと考えられているが、そのような手引きを受ける生活は、いつもその知恵の完全な装備のコピーである必要はない。生は、知恵がいちいち行なっていることを言挙げすることなしに、知恵の言うことをみな行なうことができる。

何にでもその分を与え所を得るようにさせることは大変にむずかしい。いったいどのようにしてこれをすべてに与えることがわれわれから期待できるのか。たぶん何かが当然であることのすべては、われわれのオールラウンドな存在からの十全の応答、その真実が、そのものごとの真実に完全に釣り合い、その比例因子が一となるような応答であろう。われわれはすべてのことに対してこうすることはできないし、また他の不適当な応答をいくぶんか不適当でないようにするために、すでに不適当であるいかなる応答をもさし控えることは明らかによくない。

わたしが思うに、重要であることとは、当を得たもの〔分〕として応答を捧げることで

＊はじめの頃の難問のいくつかは、たいていの読者にはとばし読みのすすめという技術上の工夫で避けられている。われわれの応答をそれらの真実に比例させる代わりに、われわれの応答の真実のもつ第一次容量を最大にすることができる。（この一曲線の容量《バルク》という考えは「もっと真実《リアル》になること」についての省察の中で

説明されている)。応答の棒グラフの中で、(y軸に沿う)高さは応答の真実を、x軸に沿う幅は応答に課される重みを表わす。ひとつの手続きは等しい重み(従って等しい幅)を各応答に課すことになるならば――すべての応答は平等につくられる。この手続きが定めたように、諸応答の真実の容量を最大にすることはつねに比例的とは限らないような応答をゆるすかもしれない。他方、もっとも深いまたは高い真実にだけわれわれは応答すべきであるということ――比例の道をすすんだわれわれがぶつかる根源的な難問――をわれわれは避けている。いまひとつの手続きの方は異なる応答に異なる重みを与えるかもしれない――棒グラフは幅が異なるだろう。ある魅力的な考えは、応答の重みを正確に、応答されているもののもつ真実に従って、計測することである。棒グラフの高さは応答の真実を、その幅は応答の相手の真実を表わし、またこの応答がグラフ化されている全領域はこれら二つの産物となるだろう。われわれの当初の比例性の原理は、思い出してみると、応答が向かうものごとの真実性に対する比例応答の探求だった。けれども、これはもともとの難問をまた導入してしまった。もしどれかひとつのものごとが無限の真実をもつとするならば、すべての応答はそれに向かってすすめられねばならないだろう。当面の提案もまた、もし何かが無限の真実をもっているならば、ひとつの難題に逢着する。それに対するある応答のグラフは無限に幅広くなり、したがって(その応答の高さが極小よりさらに先にすすむならば)ある無限領域を含むことになり、したがって他のものごとへの応答はどれも(またそれへのより大きい応答のどれも)プラスとしてかぞえられないだろう、何故ならそれらはその曲線の下またはその容量までの領域の総体をふやすことはできないだろうからである。とはいえ、この特定区分的な重量の計測は有限の事例にはいぜんとして調査する価値がある。ついでに、注目して欲しいのは、第一の手続き、つまり各応答が平等の重みと広さをもつようになる手続きは、無限の事例には適用されない。理由はその応答のy軸上の高さがそれの真実であって、それが応答する相手の真実ではないので、そのためにその棒の全領域は有限にとどまるからである。

ある。ものごとの真実への栄誉としてものごとに応答するために、大切になることは、われわれの応答の量ではなく、応答の真実のもつ量（つまり容量）でさえなく、応答の在り方、応答のなされるときの精神であろう。もっとも、何が「分」であるかに言及することは、それを借金や、義理のように見せるかもしれない。けれどもわたしのつもりではもっと拍手喝采に似た何かなのである。または捧げものなのである。あるいは、もっと愛に似たものなのである。この世を愛してその中にこのようにコミットして住むことは、この世に、それぞれの分を結びつけるひとつの精神の中でわれわれの完全な応答を与える。*この応答のもつ豊かさは、またわれわれを大きくさせる。人びとはかれらの愛するものを包容する——愛するものごとはかれらの一部となりその仕合せもかれらの仕合せの部分となるからである。ひとつの霊魂の大きさ、ひとりの人間の大きさは、部分的にはその人間が鑑賞し愛することができるものごとの範囲によって測られる。

けれどもこの世にこういう応答を与え、またその中にこのようなやり方で住むならば、釣合いのとれた関心は要請されなくなるだろう。じっさいに十分にバランスのとれた生活を送っている人は、だから、このこと、つまりあらゆるものごとの中の真実のもつ相対的釣合いにそれらの分〔所〕を与えることを実行していると見てよいかもしれない。もっとも、それは分が与えられ得るひとつのものごとに過ぎない。それでもやはりわれわれは生涯にわたって、たとえ正確な比例でなくても、またあるものにはただ代理に過ぎない活動しか与えられないときでさえも、重要なことはすべて、ある意味深い重みと注意を授与されねばならないということを言いたい。けれどもたぶん、わたしがこれを言いたがるのは、ほかでもなくわたし自身の分であることを捧げるやり方だからであろう。

＊原則として、ある応答が具体化する特定の様式や霊それ自身の度合いは測定することができ、その結果いまひとつの量的基準が生じることがあるだろうか。しかしその総体量を最大にすることへの焦点は、特定の行動の様式と霊を減少させることになり、そのような方策に執着することはまた、ひと自らの真実をめざすあの霊を示さないかもしれない。

23 知恵とは何か

哲学者は何故それほど知恵を愛するのか

哲学は知恵の愛を意味する。知恵とは何だろう。どのようにして知恵は愛されるのか。知恵とは、重要なことを理解することであり、そこではこの理解がある（賢明な）人の考えと行ないとを伝える。あまり重要でないものごとは適当な遠近法の中にとどめておかれる。

知恵の理解は特別なことであり、三つの道において特別である。つまり、それがかかわる話題――人生の諸問題において、生きるためのそれの特別の価値において、またそれがどこででも普遍的に共有されるものではないという点において。誰でもみなが知っていたことは重要かもしれないが知恵として考えられることはなかった。

知恵は実際的であり、役に立つ。知恵とはあなた方がよく生きて、中心の問題に対処し、人類がその中にいることを知っている（諸々の）苦境にひそむ危険を避けるために、理解することが必要とされることである。*

この一般的な説明は、知恵についての異なる特定の諸概念に適合するように考案された。それらの概念は、目標点（または危険）の挙示やそれらの段階づけ、対処のための策略としての勧告、その他において異なるかもしれない。しかし、たとえ内容が違っていても、これらすべてを知恵の概念としているものは、すべてがこの一般の形に適合するということである。それらは「よく生きまた対処しまた……するためにあなたが知る必要のあること」という見取り図を完成する。とはいえこの見取り図は知恵の異なる諸概念を包み込むが、空虚ではない。この世のものすべてがこの図に適合するとはかぎらない。(サワークリームは当てはまらない)。たしかに、知恵を一種の知識または理解と特定してしまうと、その見取り図は不当に狭くなる、と考えられるかもしれない。最上の生活とはまったく何の理解も知識もない生活である。と主張する見方も想像できないだろうか。たぶん、できる。

*この大まかな一般的記述に、それを構成している諸概念のさまざまを重ねてゆくと大そう複雑なことになってしまうだろう。いったい知恵とは、あなたが知ったり悟ったりする必要のあることなのか、それとも悟ることが重要か、必要か、大へん役立つようなことなのか。さらにまた知恵はどのようにして知恵を知ったり悟ったりするようになるのかを知ることも含むのか。知恵が必要とされるのは、よく生きるため、それとも、もっともよく生きるため、または成功し、または幸福に、または満足して、または期待されている通りに、それとも何にせよもっとも重要な目標であること、たぶん「悟り」をひらき死後の最善の存在に達することをめざして生きるためなのだろうか。それは、対処しなければならない中心問題であり、また人生の数々の矛盾それとも難題それとも悲劇なのだろうか。知恵は危険を避けるか、ときには危険を小さくするのか。それはときには人間の苦境から徹底的に逃げるにはどうすべきかを教えるのか。疑問は続く。けれども、本書の単純な記述でもわれわれには十分に役立つであろう。もっと完全に論じるにしても考えに入れておかねばならないのは、知恵は順に段階をふんで来るという事実である。だから人は大かれ少なかれ知恵をもつことができる。ただ単に知恵があるのかないのか、という問題ではない。

るかもしれない。しかし仮にそういう見方も（仮に正しいとすれば）それ自体知恵を含んでいるかもしれないが、他にどんな長所があるにせよ、それが知恵を含む人生を勧めることはしないであろう。この論点は一般化できる。もしも知恵があるひとりの人がもつことのできる何か特殊なものであるとすると、われわれは最上の生活とはその特殊なものを欠いている生活であると説くひとつの見方を想像することができる。だから、どのような知恵の説明に対しても、いくつかの生活、知恵として特定された当のものを欠いている生活を最上として、好きなように除外しているとして反対する者がいるかもしれない。けれども、この反対は間違っているかもしれない。その説明自体はいくつかの生活を最上であるとして除外しようとせずただ知恵あるものとして除外しようとしないのだから。もちろん、理論上は、知恵が自らはどの部分になることもなしに最上または最高の生活を記述することは可能である。けれども、ここでのわたしの前提は、知恵は手段として最善の生活への伝導力をもちまたそれらを統合する部分であるだろう、ということである。このような二重の役割を両立させ得ない知恵はどう説明しても欠陥があることになる、とわたしは思う。もし知恵がある種の知識または理解ならば、われわれは熱心にその種の知識を高く評価して最善または最高の生活それ自体に少なくとも知恵の幾分かが含まれていると言うだろう。どんな程度、どんな形で、そういう知識が含まれているのかは、知恵を一般的に描くことによっては決められない。

知恵はただ根本的な諸真理を知ることではない、もしもそれらの真理が人生の手引きまたはその意味の展望と結びついていない場合にはの話であるが。もしも物理学者が宇宙の起源や作用について記述する深い諸真理が、ほとんど実際上の意味をもたずこの宇宙の意味およびその中のわれわれの位置についての認識像を変えることがないならば、それらを知っても知恵があるとは考えられないだろう。(とはいえ、この宇宙の起源や存続をある神聖な存在者の計画にまで遡及する見方は、もしも人間の生活の目的ともっともふさわしい生き方をめぐっての結論を産み出すならば、その知識は知恵としてかぞえられることができるかもしれない)。

知恵はただ一種類の知識でなく、多様である。知恵ある人が知り悟る必要のあることすべては変化に富む一枚のリストをつくる。つまり人生でもっとも重要な目標や価値のいろいろ——もしただひとつならば究極の目標、どんな手段があまり大きな代価を払わずにそれらの目標に到達させるか、どんな種類の危険がこれらの目標達成をはばむ脅威となるか、これらの危険を認識し回避し最小にするにはどうすべきか、(そのために種々の危険や好機に遭遇するので)行動や動機においてどのように異なるタイプの人間であればよいのか、達成(または回避)するためには何が可能で便利でないのか、いつが好機かをいかに告げるべきか、いくつかの目標が十分なだけ達成されたのはいつかを知ること、どんな限界が不可避でありどのようにそれを甘受すべきか、どのように人は自己自身および他者や社会との関係を改善したらよいか、様々なものごとの中で何が真で見せかけでない価値であるかを知ること、いつ長期にわたる展望をすべきか、事実、制度、人間の本性の多様さと根強さとを知ること、自分自らの真実の動機は何であるかを悟ること、どのように人生の主要な悲劇と矛盾に対処すべきか、それからまた、主要なすばらしいことにもどう対処すべきか。以上がそのリストの項目である。それからまた少しばかり否定的な知恵もあるだろう。いくつかのものごとは重要ではなく、他のものごとは効率のよい手段ではない等のように。どんなすばらしい箴言集にもこういうたぐいが、機知に富んだ冷笑にまじって含まれている。

おそらく知恵の多様性はただの見せかけで、知恵はすべて、あるひとつの中心となる理解から流れ出すことができる。しかしこのことを初めから仮定したり規定したりすべきではない。あらゆる知恵が流れ出す唯一の真理を理解した人の方が、同じように生き忠告を与えながらただ多様性しか把握していない人よりも、もっと知恵があるのだろうか。最初の人の方が深くは見るだろうが、理論上の統一が実際上の違いをもたらさないのなら、もっと知恵があるということは明らかではない。*

知恵ある人はこれらの様々なことを知り、それを生きる。これらをただ知っただけの人、他人にはよい忠告を与えるが自らは愚かな生き方をした人は、知者とは呼ばれないだろう。こういう人は少なくともひとつのこと――つまりかれが知っている以外のことをどう応用すべきかということを、知ろうとしなかったのではないかという嫌疑をわれわれは口に出してもかまわないだろう。もっとも厳密に、その知識以外のことをかれはどう応用すべきかじつは知っていたが、そうしなかっただけではないかと問うことは不可能である。泳ぎに出かけなくても泳ぎ方は知ることができる。けれどもわれわれはこう答える。知恵があるためには、人はたんに知識と理解をもつべき――お好みなら知恵をもつべき――であるばかりか、それを用いそれを生きねばならない。もっともそうは言っても、理解と用法につけ加えて、知者はこれらに結合される何か他のものを所持し、さらにその理解を適用してそれによく調和するある生活をつくり出さねばならないというわけではない。おそらく知恵があるということは、理解と用法をもっているがゆえにまさしくある生き方をしているのかもしれない。両方とも知恵の一部でありこの理解と用法から知恵のいく分かを生き

＊知恵の異なる構成部が唯一単独の心理から派生し得るか否かは、構成部がひとつの脈絡のある知的な構造の諸相であると見るように努力しなければならないだろう。それは経済学者の図表にたとえられる。その図表内で人は予算抑制素によって拘束されている最高不変曲線に従って動く、予算抑制素には、失業、実行可能なことの限界を知ること。ある選択の原理を含む偏愛や価値の順序づけがある。その他の知恵の構成部もまた、経済学の考え方（活動の経費、熱望の水準、交代活動の知識のような）の内部の構造化となじみ易いかもしれない。とはいうものの、あらゆる知恵の断片をまとめて、人間を啓蒙し光を与えるような構造に統合した人について、わたしは誰も知らない。

るようにする第三番目の因子を付加する必要はない。

とはいえ、知恵は人生の重要な目標を達成して成功することを保証しない。ちょうど高い確率が真理を保証しないのと同じである。世間もまた、協力しなければならない。ある知者が正しい方向にすでに踏み出しているのに、もし世間がかれの旅路を遮るならば、かれはその事態にどのように対応すべきかもまたすでに知っていることだろう。

あまりたいした理由からではないが、知恵という概念は、実行可能性を拡大するよりも抑制する諸要素の方になじみやすい場を見出していると思われる。何が実行可能性の限界かを見きわめるには三つのことを知る必要がある。第一のことは利用できる中で最善の選択にも存在する否定的な諸相、第二は最善を選ぶために放棄しなければならない次善のもつ価値——経済学では「機会費用」と呼ばれる——そして第三のことは可能性自体の限界で、この限界のためにいくつかの可能なまたは実行可能な選択の対象が除外される。例えば『文明とその不満』中で、フロイトは文明の否定的諸相の中に性と攻撃本能を自由に行使することへの抑圧をかぞえ、この抑圧は文明の恩恵を享受するための不可避の費用であると主張する。この否定的諸相なしの文明の利益だけの組合せは実行可能な空間の中にはない。

知恵が特別に諸限界にこだわるのは、過激派よりも保守派を気紛れにひいきにしていると見える。重要だがあまりありがたくない強制を指示することは知恵の重要な部分をかたちづくることができる。でも何故、あやまってこれまでは可能でないと考えられてきたある重要な可能性を指摘するよりも、この強制の方が大切なのか。何故、知恵の実行可能性の領域を拡大するよりも、縮小する方がかしこいのか。経済成長の限界について語る人たちは、もし正しければ、知恵を語っている。また別の著者、ジュリアン・サイモンはその著作『究極の資源』の中で、実際の限界はもっとずっと下であると論じている。われわれが住まうこの球体、地球の内部の各資源の量は、他の学者が絶対的限界と記述した量よりもはるかに多く、また新しい技術がその使用量を減らすように開発されることができるので、資源が涸渇するのは今から何世紀も後の、宇宙旅行が大量に宇宙への移民を可能にするよりずっと後のことになるだろう、とかれは言う。(わたし自身は地球を略奪しつくしてから見捨てることなど、勧めていない! それどころかサイモンも――実行可能性の物理的限界がどんなに低いかを示すためのかれの思考実験をのぞいて――そうはしていない、とわたしは思う)。もしサイモンが正しければ、この考えもまた、われわれを多くの無用な強制から自由にしてくれるので一種の知恵と見なすべきである。もし社会のユートピア理論の説くところ、われわれはどんなに仲よく協力して生きてゆくことができるかという説が正しいならば、それもまた知恵であると言えるだろう。知恵がどうして気むずかしい見方の方を非対称的にひいきにしなければならないのか、には別に何の理由もない。人間はこれまでに可能なことを無視した間違いからよりも、不可能なことを敢行した間違いのために、よけいな費用をかけてきたということを、たとえある一般理論が示したとしても、それで特別に用心深さに注意が払われるにしても、新規な可能性にわれわれが大喜びでとびつくことをやめさせることはないだろう。

以上でわたしが述べてきた知恵の考えは人間中心であり、人間の生き方で重要であることに焦点を当てている。けれども人間以外のものたちも仕合せな在り方をもつことができ、ここには動物たち、地球外の理性をもつ存在たち、またたぶん経済、エコロジー系、社会と文明、植物のようなものたち、それから動かない物理的なものたち——本、レコード、衣服、椅子、河……——もまた含まれる。知恵についてのもっと一般的でより寛大な見解、だから、知恵とは、ありとあらゆるものたちの善い在り方を知り、それを脅やかす危険、それをどう取り扱うことができ、どう対処すべきか、等を知ることと言えるかもしれない。(倫理学の大部分は異なる国民の間の福祉の葛藤、または人間の福祉に対立する他の種類の存在の福祉にかかわっているのだから、これらのもめごとをどう扱いどう解決するかを知るとき、知恵はそういう倫理学の部分を包含することになるだろう)。もう少し制限された知恵の場合は、ある固有のものや種類をめぐってのことになるだろう。するとそれの福祉、それへの危険、その他を知ることを包含することになるだろう。またそのような知恵はときとして、特定の役割や職業の中に見出される。それでもなお、幸福な在り方という考えがどんなに広範囲に適用されるかを知らないような人は、一般的に知恵があるとはいえないだろう。こんな人はもしかしたら間違って、ある特定のものには福祉なんてまったくないと考え、そのためにその種のものごとについては知恵などあるはずがないと思っているかもしれない。こういう人はただ人間についてだけは知者かもしれないが、ここでもその知恵には限界がある。どのように他のものごとの福祉に応答すべきかを特定することができないときに、この人が真実への人間の関係のふさわしい部分——しかもこれこそ、人間の福祉の部分である——を特定することができるなどはあり得ないだろう。したがって、人間についてのかれの知恵でさえただ部分的に過ぎないだろう。

知恵は、それがかかわっている人間生活の部分においてもまた部分的ということがあり得る。人びとが専門化した領域、経済問題、外交問題、育児、軍事問題、職業で成功を収めることなどについて、知恵がある（と言われる）ときとまったく同じに。これらのすべてに共通するのは、何かについての知恵を、それについて何が重要か知っていて、それに関する危険の回避の仕方を知っているというわけで、一般的な概念に当てはめようとすることだろう。けれどもその違い、異なりこそが知恵が関心をもつ何かの中にあるのだが。異なる社会状況や緊急事態のとき、われわれは特に異なる知恵の部分を必要とするかもしれないし、だからこれらの部分に異なる重みを与える必要があるかもしれない。それでは、いったい人生についての知恵を構成するただ一種類のものがあるのだろうか。究極の知恵はただ単にあらゆる異なった特有の専門化された種類の知恵を測定することではない。むしろ、それはわれわれの生活のすべてに共通するものについての知恵であり、いかなる正常な人間生活の中でも関心をもっている重要な（とわれわれが判断する）ことについての知恵である。またそれは、われわれが（単純に）知恵（時代）について語り、その知恵が何かの専門領域に限定されないときに意味するものである。またそれは、例えば誰かが実務的な事柄について知恵をもっていたようだったが、知恵のある人ではなかった、とわれわれに言わせることができるあの分別《センス》である。

ソクラテスは、神託によってアテナイで唯一の知者という評判を立てられたとき、こんな人を驚かすような宣託の説明として、他のすべての自分こそ知者であると考えている人びとと違って、かれは自分がそうではないと知っているからだと言った。ソクラテスはさらにこの種類の知識を他の人びとにまで広めようと努力した！ ひんぱんに人びとに共通の関心事、例えば、敬虔、友情、正義、善などについてのある重要な考察をめぐる会話の中にひき入れて、かれは人びとを自己矛盾におちいらせるか、わけが分からなくなってしまったことを白状させるかした。人びとはこういう重要な考察の数々を定義することができず、直観的考えが正しく適用されるあらゆる場合に用いられた理由に明白な説明を与えることもできず、またこれらの場合に、他のよく似ている考えからその考えだけをはっきり区別することもできなかった。このことからソクラテスは結論として、かれらは何が敬虔であるか、正義であるか、友情であるかを知らないと言った。けれども概念を定義したり説明できないからといって、こういう結論になるだろうか。われわれは、言語学者でもない限り、「文法的な文」という考えを定義したり、あらゆる文法規則の集合を正しく説明したりできなくても、文法的な文とはどんなものかを知っている。すべては「耳」によって、われわれは文法的文を識別したり自信をもってそういう文をつくり出したり非文を見つけ出したりできる。同じように、ソクラテスの相手は、友情についての一般概念を正しく定義できないでも、友情とはどんなものかを知り、友情を維持してゆき、裏切りにぶつかったときはそれを認め、友情につまずいている誰かに助言を与えることなどはできた。

知恵にともなう知識はまた、明晰に解説できなくても所持することができる何かであるかもしれない。知者であるためには、知恵の一般概念についてであれ、人が知恵をもっている特定のものごとについてであれ、ソクラテスによる、頭の痛くなる厳格なテストに合格しなければならないことはない。こう言うのは、そんなにも精密な知識や理解は価値があり満足すべきものであるはずだということを否定するためではない。明確な知識はまた、困難な状況に対処するときや誰か他の人にある知恵を教えるときには役に立つかもしれない。しかしある特定の知者は、自分自身の手本によって、また適切な諺や月並な言葉の喚起力——そのどれが、いつ、人の心を呼びさますかを知っているので——によって教えることができるかもしれない。(けれども、哲学者とはいっさいのことを明晰に言いたいという誘惑に包囲されている人のことである)。

では、知者がもっとも重要と考えるのはどんなことか。いちばん大切であること、至高の善とは知恵それ自体であると答えること（またはそう言って問題を回避すること）はなかなか魅惑的である。それが手段として重要であることは明らかである。もしあなたが何が重要で価値のあることかを知り、さらに人生の危険や偶発事とそれへの対処の仕方を知っていれば、正しい生き方があなたから大いに期待されるからである。しかし他の善いことへの手段としてさえも、知恵は厳密には必要とされない。ある人はたまたま幸運にも重要な目標をめざすように、それらの目標の本性や重要さを十分理解しないままに、おそらくは社会的な条件づけによって、させられているのかもしれない。しかもこの人自身の環境はたいへん幸運であるためこういう目標へもやすやすと、危険な浅瀬を航海することもなしに到達するかもしれない。こういうラッキーな人間は、その人自らの力ではないにもかかわらず、多くの特定の善いことを手に入れるであろう。けれども、この人は知恵をもって生きているのではない。自らの生活と自己自身を形成するために、その人自らの知識と知性とを行使しているわけではないからである。

哲学が知恵を愛することの中には何が巻きこまれているのか。もちろん、哲学は賢明に生きること、もっと知恵を探し求めること、他人の中の知恵を尊重することを勧めている。また、知恵は単に道具としてではなしに内在的な価値をもつことを唱え、知恵を高位に位置づける。しかし哲学が知恵を愛するとき、それは他のあらゆるものにまさって知恵を愛しているのか。幸福や悟りよりももっと愛しているのか。これまでにしばしば、哲学者たちは最大の幸福をもたらすことができるのは知恵であり、しかも知恵はこれを保証するとさえ言いたがってきた。(古代によくあった苦しめられている知者というむずかしい状況についての議論はここに由来する。例えばキケロの『第五トゥスクルム論議』参照)。おそらく哲学者たちが知恵は最大の幸福をもたらすはずであると主張したのは、もし知恵と幸福が分裂すれば知恵が無視されることをかれらが心配したからであろう。けれども、もし善いことに次のような順位が与えられていれば、こういう無視は起きないであろう。善いことの第一位は幸福と等価に結びついた知恵、第二位は幸福なしの知恵、第三位は知恵なしの幸福、第四位は幸福も知恵もないことである。さらにこれに、知恵には幸福を産み出す強い傾向があることをつけ加えるならば、第一位の方が第二位よりももっと多くありそうなことになる。(また知恵の欠如はその結果としてしばしば大きな不幸に向かうために、第三位は見かけよりも起こりにくい)。知恵が幸福を生むという傾向は二つのことに拠る。第一のもっとも明白なことは、知恵の関心のひとつはたぶん、どのようにして幸福を手に入れるかであり、第二は、知恵はそれ自体において際立って価値あるものだから、それを所持すること及びその事実を認めることは自然に深い幸福を生むことになる(ただし拷問とかその他の因子によってこれが踏みにじられないならばの話である)。

哲学者が知恵を愛するとき、他の恋人たちと同様、愛されるものの徳性をかれもまた拡大するだろうか。(またどちらを哲学者は真に愛するのだろうか。知恵かそれとも知恵を愛することか)。かれが知恵への賛美と知恵への愛とを歌うとき、われわれにふさわしい反応は——自らあの愛する人こそもっとも美しいと高らかに言うあらゆる仕合せな恋人の場合と同じように、寛大な微笑をもらすことだろうか。

いずれにせよ、一切のものの限界を知る知恵なら自らの限界を知ろうとしないことがあるだろうか。すべてのものをふさわしい距離をおいて見る知恵はそれ自体をもまた距離をおいて見ようとはしないことがあるだろうか。また自己‐知識を称揚する知恵はそれ自身を知ろうとしないことがあるだろうか、もしも何か他のものが知恵よりも重要であるならば、知恵は、何が重要であるかを知るゆえに、われわれにそのことを告げることができなければならない。何か他のものの方がもっと重要であると知恵が結論するとき、そこに不整合なことは何もない。またそれを見分ける能力がそのために知恵をいっそう重要にすることもない。ある都市への道路標識はその都市よりももっと重要ということはない。(プラトンはいったいどのようにして劣ったものが偉大なものを判断することができるのかとよく尋ねたものだった。けれども、劣ったものでもたしかに、偉大なものは偉大なものとして認識するのに十分なくらいは知ることができる)。もし知恵が何か他のものの方がもっと重要であると見るならば、それをもっと多く手に入れるために、知恵はある程度の知恵やそのための機会を犠牲にすることさえ勧めるかもしれない。もしもう一段レヴェルを上げるならば、知恵は至高を支配するだろうに。けれども、そのような支配の営みでさえも知恵をいっそう重要なものにはしない。最高裁判所は究極的には他の一切を裁く権力をもつ。しかしそれによって、最高裁判所が政府中でもっとも重要な組織にされるわけではない。また、もし政治を行なう官僚が社会の他のすべての活動の上に（立法上の）権力をもっていても、だからといって権力の維持と行使が社会でもっとも重要で価値のある活動とされるわけではない。

どんなことが人生で重要であるかを理解しそれによって人生を導くということは知恵の一部である。われわれは単純にもっとも重要なことは知恵それ自体であると広言することによって、知恵の理解を避けて通ることはできない。それでもわれわれは知恵を大いに評価するための理由をいくつもこしらえることができる。アリストテレスの見解では、人生のもつもっとも重要な善いもののひとつは人生を生きることの内側にある、つまり、幅広い環境の中で正しく生きる能力と傾向をそなえ、その能力を巧みにそして賢明に行使することによって生きる人物になることである。知恵とそれの行使はまた、自己の重要な一構成素であり得るしまた自己は知恵を適用し発達させるうちに明晰な発言ができるようになる。それゆえ、知恵は単に他の目的への重要な手段であるばかりでなく、それ自体がひとつの重要な目的、人間の生と自己の内面的な構成素である。

さらに、知恵をもって生きる過程、重要であることを追究しそれに向かって自己を開くこと、環境の広がりを考慮に入れ、その中を自らの諸能力を十分にあやつって巧みに通り抜けてゆくこと、等はそれ自体、真実に深く結びつけられているひとつの道である。知恵をもって生きる人は、恵まれた環境によって幼児のように養育されて人生を通過する人よりも、たとえその環境という乳母の与えようとするものが真実であろうとも、もっと徹底して真実に結ばれている。かれが真実の全領域を釣合いよく追究してもしなくても、かれはその広大さに気づいている。かれは真実の多くの次元を知り味わい、またかれが生きている人生をもっとも幅広いコンテクストの中で見ている。そのようにそれ自身を見ることは連関の方式である。すると、賢明に生きることは、ただ真実にもっとも密接に結びつくわれわれの手段であるばかりでなく、それはまたわれわれの道でもある。（これこそわたしが知恵について言いたいと思う核心である）。

知恵とは単に人生をどのように巧みに進むべきか、いろいろな困難にどう対処すべきかを知ることだけではない。それはまたもっとも深い物語を知ること、何であれ生起するものごとの最深の意味深さを見たり味わったりすることができることである。このことには、それぞれのものごとや事件の細かな枝分かれを、真実の多彩な諸次元として味わうこと、ただ善へ近似のものごとだけでなく究極の善いものごとを知り理解すること、そしてこの世界をその光の中で見ること、が含まれる。哲学者が愛するのはまさにこのことであり、それが卓越していると主張することはそうやすやすと拒否はされ得ない。

にもかかわらず、西洋の伝統の中で明晰に定式化されてきた知恵の諸原則は、広く適用することができる程度まで一般的になるとき、それらの原則によって困難な人生の選択を決断したり特有の窮地を脱したりすることができるのに十分なだけ精確ではなくなっている。ここには、アリストテレスの両極端の間の中間を選ぶ原則（そのひとつの解釈は状況に比例する応答や情動——つまり適合するものごとを勧めているものとみる）、ソクラテスの吟味なしの生は生きる価値がないという断言、そしてヒレルの申し立て「もしわたしがわたし自身のために存在するのでないなら、誰がわたし自身のために存在してくれるのか。またもしわたしがただわたし自身のために存在するのならば、わたしとは何か。またもし今そうでないならば、いつか」が含まれる。知恵の諸原則が一般的なタイプの諸目標や善いものごとを明記し（またそれらを一括する一般的な方法を勧める）とき、それらの提供する手引きは、決して判断力や成熟さの代替物にはならない。にもかかわらず、そういう原則は光を与えることができる。人生で何を考慮すべきかについてのごく簡単なリストでさえも役に立つことができる。たとえどのように考慮すべきかが明記されていないときでさえも。

それでも何故、特定の行動で進むべき道筋を明記することが十分にできるほどすでに精密になっている各状況に応用されるような一般的な諸原則は定式化されることができないのか。ここで、われわれはアリストテレスの主題が許容する以上の精密さを期待すべきではないという言明を引用しても十分ではない。(アリストテレス以来多くの作家が多くの話題について以上の言葉を例に引いて自らを慰めてきたが、おそらくは、ただアリストテレスの並はずれて強い精神だけが精密さの限界がどこに置かれているかに確信をもつことができる資格をそなえていた)。何故、人生という主題はもっと正確な理解をもつことを許容しないのか。人生自体がファジイで茫漠としていると答えても何の説明にもならない。何故なら、その言明をわれわれが理解できるかぎり、ただ単に説明のためにその事実を繰り返して述べているようにみえるからである。

どう答えるか、わたしには確信がないが、科学の知識には役立ちそうな類比《アナロジー》がある。科学では孤立したデータによって確立されたり破られたりできる(少なくとも、しばらくの間、新しいデータが現われるまでの間)仮説というものがあると考えるかもしれない。けれども、最近の理論家たちが、ピエール・デュエムとW・V・クワインに続いて、強調してきたのは、一団の科学知識の広がりは、ある相互に連関するクモの巣を形成し、その中では特定のデータは、科学者が採用したり修正したりする気のある特定の他の仮説や理論が何であるかにしたがって、適当に用いられたり無視されたりできるということである。ある特定の仮説を捨てさるか、それともそれを受け入れるが明らかに衝突するデータを調和させるためにどこかで理論上の修正を行なうかは、その結果となる全体理論がどれほどすばらしくなるであろうかということにかかっている。これは、ある理論の総体的なすばらしさを、競争相手の諸理論のよさと比べたり、それが当のデータやその先に続く問題状況に適切であること、それの説明力、簡潔さ、理論の稔りの豊かさ、受容されている知識の既存の本体との一貫性などを考慮に入れたりして、それを測定することによって決定されるだろう。これまでのところ、関連性があると考えられた部分的評価的因子のそれぞれを一体化し釣合いをよくするために、妥当な総体的規則がつくられたことはなかった。総体的科学的な評価見積りを行なうときには、われわれはさまざまな下位基準素のバランスをとるためにわれわれの直観的判断力を用いねばならない。(その妥当な規則をわれわれは単にまだ発見していないだけなのか。それともそんなことは、原則として不可能なのか、それともわれわれの限局された知性ではとうてい及ばないかなたにあるのか)。けれどもたとえもし、ひとつの規則をつくることができたとしても、それはある大きな理論の総体的特性を評定しまたそれゆえただ間接的にある特定の一仮説をめぐる決定に応用されるだけだろう、しかもそれは、ただ、その他のすべての部分にもある異なる可能性を一本の長い鎖のように続く推論が考慮に入れてしまった後のことであろう。一枚の画が馬についてであるはずだということは、どんな色の絵具が画布上の特定の一点に置かれねばならないかを決定しはしない。さらに、たとえもしもある総体的な基準が、じっさいにある特有の結果を決定したとしても――そのとき他の結果は現実にはその基準とは両立できないだろう――所与の定められた数の手続きや時間の量の中で、われわれがその基準を適用してどの結果がそれなのかを見つけ出すことができるという保証がある必要はまったくない。

人生についてもまた、それに伴う多くの相、領域、部分、そして相互関係とともに、おそらくはただひとつの総体的な基準だけが提供されることができるだろう——例えば、いくぶんでも人生の、そしてわれわれの真実とのかかわりを高めるために輪郭が描かれねばならないということ。細分された下位基準（真実の多様な諸次元）があり、そこでの総体的な評定はバランスがとれていなければならない。またその際、われわれは直観による判断力を用いねばならない。この任務をやりとげるためのいかなる明確な規則も存在しない。個人はその人生をあの総体的基準に適応させることになっているが、どのようにしたらもっともよくそうできるかということは、あの下位基準全部にわたってバランスをとるだけでなく、その人の特性、現在また未来の機会、これまでにどんな生き方をしてきたか、そして他の人びとの状況などによることになるだろう。人生についての知恵もまた、今の科学知識と同じように、全体的《ホーリスティック》な形をとる。学習し応用するための公式は何もない。

完璧にバランスのとれた釣合いのよい判断力は、ひょっとすると、若者が部分への熱狂や偉大な野望を強引に追跡することを禁じてしまうかもしれない。そういう追究を通してこそ、青年は強烈な経験や偉大な成功へと導かれるのであるが。たとえ年をとってバランスを保っている人でもいつもアリストテレス的な中庸にとどまっている必要はない。ありあまる熱情でこちらの方に進むが、やがてその埋め合せのように、別の熱情で反対の方に進む、という風に曲折した道をたどるかもしれない。この人のバランスは中心となる傾向の方向性の中に示されるかもしれない。また、さらに本道からの逸脱はそんなに大きくも長い間でもなく永続する悪い結果を残すこともないという事実によっても示されるだろう。すぐに自分自身を正しく復元する能力は時間のバランスの上にも引続き繰り返される型を与えるが、それでも、ある意味では、それは若い時期のロマンスや情熱的な行き過ぎのあるものを許しまた表わしもする。知恵は老年医学である必要はない。

24 理想と現実

知恵のある理想はやがてその後に従う者たちのための道を考慮に入れるのが常である。しばしば現実の状況は、従うつもりである理想の堕落として述べられる。またさまざまな人びとが共産主義、資本主義、キリスト教について語ったが誰もみな「これは今まで一度も試されたことのなかったすばらしい理念だ」と言う。(代わりにこう言えないだろうか、「これはすばらしい考えだ。今まで試されなかったのはいかにも残念だ」。これらの組織《システム》のそれぞれにはまたその批判者があり、かれらはそれは理想としてすら望ましくないと考えている)。けれどももし、次から次へと理想が制度化されこの世界であるやり方で動き出すのなら、それこそ、それがこの世に現われたものである。だから、それの旗印の下で繰り返し起こったことへの責任を単純に拒絶することは許されない。

第二次大戦中ある新しい対空砲のテストについて読んだことをわたしは思い出す。その砲はテスト中は多数の飛行機に命中してすばらしい成果をあげた。けれども、工場で製造されて各部隊に分け与えられたとき、よい成績をあげることができなかった。テストのときこの対空砲を操作したチームは、とくべつに熟練し、注意怠りなく、器用で、頭がよく、一致協力し、よく動機づけられていた。この武器は複雑で、とくべつ精巧であり、発射する際の正確度は厳密な細部にいちいち敏感に反応するものだった。が、通常の大砲チームが通常の野戦の条件下で用いたとき、かれらはそれを操作して働かせることができなかった。ある意味では、おそらく、これは理想的な大砲だったが、それがこの世界の中にはいり、この世界の人びとによって何回も操作されると、まったく無能な武器、とんだ災難ということになってしまった。

資本主義者の理想である自由で自発的な交換、市場で消費者のニーズに奉仕するために競争する生産者、外部からの強制的介入なしに自らの欲望に従う個人、貿易上の協同的な仲間として関係し合う国家、他人が働いて得たものをサーヴィスに提供するのを選ぶすべてのものを受けとる各個人、他人が誰かにサーヴィスを絶対に強要しないことなどという理想は、これまでに他の影たちと一対となりこれらに蓋をする役目をはたしてきた。影の面とは、国際的な略奪、競争を避け政府に認可された地位を搾取する特権を求めて外国や自国の政府に贈賄する会社、虐待に基礎をおいているような——独裁体制を支援すること、この無制限の私的市場の支持、資源獲得や市場領土を求めての戦争、監督者や使用者による労働者の支配、製品や製造過程の有害物質を秘密にしておく会社、などを指す。これが資本主義が現実に作動しているときのその理念の裏側である。この理想についての話はまだ全部をつくしていない。そこにはまた非常に広範囲の自由で自発的な生産と交易、個人の所得、等々もあるが、しかしそれはあくまでこの話の一部である。

共産主義者の理想である階級差別も特権もない自由に協力し合う社会内に平等に住む人びと、かれらの労働と社会生活の諸条件を共に手を携えて制御すること、貧窮の中にとり残される人は誰もいない、生産的に労働することなしには誰もよい生活はできない、等は他のことがらと対になりそれらの蓋の役割をしてきた。影の面とは、収入の大きな不平等と政治官僚のための特権、労働の規律維持のための強制的な圧迫、政府から独立した労働者組織の不在、権力をめざして競い合う諸政党の存在する政治体系の不在、言論の自由の権利が維持されていないこと、広範囲な検閲制度、芸術の統制、強制労働収容所、組織化された密告者の制度、残酷で独裁的な法律、社会の隅々まで、政府の威令の行なわれないような私的な所がないように見張っている国家、である。これこそ共産主義が現実にこの世で作動しているときのその理想についての話の全体ではなくて、その話の一部にすぎないのである。

キリスト教の理想である隣人を愛し敵を愛すること、非暴力、貧しい者苦しんでいる者に奉仕すること、神の地上への降下によるあがないと救済、信仰の共同体の中での互いの頒ち合いは、異端の信仰をもつ者を根絶し信仰を選ばない者にそれを押しつけるための宗教裁判所、権力の座にある者の醜悪な罪から（祝福しないときは）眼をそらせること、未開人に教義を伝えるという名目での征服、植民地の影響力の驥尾に付すこと、西洋においては役人として裕福で満ち足りた身分と支配的な儀式中心の宗教、と対をなしてきた。キリスト教が現実にこの世で作動するときのその理想をめぐる、これが全部の話ではないが、その話の一部ではある。

国家主義にもまた、その理想としての祖国とその伝統と可能性とを愛する面がある。つまり、同国人への愛着、国家の成しとげたことへの誇り、特別に立派にするために国を助けること、侵略の脅威から国を守ること、などである。おそらくこういう愛着心ならほとんど無害であろう——有益な家族的感情が大書されたものとして——。けれども実際には、権力をにぎった国家主義は不愉快な存在でよその国家主義を目の敵にし、領土拡張をもくろみ、他国の最低のところだけを信じまたは「敵」に変え、好戦的、侵略的、自国民が残虐非道を犯すのをすすめ、熱烈な戦意の昂揚を正当化する。これでも、国家主義の理想がこの世界を横行するときの有り様の話の全部ではなくて、一部に過ぎないのである。

これらの理想を実現することを不可能にさせるのはわれわれ自身の人間性だろうか。生来の人間性をめぐる問題は、今まですべての傾向や特徴は変更不可能という見地から論じられがちだった——例えば、人間の自己と家族中心性は抜きがたいものか、それとも（暗黙の二者択一と見えるのだが）社会主義は可能なのだろうか。もっと成果のあがる考え方として、ある特性を変えたり少なくしたりするのに社会はどれだけのエネルギーを費やすことになるのか、またこれらの特性を避けるような文化的社会化の様式を維持するのに社会はどれだけのエネルギーを用いるのかを考えることだろう。生来の人間性の考察には一群の固定した結果としてよりも困難さの傾斜度、つまり、ある特性を避けるにはその代価はどのくらい高くつくかと考えてみるのがいちばん望ましい。だから、人間性がある社会的取り決めを不可能にすることができない限り、それはその取り決めを達成し維持するのが困難になるかもしれない。

これらの理想を発案したり基礎づけたりした人たちが、いま列挙したような現実の結果を意図したことは全くなかったと単純に言ってしまいたい誘惑にわたしは駆られる。またこれらに資本主義の裏面は本当の資本主義ではなく政府の介入や個人的な濫用であり、共産主義の裏面は本当の共産主義でなく原始的な権力への欲望であり、キリスト教の裏側は本当のキリスト教ではなく制度化された偽善であること、国家主義の裏側は国粋主義と対外強硬論であること、と単純に言い切ってしまいたい誘惑もある。しかしこんな返答では何にもならない。この世界、この惑星で、われわれがそれぞれの理想を行動に移す者であるとき、この裏面こそそれらの理想が、繰り返し繰り返し実行されるときの実際の姿なのだから。これこそ理想の結果であり、われわれが理想から結果を生じさせる際の現実なのである。

とはいえ、これがすべての理想の結末とは限らない。理想のある相は時として実現されることがあり、また制度化がすべての理想を完全に弱体化するわけでもない。また理想は現実に起きることよりはもっと広い範囲を包含する。われわれが理想を考えるとき、最初の意図通りの大きな規模で行なわれていたらどんな風に達成されるだろうかと考えがちであり、しかも完成図は妖しくも魅惑的に見える。ひとつの理想の内容はわれわれがどんな風に現実に働きかけるかということで尽きるものではなく、それはまたわれわれよりも優れた人たちによる実現ということを含む。それぞれの理想は一群の状況としても考えられる。つまり第一にその理想を行なう人びとによって規則的に生み出される現実の状況、第二に、それを行なうのにふさわしい人びとによって意図された通りに行なわれる状況——「理想的状況」と呼ぼう——、そして第三に、またそれ以上に、以上二つの間にある様々な状況である。（この理想の包含する範囲の中に、現実よりももっと悪い状況のいくつかをも含めた方がいいのだろうか）。

　理想として理想を考えるとき、われわれは第二の「理想的」状況だけを考えがちである。が、これは誤りである。けれども、では第一の状況、理想が続行されている現実のやり方だけを考えに入れるのも間違っている。これもまた一方的である。とはいうものの、理想というものを中立的にあらゆる方法をひとまとめにして考えることもまた無差別的である。（意味論がある概念について考えるのはまさにこのやり方である。この理論は概念を全可能世界の中でそれの指示として特定する。各可能世界から対象〔物〕への写像である）。状況というものは総体の概念の中で異なる重要性をもつから、われわれの理想についての概念において、これらの状況に異なる重みを与えることができる。現実の状況は少なくとも半分にしか考えないということは妥当と思える。何故ならこれが、制度化された理想が繰り返し行なわれる長期にわたるやり方だからである。現実に恒常的に生起することは、少なくとも理想の結果となることの半分に過ぎない。

もっとも、これまでにわたしが言ったことは、その全体ではない。何故なら理想はわれわれをある一定の方向に向かわせ、それによって未来の現実性に影響を与えるからである。たとえなかなか到達できなくてもすばらしい理想を抱くことはわれわれに勇気を与えてくれる。この世界をその光の中で見ることはわれわれに悟りを与えることもできる。またかなり悲惨な現実の状況がいく分なりとすぐれた理想の輝きを浴びているとき、われわれは喜んでそのひどい状況の中に身を挺しさえするかもしれない。ゆえに、わたしは理想など無い方が豊かな生活ができるなどとは言わない。とにかく事実に反することは不透明であるから、その代わりに、われわれは困難な理想をもつのかそれとも全然、理想などもたないでゆきたいのだろうか。どちらの場合にせよ、よりよく振舞うことができるのか、それともわれわれ自身について少しでもよい気分になれるのかは疑わしい。われわれが集って一貫した振舞いができるよりも、もっとすぐれた理想を定式化できるという事実が、われわれに恥や誇りを引き起こすのだろうか。両方ともだと思う。(が、その割合はどの位だろうか)。

われわれがある哲学上の理想に従おうと努めるとき、われわれの生活を他のもっとよい世界でならばその理想はどんな風に実現されるだろうかという連想を思い浮かべる。統合された哲学は単に恣意的に可能世界をわれわれの生活の上に写像することではない。またその統合を通じて、ここのわれわれ自らの生活とぴったり適合するような、またある意味では、われわれの生活に豊かな反響をひびかせるような他の可能的な生活と連合することができる。類似の考えに基づいて、どんな人でも、たとえ現実の世界が意図した結果を崩したとしても、あの理想への連合と他の可能世界への広がりとのために、合理的であり知者となることを望むことができる。ここではひとつの理想を実行しても、他のどこかでは流される。このようにして、ある理想に従うことは、不死の機能のあるものを、時間の中でなく可能性を通して、遂行し、われわれの生活がこの現実生活の中に全部囲い込まれてしまうことのないように押し広げてくれる。

理想とは、たいていの目標にとって、理想と現実との等量から成り立っていると考えることができる。今のわれわれのような人間によって理想が行なわれるとき、現実にはどのように、一貫して繰り返して成就されるのか。また理想を遂行するのに（われわれより優れた）もっと適格な存在によって行なわれたときには、どんなに「理想的に」成就されるのだろうか。理想とは等しい二部分から成るというこのバランスのとれた見解は、現実にはどんな具合に理想の不足が補充されているかを無視しがちな人には景気下降型の見方であり、またこの点だけに注目している人には景気上昇型の見方であろう。わたしは両方とも正しいと思う。

二つの理想を比較するとき、われわれは現実状況の第一は第二のに対して、また「理想的状態」の第一はもう一方のに照らして、判断すべきだと思う。一方の現実とあなたの理想とを対比させて判断すること――つまり、どのように一方の理想が現実に働きかけているかを、どのようにあなたの理想が理想的に働いているかと対照して判断すること――は不公平だろう。もしもひとつの理想があらゆる点で他のすべての上に立ち、その理想的状況がたいへん魅力的にみえ、またその現実の状況がもっともよい結末になるならば、すばらしいだろうが。そのように勝利が競技盤上にないとすれば、その状況はいっそう困難にいっそう興味深くなる。また特に、もしひとつの理想が第二のに比べて卓越した「理想的状況」をもち、他方、その第二の方が現実にはそして恒常的によりよい結末になるならば、そうである。おそらくわれわれは共産主義者の「理想的状況」が世界中の人びとに大きな魅力をもちながらも、現実には資本主義が、欠点も含めてその達成度がはるかにすぐれている、という歴史の時点に生きている。これは不安定な状況、大いなる「認知の不協和音」のひとつであり、いくつかの理想を否定することへの誘惑はひじょうに増大するだろう。「理想的状況」の魅惑に抵抗すること、次回こそ事態はなんとかもっと上手に運ぶだろうと希望し信じることを回避することはたいへん困難である。もし異なった人びとが恒常的に理想と現実というこれら二つの概念で重さの異なる因子を投入するならば、例えば、一方が両方を等しい重さに測り、他方が理想因子に現実因子の三倍の重さを与えたとするならば——二人の意見の不一致が熱を帯びても不思議なことではないだろう。

ある理想が、理想的状況と現実的補足の間に大きな開きをもつことは、欠点だろうか。たとえ修正されたり異なった別の理想がもっと忠実にことを運んでゆくとしても、それが人びとを第一の状況としての以前の状況からもっと遠くに運ぶことはないだろう。人びとは発作的な追究をするばかりでその状況にとうてい辿り着けない。諸理想の最多定式化の理論ならば、理想を最大運動のために役立つ道具とみる考えに立って、ありのままの人間ならばかれらが所有すべき特徴を特定するだろう。あるひとつの理想（それが眼前に描く目的地は望ましいものである）に欠点があるのは、われわれがいつもそこに辿り着けないからではなく、もうひとつの理想が実際にわれわれをその方向にさらに駆り立てるかもしれないからである（もっともその第二の理想には、われわれはなおいっそう離れた地点にまでしか近づけないだろう）。

フロイトやマルクスの理論はしばしば卑俗化された姿で記述されている。しかしその理論家たち、尖鋭な社会理論家たちには、もしかしたらこのことを認め、そのような卑俗化のための道程がどんな具合に起こりかれらの教義がそれに適するようにデザインされたのかを認めることが期待されていたのかもしれない。あるひとつの領域でのあらゆる教義の中で、卑俗化された後で、もっともよい、またはもっとも真理に近い結果となったひとつの教義をさし出すのがよいのではないだろうか。せめて、かれらの見解の歪曲や誤用に対して細心の注意をあらかじめ払うべきだったのに、とわれわれは今、過去をふり返って言うことができる。大思想家でない者たちもまたかれらの影響の可能性がもつこの性質に適切な関心を払った方がよいだろう。大幅な歪みは後からの記述に基づくのであるから、わたしにあらかじめできるひとつの用心がある。それはいかなる読者もこの本を要約したり、そこからスローガンやキャッチフレーズをひねり出したりしないこと、いかなる大学院でもこの本の内容について試験をしないことをお願いすることである。* 経済学でいう、トリクルダウン方式の哲学は後に従ってゆくのに値しない。

＊レオ・シュトラウスがわれわれに語るところでは、昔の著作家の中には、別のコースを辿ってかれらの教義にもっともらしい表層をかぶせて仮装させ、ただもっとも勤勉で知的な読者だけが実際の内容の意味を発見できるようにした者もいた。けれども、このようにしてかれらの「真」の教義の歪みを防ぐことはできたかもしれないが、表層にある手っとり早く役立つ教えの誤用を防ぐことはできなかった。いずれにせよとにかく、この方法は、表現の透明さと真実への応答を重んじる哲学を紹介する道にはなり得ない。もちろん――気がつけば賢明なことだが――これがこの本のもつ唯一の表層の教義であるとすれば、その下に提示されているもうひとつの方が一貫しているはずであろう。

25 ジグザグの政治

われわれが望むことは、個人生活がわれわれの真実についての概念(およびそれへの応答)を表現することである。それゆえまた、望ましい相互関係を表現し鮮明な象徴とするためにわれわれの共同生活に境界を定める諸制度を求める。民主制とそれに応じる自由は単に政府の権力を制御したり共同の関心事に導いたりするための効果的な手段にとどまらない。それは、剴切で公的なやり方で、平等な人間としての尊厳、自治、自己‐指導の力を表現し象徴化する。われわれは、自らの現実の投票が結果に決定的影響を与えるには余りにも小さな確率しかないことをよく承知しながらも、投票をする。それはある点で、熟慮した判断やたとえ意見でも他の人びとと同等の重みを与えられている自律的で自己‐支配的な存在としてのわれわれの身分の表現および象徴的な確認のためである。象徴主義はわれわれにとって重要である。民主的諸制度の運営においてもまた、われわれは自分たちと係わりひとつに束ねる諸価値の表現を求める。かつてわたしが提案したリバタリアンの立場は今のわたしにはひどく不適当に思える。その理由の一部は、それが十分に人間らしい考慮を織り込んでいなかったこと、それが残した共同の諸活動にはもっと緊密に生地に織り込まれねばならない余地があったことである。それは公的な関心が事件や問題と係わるときの象徴的な重要さを見のがしていた。それらの重要さや緊急さを目立たせる方法、またそうやって公的政治的なものへ向かうわれわれ個人の行動や関心を表現し強化し通路を見つけ勇気づけ正当化する方法は無視されていた。政府がまったく無視していた互いに結びついた目標——個人や家族の目標とは異なる——はよくわれわれの連合した注意には値しないように、したがってほとんど注目を浴びないように見える。われわれが共に政府を通じてわれわれ人間の兄弟的連帯をおごそかに表明するとき、われわれが求めることは幾つかある。われわれはそれらをこの公式のスタイルで共に行なうという事実によって、そしてまたしばしばその活動それ自体の内容によって連帯に奉仕している。*「それはきわめて結構なことだ」。ある人はこう言うかもしれない「公的な活動を通して人間の連帯を表明することは。しかしわれわれがそうするのは個人の権利の尊重を通して各個人の平和な生活に邪魔が入ったり、虐殺されたりなどされないためだ。しかもこれはわれわれの市民仲間へ人間的な尊敬をささげるのに十分な表現だ。かれらとその仲間にも

*こういう意見において、わたしは *Anarchy, State, and Utopia*（『アナーキー・国家・ユートピア』嶋津格訳木鐸社 一九九四年）中にあるのを一変させる理論をつくり上げているつもりはないし、またその理論のできるだけ大部分を現行の素材と一貫させて維持してゆくつもりもない。私が示しているのはただひとつの大きな領域——その他にもいろいろあろう——、そこでその理論の具合が悪くなったところである。

っとつよく結びつけるためにもうこれ以上市民生活に介入する必要はまったくないばかりか、そんな個人の自律への介入自体、それへの尊敬が足りないことをよく示している」。けれども個人の自律と自由へのわれわれの関心もまたそれ自体、部分的な表現への関心である。われわれがこれらの価値を信じるのは、ただ単にそれらが誰かを動かして遂行することを選択させる特定の活動のためでも、それらが人に獲得させる富のためでもなく、それらの価値が目標に向かう入念な自己表現かつ自己象徴的諸活動に参加させることを人に可能にする方法であり、この活動がさらにその人に努力をさせ発達させるからである。もっとも効率よく、は言うまでもなく、最善でもっとも正鵠を射て結合して公的——つまり政治的に——表現することのできる価値を表現し象徴化することへの関心は、個人的な自己表現への関心と連続している。象徴的な自己表現を探求するわれわれ自身には多くの面があり、またたとえ個人的な面に最優先権が与えられるとしても、それがただ独り君臨する理由は全くない。もし象徴的に何かを表現することがその真実を強めるための一方法であるならば、われわれの社会的連帯および他者への人間としての関心という真実の尖端部を切ってしまうために政治の王国の尖端を切断しようとは望まないだろう。わたしは公的領域だけが共同の自己表現にかかわる事柄だと言うつもりはない。われわれはまた、このことによって現実に何かを成就しものごとを変えたいと望む。するともしわれわれが政策の中には他人との連帯を助けたり支持したりすることに役立っていないものがあると信じるならば、そういう政策は連帯をふさわしく表現するとは思わないだろう。リバタリアンの見解は政府の目的だけに注目して、その意味を見ていなかったので、それはまた不当に狭量な目的をめぐる見方をしたのである。

共同の政治活動は単にわれわれの関心の絆を表現するだけでなく、それ自体ひとつの関心の絆をかたちづくる。この関係的な態度は、政治の王国においては、われわれの仲間たちへの関心という絆を表現し例示したいと望ませるように働く。そしてもし困窮している人びとを助けることが、もうすでに裕福になっている人びとの状況をいっそうよくすることに比較して、関係的には、いっそう強烈で永続的であるということが、われわれの側からもそれを受ける側からもまた、見ることができるならば、この関係的態度は、功利主義を悩ませている問題を説明することができる。その問題とは、何故他人の状況を改善しようとする関心は特別に困窮者たちの上に集中するのか、である。もしも今マンナが天から降って困っている人びとの状況を改善し、全くわれわれの援助を必要としないのなら、われわれは関係の絆を共同で表現し強化するための別の方法を見つけなければならないだろう。

しかし人びとには連帯や関心の絆を感じないでいる権利はないのだろうか。もし無関心の権利があるならば、いったいどうして政治社会は存在しないかもしれないことに対して、まじめに象徴的な表現をとれるのか。どんな権利によって他の人びとのためにかれら自らは選択しないことをその社会は表現するのか。これらの他者たちが感じなければならないのは――もし感じたらもっとすぐれた人間になるだろうに――仲間の市民たちへの（そしてまた仲間の人間たち、そしてたぶん仲間の生きものたちへの）連帯と関心である。たとえかれらにはこう感じない権利があるにせよ。（人には時としてそうしなければならないときでさえ、そうしなかったりそう感じない権利がある。つまり選択権がある）。もっともかれらの仲間の市民たちはこの人びとに対して――かれら自らが何かが欠けていると自覚しているいないにかかわらず――関心と連帯の欠如を隠すように忠告することを選択するかもしれない。このようなかばいだてには礼儀上からかもしれない。またはは他者への関心と連帯を共同で公的に確認することの重要さのためからかもしれない。もしただそれだけならばかれらの同国人の中にどんなに非人間的で他人をかまわない者がいるかに無理やり注目させられはしないだろう。

たしかに、この共同の公式確認は単に言語によるだけではない。かばわれた人は必要なプログラムの支持を助けるために税金を払わなければならないかもしれない。（一枚のイチジクの葉がかれらの無関心という恥辱をかくす役柄を演じさせられたということは、その代金を払うのを助けねばならないことを意味しない）。象徴的な公的表現や介護や連帯のしるしが全然ないとすると、残りのわれわれは人間の関係性を確実にしておくような社会を奪われたままになるだろう。「では、そんな社会を求め必要とする人びとはその公共のプログラムのために自発的に寄附をすればよいだろうに。そんなことを気にもかけない他の人びとに税金をかけたりするよりは」。けれども、多数の人びとの善意の寄附によって支えられるようなプログラムは、たしかに価値はあるかもしれないが、社会にとって、関心と連帯の絆の中心性と重要性をおごそかに目立たせること、また象徴的に公認することにはならないだろう。これはただ社会の公式の共同活動を通してだけ生じることができ、全員の名において発言される。要点は、単に特有の目的を成就すること——これは個人の寄附だけでできるかもしれない——でも、他の人々にもまた支払わせること——これはかれらから必要な基金をかすめとることで行なわれるかもしれない——でもなくて、それは厳粛にすべての人の名において、社会の名において、それが大切と信じることについて語ることなのである。

特定の個人はただ自分自身のために話す方がよいと思うかもしれない。しかし社会の中に暮し社会と一体感をもてば、必然として、あなたが個人的には責任のないことを——圧制による戦争や外国の政府への干渉を——恥と思ったり、あなた自身が行なったことでなくても誇りにする気持ちを持つようになる。時として社会はわれわれの名において発言する。介護や連帯それに付随するプログラムを共同で公的に表現することに反対する人びとを満足させるにはそういう表現を除いてしまえばよいが、これでは残りのわれわれの社会的関心の声を沈黙させる社会として、恥辱の念をわれわれに抱かせることになるだろう。

沈黙を強いられたわれわれに代わって、沈黙は叫びだすだろう。

「それなら、社会と一体感をもつことを止めるがいい。そうすれば、社会の言行について、いちいち恥ずかしく思わないですむだろう」。公共のプログラムに反対する人と折合いをつけるために、それでは、われわれはただ、われわれの関連の中で中心的と考えることに協力して注目する願望と必要——個人的な自己表現の願望と必要とに連結する——をなし崩しにするばかりか、われわれの情動的生活とわれわれ自身の分別のためのこのあらゆる手段にもかかわらず、われわれの社会との一体感を捨てねばならない。

もしも民主的大多数が協力して、象徴としてそのもっとも厳粛な関心と連帯という絆を表現することを望むならば、それと異なる方を好む少数者でも、多数者の発言に十分耳を傾けるだけの参加は必要とされるだろう。もっとも、多数者の方も、自分たちの願望だけをできるだけ実現するようにと圧力をかけたりしないで、この少数者への関心と連帯の絆をもつことを表現するかもしれないが。

さらに要点をしぼれば、ある公共の目標に道徳上の理由で良心的に反対する人びとについて、たとえ残りの人びとがかれ／かの女たちを共同的象徴的肯定の仲間に入れたいと願うことがあるにせよ、可能なかぎりは社会の政策からはなれていることが社会によって許容されるべきだ、とわたしは思う。合衆国の最近の例では、大部分の国民が反対した戦争があり、当面の例では、中絶があり、ある人びとはこれはほとんど胎児の殺人であるとみている。こういうことが政策として行なわれ予算化されると、誰もがいやおうなしに共犯者となる。モラル上議論の余地のあるものはすべて政治の世界から除いてしまって個人の努力にまかせたらと提案する人びとがいる。しかしこれでは多数者が協力して公式にその価値を認めることができなくなってしまう。もっと識別力のある代案は道徳上そのようなプログラムに反対する人びとに、その実行から手を引くことを許容することである。いい加減で気まぐれの反対を許容することをわれわれは求めるのではない。もしこういうプログラムのための税金の支払いを忌避する人びとを容認するためには、こういう反対がどれほど真剣であるかを査定するのは大問題となるだろう。だから、ある一貫した案がつくられることになろう。その仕組みでは、ある人がモラル上反対するあるプログラムのための税金を支払わないためには、その他の公共のプログラム向けの税金の支払いを多くする（たとえば五パーセント増くらい）ことを代わりにするならという条件で、認められる。こうして金銭の上でのまじめさの保証が得られたとしてもなお、われわれは良心的反対者にいやなことを忌避することが許容されてもいいのかと懸念するかもしれない。というのは、政治過程が進行するのはかれらが反対する政策を変えるためにかれらがまじめに運動するときだからであるし、またかれらの動機も、もし個人的に社会からはじき出されるなら、そう励まされることもなくなるかもしれないからである。とはいうものの、こんな考えはいやしくもわれわれのできることならば、人びとがモラル上反対したり嫌ったりすると考えられる目標に強制して向かわせてはならないという一般原則に対しては、従属的な考えに過ぎないとわたしは思う。（もし無政府主義者がモラル上国家に参加することを全く反対するのなら、われわれは特定された個人的慈善金リストから選んで払うことになる税金に五パーセント上のせすることをかれらに認めたらよいかもしれない――そしてたぶんかれらがそうしたとき国家に申告しなければならないという苦情は無視してもかまわないだろう）。これはみな、ただ象徴的な簿記にすぎないとみえるかもしれない――共同の慈善募金にしるしをつけておく人がその割当結果に影響を及ぼすことなどあるだろうか――それでもそのような象徴行動はわれわれにとってひじょうに重要になることができる。

他人への関心という束縛は、一般的な納税制度を通して象徴的な表現と（望むらくは）効率のよい政策を含むだけではなく、また行動の種類に関しての自由を特定して制限することをも包含する。一例をとると、差別の場合を考えてみよう。あるひねくれ者――例えば、赤毛の人を差別する誰か――の行為とすれば許容されるかもしれないことでも、社会の大部分が同じグループ内のかなりの傷害者を差別すると、とくにかれらの自己同一性の顕著な部分がその特徴つまりグループの一員であることの中に巣くっているときには、許容されなくなる。したがって――黒人、女性、同性愛者などについては――雇用、公共の施設、居住場所の賃貸や売却その他についての差別反対の立法には正当性がある。一般性と中立性への関心は、たとえ他人に対して稀に差別することがたいして社会の重荷とならないにせよ、これらを変形して、人種、性別、性のえり好み、国籍その他に基づく差別に反対する法律となる。差別がいちめんに拡がってあるグループにひどい重荷となるとき、重荷をになわされる側を差別する権力などいったいあるのか、それとも、そんな権利はないけれどもいくつかの稀な差別は結果としては余りにも些細なので、それなりの費用と効果のある統一的で合法的な介入は保証できないのか、このどちらであるかを決定する必要はない。*

関心と連帯という絆は、困窮者を世話することから隣人を愛することまで、あらゆる範囲にわたっているのだから、公共の政治世界の中に表現され得るその絆は、どれほど広汎にわたり強烈なことであろうか。どんな原則もその境界線を描くことはできない。その輪郭が依存するのは、一般国民の連帯と関心への現実の感情のもつ広がりと程度であり、またかれらがまざまざと感じているこれら象徴的政治表現を行なう欲求である。けれども、連帯と関心の絆は、われわれが共同の政治世界の中で厳粛にしるしづけられ表現されるのを見たいと望んでもよいようなことだけではない。どんな価値が、この世界で表現され追究され象徴化されるのにもっとも重要であるのか。

政治学者はよく政治の中の「位置」に惹きつけられ、民主制選挙民たちが手始めにある党を権力につかせ、やがて数年後には、他の党に権力を与えるといって、選挙民の理論的一貫性の無さを嘆く。アメリカの作家たちはしばしばヨーロッパの政党の方がより大きいイデオロギー上の純粋さをもっていることを羨望するけれども、そこでもまたわれわれは投票者たちが社会－民主および保守の諸政党によって権力の交代を行なっているのを見出す。投票者は自分たちのしていることを、自覚している。

政治の世界には養い、励まし、実現させることのできる多数の価値がしのぎを削っていると仮定してみよう。それは自由、以前に不平等だったグループの平等、共同体的連帯、個性、自信、慈悲、文化の開花、国力、極度に不利な立場におかれているグループの援助、過去の悪行を正すこと、大胆な新しい目標を設定すること（宇宙の探検、難病の征服）、経済上の不平等を緩和すること、すべての人に完全な教育を与えること、差別と人種蔑視をやめること、弱少者たちの保護、市民のための私秘《プライヴァシー》権と自律、諸外国への援助などである。（正義もまた、さらに重要なひとつの価値――おそらく私が数年前に発表した「資格理論*」によってうまく捉えることができるかもしれないが、できないかもしれないもの――であるが、いずれにせよ交渉中にときには踏みつけにされたり縮小されたりもできる価値である）。これら価値あるゴールのすべてが全精力とあらゆる手段で追究できるわけではない。またたぶんこれらの目標はまた理論上では和解しがたいかもしれない、つまりあらゆるよいものがいつも、互いに適応して調和のとれたひとつの包みの中におさまるわけではないのである。（この後者の点は特にアイザイア・バーリンの著作中に強調されている）。

*われわれは言論と結社の自由のような重要な自由の限界を査定してみるところにまでも、連れてゆかれるかもしれない。考えて欲しい、ＫＫＫの団員たちが白衣姿で大部分が黒人住居区である辺りを行進したり、ナチスの制服を着用して鉤十字の旗をなびかせてほとんどの人がユダヤ人の住居区を行進したり、アメリカインディアンの保護区やアジア系アメリカ人社会、アルメニア人社会、あるいは明らかに同性愛の男性たちの社会を同じように意図的に侮辱する旗をもっての行進を。こういう手合いの家の近くに住む人びとは、すでに広く蔓延している悪の熱狂的支持者たちを忍耐してがまんするように求められねばならないのだろうか。あるグループの人びとのまさに自己概念の一部となっているグループへの帰属性に的をしぼった——殺人、奴隷化、民族抹殺、迫害などによる——悪（そして非合法）の行動をまだ耐えねばならないのだろうか。われわれはただ他の地区からきた平和な市民たちが犠牲にされているこれらのグループとの連帯を表明するために、気勢をあげて行進する連中たちの行く手を遮って道に座り込んだり、こういう妨害行動のために逮捕され監獄に入れられたりすることも辞さないほどの大きな関心を示したりするのをひたすら希望していなければならないのか。それとも、われわれはまさにこの状況に合わせて「縫製」された、特別な規範の諸原則を定式化できないのだろうか。そして合法的に人権の侵害を阻止できるようになり、一方では社会で自由に意見をたたかわせるというわれわれの一般的で強力な社会参加にもやはり尊敬を失わないでいることはできないものか。

* *Anarchy, State, and Utopia*, Chapter 7（『アナーキー・国家・ユートピア』嶋津格訳　木鐸社　一九九四年）。

すると、各政党は、これらの目標の全部でなくいくつかを、きちんとした一貫性なしに、投げ入れている提案の包みを持っていることになる。各党は、どういう目標を選択し、また共通に奉じている価値のうちどれに高い位置づけを与えるかという点で異なることになる。政治の中の「原理原則の与えられた」位置は、いくつかの目標のこのような選択と階層づけを含むと共に、この選択の理論上の合理化と他の選択への批判をも含むことになる。目標の全部をある統一されたやり方でひとつにまとめることは不可能であり、またたとえもしも一貫しているような見せかけを与えることができようとも——例えばある目標を九三番目に位置づけることによって——それにもかかわらず、目標の中にはその位置にふさわしい部分として見られ（つまり働きかけられ）るのに十分なほど際立つことはないであろう。けれども、いっしょに同時には追究できない多くの目標も、時間をかけて、あるいは少なくともまず初めの数年間はこの案を、次のはその後にというようにしてゆけば調和させることができる。しかし、任務につく期間がこれを妥当にするだけの十分な長さがなく、ただ次回の選挙期間中に、他の目標を公約するだけの時間しかないのである。けれども、実情は、政権にある政党でもいざその時が来ても、ぱっと他の目標に移ることができない。この政党が追い続けてきた当の目標支持のためにすでに選挙区民を動員してしまっているから、選挙区民の自己利益はこれらの目標をさらに先まで追い続けることにあるのは当然かもしれない。次の選挙期間中にこれらの目標を捨てたり、目立つほど控え目にしたりするには、全然別の選挙区民をつくり上げねばならないだろう――まったく厄介な仕事である。さらに目標追究に十分な信頼をおいてとりかかったいくつかのプログラムがあまり具合よく進行してはいなかったなどということもある。党の反応はさらにいっそう熱心にプログラムを追究せよ、ということになるであろう。そしてそれらのプログラムのために選挙区民をさらに動員することになるだろう。党の手段の一部は高級官僚をそのプログラムにまきこんだりして、大衆に高く評価させ続けるようにする――つまり結局のところ「成功の記録」の一部である――ことである。こういう訳で、その政党がまさにこれらの目標を追究する（し続ける）ために全然別の手段をあらためて用いるならば、つまりすでに作成したプログラムを大幅に短縮したり変形したりするならば、極度の困難に陥ることになるだろう。

他方、そのプログラムはかなりうまくいったかもしれない。意図された目標はかなりの程度満足のゆくように達成されたかもしれない。どのくらいが「もう十分」と考えられるのか。いつが他の目標につまり環境の変化か最初の目標への進歩のせいかどちらかの理由で今やいっそう緊急となってきた目標に、切り変える潮時なのか。幅広い政策上の目標のためには、こう言っておく方が安全だろう。いつでも必ず政策をもっと先まで追究するのが重要と考える人びとがいるが、これはある意味では社会のいちじるしい「構造上」の変化をまき起こすことになる。一方、これまでに行なわれたことでもう十分、別の目標が今はもっと切実になっているようだからという理由で、またはどんな場合でもこれまでの目標が先の先まで追究されるのを好まないからという理由で、そう考える人びともいる。けれども、政党でもっとも活動的な党員はとかく別の目標に方向転換するのにおくれがちで、いちばん最後の一団になるかもしれない。というのは、こういう党員があるいくつかの目標に優先権を与え、他の党員よりもさらに大きい優先権を与える理由は、第一にそれらの目標こそがかれ／かの女たちをその政党に惹き寄せ、または熱心な政治活動をする精力を捧げさせたからであり、また、その中でも多数の人は長年にわたってそれらの目標のためのキャンペーンに従事し、その専門知識を積み上げ、それで成功するうちにいっそう深くかかわるようになってしまうのは当然の事実と言えるかもしれないからである。

選挙民については、以下のような状況中の存在と、わたしは見ている。しばらくの間政権担当の政党によって目標やプログラムが追究されていると、選挙民は、もう十分だ、それどころかやり過ぎだ、と考えるようになる。「さあ、今度はバランスを正すとき、これまで不当に低い優先順位を与えられたり無視されてきた他の目標を考慮に入れるときだ。新しくできたプログラムのいくつかを改変または短縮して、切りつめるべき番がきた」。

新しい政党が政権につくとき、自らの新プログラムおよび反対の党が導入したばかりである程度——たぶん過度の——変更を要求されていたプログラムへのごく弱い関心とを持ち込む。しかしそれから、何年か後にはそれらもまた改められねばならない機会がやってくる。政権を降りた政党はその時を待ち、そのプログラムをいく分改め、担当政権も追究していない、以前からも追究されていなかったいくつかの新しい目標を加え、時の振子が自らの（修正された）側にもどるのを待ち受ける。もとの目標に前にもまして強力にいちずにしがみつくのは、誘惑である。理屈ではこの政党が権力を失ったのは目標を徹底的に追究しぬかなかったからだと言いたくなる――英国労働党がこの好例である――けれどもこの言い分は選挙民が求めていることを誤解している。

選挙民はジグザグな道を求める。分別ある民として、人びとは政治の世界で追究して欲しい価値と目標のすべてをほどよく含める政治的立場はないという理由から、政権は交代しなければならないということを悟っている。選挙民は概してこの分別のあるやり方で振舞っている。もっとも、たとえどんな結果になろうと昔ながらの目標や好みのプログラムに断乎としてかかわり続けている相当多数の人は存在するけれども。というのも、新しい目標に向きを変え違いを目立たせたいと思う投票者から成る大きく揺れ動く一団が存在する可能性があるからであり――つまりイデオロギーにほとんど関心のない投票者が選挙を決めるかもしれないということは、政治は一連の特定の政策を策定しなければならないと希求する見解からは忌みきらわれるが、そうでなければ望ましい――またいずれにせよ、新しい投票者の世代は、すでに別なバランスを探求する心構えをもち、新しい何かを熱心に求めて、選挙の場面に登場してくるのである。

これは、次の交代がいつ起こるかの予言を可能にさせる理論ではない。事態はすでに十分に進行したのか、それとも行き過ぎてしまったのか。無視されてきた任務や目標にたち返る時ではないのか。すでにかなり進歩している仕事をいっそう強引に追究した方がいいのか。これらは選挙民が決めることであり、決定されることの一部は政治キャンペーン中の言明を耳にしたこと、また誰が言ったかに基づいているのはもっともなことである。(決定をもっと思慮深く行なうのに役立つ方法について考えをめぐらす方が望ましいことかもしれない)。権力をはなれて反対にまわった政党の任務は、以前の位置を変えずに繰り返すことではなく、ある理解と共感をもって、選挙民のかなり多数を動かすだけの価値があった他の目標の追究を見守ること、昔の目標の上に、またはまったく新しく、この党が特別な親しみを感じる目標を掲げること、そしてやがて次の折り返し地点でのヴィジョンを一般の人びとがつくり上げるのを助けることである。

個人としてわれわれは、遅かれ早かれ、多数の投票者とは違う時点で向きを変える方を選びたいと思うかもしれない。けれども、われわれは各自、ある時の経過の後では、社会が今のところ気に入っている目標とは異なる別の目標を精力的に追究する側に移る方が適当だろうと認識できるほど冷静でなければならない。また、そのときはいつ来るのか、また全部の価値を結びつけたり精力的に追究したりできているわけではないが今の目標の中でバランスはどうでなければならないのか、を決定するにあたっては、われわれ自身も含めて、ひとりの人間によって決定されるべきような何ごとかではない、と考えられるくらい謙遜でなければならない。一期間中の目標の追究を生き抜き、他のヴィジョンが表明されるのを聞き、個人的に、政策の結果の大きな広がりを知っている一民主的選挙民は、誰かひとりきりの人に比べて、現行の適切なバランスについてのよりすぐれた審判者である、というだけなのだろうか。それともかれらにとってどんなバランスが適切であるかは、かれ／かの女らが次にどこへ行きたいと思っているかに一部は依存しているということだろうか。いずれにせよ、これまでに言明されてきた政治原則に基づくどれかのグループの特有の内容を永続的に制度化してゆくことの中で選択が許されれば——つまり民主制の内部でどんな目標を追究すべきかを特定するいろいろなタイプの原理からの選択を意味するので、民主制の正当化と合理化に証明を与えてそれを擁護する原理の選択ではない——それこそが民主政治のジグザグの道程、選挙民が他の同じ原理の中の一群として代表することのできる道、としてわたしは毎回このジグザグに賛成の一票を投じるのである。

26 哲学の生命

われわれがまだ受け入れていない新しい目的地や目標に到達するためには、わずか二つの合理的な道しかないとしばしば考えられている。第一は、われわれの存在目的へ到着するための効果的な手段であるものを発見することによる——熟慮は常に手段をめぐってであって決して目的をめぐってではない、とアリストテレスは言った。そして第二は、いくつかの存在目的を洗練し輪郭を鮮明にして、さらに同じように適合するために改変された他の存在目的にもっとよく適合させることによる——哲学者の中に「共同発明明細書」と呼んだ人たちがいる。けれども、新しい目的に辿りつくにはもうひとつの合理の道があり、しかもこれは、いっそう深いレヴェルにおいてである。われわれは、すでに発見していなければならないさまざまな目的や目標をくわしく調べて、さらにその先にどんな目的や価値がそれらを基礎づけ正当化することができるか、またはそれらに統一された根拠づけを与えることができるか、を吟味することができる。こうして、われわれはまったく新しい思いがけない目的、その含意に驚倒されてしまう目的にまで導かれることができる。またわれわれが始めた目的や目標のあるものを、理解し根拠づけようと努力を続けてきたものも含めて、修正したり放棄したりする地点にまで連れてゆかれることもある。あるひとつの科学の説明理論を採用するとやがて、もともとこの理論が説明のために導入したデータやより低次の諸理論のいくつかを修正したり放棄したりしなければならない破目になるという方法を比較に持ち出してみるがよい。(例えば、ニュートンの法則が与え説明するのは、正確にはケプラーの惑星の運動の法則ではなく――その調整――である。もっともこれはニュートンが仕事を始めたひとつの場であったのだが)。すると、哲学的にわれわれの目標と目的とを調査することは、合理的に、新たな地点へ前進させる、しかも新しいまたはより深いレヴェルにおける強力な道具を与えてくれる。

誰かには「哲学がある」――と普通われわれが言う――とき、その人は重要なことについての思慮深い見方、その人の大きな目的や目標そしてそこに到達するのにふさわしい手段についての見解をもっている。目的や目標についての首尾一貫した見解は、たいていは、そうはゆかないものだが、人が外側からの呼びかけに乱されることなく人生を送るのに役立つことができる。むしろ、その人のもっている一般的な目ざとさは人生の進み具合を監視《モニター》することにだけ捧げられている。ただその人の哲学が要請するものから目立って逸脱しているときだけ、意識的な注目がそそがれるようになる。人生の哲学は人生を過度に知性化する必要はない。

人はどんな理論よりも自分とその人生の方がより豊かであると感じるかもしれない。この感情を入れる余地のある哲学を形づくることもまたできるかもしれない。つまりまさしく格率を含みながら、時には自発的であり、いかなる格率も適用しないことが重要であると信じる哲学である。晩年になるとその人が自発的に生きている時期に、格率をなにも適用しないでも自ずからそれに応じて存在するという風になるだろう。かれまたはかの女はそのとき、いかなる理論も超える数多のものを包容していると感じても当然のことだろう。けれども、これはあまりきちんと論点を押さえたことにならない。たぶん人生それ自体はそれをすっぽりと包み込むようないかなる一般理論をも定式化することを嫌うのだろう。人生の哲学をもつことは、もちろん、人生で重要なことは何かについての一般的で完成した理論をもつことと同じではない。そのような包括的な理論は可能だろうか。たとえ入念な理論が最大で――大げさに言わせてもらえば――一千の因子を例示するとしても、たぶん完全な正確さはその何倍もを要求するだろう。ロシアの大小説またシェイクスピアの劇全体の大きさ、範囲、複雑多様さは、いかなる特定の理論もどんなに不適切にならざるを得ないかを示してはいないだろうか。ここまでわたしが考えてきたことは、人生の諸相と諸要素はただその数だけでも完全に一般理論を挫折させるものだということである。また――これを受容するなんらかの理由をわたしは知らないのだが――いかなる理論によっても適切に処理できないほど複雑な（それとも単純な？）特定の諸因子があるという可能性もある。しかし思い出して欲しいのは、すでに述べた点、真実の諸次元のためにあらかじめ決定された重さの不在であることがいかに自由な選択の余地を残しているかということである。

人生の哲学は、人生の現象の面前ではまた別の意味でつまらなく見えるかもしれない。何故なら人生の事実自体は、人生に可能であるどのような特有の生き方よりももっと重要に見えるかもしれないからである。もしある人の存在の各構成素に対して、百点満点として各得点を想像してみよう。生きていることは五十点、人間であることは三十点、能力と機能のある程度の閾値にあることはさらに十点、とすると総計は九十点となる。どんな特定の哲学に従っていかに生きるかの問いは、すると、残りの十点という可能得点数のうちから何点までとれるかに係わり決定される。この残りの十点はわれわれの行動で制御できる点数ということになるが、しかし六点とるか七点とるかは、われわれがすでに九十点を、いやおうなしにもっているという事実に比べれば、重要でない。(九十点の中には、他の保証されている点数、存在しているための点数、または可能的実体で含まれるための点数もまたあるかもしれない)。われわれがどのような特定の選択をしようとも、われわれが生きて選択をするという事実と比べればその重要性は薄れてしまうだろう。したがって、人生で大切なことは、ただ自由裁量に任された十点にだけ焦点を当てるのではなく、常にわれわれと他のすべての人びとが、われわれの側からなんらの行動を起こすこともなくすでに通り過ぎてきた大きな閾値を意識し続けることかもしれない。(われわれは宇宙の暗く冷たい一隅で生きている何物かに友情を感じないだろうか——仮にそれがわれわれを脅やかさないとしての話だが）。すると人生の自由裁量に任された部分についての哲学の勧告の一部、あの残されている一〇パーセントの可能性については、すでに現存している九〇パーセントに焦点を当てありがたみを味わうことにそのいく分かを費やすべきだということになろう。こういう勧告は人生の大きさの手ごたえを十分に感じさせせまた残りの一〇パーセントの役にも立つ。

われわれはもう少し先の目的、これまでの人生の素描のかなたにある究極の目的を知る必要があると感じるかもしれない。それを何かもっと遠くの外的な目的、われわれの人生が後になって辿り着く定めになっている別の領界、われわれがやり遂げねばならない別の任務、として想像してみることは魅惑的である。いくつかの伝統的宗教の教説は、死後の生を、信じる者が神の右に坐し神のみ顔を凝視する時と所とを、希求してきた。他の人びとは、こんなヴィジョンは、聖典に描かれている通りならうんざりさせられると、いく分ふざけたり、真顔になったりしながら不平を申し立ててきた。もしも仮にもうひとつの領界、後生というものが存在するとしたら、われわれがそこでしたいと思うことは、そこを探求し、それに応答し、その内部で関連をもち、創造し、それまでに得たもの全部を活用し、そしてたぶんさらにいっそうわれわれを変形させ、再び始めることであろう。いかなる遠方の領界でも螺旋状の活動のための別の競技場といえるだろう。たしかに、それはその螺旋活動にとってもっと活動を促す競技場であり、もっと豊かに報いられることであり

――この領界の完成はただ、もっとも熱烈な探求、応答その他を、単独者としてでも、集団としてでも、快く受け入れることにある――しかしそのとき、この現在の競技場を使用し尽くしてしまったことからどれほど遠く離れているかを明らかにすることが係わってくる。

ここでのわたしの省察は、後に行くことになるどこか遠い所に向けられたものではなかった。しかしもし地上の生活の後に次の領界が続くのならば、そこでわれわれの行なうはずのことは、ここと全く同じタイプのこと――真実と出会うこと、螺旋状の活動を通してわれわれ自身がいっそう真実になること、そして共にわれわれの-真実-への-関連づけを高めること――をかの地で可能な方法で行なうことである。(もしも神との一致がわれわれの目標であるとするならば、そこでもひき続いて探求し、応答しつつ神に近づく状態であり、またその領界では、これらの活動はなみはずれて真実であろう)。その遠い国はもしかするとこれらの活動と大きさの異なるレヴェルを許容するかもしれず、また真実の目新しい諸次元を展開するかもしれない。しかし、審判はまったく同一の基準で裁かれることになるだろう。つまりそこでの螺旋状の活動の本性およびどれほど真実にわれわれがなることができるか、という基準である。(もしもそこでさらに適切な活動が可能であるとすれば、これらもまたその螺旋活動に加えられるであろう)。おそらく、ある遠い領界は存在する。しかしその目的はそこよりさらに遠い所では見出されないだろう。それとももし見出されるとするなら、そのときには、遅かれ早かれ、もうひとつの、それより遠い所には見つからない目的のある領界が存在しなければならない。そしてその領界では、たとえそれがどこに在ろうとも、通用するのはこの哲学なのである。

ということは必ずしも、この哲学にもまた今、耳を傾けるべきだということを意味しない。この現在の領界は、理論的にはただある特徴を捉えるための一手段、どちらかと言えば歯医者へ出かけることに似ていて、あの適切な最終の哲学を現在に適用することは、それが後になって用いられるときの領界の範囲を縮小してしまうことになる。その哲学はいつかは――ただし今ではなくて――われわれに妥当するものとなるだろう。とはいうものの、すでに論じた日常生活の聖性は、この現在の領界での一聖性である。未来に何か遠く遥かな領界が存在するか否かにかかわらず、現存し流転するこの領界こそ、生きていく者の最終の哲学にとって螺旋状の活動と真実の追究の内部にしっかりと参加するために適切な闘技場なのである。真実を貴重に思う人びとはこの世の欠点のゆえに真実をどこかこの世の外に探しに連れ出されてきた――グノーシス教徒やあるプラトン主義者たちがその好例である――けれどもここの真実が十分な真実なのである。これこそまさに芸術の最大傑作が、それら自らの真実によって、われわれに示していることである。たとえ作品によっては語らないことがあるときでさえも。ここに展開された哲学は、最終の領界のためだけではない。もっともこの現在の領界こそまさにそれであるのかもしれないのだが。この哲学は聖であるいかなる領界においても、当然、それに従って生きられる。「一切のものにその分が与えられること」について考察したとき、そのことから明らかになったのは、応答を何か当然のこととして捧げること、あるいはむしろ応答し探求し創造することを真実の祝祭として、それへの愛として捧げること、を意味することだった。この世界を愛することは生命の愛に調和する。生命とはわれわれがこの世界に存在することである。そして生命の愛は、われわれの生きていることへの十全の応答、われわれの生きているとはどういうことかの探求への十全の道である。

この生命への愛は、多様な形での生命のエネルギーをありがたく受けとること、自然の中の生命の多彩とバランスと相互作用の感受につながっている。これをありがたく受けるとき、われわれは気まぐれに動植物の生命を搾取しなくなるだろう。われわれの与えている損害を最小にくいとめるように注意を払うだろう。われわれが出会う生きものたちの複雑な発達の歴史をよく味わえば、われわれがそれらを濫用するのを防げるだろうか。そうしなければわれわれは生存できない——われわれもまた自然の一部である——。けれども単純に、われわれにもまた、われわれの生命とそれの至上命令をありがたく受けとり、このために他の生命形態を手段として利用したり殺生したりする権利が保障されている、と言い出すことは、あまりにも気軽な言い分である。とはいえ、自然とその循環の一部として、われわれは、その手で奪ったものの借りを、生命を養育し強化し、われわれの食べたものの産物で土壌を肥やし、最後には、われわれ自身の体の材料を死後に再循環させることによって、負債を返すことはできる。われわれを形づくっているものは借金として存在する。

われわれ自身が広漠として絶えず連続する自然の過程の部分であると知ることは、気分を落ち着かせてくれる。（例えば、海辺にすわって、次から次へと限りなく寄せてくる波を見、その音に耳を澄ませ、海の広大さを知るときを思い出して欲しい）。あなた自身を厖大な過程の部分として見ると、あなた自身の死もそう重大でなく、思い煩うことさえなくなるような気がする。われわれが時間を貫いて存在するものの広大で（そう見える）終わりのない過程の全体とわれわれ自身を一体化するとき、その（一部であることの）中にわれわれの意味深さを見出すことができ、またわれわれ自身の固有の通過の軌跡はただ束の間に過ぎゆく重要さと見えるようになってくる。

しかし、もしわれわれがひとつの必要でかけがえのない部分でないとしたら、そんな意味深さはわれわれが広大な過程の部分であることによって生じることができるのだろうか。もしわれわれがそれの余分に過ぎないのなら、いったいどのようにしてその過程の意義がわれわれを助けることができるのか。とはいうものの、もしあなたがその広大な存在から不必要で代替できる一切を取りのぞいたとすると、もぎとられて残存する存在はもはや驚嘆すべきものではない。存在の全体性とその時間上の過程はその偉大な過剰のゆえにすばらしいのである。またそのために、われわれの存在、われわれのような種類の存在は、特徴のある貴重な部分なのである。さらに、このわれわれの存在は、自然の残りのすべてを形づくる窮極の物理物質とまさに同一の科学法則によって滲透されている。自然を代表する一断片として、われわれはその広がりをカプセルに封入している。

わたしは見る。人びとが、人類と動物の祖先の長い系列から、数えきれない偶然の事象の連鎖の、偶発的遭遇の、暴虐な略奪の、幸運な逃亡の、持続する努力の、移住の、戦乱や疾病の中を生き延びることの中に、降りてくる姿を。錯綜し手のつけようのない事象の連鎖がわれわれ各自を生み出すのに必要とされた。各人に一本のメタセコイアの神聖さを与え、各幼児に風変わりな秘密を与えるのは、巨大な歴史である。

存在する事物と過程の前進し続ける領界の一部分であることは特権である。これらの前進する過程の一部として、われわれ自身を眺めまた考えるとき、われわれはその全体との自己同一性を感じ、またそれがもたらす穏やかさの中に、生きているすべてのわれわれの仲間たちとの連帯を感じる。

われわれは螺旋状の活動の中に生き、他の人びとをそのようにして高めてゆき、他との触れ合いと関係の中に入ると共にわれわれ自身の真実を深めてゆき、真実の諸次元を探求し、それらをわれわれ自身の中に具体化し、われわれの見分けることのできる真実の十分な範囲に向かってわれわれの所有しているもっとも十分な真実をもって応答し、真、美、善、そして聖を運びゆく器となり、真実の永遠の過程にわれわれ自らの特徴的な一かけらを加えることより他には何も求めない。そして、この他には何も求めないことは、それに伴う情動とともに——ついでながら——幸福と喜悦を形づくるものなのである。

27 若い哲学者の肖像

十五、六歳の頃、ブルックリンの通りを、わたしはペーパーバック版プラトンの『国家』の表紙を外側に見えるようにして抱えて歩いていた。その一部を読んで、余りよく理解できなかったけれども、わたしは感激し、なんとなくすばらしさを感じていた。年上の人がこの本を抱えているわたしに気がつき感心して、肩をぽんとたたいて、何か言ってくれないかとわたしはどんなに望んでいたことだろう。でも何を言ってもらいたかったのか確かなところは分からなかった……

時折わたしが思うことは、不安がないわけではないが、十五、六歳の若者は大人になったら何になりたいと考えているのだろうかということだ。この本を若者が気に入ってくれることを望みたい。

今ふとわたしの心に浮かんだのは、若い頃に探し求めていた認識と愛が、大人になったらなりたいと思っていたのと違った結果になったのではないかということである。もしわれわれが成人に達するのはわれわれの親の親になることによってであるなら、そしてわれわれが成熟するのは両親の愛に代わる適当なものごとを見出すことによるのであるならば、われわれ自身がわれわれの理想的な親になることによって、最終的に円環は閉じられ、完全さに到達することになるだろう。

訳者あとがき

The Examined Life——Philosophical Meditations（『生のなかの螺旋——自己と人生のダイアローグ』）はロバート・ノージックの第三番目の著書である。かれの最初の本 *Anarchy, State, and Utopia*（『アナーキー・国家・ユートピア——国家の正当性とその限界』嶋津格訳 木鐸社）は一九七五年の全米図書賞、第二作 *Philosophical Explanations* は一九八二年のラルフ・ウォルドー・エマソン賞、という具合に大きな賞をさらい、学界の壁を超えてたちまち一般読書界に旋風をまき起こした。本書もまた、一九八九年から九一年にわたってベストセラーズにリストアップされ続けた。

ノージックの強靭な思索のみならず情熱的な知性と真摯な人柄は本書のどのページにも横溢しており、現代の英米の哲学の緻密な言語分析の手法を自家薬籠中のものとした上で、彼はソクラテス以来の「いかに善く生きるか」の吟味、および「いかにもっとリアルに生きるか」の追求を中心に据えて、ひろく「智恵」の領域にまで探査を行なっている。ある書評家がノージックのこの両面性をバートランド・ラッセルとマルティン・ブーバーのシヤム双生児にたとえているのもうなずける。

すでに、かれの哲学少年の面目は本書最終部の自画像に躍如としていた。この本の隅々にまで、ノージックの思索が、否、思索するノージックが息づいている。飾らず、心のままに、自らに刻まれたディシプリンを自在にふりかざすかと見れば、じっと額に手を当てうつむいて瞑想するノージック。神にみちた天界から権力と欲望の政界まで、男女の赤裸な結合から意味と価値が融合する「光」まで、縦横に理論の鋭いメスがいれられる。かれの考察の範囲はひろく、その方式は微妙で力強くオリジナルである。

あえて、この異色の現代哲学者の履歴を付記してあとがきの責めに代えたい。

ロバート・ノージックは一九三八年十一月十六日、ブルックリンの製造業者マックスを父、ソフィ(コーエン)を母として生まれた、あのすばらしく才能豊かなユダヤ系ニューヨークっ子たちのひとりである。一九五九年にコロンビア大学を卒業、北上してプリンストン大学で一九六一年に修士、一九六三年に二十四歳の若さで哲学博士号を取得。プリンストン、ハーバードの助教授、一九六七~六九年ハーバードの準教授などを経て、同大学教授となり現在アーサー・キングスリー・ポーター哲学教授の地位を占めている。ワイドナー図書館とメモリアルチャーチに囲まれたハーバード・ヤードの奥に立つ赤煉瓦のエマソンホールに研究室をもち、郊外の閑静なベルモントの丘に一家をかまえている。

最後に、本書の翻訳を薦めてくださった青土社社長清水康雄氏に喜んで承知しておきながら、貴重な夏季休暇を二度（一度はニューマン没後百年記念の巡礼、二度目は、関東ポエトリーセンターのダブリンの会に参加のため）ともに訳業に当てることができず、思わぬ延引を重ねて御迷惑をおかけしたことをお詫びしたい。また編集の中島郁さんにもお世話になり、お礼申し上げます。

一九九三年五月

井上章子

文庫版訳者あとがき

文庫本を初めて手にしたのは新制高校のたしか二年、アンドレ・ジイドの『狭き門』でした。大学は英文科でしたので英語の本が多くなりましたが、文庫版に相当する本はまったく無く、海外のペーパーバックは安価でも繰り返し読んでいると形が崩れていきました。それに対し、日本の文庫は造りがしっかりしているので、繰り返しの読書に耐えます。

このたび、以前に訳した作品を筑摩書房のちくま学芸文庫から再刊していただくことになりました。日本の誇るべき文庫の一冊に加えていただけるという幸せに恵まれましたことを感謝するのみです。

二〇二三年十一月

井上章子

解説　人生は強いられず、ただ示される

吉良貴之

本書『生のなかの螺旋――自己と人生のダイアローグ』は、*Robert Nozick, The Examined Life: Philosophical Meditations*, Simon & Schuster, 1989 の全訳である。

著者のロバート・ノージック（一九三八―二〇〇二年）はアメリカの哲学者であり、長らくハーバード大学で教授職を務めた。最も有名な著作は、政治哲学上のリバタリアニズム（自由至上主義）の記念碑的著作とされる『アナーキー・国家・ユートピア』（原著一九七四年）だろう。ほか、認識論や心の哲学、形而上学など、多岐にわたる哲学分野の著作がある。

本書『生のなかの螺旋』は、目次を見ればわかるように、かなり雑多な、それまで分析哲学ではあまり扱われることのなかった「人生哲学」的なテーマを多く取り上げている。それぞれの章は特につながっているわけではなく、独立して読めるようになっている。本書はノージックの他の専門的な研究書と比べ、文章も一般向けに書かれている。話題も専門的な哲学だけでなく、文学や映画への言及などもあり、著者の幅広い関心を反映してさ

まざまな方向に広がっている。何より、本書は読者を説得することを目的とするのではなく、考えるための材料を提供することを目指しているとノージック本人も述べている。なので、哲学書だからといって身構えることなく、面白そうなところをつまみ食いしながら、引っかかったところがあればそこで自分なりの考えを深めるのに役立ててもらうのがよいだろう。

本書の原題は「吟味された生（*The Examined Life*）」だが、これはソクラテスの言葉「吟味されない生は生きるに値しない」（プラトン『ソクラテスの弁明』）をもじったものである（ちなみに、哲学書のタイトルとしてはポピュラーなもので、他にも同題の本がある）。ノージックは特定の偉大な哲学者の教説を研究テーマとするタイプの哲学者ではないが、理想的な哲学者としてただ一人、ソクラテスの名前をあげている。『ソクラテス的難問（*Socratic Puzzles*）』という本まで書いているぐらいだ。

これはソクラテスの思想そのものを支持しているというより、その対話への姿勢を哲学者の理想としたことによる。本書の副題「自己と人生のダイアローグ（＝対話）」は、その点を表している。本書を読むことは著者のノージックとの対話であるし、読者が自分自身と対話することでもある。もちろん、本書を他の方々と一緒に読んで対話の素材とするのもよいだろう。

ノージック、人と作品

著者のロバート・ノージックは、ロシア系移民の両親のもと、ニューヨークのブルックリンに生まれた。学部はコロンビア大学、大学院はプリンストン大学で哲学を学んだ。科学哲学者カール・ヘンペルの指導のもと、二四歳の若さで博士号を取得している。学生時代は急進的な左翼運動にのめり込むなどしていたが、やがてハイエクやミーゼスといったオーストリア学派の経済思想に触れることによって、後のリバタリアニズム思想の基礎を作り上げていくことになった。

ノージックは生涯を通じて、七冊の著書を残した。

Anarchy, State, and Utopia, Blackwell, 1974（嶋津格訳『アナーキー・国家・ユートピア——国家の正当性とその限界』木鐸社、一九九四年）。

Philosophical Explanations, Harvard University Press, 1981（坂本百大ほか訳『考えることを考える』上・下、青土社、一九九七年）。

The Examined Life: Philosophical Meditations, Simon & Schuster, 1989（本書）。

The Normative Theory of Individual Choice, Taylor & Francis, 1990.

The Nature of Rationality, Princeton University Press, 1993.

Socratic Puzzles, Harvard University Press, 1997.

Invariances: The Structure of the Objective World, Harvard University Press, 2001.

一九七一年、ハーバード大学の同僚であった哲学者ジョン・ロールズの『正義論』が出版され、規範的な政治哲学の世界的大流行のきっかけとなった。その三年後に出版されたノージックのデビュー作『アナーキー・国家・ユートピア』は、ロールズが切り開いた分析的政治哲学の流れにあるが、ロールズの平等主義的リベラリズムに対し、ジョン・ロック流の自己所有権論から出発しながら、個人の自由を至上の価値と位置づけ、国家の役割を厳しく限界づけるリバタリアニズム（自由至上主義）を体系的に展開した。この書はその理論的緻密さはもちろんのこと、豊かなレトリックや、数々の思考実験を用いた論述によって論敵たちをも魅了し、ノージックの名前を一躍有名にすることになった。現在でも、ノージックといえば『アナーキー・国家・ユートピア』のリバタリアン、という評価が日本だけでなく世界的にも定着している。

その後の著作は、『アナーキー・国家・ユートピア』の圧倒的な知名度に比べれば残念ながらあまり知られていない。原因としては、ノージックが一冊ごとに大きくテーマを変えたこと、また論述スタイルも当初の分析的な文体から離れ、大きく広がっていくような（悪く言えば飛躍含みの）文体に変わっていったこともあるかもしれない。ノージックは論争を好まず、自身に寄せられた膨大な批判に逐一応答することもなかった。同時代の流行の議論とは距離を置きながら、独自の思考をめぐらす隠遁者のような位置に身を置くようなところがあった。

しかし、その議論には先見性があり、*Philosophical Explanations*（邦訳『考えることを考える』）での認識論や心の哲学、形而上学、*The Nature of Rationality* での合理的意思決定理論などは、時を経て、現代の議論で出発点として位置付けられるようになっている。

本書『生のなかの螺旋』も一般向けの著作ではあるが、現代の幸福論（福利論）や分析形而上学で参照されることが多くなっている。余談だが、二四歳時の博士論文 *The Normative Theory of Individual Choice* は一九九〇年になって公刊されたものの、ほとんど流通しておらず、入手困難となっている。しかし、その議論のいくつかは *The Nature of Rationality* や *Socratic Puzzles* で展開されている。

ノージックの「転向」？

『アナーキー・国家・ユートピア』だけが話題となることについてはノージック本人も不本意だったようで、後年の著作（*Socratic Puzzles*）で、自分は「政治哲学者」ではないとわざわざ述べている。実際、ノージックの多様な著作群を見れば、むしろ『アナーキー・国家・ユートピア』が一冊だけ浮いているように見えることも確かだ。その後の著作でも規範的なテーマに触れることはあるものの、その多くはかつてのように尖ったものではなく、「もはやリバタリアンではない」と評されることさえある。たとえば、本書の第3章「親と子」では親子の結びつきについてリバタリアンらしからぬウェットな論述がなされているし、遺産相続による不公平を問題にするのも、ずいぶんと慈悲深く（現代のリバタリアンが好む言葉でいえば"bleeding-heart"に）なったと思わせられる。では、ノージックはリバタリアンから「転向」したのか。政治哲学の流行のテーマから離れ、よりスケールの大きい哲学者へと成長したのだろうか。それとも、同じ人物が書いている以上、相応の一貫性を読み取るべきなのか。

こうした問いを考えることに、実のところどれだけの意味があるのかははっきりしない。ノージックの著作を横断的に検討した哲学者のアラン・レイシーは、ノージックは自身の見解を固めることよりも「探求」することに関心を持っていたと特徴づけている（A. R. Lacey, *Robert Nozick*, Princeton University Press, 2001）。思想史家アイザイア・バーリンが好んだ古い詩句「キツネはたくさんのことを知っているが、ハリネズミはでかいことをひとつだけ知っている」でいうと、ノージックは「キツネ」型の多彩な哲学者であり、その一貫性をむやみに問うたところで意味がないだろう。ノージックに限らず、リバタリアニズムの思想家は理論的一貫性を問題にされやすい傾向にあり、それももちろん重要ではあるものの、その反面、議論の幅が狭められていないか危惧される。生産的なことでとはいっても、ノージックの著作をそれぞれ無関係に読むこともまた、はない。ノージックの取り組み続けたテーマのひとつに「人格の同一性」論（人が時間を通じて「同じ」人であるとはどういうことか）があるが、そこではギリシャ神話の「テセウスの船」が例にあげられる。この船は長い間、使われているうちに、部品が交換されていく。やがてすっかり新しいものに取り替えられ、元々の部品が何もなくなったとしても、その船は「同じ」船といえるかどうか。同じといえるとすれば、その同一性をつなぎとめているものは何なのか。『アナーキー・国家・ユートピア』出版から四〇年が経ち、ノージックもまた（ロールズと同様に）思想史的対象となった現在、その著作群のつながりと断絶を丁寧に読む時期になったといえるだろう。実際「アリゾナ学派」など新世代のリバタリアンたちはノージックのなかの多面性を積極的に読み取ろうとしている。本書『生のなかの螺旋』にも、そのヒントが多くちりばめられている。

「強制」に抗して

では、ノージックの著作の「つながり」はどこにあるといえるだろうか。まず、リバタリアニズムの思想の中核が、他者による「強制」からの個人の自由の保護にあることについては改めて言うまでもないだろう。ノージックは『アナーキー・国家・ユートピア』以降の著作でも、この「反強制主義」の精神を保ち続けていた（本人のインタビューとして、Giovanna Borradori, *The American Philosopher*, The University of Chicago Press, 1994、また Lacey 前掲書も参照)。『アナーキー・国家・ユートピア』は基本的には分析的政治哲学のスタイルで書かれた書であったが、ノージックによれば、分析的な論述の「強制的」な性質は哲学にとって望ましいものとはいえないという。哲学は自身の主張を説得したり証明したりするのではなく、新しい思考を触発するように「説明」するものでなくてはならない。この思いは、二冊目の著書 *Philosophical Explanations*(直訳すれば『哲学的説明』)という題名によって端的に表されている。リバタリアニズムは内容的には表に出てこなくなったが、反強制主義という方法論として生き残ったといえるだろうか。

とはいっても、哲学者が自身の主張を相手に説得すべく、論拠を積み重ねていくのはあまりにも当たり前のことではないか。読者には当然、納得しない自由もある。にもかかわらず、それを「強制」というのは言葉の使い方として違和感もぬぐえない。ただ、論敵の主張を内在的に批判し、逃げ道を徹底的に塞いでいくような、分析哲学において標準的とされる論述が過度に攻撃的になるのもよくあることだ。それを「怖い」と感じる人も少なからずいることもまた事実である。

「分析系」の哲学だけでなく、「大陸系」の哲学や、東洋哲学・インド哲学にも親しんでいたノージックとしては、広く話題提供することによって人々の思考を触発していくことのほうがずっと楽しい哲学的な営みであると考えたし、それを一般向けに実践してみせたのが本書『生のなかの螺旋』であった。これは同業者の評判を気にしているとなかなかできない、勇気のいることである。実際、本書は支離滅裂な連想を連ねるものであって「読む価値がない」といった怖い書評もなされた（Jim Holt, "Is 'The Examined Life' Worth Reading?," *The American Scholar*, 59 (3), 1990）。

本書の先進性

さて本書の背景的な事情についてさまざま述べてきたが、肝心の内容についても触れておかなければならない。本書が扱っている話題を単純に要約することはできないが、重要だと思われる点をいくつか見ていこう。

生と死、親子関係、幸福、性愛、信仰……といったテーマをくくる言葉があるとすれば、それこそ「人生」としか言いようがない。ただ、それぞれはもちろん単なる人生訓ではなく、後の哲学者たちによって真剣に取り組まれるようになったテーマばかりであることは強調しておく必要がある。たとえば、鈴木生郎ほか『現代形而上学――分析哲学が問う、人・因果・存在の謎』（新曜社、二〇一四年）、植村玄輝ほか『現代現象学――経験から始める哲学入門』（新曜社、二〇一七年）はいずれもすぐれた現代哲学の入門書であるが、そこで扱われている話題を見れば本書の先進性がよくわかる。

また、性愛の哲学を論じているのも（第7章「性」、第8章「愛の絆」など）、一九八九年当時としては先進的といってよいかもしれない。本書では、性的な関係性（に限らず

「友情」なども含め）は「われわれ」をどう構築するかという問題であるという、表現主義的・社会構築主義的な議論がなされている。ちなみに、性に関わる意味秩序のあり方を論じてフェミニズム哲学に革新をもたらしたジュディス・バトラー『ジェンダー・トラブル』は、翌一九九〇年の出版である。ノージック自身はいわゆるポストモダニズム思想には親しんでこなかったようだが、後にミシェル・フーコーの著作を読み、強く共感したと述べている（前掲、Borradori 著を参照）。まったく異なった思想的系譜から、類似した議論につながっている箇所を見つけ出すのも本書の楽しみのひとつだろう。

自己超越に向けて

雑多であることを強調するだけでも仕方がないので、本書のノージックの最も特徴的と思われる主張に触れてまとめることにしたい。本書の多くの議論のうち、多く参照されるのは「人生の意味（meaning of life）」をめぐる箇所ではないかと思われる（第10章「幸福」、第15章「価値と意味」など）。

第10章「幸福」では、最初の著作『アナーキー・国家・ユートピア』でおそらく最も有名な思考実験である「経験機械」がふたたび出てくる。経験機械とは、脳にプラグをつけたならば自分が望むどんな経験でも与えてくれるという機械である。そこで与えられるのは「夢」にすぎないのだが、私たちはそのプラグにつながれたいと思うだろうか。もし、それが嫌だとするならば、私たちはただその時点で感じられる快楽以上のものを求めているのではないだろうか。これは快楽主義批判の文脈でよく用いられる議論だが、これ自体の説得力はあまりないかもしれない(私だったら喜んでプラグにつながる)。

ここでノージックは読者を説得しようと試みているわけではない。単なる経験には還元されない、また異なった幸福や人生の意味がもしかしたらありうるのではないか、と問いかけているのである。ノージックは、幸福や人生の意味を何らかの要素に還元してはならないという「反還元主義」的な立場をとっている。人生はもっと全体がつながった有機的なものであり、さらにいえば困難を乗り越え、自己超越を目指すロマン主義的な志向が強調されている。人生において追求されるべきものは、閉じた体系のなかにある「価値」ではなく、「現実」という外部から供給される「意味」である。

さてそれは何なのかというと、ノージック自身の論述は残念ながらわかりやすいとはいえない。ただ少なくとも、本書全体の、とめどなく広がっていく連想はその候補を示しているといえるだろう。生も死も、性愛や友情も、あるいは信仰も、外部との関係において自己を超える重要なものであることは間違いない。

しかし改めて強調しておくが、ノージックがそのどれか特定の自己超越のあり方を特別に重要なものとしているわけではない。幸福や人生の意味でさえも、多くの重要なもののなかのひとつにすぎない。ことによると本書は、かつての『アナーキー・国家・ユートピア』の最も謎めいた箇所である「メタ・ユートピア」を描いた群像劇として読むのが適切なのかもしれない。

（きら・たかゆき　法哲学）

人名索引

本書は、一九九三年八月十日、青土社より刊行された。文庫化にあたっては人名表記を一部改めた。

メディアの文明史
ハロルド・アダムズ・イニス　久保秀幹訳
粘土板から出版・ラジオまで。メディアの深奥部に潜むバイアス＝傾向性が、社会の特性を生み出す。大柄な文明史観を提示する必読古典。（水越伸）

重力と恩寵
シモーヌ・ヴェイユ　田辺保訳
「重力」に似たものから、どのようにして免れればよいのか……ただ「恩寵」によって。苛烈な自己無化への意志に貫れた、独自の思索の断想集。ティボン編。

工場日記
シモーヌ・ヴェイユ　田辺保訳
人間のありのままの姿を知り、愛し、そこで生きたい——女工となった哲学者が、極限の状況で自己犠牲と献身について考え抜き、克明に綴った、魂の記録。

青色本
L・ウィトゲンシュタイン　大森荘蔵訳
「語の意味とは何か」。端的な問いかけで始まるこのコンパクトな書は、初めて読むウィトゲンシュタインとして最適な一冊。（野矢茂樹）

法の概念〔第3版〕
H・L・A・ハート　長谷部恭男訳
法とは何か。ルールの秩序という観念でこの難問に立ち向かい、法哲学の新たな地平を拓いた名著。批判に応える「後記」を含め、平明な新訳でおくる。

生き方について哲学は何が言えるか
バーナド・ウィリアムズ　森際康友／下川潔訳
倫理学の中心的な諸問題を深い学識と鋭い眼差しで再検討した現代における古典的名著。倫理学はいかに変貌すべきか、新たな方向づけを試みる。

思考の技法
グレアム・ウォーラス　松本剛史訳
知的創造を四段階に分け、危機の時代を打破する真の思考のあり方を究明する。『アイデアのつくり方』の源となった先駆的名著、本邦初訳。（平石耕）

ポパーとウィトゲンシュタインとのあいだで交わされた世上名高い10分間の大激論の謎
デヴィッド・エドモンズ／ジョン・エーディナウ　二木麻里訳
このすれ違いは避けられない運命だった？　二人の思想の歩み、そして大激論の真相に、ウィーン学団の人間模様やヨーロッパの歴史的背景から迫る。

言語・真理・論理
A・J・エイヤー　吉田夏彦訳
無意味な形而上学を追放し、〈分析的命題〉か〈経験的仮説〉のみを哲学的に有意義な命題として扱おう。初期論理実証主義の代表作。（青山拓央）

自発的隷従論
エティエンヌ・ド・ラ・ボエシ
山上浩嗣訳
西谷修監修

圧制は、支配される側の自発的な隷従によって永続する――支配・被支配構造の本質を喝破した古典的名著。20世紀の代表的な関連論考を併録。（西谷修）

アメリカを作った思想
ジェニファー・ラトナー＝ローゼンハーゲン
入江哲朗訳

「新世界」に投影された諸観念が合衆国を作り、社会に根づき、そして数多の運動を生んでゆく――。アメリカ思想の五〇〇年間を通観する新しい歴史。

価値があるとはどのようなことか
ジョセフ・ラズ
森村進／奥野久美恵訳

価値の普遍性はわれわれの偏好といかに調和されるか――。愛着・価値・尊重をめぐってなされる入念な考察。現代屈指の法哲学者による比類ない講義。

カリスマ
C・リンドホルム
森下伸也訳

集団における謎めいた現象「カリスマ」について多面的な考察を試み、ヒトラー、チャールズ・マンソンらを実例として分析の俎上に載せる。（大田俊寛）

自己言及性について
ニクラス・ルーマン
土方透／大澤善信訳

国家、宗教、芸術、愛……。私たちの社会を形づくるすべてを動態的・統一的に扱う理論は可能か？20世紀社会学の頂点をなすルーマン理論への招待。

中世の覚醒
リチャード・E・ルーベンスタイン
小沢千重子訳

中世ヨーロッパ、一人の哲学者の著作が人々の思考様式と生活を根底から変えた――。「アリストテレス革命」の衝撃に迫る傑作精神史。（山本芳久）

レヴィナス・コレクション
エマニュエル・レヴィナス
合田正人編訳

人間存在と暴力について、独創的な倫理にもとづく存在論哲学を展開し、現代思想に大きな影響を与えているレヴィナス思想の歩みを集大成。

実存から実存者へ
エマニュエル・レヴィナス
西谷修訳

世界の内に生きて「ある」とはどういうことか。存在は「悪」なのか。初期の主著にしてアウシュヴィッツ以後の哲学的思索の極北を示す記念碑的著作。

倫理と無限
エマニュエル・レヴィナス
西山雄二訳

自らの思想の形成と発展を、代表的著作にふれながら語ったインタビュー。平易な語り口で、自身によるレヴィナス思想の解説とも言える魅力的な一冊。

ちくま学芸文庫

生《せい》のなかの螺旋《らせん》
自己《じこ》と人生《じんせい》のダイアローグ

二〇二四年二月十日　第一刷発行

著者　ロバート・ノージック
訳者　井上章子（いのうえ・ふみこ）
発行者　喜入冬子
発行所　株式会社　筑摩書房
東京都台東区蔵前二―五―三　〒一一一―八七五五
電話番号　〇三―五六八七―二六〇一（代表）
装幀者　安野光雅
印刷所　株式会社精興社
製本所　株式会社積信堂

ISBN978-4-480-51227-7 C0110